本丛书的出版得到华东师范大学历史学系战争与和平基金会、
上海市高峰学科发展基金的支持

大夏世界史文丛
史学家文萃

笑遨史海

余志森 著

全国百佳图书出版单位
时代出版传媒股份有限公司
黄山书社

图书在版编目(CIP)数据

笑遨史海 / 余志森著.—合肥:黄山书社,2018.12
(大夏世界史文丛·史学家文萃)
ISBN 978-7-5461-8137-0

Ⅰ.①笑… Ⅱ.①余… Ⅲ.①世界史-研究 Ⅳ.①K107

中国版本图书馆 CIP 数据核字(2019)第 010218 号

笑 遨 史 海
XIAOAOSHIHAI

余志森 著

出品人 贾兴权
责任编辑 向 燚
责任印制 李 磊
装帧设计 李 昕
出版发行 时代出版传媒股份有限公司(http://www.press-mart.com)
黄山书社(http://www.hspress.cn)
地址邮编 安徽省合肥市蜀山区翡翠路 1118 号出版传媒广场 7 层 230071
印 刷 安徽新华印刷股份有限公司
版 次 2019 年 12 月第 1 版
印 次 2019 年 12 月第 1 次印刷
开 本 700mm × 1000mm 1/16
字 数 410 千
印 张 26.25
书 号 ISBN 978-7-5461-8137-0
定 价 69.00 元

服务热线 0551-63533706
销售热线 0551-63533761
官方直营书店(https://hsss.tmall.com)

乐观史事　笑看天下

阁楼苦读

卧室兼书房

1993 年 4 月在美国罗旺大学作学术讲座

1997 年 9 月在日本召开的国际学术会议上发言

庆祝新书出版聚会（在沪学者参加）

与博士生郭尚鑫、李治国、陆甦颖、黄虚峰、陆月娟、朱全红、彭永春欢聚在广厦公寓

总　序

经过两年多的策划和准备,“大夏世界史文丛”终于问世了。本套丛书由三部分组成:资深学者的个人文集、反映华东师范大学世界史学科队伍最新研究水平的论著和着眼于人才培养的教材及读本。

世界史学科是华东师范大学历史学系的传统优势学科。1951 年建校时便汇聚了林举岱、王养冲、郭圣铭、王国秀等一批知名教授。20 世纪 80—90 年代,在法国史、二战史、非洲史、俄苏史、美国史、德国史等研究领域在国内学界都确立了自己的地位,拥有孙道天、艾周昌、陈崇武、王斯德、李鉅廉、钱洪、孙炳辉、余志森、洪波、潘人杰等一批知名学者。1984 年,华东师范大学历史学系获批成立世界史博士点,1987 年获得博士学位授予权,为改革开放后我国世界史学科的发展培养了一大批青年才俊。1995 年华东师范大学世界史又成为上海市教委重点学科。1998 年,设立历史学一级学科博士后流动站,2000 年获得历史学一级学科博士学位授予权,确立了地区国别史、断代史和专门史(思想史)等三个重点发展方向。

华东师范大学世界史学科目前所取得的成就和影响力与老一辈学者打下的良好基础密不可分。今天我们编辑和出版这些老先生的个人文集,不仅是重温他们的学术思想,了解他们的学术发展轨迹,更是对他们治学理念的回顾和传承,管窥他们对学术的孜孜追求和敏锐的学术洞察力。

进入 21 世纪后,华东师范大学世界史学科发展获得新的发展机遇。2007 年,被教育部批准为国家重点学科(培育),同年被上海市政府批准为上海市重点学科。在国家 211 和 985 工程建设中,世界史学科也一直作为重点学科建设对象,获得研究资金和人员配备上的支持。在调整学科布局和保持原学科优势的基础上,涌现出以国际冷战史、中国周边关系史、地区国别史、全球思想文化史、国际历史教育比较等为代表的5个学科群。其中国际冷战史研究已成为国内一流、国际影响较大的学科发展方向，形成一支实力强劲的优秀研究团队；继2016年华东师范大学成立中国周边国家关系研究院后，中国与周边国家关系，尤其是20世纪下半叶的双边关系史研究异军突起，研究团队几乎访问了所有的周边国家档案文献收藏机构，并搜集了数量可观的周边国家对华关系档案，总量有数百万页，搭建起了一个周边国家对华关系文献数据库，档案语种涵盖越南语、缅甸语、泰国语、马来西亚语、柬埔寨语、蒙古语、韩语、日语和俄语等。在此基础上，研究团队除了给有关部门提交了数十篇高质量的咨询报告外，还在国内外权威期刊上公开发表了数篇学术论文。在地区国别史方面，非洲史、德国史和美国史在继承老先生文脉的基础上又有了新的发展，其中非洲史侧重于中非关系、非洲文化和坦桑尼亚历史的研究，与达累斯萨拉姆大学联合成立了"坦桑尼亚研究中心"，密切了双方的学术交流和人才培养机制；德国史主要关注20世纪德国历史的演进，特别是断代史、社会史、外交史、史学史及中德关系史，郑寅达教授当选为德国史学会会长；美国史则倾向于对美国城市发展过程中的内部治理的研究。在国际历史教育比较方面，引领中国历史教育走向国际化。本学科从21世纪初开始便积极同国际历史教育界建立联系，近4年已两次召开国际历史教育工作坊，邀请来自世界各地的专家与会，讨论如"各国历史教科书中的中国形象"等重大话题。孟钟捷教授当选为国际历史教育学会学术委员会成员，多次参加国际历史教育领域内的合作项目。杨彪教授多次前往国际教科书研究所。2015年起，本学科与德国奥格斯堡大学合作，创立国内首个历史教育海外研修学校，组织大学教师、中学教师、历史师范生前往德国。

"路漫漫其修远兮，吾将上下而求索。"经过60多年的学术积累和发展，华东师范大学世界史学科已经形成具有自己特色的研究领域和学科布局，并建立了从本科到博士后的完整专业人才培养体系，学术研究水平和人才培养质量在国内同类系科中位于前列，若干研究领域处于国际领先地位。在2016年全国第四轮学科评估中，华东师范大学世界史学科获得A+的评价。这既是对我们过去几十年来不遗余力地发展世界史学科的肯定，也是对我们未来学科能否成为世界一流学科的鞭策。我们倍感肩上的责任与重担，为此，我们本着有所为、有所不为的原则，在继承华东师范大学世界史学科前辈奠定的学科特色基础上，放眼全球，努力与当今世界著名高校的世界史研究相接轨，重点发展以下三个方面：

一是世界史学科在发展过程中主动对接国家战略，以适应社会经济发展提出的新需求。冷战史、地区国别史、欧洲社会文化史和历史教育国际比较研究等都涉及国家重大对外战略与重要学术创新。冷战国际史研究引领国内学术研究的潮流，同国际上的许多知名大学和研究机构建立了广泛而密切的学术联系，成为极具特色和优势的研究领域之一。结合华东师范大学“引领中国教师教育”的办学方针，世界史学科积极开展国际历史教育的比较研究，以“中国周边国家历史教科书中的中国形象”作为未来的重大研究课题。学科还积极参与上海市的智库建设，提交咨询报告。

二是致力于思考华东师范大学世界史学科人才培养的目标和方向，形成自己的学科特色和目标。那就是致力于培养热爱祖国，德智体全面发展，专业基础扎实、能力强、素质高，自觉为社会主义现代化事业，为繁荣历史科学服务的高级专门人才。其中以两类为主：一是基础教育的骨干师资，二是高等院校和科研单位的研究人员。人才培养过程中秉持“宽口径、厚基础”的理念，注重科研能力的训练和综合素质的培养。要求所培养的硕士研究生具有较系统的理论基础和正确的教育思想观念，熟悉国内外史学研究动态，打好扎实深厚的专业基础，能运用科学的研究方法进行专业领域的学术研究，熟练掌握一门外国语，毕业后能在本学科领域独立从事研究和教学工作，或在实际工作部门从事相关工作。博士研究生具有较深厚的理论素养和先进的教育思想观念，熟悉本专业领域史学研究成果和国内外最新研究动态，能够站在学术前沿，运用先进的研究方法和手段进行创造性研究，至少熟练掌握一门外国语，毕业后能在本学科领域独立从事高层次的研究和教学工作，或在实际工作部门从事相关的较高层次工作。目前，华东师范大学世界史学科下设世界断代史、世界地区国别史、专门史（冷战国际史）三个二级学科博士点和硕士点，同时拥有世界史一级学科的博士后流动站。世界断代史方向涵盖了世界上古中世纪史、世界近代史、世界现代史和世界当代史。注重世界通史观的培养，注意打破各断代史的壁垒，使学生形成宏观的世界史认识。地区国别史方向包括非洲史、美国史、德国史、日本史、法国史等国别地区史，其特色是注意将国别史中的国内史与对外关系史相结合。专门史方向主要为冷战国际史和中外关系史，目前是国内领先的学科方向，集合了国内顶尖的学者。学科以冷战国际史研究中心和当代文献史料中心为依托，将档案资料的收集与科学研究紧密结合，在利用档案文献研究社会主义国家关系史、中国与周边国家关系史方面已经形成了自身的特色，同时在研究生培养方面也形成了以档案文献整理为特色的理论与实践课程。

三是努力与国际接轨，及时跟进国际社会世界学科研究的新进展。早在2013年，就在美国著名智库伍德罗·威尔逊国际学者中心设立了“华东师范大学-威尔逊中心冷战研究美国工作室”。此后，从2017年开始，又陆续在日本早稻田大学、越南国家社会科学研究院、德国奥格斯堡大学和坦桑尼亚达累斯萨拉姆大学设立了工作站，目的是在世界历史研究领域内增进双方的学术交流、学生培养和联合研究等方面的深入合作。上述5个工作站同时也是开放式的，为中国其他高校世界史的师生进站研究提供必要的相关帮助。

当今国际学术界的世界史研究日新月异，国际冷战史、全球史、环境史、社会史、妇女史、城市史、医疗史、移民史等领域的研究成果不断涌现，华东师范大学世界史学科在跟踪这些领域研究动态的同时，也努力展现自己的学术研究成果，为建构中国特色的世界史学科体系、学术体系和话语体系贡献自己的微薄之力。

沐涛　孟仲捷

2019年10月

目　录

序言
——吾辈当自强

仲夏夜，手机响起。久未联系的我的硕导余志森老师突然来电，非常严肃认真地嘱我一件事——为他即将出版的文集写序。我既高兴，又忐忑。高兴的是华东师大历史系领导办了一件大好事，使余老师等一批退休的老教师获得资助，从而有可能将自己一生的重要成果汇集成册，留下学术印记，也使我们这些晚辈可以借此重温前辈的学术轨迹和心路历程；忐忑的则是，历来都是老师给学生作序，哪有学生给老师写序的道理？岂不有悖伦理纲常？

我如实跟余老师谈了我的想法。没想到老师很快力陈三点理由：第一，学生给老师写序并不新鲜，古今中外不乏其人，且多传为美谈，大可不必顾虑；第二，撇开师生关系不说，今天我们都还在从事美国问题研究，应该算同行，同行之间作序就太正常不过了；第三，也是最重要的，是没有比学生更了解老师学术脉搏和思想历程的了。老师言之凿凿，情真意切，话已至此，我再推辞便有些却之不恭了，于是勉为其难，满口应承下来。

余老师很快传来了书稿。这部沉甸甸的作品里既有我十分熟悉的旧作，如有关美国开国总统华盛顿的评论，有关美国工业化、城市化、垄断化的分析等，我倍感亲切；也有近些年我所不熟悉的新作，如关于美国多元文化的部分等，我更饶有兴趣，希望从中管窥老师最新的研究成果。可以说，新作涵盖了美国历史的多个重要阶段，触及政治、经济、文化、社会等几乎所有主要领域，是继《华盛顿评传》、《美国史纲：从殖民地到超级大国》、《崛起和扩张的年代1898—1929》（六卷本《美国通史》之第四卷）、《美国多元文化研究》等多部著作之后的补遗之作，堪称老师数十年从事世界近现代史和美国史教学和研究的思想结晶和学术浓缩。

印象中的余老师,总是那么瘦弱、单薄,但又始终充满正能量和精气神,讲课激情十足,文章妙笔生花,思想之树常青。这一切,源于老师对世界近现代史和美国史研究一直抱有浓厚的兴趣,所谓兴之所至,情有独钟,诚如本书书名所示,这几十年是在"笑遨史海",乐在其中,乐此不疲。话虽如此,在我的记忆里,余老师著书立说其实是十分艰苦的。当年一家三口"蜗居"30 平米的斗室,卧室兼作书房、会客室,穿行都很困难。就是在这样的环境下,余老师的代表作《华盛顿评传》得以在"格子"里一字一字"爬"出来。这部著作即使今天读来,仍然字字珠玑,堪称传记作品中的上乘。也就是在这样的条件下,余老师还总坚持每周一次在家里给我们硕士生授课,课间间或附赠小点心,逢年过节,则亲自下厨给我们打顿"牙祭",那种拥挤而热闹的感觉,至今仍历历在目,十分怀念。我一直认为,这才是理想的师生关系,在这样一种特殊的氛围里,老师传道授业解惑,学生收获知识感悟人生,在深度互动中彼此受益,感情更融洽,学业更精进,队伍更团结。这种感觉,在今天的师生关系中恐怕越来越成为奢侈品了。

对史学的浓厚兴趣和对学生的浓浓情怀,使余老师为学为人始终襟怀坦荡,心胸豁达,乐观向上。我还记得,从上海硕士毕业后回到武汉工作期间,一度因工作生活不顺而情绪极其低落,余老师得知后立即写来长信,其中一段大意是,我们都是学历史的,深知任何重大的政治、经济事件在漫长的历史长河中无非短暂的一瞬,跟这些相比,个人的恩怨境遇又算得了什么呢? 无非是历史长河中的一粒尘埃罢了! 这句话可以说影响了我一生。此后每遇不顺,我总是拿这句话勉励自己;有了自己的硕士生、博士生后,我也常拿这句话勉励后进。

而余老师对美国历史的精妙把握,也让我十分感佩。在确立硕士学位论文写作方向的时候,余老师强烈建议选择从南北战争到"一战"这段美国崛起的时期作为重点,一则因为当时国内研究者不多,二则可为中国的发展提供有益的借鉴。我听从老师的建议,最终选择研究"镀金时代"和"进步运动"时期的美国政治社会思潮的变化,写成了近 4 万字的硕士学位论文《从自由放任到国家干预——19 世纪末 20 世纪初美国社会思潮的嬗变》。这篇文章虽不长,但大量的阅读和思考,与老师反复的对话和讨论,为我理解美国崛起、美国改革、美国转型打开了另一扇窗。这种历史的理解和视角,对我今后从事对美政策和时政研究大有帮助,可以说受益终生。

余老师这一辈学者多数有过不幸的遭遇,比如“下乡四清”和“文革”,但他们并无太多抱怨,反而将其当作人生的财富。而一旦上级或单位给点“阳光”,他们则倍觉灿烂,心中充满感恩。两次赴美做访问学者的机会,对余老师来说则是一种莫大的“恩惠”了。而他没有虚度这两段时光,前一次的结果,是后来的《华盛顿评传》;后一次的结果,则是“美国多元文化研究”课题从形成到完结。这种人生的态度和治学的精神,弥足珍贵,值得我们这一代和我们的下一代好好学习和延续。

说来惭愧,老师年逾古稀仍笔耕不辍、著述不断,且涉猎越来越广,还成为微信“森林家园”的群主,可谓“天行健,君子以自强不息”。而作为学生的我虽在一线从事研究工作,却没有像样的著述问世。老师的新作无疑对我是一种鞭策,激励吾辈当更加奋发有为、更加积极向上、更加乐观包容。

祝愿余老师永葆学术青春,永远健康幸福!

袁 鹏

2016 年夏于北京飞往上海的途中

一、世界近现代史

人类文明进步、沧桑巨变的百年(上)
(1901.1.1—2000.12.31)

20 世纪是人类文明取得巨大进步、充满激烈震荡的百年,是人类加速走向整体化的伟大世纪。

人类总是在既定的条件下创造历史,20 世纪是 19 世纪遗产的继承和发展。始于 18 世纪中期的第一次工业革命在 19 世纪的欧洲、北美结出了丰硕成果,并向亚洲、非洲、拉丁美洲不断扩大推进,形成了人类第一次现代化高潮;19 世纪末勃然兴起的第二次工业革命,创造了人类工业文明的新成就,科学技术取得惊人成就,人类的智慧把电站、电话、电车、电梯、电影、电缆等等创造出来,摩天高楼拔地而起,铁路四通八达,人类开始跨入“电气时代”“钢铁时代”。思想文化新成果层出不穷,马克思主义和达尔文主义成了影响那一时代的最强烈的两大思潮。教育事业和教育理论取得可喜成果。现实主义文学大师们为人类留下大批文学瑰宝,人文领域的许多新学科开始形成,历史学和哲学获得成功。艺术方面同样取得了划时代的成就。形成了现代化的第二次高潮。

人类经历了漫长的岁月才从农业文明跨越到工业文明,但是在 20 世纪,人类却以最快的速度从“电气时代”发展到“电子时代”,从“铁路时代”发展到高速公路和“航天航空时代”，现代化进入了第三次高潮。人类由工业社会开始向信息社会转化。人类创建的工业文明大厦在20世纪达到了史无前例的新高度，人类知识的积累和科学技术取得了前所未有的巨大进步，它不仅使人类对物质结构、时空、运动和自身的认识达到了新的水平，而且让地球的面貌发生了有史以来最惊人的变化：

在短短的百年——历史一瞬间里，人类刚发明了第一架飞机，一下又用火箭将人类送到了月球上并在那里留下他的第一个脚印，1969年美国宇航员尼尔·阿斯特朗成为第一位在月球上行走的人，实现了人们梦寐以求的“奔月”理想；

今天，无数的人造卫星在太空自由运转，地球的第一批太空居民在太空遨游。人类取得了宇宙探密的惊人成绩，1997年“火星探路者”号探测器登陆火星，发回令人惊奇的照片，哈勃电子望远镜发回有关宇宙生成秘密的清晰照片；

20世纪初，人类利用无线电听取远在千里外的声音；20世纪末，人类已经享受了从黑白到彩色电视机的实惠：在屏幕前耳闻目睹来自世界各地的栩栩如生的影视节目和直播现场；数字电视、视频点播技术正在成为人类新一代的传播媒介；

20世纪初，人类还只是使用机器“延长”了人类的手与脚，今天人类发明了神奇的电脑“扩展”了人类的大脑。电脑已经能与世界级棋王“下棋”，一决雌雄。具有电脑的人形机器人研制成功。电脑使世界真正连成一片，今天的信息高速公路使人类社会成了一个网络世界；

电脑网络迅速改变了人类的社会生活。20世纪末出现的电子文学和网络教育显出其无比美好的前景。教师可以在网络上“传道解惑”教学相长，在家里“上班”的人数与日俱增；

人类懂得利用电能不久又找到了掌握利用核能的秘密，获取了比电能高出无数倍的能量，核电站遍及全球；

细胞学建立不久人类又很快发展到对人类基因的探索和克隆技术的诞生，1997年英国科学家培育出第一只克隆绵羊。2000年美国克隆了一只猕猴。现在人类正在解读与探索人类基因组密码的“生命书”；

20世纪初，留声机和无声电影诞生，20世纪末人们已享受到立体声和多媒体的家庭影院的欢娱；

20 世纪初，人们刚开始使用电话机，20 世纪末，人类的移动电话已普及全球，移动办公、移动通讯正在成为一种时尚；

人类自身的繁衍速度也达到了惊人的程度，世界人口 1900 年为 16.08 亿，1940 年为 22.95 亿，2000 年高达 60 多亿。翻了近 4 倍！

生产力的巨大发展和财富的急剧增加，使上世纪末形成的世界经济变成了今天的全球化经济……

当然，人类的前进总是伴随着牺牲和灾难。从 20 世纪初豪华游轮泰坦尼克号误撞冰山冤沉海底的悲剧，到 20 世纪末俄罗斯核潜艇库尔斯克号神秘地葬身深海；从人类发明第一架航天器的失败到美国挑战者号航天飞机的悲壮爆炸失事；从 1906 年旧金山大地震到 1945 年美国原子弹在日本广岛和长崎上空爆炸……期间有多少天灾人祸降临人间，但是人类总是在克服困难、战胜灾害中前进，他们不分种族民族，不分男女老幼，同仇敌忾，同气相求，不仅相互鼓励而且越来越认识到全人类团结起来战胜灾害的重要性和必要性。

透过地球百年变迁的绚丽画面我们似乎可以看到蕴藏其背后的人类社会深层次的变异。从人类文明发展的视角观察，20 世纪最重大的变化之一就是，人类取得了工业文明的最高成就并开始由工业文明向更高的文明攀缘，即由工业社会向信息社会转化。旧的工业产业在不断信息化的同时逐步为新的信息产业所取代，信息产业在一些国家已成为主导产业，电子商务在全球兴起，知识经济方兴未艾。在 20 世纪行将结束的时候，信息社会已经在人类历史上初露端倪，新文明的曙光已经依稀可见。信息社会的诞生和成长与全球化的历史进程同步前行，相互影响。

人类历史的全球化进程在 20 世纪加快了发展步伐。自新大陆发现开始的全球化进程在上世纪末已经因为世界经济的形成而使世界联成一体不可分割，资本主义经济体系将边缘国家和边缘地区卷入其中，国际分工进入新的阶段。适应经济上的全球性的密切联系，国际政治关系也出现新的局面，“国际”“全世界”成为当时广泛使用的流行概念。少数资本主义列强凭借其超强实力主宰世界梦想成真。20 世纪，世界加速了整体性的发展，世界现代化进入全球化的新阶段，从上世纪的“世界联成一起”到本世纪的“地球村”的呼之欲出；全球经济一体化，超越国界的市场体系、生产体系和金融体系正在形成；

人类战争在20世纪也由过去的局部战争发展为世界性的带有全球性质的大战:第一次世界大战和第二次世界大战的爆发。这是全球化进程的另一个侧面。它不仅是第二次工业革命和垄断资本主义发展的产物,在某种意义上也是世界整体化发展的一种反映。

全球化的加速还由于人类可持续发展面临新的问题和人类生存出现危机,其中包括自然问题和社会问题,诸如自然环境保护、生态平衡、人口控制、预防犯罪、水资源的缺乏、难民潮、制毒吸毒、艾滋病的蔓延和维护世界和平等等都已经超越了国界成为全球各国人民共同关注的焦点,超出了一个或少数国家的国力而需要全球人民的公共智慧和协调行动始能奏效的全球性问题。

人类整体化发展是一个客观的充满矛盾和斗争的历史进程,它必然是要在激烈震荡中逐步实现。20世纪之所以是革命和战争的时代,就是这种激烈震荡的具体表现。整体化的历史进程冲击了各种类型的现代社会经济制度。不同的社会经济制度对整体化也作出了自身的强烈反应。资本主义制度在上世纪末从自由竞争发展为垄断阶段,经过自我调节,容纳不断发展着的生产力,继续推进经济的增长。经过20世纪20年代至30年代的世界性资本主义经济大危机,资本主义制度出现重大变化,但其根本矛盾并没有消除,它的弊端暴露无遗,在理论上和实践中面临重大挑战。因而涌现了许多诸如"新资本主义""后资本主义""垄断后资本主义"等等对资本主义进行重新思考的理论。

作为资本主义对立面的社会主义思想和制度经历了19世纪从空想到科学的飞跃;在20世纪实现了从理论到实践的飞跃,并在社会实践中经受检验。从第一个社会主义国家苏联的建立到它的最后解体,从东欧社会主义国家的兴起到它们的剧变,从社会主义阵营形成到最后消亡,说明以计划经济为主要内容的苏联式社会主义模式的实验没有取得成功,人们将从它们的反面经验中总结出有益的教训。而以改革开放为特点的中国特色社会主义现代化事业,正"摸着石头过河",既坚持了社会主义现代化的大方向,又融入全球化发展的滔滔历史洪流,积累了丰富的经验,取得了伟大成功,前景灿烂。

殖民体系的瓦解和本世纪的三次民族主义潮流是20世纪整体化过程中的重要方面。它与上述资本主义和社会主义制度的荣辱盛衰息息相关,与世界整体化进程同条共贯。

全球化与多样化是人类整体化历史进程的两个不可分割的部分。“地球村”由于联系的便捷虽然显得越来越小,但它的内涵却变得越来越丰富多彩。在20世纪,各国、各民族人民在继承和发扬本国和本民族的文化传统方面成果累累,全球具有数千种不同语言、语种的,分属千余种民族、种族的60多亿人口,共同创造了地球文明和现代世界,使地球村成为一个繁花似锦的人类乐园。使世界呈现千姿百态、百花争妍的繁荣景象。显示了人类无比伟大的创造力和在新世纪更加美好的前景。

如果说,20世纪的时代主题是战争和革命的话,那么从20世纪末开始新世纪的最强音就是和平和发展。冷战结束以后,虽然局部战争在各大洲的边缘地区时有发生,有时甚至达到剑拔弩张的地步,但是人类总的历史发展趋势是和平与发展,这是不可抗拒的趋势。20世纪末,朝鲜半岛南北双方接触意义重大,中东地区重开和平谈判,虽然任重道远,但前景依然乐观。人类有力量和经验制止世界大战的再次爆发。持续发展成了各国人民的强烈愿望。亚洲人民克服了经济危机,正在振兴和发展,将在新世纪实现新的腾飞,中国将以经济大国的面貌出现在世界上。欧洲一体化进程取得重大进展,美欧主要发达国家在经济全球化和信息化过程中继续发挥其领先作用。非洲和拉美各国的现代化运动方兴未艾。

挑战与机遇并存,困难与成功同在。立足今天,雄视全球,回眸昨天,展望明天,人类的21世纪必将变得更加美好幸福!新的千年将光照千秋。

(载《20世纪世界大博览》,上海人民出版社,2001年)

人类文明进步、沧桑巨变的百年(下)
(1901.1.1—2000.12.31)

1.人类现代化的新步伐(1901.1—1918.11)

20世纪在人类文明取得伟大成果,新工业革命和现代化浪潮向全球蓬勃推进的关键时刻来临了。

19 世纪工业革命之花在 20 世纪初结出了丰硕成果。新世纪初年，人类的智慧和才华不断迸发出璀璨的光芒，大量的创造发明层出不穷，爱因斯坦的相对论和麦克斯·普朗克的量子论为人类认识自然提供了划时代的新视角，科学技术革命的步伐从未停顿，人类全面地进入了电气时代和铁路时代，人类第一次发明的飞机离开地球飞向天空。苏伊士运河和巴拿马运河的开通缩短了地球的航程，世界各大洋连在一起。豪华型巨轮在海上航行，欧洲、美洲的铁路四通八达，亚洲、非洲和拉美的铁路建设已经起步。现代大城市和中小城市在地球上星罗棋布，摩天大楼耸入云霄，电话、电报成为人类相互联系的便捷手段，无线电、洗衣机、电冰箱、汽车进入千家万户，改善了人类的生活条件。人文学科在批判旧世界的危机中激发出智慧的光芒，涌现了许多新的学科和学术瑰宝。人类向着更文明的社会攀登。

生产力的巨大飞跃推动了人类生产关系的重大变化，改变了人类的社会结构和生存方式。资本主义制度从自由阶段转化为垄断阶段，少数垄断资本家操纵国家的经济命脉和政治命运，为了扩大原料产地和侵占更多的资本和商品市场，对外扩张成了西方列强信奉的圭臬，世界殖民地体系正式形成，少数列强将世界瓜分完毕。资本主义列强成为地球上的“城市”，大量的殖民地和半殖民地国家和地区成为“农村”。由于资本主义国家发展不平衡的规律，美国、德国等新兴强国要求按照实力和资本重新瓜分世界，列强关系日趋紧张。

20 世纪是在人类面临空前战争危机的气氛中开端。随着世界连成一体的全球化进程，人类的战争也从局部走向世界，从地区走向全球。自 1898 年美国与西班牙爆发世界上第一次为重新瓜分世界的帝国主义战争以后，帝国主义列强逐步形成了“三国同盟”和“三国协约”两大军事集团，他们在北非和巴尔干地区展开激烈争斗，导致国际危机频发，战争迫在眉睫。

1914 年夏，萨拉热窝事件点燃了“火药桶”巴尔干，第一次世界战争终于爆发。经历 5 年厮杀，1918 年，德国作困兽犹斗发动最后攻势全线崩溃。11 月 11 日，协约国总司令福煦元帅与德国代表在巴黎东北部的贡比涅森林签署停战协定。大战最后结束。

战争引起革命，革命制止战争。俄国人民在列宁布尔什维克的领导下，在世界帝国主义堡垒中最薄弱的一环，胜利地发动了十月社会主义革命，退出了战争，开始了将科学社会主义从理论探索转向实践探索的伟大尝试，即在一个生产力相对落后的国家进行社会主义现代化道路的伟大探索和实践。

20 世纪初，现代化运动从欧美大陆向世界其他各地推进。西方列强用枪炮打开殖民地国家大门的同时，却促使了亚洲人民的觉醒，激发起非洲人民的反帝斗争，促进拉丁美洲各国的民族解放运动。革命风暴席卷了亚洲的朝鲜、中国、越南、印度尼西亚、印度、伊朗、土耳其及其他阿拉伯国家，以反抗殖民统治、争取民族独立为主要目标的殖民地民族主义席卷亚洲大陆。反帝反殖的烽火在非洲燃烧。拉丁美洲的墨西哥的民族民主运动高涨。

以战争和革命开端的 20 世纪将迎接更大规模的战争和革命高潮的到来！

（载《20 世纪世界大博览》，上海人民出版社，2001 年）

2. 人类在磨难中前进（1918.11—1945.8）

人类在磨难中成长，在挫折中前行。经过第一次世界大战的磨难，人类应该变得更为理智，对和平的渴求更为迫切，但是人类还是没有成长到足以消除世界战争根源的地步，他们的智慧和才华还不足以制止新的世界战争的爆发。因为战争并不以人们的主观愿望而发生或消灭。第一次世界大战的结束和俄国十月革命的胜利改变了世界的政治格局。1919 年上半年在巴黎凡尔赛宫召开的和平会议是一次世界列强的分赃会议，美国总统威尔逊在会上提出的所谓“十四点计划”是美国争取战后国际领导地位和建立世界新秩序的蓝图。巴黎和会决定建立国际联盟，对战败国作出安排，重新规划欧洲、西亚和非洲的政治格局。会后，战胜国分别与战败国先后签约。以牺牲弱小国家利益为代价，形成了以战胜国列强为主导的，维护列强在西方的暂时平衡的帝国主义国际政治体系——凡尔赛体系。同时为了调节美日矛盾，确立国际列强在东亚和太平洋地区的新格局，他们又在华盛顿召开会议，经过一番讨价还价，终于在限制海军军备和远东问题上达成协议，作为对巴黎和会某些决议的补充和修改，确立了所谓的华盛顿体系。至此，史称“凡尔赛-华盛顿体系”的战后帝国主义世界新秩序已全面确立。

帝国主义列强建立了世界体系，暂时稳定了国际政治局面，但是它以牺牲小国和战败国人民的利益为代价，所以战后欧洲各国人民掀起了革命风暴，从德国的十一月革命、匈牙利革命到1923年的欧洲革命风暴，各国共产党纷纷建立。亚洲、非洲和拉丁美洲各国进入新的历史时期，民族解放运动出现新的高涨。1919年5月，中国爆发了伟大的反帝爱国运动——“五四”运动。

暂时稳定的世界体系有利于资本主义世界的经济发展，亚洲、非洲和拉美的民族解放运动有利于探索和推进本国、本地区的现代化事业。20年代初，美国福特汽车流水线的推广和泰勒科学管理的“革命”，现代企业制度在欧美国家迅速扩展，世界金融中心从伦敦转到美国纽约。以美国为代表的资本主义世界经济呈现繁荣局面，工农业生产稳定发展，劳动生产率提高，失业率下降，股票市场牛市冲天。但是好景不长，由于繁荣中潜伏着萧条的因素，高涨中存在泡沫的虚假性。从1929年下半年起，资本主义世界突发股市危机，很快导致金融崩溃，从此引发了一场史无前例的世界性经济大危机。资本主义世界各国呈现一片萧条：银行破产，工厂倒闭，市场凋零，经济崩溃，工人失业，民不聊生。为对付危机，罗斯福总统在美国推行“新政”改革，实施国家垄断资本主义，力挽狂澜，逐步取得成效。与美国相对照的是，苏联在国内建立了社会主义公有制和计划经济，世界上第一次出现了资本主义体系和社会主义体系同时并存的局面。尽管国内领导层对重大政策出现分歧和肃反扩大化，但苏联的工业化和农业集体化还是取得重大进展，尽管苏联人民为此付出了巨大代价。

为了摆脱危机，德国、日本和意大利迅速在国内建立法西斯专政和对外加紧扩张，分别在欧洲和亚洲逐步形成了两个新的战争策源地。在西方列强绥靖政策的作用下，他们最终挑起了罪恶的第二次世界大战。自日军侵华始，继以欧战爆发，直到1945年，人类再次被卷入了世界性的大屠杀。善良的人们沉浸在20年代科技革命和经济繁荣之中，对新的世界战争的爆发缺乏准备，总结第一次世界大战教训的书籍尚未封笔，第二次世界大战已经爆发。

战争初期，纳粹德国采用闪电战术和总体战略在欧洲逞强，不可一世，法国被迫投降；日本在亚洲大肆侵犯中国后，又发动太平洋战争，气势汹汹。面对法西斯的凶狂，苏、中、美、英、法等反法西斯国家结成联盟，爱好和平的世界人民将战争转化为反法西斯的伟大解放战争。1942—1943年，苏军在斯大林格勒击溃德军取得胜利,美军在中途岛的海战中击败日军,英军在北非战场取得阿拉曼战役的胜利,中国人民在自己的神圣国土上开展持久的抗日战争。迫使法西斯国家变战略进攻为战略防御。经过1943年的巩固和发展,反法西斯国家和人民于1944—1945年向德国和日本法西斯发动战略进攻,最后取得战争的全面胜利,历时6年整,地跨欧亚非三大洲的第二次世界大战正式结束。中国人民经过14年浴血奋战取得了抗日战争的伟大胜利。世界战争导致了以苏联为首由东欧和亚洲人民民主国家组成的社会主义阵营的出现。中国人民经过艰苦的解放战争,伟大的中华人民共和国屹立在世界的东方。

世界战争给人类带来了灾难,但在客观上也促进了人类的整体化进程和激发起人类对科学技术的进一步探索。人类的智慧在战争中放射光芒,涌现了许多新的武器和装备:原子弹、巨型坦克、航空母舰、电子通讯等等。

在战争中,人类文明虽然遭到了严重破坏但并没有被全部毁灭。两次世界大战期间,人类以无比坚韧的创造力继续在文明大道上取得了可喜的成果。除了新的科技革命在战争进程中萌芽以外,经济领域的管理革命和工厂流水线在世界上得以推广,军事工业的勃兴大大推动了民用工业的发展;在人文学科方面,探究经济危机和论述世界战争的学说层出不穷,人类反对战争题材的文学巨著纷纷问世,哲学、史学在经历人类磨难以后变得更为深刻和睿智。

挫折、教训往往比成功、经验更发人深省,经过两次世界大战磨难洗礼的人类将变得更为理性和明智;在战争中萌芽的新的科技革命将在20世纪后半期显示其无可估量的威力,推动人类去创建新的文明。

(载《20世纪世界大博览》,上海人民出版社,2001年)

3.人类新科技革命的智慧之光(1945.9—1991.12)

两次世界战争终于使人类变得清醒、成熟和理智,人们痛定思痛,在战后开始努力寻求和平共处的途径,选择符合本国国情和人民利益的制度和发展道路;但是追求世界霸权的统治集团的理念和普通民众的愿望截然不同。因此,第二次世界大战的硝烟尚未散尽,人类又“爆发”了一场没有硝烟的战争,进入了所谓的“冷战年代”。第二次世界大战结束前后,以美苏为核心的世界大国制定了一系列关于战后国际政治秩序的文件，包括德黑兰会议、雅尔塔会议和波茨坦会议所签订的种种协议，史称“雅尔塔体制”。该体制的核心国家是美苏两大国。苏联因在战胜法西斯的正义事业中功不可没，不仅国际地位大为提高，而且在它的影响下东欧地区先后建立了人民民主国家：南斯拉夫、阿尔巴尼亚、波兰、保加利亚、罗马尼亚、匈牙利、捷克斯洛伐克和德意志民主共和国等；“东方巨人”新中国经过百年奋斗终于屹立东方，蒙古、越南、朝鲜等人民民主国家在亚洲崛起，最终在世界上形成了一个以苏联为首的社会主义阵营。

资本主义世界经过调整以后经济全面复兴。美国经过第二次世界大战一跃而成为世界头等经济军事强国，成为世界资本主义国家的霸主，积极推行称霸世界的全球战略。英国、法国、德国、日本、意大利、加拿大等国家先后医治好战争创伤，经济迅速复兴，在意识形态上则坚持鲜明的反共反苏立场。

1946 年，美国驻苏大使凯南为杜鲁门政府提出“遏制”苏联政策。英国离职首相丘吉尔在美国发表著名的“铁幕”演说，鼓吹英美联合对付苏联共产主义的“威胁”，揭开了冷战的序幕。1947 年，杜鲁门主义出笼，冷战正式爆发。面对美国咄咄逼人的全球争霸战略，开始苏联出于安全防卫抵制美国霸权，后来却以新沙皇自居，推行扩张主义与美国争夺世界霸权。两大阵营的对立最后导致在欧洲形成“北大西洋公约组织”和“华沙条约组织”两大对立的军事集团。两霸相争导致连绵不断的国际危机和局部战争：柏林危机，古巴导弹危机，美国侵略印度支那，印巴战争，中东战争，苏联入侵阿富汗，两伊战争，海湾战争等等。

冷战期间，双方不仅攻守进退，曲折迂回；而且内部分化组合，变幻莫测。社会主义阵营在斯大林逝世后发生了重大变化。苏联新领导人赫鲁晓夫开始在国内实行某些改革并开展对斯大林的批判运动，东欧的南斯拉夫、匈牙利、波兰、捷克斯洛伐克等也开始实施改革。中苏两党展开对国际共运总路线的激烈辩论，社会主义阵营出现分裂。中国在“文化大革命”结束以后，中国共产党领袖邓小平结束了“以阶级斗争为纲”的错误路线，提出改革开放的伟大战略决策，面向世界，面向未来，使中国走上以经济建设为中心的新时期。在外交上中国实行独立自主的政策，反对美苏争霸，与美国建交。20 世纪八九十年代，东欧民主国家发生系列剧变，先后放弃社会主义制度，柏林墙倒塌，两德统一,南斯拉夫解体。1985 年苏联共产党总书记戈尔巴乔夫在苏联推行“新思维”改革。1991 年苏联共产党自行解散,最后在国内外复杂历史因素的作用下,苏联解体。资本主义世界在 70 年代开始出现“滞胀”现象,美欧等国放弃凯恩斯主义逐步推行保守主义政策。尽管美欧关系出现龃龉,法国对美国的控制不满,但对苏联解体和东欧剧变态度一致。冷战最终以苏联解体和东欧剧变而结束,雅尔塔体制最终瓦解。

广大发展中国家在战后取得民族民主运动的新成果,第三世界力量不断壮大,他们根据本国具体条件推行现代化并取得明显成效,“亚洲四小龙”的腾飞就是一例。民族要解放、国家要独立的殖民地民族的民族解放运动空前高涨。

就在人类的国际政治格局发生巨变的同时,新的科学技术革命已在全球范围内蓬勃开展,它对人类产生的深刻影响远远超过了国际格局的变化。人类反对战争,但战争一旦到来,人类并没有丧失生存的信心,反而在磨难中前进,在战争中学会很多东西。战争促进了科学技术的发展。第三次科学技术革命在战后拉开序幕。冷战并没有阻止人类在科学、技术领域的伟大探索,本世纪 40—50 年代开始,人类在第一次、第二次产业革命成果的基础上,在军事、经济和科学文化激烈竞争的条件下,迅速开展了第三次科学技术革命,并成为推动当代人类进步、经济发展和社会文明的强大动力。1946 年世界第一台电脑问世,1977 年第一台具有广阔市场的个人电脑诞生。核能的广泛利用,电子技术特别是电子计算机的普及和应用,航天技术等等成为这场革命的主要代表,相关的生物生命工程、材料革命、海洋工程等高科技也获得可喜发展。新科学技术革命导致了大量新产业的崛起。1961 年,尤里·加加林成为人类第一位进入太空的人。1969 年,人类首次登月 ,在月球上迈出了人类的第一步。发达国家的信息产业在世界上占据领先地位。科技革命为后来信息社会的到来创造了条件,奠定了基础。科技革命引起社会结构的重大变化,世界经济一体化进程加速,全球化开始成为热门话题。

(载《20 世纪世界大博览》,上海人民出版社,2001 年)

4.人类向全球化迈进(1991.12—2000.12.31)

20世纪最后10年,世界经济一体化和全球化的趋势加速发展,市场经济在全球扩展。原苏联和东欧国家地区开始实行市场经济,中国迅速走上社会主义市场经济的道路。1995年,世界贸易组织取代了关贸总协定,世界商品贸易和资本流通量大量增加,跨国公司成为全球投资的重要主体和经济全球化的桥梁。

世界区域性经济区不断出现是经济全球化的重要阶段和表现之一。1991年年底《欧洲联盟条约》正式签订,欧盟于1999年正式发行统一货币——欧元。1992年《北美自由贸易协定》签订,1994年该自由贸易区正式建立。1994年,亚太经济合作组织领导人第二届非正式会议在印度尼西亚的茂物召开,发表《茂物宣言》,为该地区的长远经济合作作出重要决定,之后每年召开会议并分别发表了《大阪宣言》《马尼拉行动计划》《联合大家庭》等。世界区域性经济区的发展反映了全球化进程的推进。

全球化的加速与信息革命为核心的新科技革命的推进是同步的。

90年代以来全球的信息革命浪潮兴起。全球通讯网络迅速建成。以光纤通讯为主体,卫星通讯和无线电通讯为辅的"智能化、综合化、宽带化综合业务数字通讯网络技术"——新一代的通讯技术崭露头角;现代生物技术的新突破:克隆技术已经成功地培育了克隆牛等等;材料革命的新成果:如超导材料和纳米材料的发明和应用具有无限前景;近4千颗人造卫星围绕地球运行,1997年"火星探路者"号探测器在金星登陆并发回照片。世纪末第一批人类太空居民已在地球外生存。

20世纪最后10年,随着冷战的结束,凡尔赛-华盛顿体系寿终正寝,新的国际关系格局尚处在形成之中,美国企图独霸世界和世界各国要求世界多极化成为趋势。美国凭借它是世界上唯一超级大国的特殊地位到处充当世界警察的角色,甚至超越联合国组织制裁它所认为的"流氓"国家,推行所谓"人权高于主权"的新干涉主义,以人道主义为由干涉各国内政,竭力发展战略武器。在欧洲推行北约东扩和北约新战略;在亚洲加强日美安全保障体系。中国、俄罗斯、法国等国在国际事务中坚持独立立场,以不同方式抵制美国霸权主义，坚持世界多极化趋势和方向。一股源于欧亚大陆的民族主义洪峰迅速在世界蔓延，形成本世纪第三次民族主义浪潮，更具有全球性和综合性，其中的极端民族主义甚至成为不稳定因素之一。

尽管地球上还存在着诸如霸权主义、恐怖主义和极端民族主义等等的不稳定因素，尽管紧张局面、政治危机和局部战争在各大洲的边缘区时有发生，甚至牵动全球人类的关注；但是和平与发展已经成为时代的主旋律，新的世界性战争得到了遏止。人类显示了反对世界战争的强烈愿望和巨大能量，各国人民维护和平的决心正在制止世界性战争的发生。朝鲜半岛南北接触局势缓和，中东和谈继续进行，虽然在前进道路上还会遇到重重障碍，任重而道远，但终究显示了全人类向往和平与发展的强烈愿望和不可阻挡的历史趋势。维护世界和平是为了全球经济的持续发展。世界各国人民正致力于本国、本地区的经济的持续发展，而世界和平是实现发展的根本保证。

在20世纪行将结束的时候，美国2000年总统大选出现了前所未有的历史性戏剧局面，引世人注目。两位总统候选人的选票相差无几，整个选举的开票时间被拖延一个多月，最后由美国最高法院裁定有争议的佛罗里达州选举人选票的计算问题。共和党候选人小布什才得以选举人微弱的多数票，击败获多数普选票的民主党总统候选人戈尔，当选美国总统。多数美国人发出了要求改革实行了两个多世纪的美国总统选举制度的强烈呼声。预示在新世纪，甚至连已经实践了两个多世纪的美国式民主制度也将面临挑战。

人类在迈向新世纪的时刻也许不应陶醉于已经取得的即使是极其伟大的成就，仍应保持清醒的头脑，因为人类还面临着严重的生存危机，“地球村”存在着被毁灭的危险，它不是被外星人而是被人类自身的无知和贪欲所毁灭，其中包括许多自然问题和社会问题，诸如自然环境保护、生态平衡、人口控制、预防犯罪、水资源缺乏、制毒吸毒、难民潮、艾滋病、军备扩张和维护世界和平等等，它们都已经超越了国界成为与全球各国人民命运休戚相关的问题，已经超出了一个或少数国家的能力，而需要全球人民的智慧和协调行动始能奏效的全人类的“球级”问题。人类不仅要为20世纪这一时代更要为21世纪、22世纪等等的子孙后代创造良好的生存环境，提供持续发展的空间，造福未来。这对人类是一场新的考验和挑战。

新世纪犹如东升的旭日正在历史的地平线上喷薄欲出，光芒四射，让我们伸出双手迎接21世纪的到来，在新世纪里创造世界新的辉煌！和平与发展的主题将成为新时代最美妙动听的旋律奏响寰宇。21世纪和新千年是属于人类的！

（载《20世纪世界大博览》，上海人民出版社，2001年）

多视角探索世界历史

——《世界史通论》引论（上）

历史学的研究对象是漫长的人类历史，但在本质上它是建立在可靠事实上的一种探索与分析。何谓历史？

“历史不外是各个世代的依次交替。每一代都利用以前各代留下来的材料、资金和生产力；由于这个缘故，每一代一方面在完全改变了的条件下继续从事先辈的活动，另一方面又通过完全改变了活动来改变旧的条件。”[①]历史是人类的昨天，今天是昨天的继续，明天是今天的继续，人类的昨天、今天与明天构成一个整体。

人类的活动无论是昨天还是今天总是在一定的时间、空间、条件的三维中发展、进行的。历史学研究的对象就是人类社会昨天与前天的轨迹，这是一个十分复杂的综合性的活动，包括经济、政治、社会、文化、思想、艺术活动等等。研究复杂的事物需要复杂的方法与手段，研究历史学就需要借助多学科的交叉研究，经济学、政治学、心理学、社会学、人类学、民俗学等等原理，需要借助于多种视角观察分析问题才有可能了解历史真相，弄明白历史事件的性质，探索其意义。犹如医生借助于多种医疗手段如X光透视、同位素扫描、磁共振等确诊疾病性质、发展阶段，最后才能制订治疗方案一样。

历史学研究中鼓励多视角和“多种解释”。美国城市史专家芒福德主张研究人类城市史要采用多种解释，他说：“城市的发展，从其胚胎时期的社会核心到它成熟期的复杂形式，以及衰老期的分崩离析，总之，发展阶段各不相同，很难用一种解释来说明。”[②]城市史是人类历史的一部分，很难用一种解释来研究，人类历史的探索当然更需多种解释了。著名历史学家伊格尔斯说的好:“对法国大革命从经济或文化层面去解释,在某种程度上不仅相互冲突,而且是对一个复杂的历史综合体所做的完全不同的观察。对法国革命没有也不可能只有一种解释。”[③]

本文试用“多种解释”对世界历史进行探索,尝试从现代化、全球化、资本主义工业化和文明发展的不同视角透析全球历史,这四个视角不仅是当前世界史研究的热门话题,且有其内在联系:现代化是一种历史发展阶段,工业化是现代化的核心内容和动力;现代化的发展使得全球各个地区紧密地联系在一起而形成全球化的历史趋势;一种全球化的、又包含差异的人类文明正在走向辉煌,展现了一种与以前十分不同的文明形态。

这四个视角都各有自己庞大的知识体系,既有时间上的跨度,又有各自的概念系统,横跨了多种学科。现代化相关内容十分复杂,它的内涵至今仍然是值得争论的问题,内容牵扯到政治、经济、社会、文化等各个层面,从时间来说,整个近现代、当代甚至是未来的特定时期都属于现代化与全球化的范畴;全球化这个视角所涉及的问题更是众说纷纭,不同的人从自己的学术背景和立场来发表自己的见解;工业化的概念、产生、发展及其历史影响足足可以横跨整个近现代和当代史,涉及历史学、经济学等专业的知识;文明根据不同的定义有不同的划分方法,但是无不承认文明是一个贯穿古今的概念,它是从古代的一点延伸到无穷未来的射线。换言之,现代化理论偏重于从时间的维度探索世界史,全球化视角则从空间的维度观察世界历史,资本主义工业化视角侧重于从人类的经济活动的层面研究世界历史的演进,最后文明视角就是从文化、文明的层面综合世界历史的发展。事实上四大视角是相互联系互为依存的不可分割的整体,有时往往会一起聚焦在历史重点发展某一问题上,相互交融,你中有我,我中有你。总而言之,它从时间纵轴上贯穿了从古代到当代甚至是未来,从横轴上其内容丰富多彩。最主要的是能够在不同视角的分析比较中获得求知的动力,提高创新思维能力。[④]

一、从现代化视角探索人类历史进程

世界历史从某种意义上就是人类逐步从传统社会走向现代化社会的历史。世界近现代史是世界现代化进程中的关键时期,是人类由传统社会向现代社会转化和完成的时期，是欧美国家实现现代化的决定性时期，是亚洲、非洲、拉丁美洲国家卷入现代化历史大潮的重要时期。世界当代史可被看作人类现代化的第三次高潮的历史。

西方现代化理论的形成与主要内容

现代化是一个客观的人类历史发展进程与阶段，现代化理论则是反映、研究这一历史过程的理论，是西方学者首先“发明”的，它发端于上世纪 60 年代，创始于经济学、政治学与社会学领域，经历了形成、扬弃、批判阶段。美国经济学家 W.罗斯托于 1960 年在《经济增长的阶段》一书中提出的经济成长阶段论(the theory of stage of economic growth)为现代化理论之代表，罗斯托提出，人类社会发展共分为 6 个经济成长阶段：一是传统社会，其特征是不存在现代科学技术，生产主要依靠手工劳动，农业居于首要地位，消费水平很低，存在等级制，家庭和氏族起着重要作用。二是为起飞创造前提的阶段，即从传统社会向起飞阶段过渡的时期，在这一时期，世界市场的扩大成为经济成长的推动力。三是起飞阶段，起飞就是突破经济的传统停滞状态。实现起飞需要 3 个条件：1.较高的积累率；2.要有起飞的主导部门；3.建立能保证起飞的制度。例如建立使私有财产有保障的制度；建立能代替私人资本进行巨额投资的政府机构等。一旦起飞，经济也就可以自动持续增长了。他认为，英国在 18 世纪的最后 20 年里实现了起飞，法国和美国在 1860 年以前的几十年里，德国是在 1850—1875 年，日本在 19 世纪最后 25 年。四是成熟阶段。这是起飞阶段之后的一个相当长的、虽有波动但仍持续增长的时期。五是高额群众消费阶段。这是一个高度发达的工业社会。六是追求生活质量阶段。(罗斯托的理论中最初只包含 5 个阶段，后来被他扩展成 6 个阶段)

罗斯托的理论有明显的政治意图，看一看当时的美国政府的对外战略，此理论无疑是美国向世界推出的软实力的一部分。何顺果认为：“W.罗斯托在 1960 年出版的名著《经济增长的阶段》，被认为是在理论上明确提出现代化问题并直接为美国对外政策服务的代表作。”他指出：“我们可以把杜鲁门的‘第四点计划’、罗斯托的《经济增长的阶段》及 1960 年日本的箱根会议，看做‘现代化’由西方向‘世界’迅速扩散的重要标志。”⑤

在理论上，罗斯托的经济成长阶段论是一种线性的发展理论，不具备周期理论的预见性，在他之前，康德拉季耶夫就提出了“长周期论”，认为资本主义国家的经济发展并非线性而是周期性的。

20 世纪 60 年代是西方现代化理论形成和进一步发展阶段，与罗斯托经济发展阶段理论相匹配的，美国比较史学开创者 C.E.布莱克《现代化的动力》(1966) 和小巴林顿・穆尔《独裁与民主的社会根源》(1966) 为现代化理论扩展了内容。布莱克以工业革命所带来的人类知识的空前增长，从引起政治制度的迅速更新的“近代化”理论出发，对世界范围的近代化过程作了比较研究，得出了七个政治近代化的模式。其后，布莱克又与社会学家和经济学家合作，写了《日本和俄国的近代化，一种比较研究》(1975)，其方法更为细致。同时，该书还体现了美国史学的另一特点，即跨学科研究。在书中，作者提出了他们对于比较研究的意见：(一) 在各社会中间和在社会发展的不同阶段中间进行直接和有系统的比较；(二) 对社会的变化“纵的剖析”；(三) 把一项研究和进行一系列的其他研究结合起来。

穆尔的《独裁与民主的社会根源》研究世界走向近代化的过程，但他主要从社会各阶级特别是农民的作用出发，运用农业发展的史料对英、法、美、中、日和印度的近代化进行了比较，得出了三条基本道路：一条是经过资产阶级革命走向资本主义；一条是通过“自上而下的革命”走向法西斯主义；还有一条是经过农民革命走向共产主义。

布莱克和穆尔的著作体现了美国比较史学的一个重点：各国的现代化问题，而它的另一个重点是各国的革命问题，其主要代表是季普塞特和钱伯斯。前者强调政治上的平行发展的重要性，认为美国革命可以作为非洲的榜样；后者强调 18 世纪九十年代美国所出现的政党是历史上从未有过的真正政党，现代的新生国家也完全可以仿效。此外，还有一些历史学家运用比较方法于美国历史上的一系列重要专题，出版了《美国历史可比性》的专集，旨在通过比较，把美国的历史经验“推广”、介绍到二战后新建立的民族国家中去。

还有一位值得注意的是加里布埃尔.A.阿尔蒙德 (Gabriel A. Almond)，美国政治学结构——功能主义学派创始人。他是斯坦福大学政治系荣誉教授。1966 年他出版了《比较政治学：体系、过程和政策》，是美国当时比较政治学丛书中的最重要的一部。在书中，阿尔蒙德提出了所谓“第三世界的发展战略”。

从 20 世纪 70 年代开始，美国产生了一批思考美国以及人类未来的著作，如托夫勒的《未来冲击》(1970)、《第三次浪潮》(1980)、《大趋势》(1990)以及奈比斯特的《大趋势——改变人们生活的10个新方向》(1982)等,这些在世界上产生了广泛影响的著作都涉及了信息革命或者信息社会的问题,在一定程度上弥补了罗斯托经济发展阶段理论对发达国家没有多大参考价值的弱点。

现代化理论有深厚的社会学渊源,最具代表性的是美国著名社会学家,功能主义流派的代表人物——塔尔科特·帕森斯(Talcott Parsons),他在1960年出版了《现代社会的结构与过程》(*Structure and Process in Modern Societies*)。当然,现代化理论的产生也有其历史学的渊源,除比较史学兴起外,主要是社会学原理引入到史学导致新政治史的出现,此外新保守主义思潮也促使了现代化理论的诞生。

综上所述,西方现代化理论形成时期的主要学科是经济学、政治学、社会学,这些学科的理论发展构成了现代化理论的主要内容,后经历史学与未来学上的研究成果的补充,内容丰富而庞杂。虽然学科门类不同,但基本内容上有极为相似的部分,其共同点如下:1.均以西方社会为模式加以抽象化、理论化,经济学以美国和西方国家经济发展模式为榜样;政治学和社会学则以美欧的政治制度与体制为样板,他们的现代化就是西方化和美国化;2.对世界进行整体考察和研究,向第三世界推广西方现代化的历史经验;3.采用比较研究的新方法;4.单线发展的历史观。

现代化理论有明显缺陷:1.冷战意识强烈,如罗斯托的《经济增长的阶段》一书的副标题就是"非共产党宣言";2.理论体系不严密;3.历史观念上的模糊。

西方现代化理论问世后虽然受主流社会的热捧,但也遭到学者们的质疑与批评,为何批评之声不绝?事出有因。首先,20世纪60年代美国社会出现了较大的动荡;其次,第三世界的民族民主运动不断高涨;再次,美苏冷战正酣,意识形态斗争激烈;最后,现代化理论本身存在缺陷。

批评是多方面的。有批评他的政治发展论。如英国科林·莱斯在1984年发表文章《塞缪尔·亨廷顿与"经典"现代化理论的总结》,对其政治发展论提出异议。他认为"现代化"一词,是指从传统的社会组织原则向现代的社会组织原则过渡过程。从今天的高度看,上述的传统和现代之分,不过是以从当代世界资本主义体系的表面和中心部分任意抽取出来的情况为依据的。“现代化”这一概念只不过是一种设想。有时,亨廷顿引证的资料丝毫也不能证实某些貌似规律的结论。总之,亨廷顿使用的方法是鼓吹多于探讨。亨廷顿的著作作为科学理论,是虚伪的;作为一种政治宣传则是粗陋的;作为重建意识形态的模式确是开拓性的。

德国学者鲁道夫·哈曼的“欧洲工业革命是发展中国家效法的模式吗?”对罗斯托的“起飞”论提出质疑。认为他的模式的理论体系还是不完整的。一方面,他以分阶段区分和勾勒不同发展阶段,并未达到预定目标;另一方面,这个模式假定发展是自动进行的,从而忽略了不同国家历史上的特殊条件。其实不同国家往往是沿着多种多样大不相同的道路赢得现代化的。韦伯和马克思是历史学家又是社会学家,所以对工业革命前提复杂性的认识是充分的。现代化理论家通常对发生在英国首次历史性过渡的特征、欧洲过渡的特征以及每一次过渡的特征之间的特征没有加以区别。过去只是可能实现的许多客观可能性中的一个可能。具体事件总是特定的构造条件和人类的决定的共同产生的结果。

他认为尽管工业国家从工业革命以来逐步得到发展,并使其在社会——经济结构规范化,发展中国家却以其经济和社会结构异质性为特征。然而,结构异质性不能像现代化理论家提出的那样,解释为从传统的社会结构向现代工业国家转变的一个过渡阶段。[6]

西方现代化理论传入我国以后,以罗荣渠先生为代表的一批中国学者,以历史唯物主义为指导,吸收西方现代化理论的精华,批评其糟粕,并以此观察全球历史,探索一种新的历史解释,在内容上至少有如下几个要点。

关于现代化的动力问题

从历史唯物主义原理分析现代化理论,现代化其实是一个历史进程,也是一个历史阶段。它的根本动力是人类历史上发生的工业革命,这场革命也就是人类现代化的起点。马克思对工业革命的高度评价,可以被认为是现代化的主要内容。工业革命的完成是工业化的起点,整个社会随着工业化的进程,从经济领域到政治、思想、文化、社会生活等都发生全面的巨变,这个进程就是现代化实现的过程。

至今,人类历史上已经历了多次工业革命,每一次工业革命都会带来历史性的变化，现代化也呈现出阶段性的递进，形成高潮。中国学界普遍认为现代化的三次发展高潮：第一次由英国工业革命开始，向西欧扩展，西欧成为现代工业文明的中心；第二次是工业化向整个欧洲、北美扩散并取得胜利。对非西方文明中心从埃及、土耳其到中国形成了强大的冲击，促使这些国家寻求防御性现代化道路，但只有日本获得成功。俄国在十月革命后走上探索社会主义现代化的道路。第三次发生在 20 世纪下半叶。发达国家向高工业化升级和欠发达国家，即第三世界卷入工业化的进程。第三世界的现代化成为当今世界发展的主要课题。[⑦]

关于近现代欧美国家的不同发展道路

从现代化视角观察人类近现代历史，就会发现不同地区、不同国家的不同现代化的模式或道路。从地区上可分为欧美地区与亚洲非洲中南美洲；从发展水平，可分为发达国家与发展中国家两大类型。

根据罗荣渠、丁建弘、艾周昌等研究，各发达国家的经济现代化、政治现代化和文化现代化构成了一个互动互补体系，经济现代化是中心和基础，政治现代化是助力或保护力，文化现代化主要决定发展模式或形式特点。它们在现代化各阶段上所起的作用和所具的比重不尽相同。

拿发达国家来说，发达国家现代化模式：

1.英国是历史上最早开展工业革命的国家，它的现代化是一个自发的、自下而上的渐进变革过程，形成了强有力的经济中坚力量，经济生活通过不断扩展的市场来实现自我调节，政府的职能主要是保证经济的自由运转。

2.法国的现代化更多是从政治现代化开始的和推动的（法国大革命）。法国现代化道路的特点："以政治现代化为先导"。因为"18 世纪下半叶，法国现代工业开始起步，其标志是新技术的采用和手工工场的集中化"。

3.德国的现代化则是在自身内部因素软弱或不足的条件下，外来因素（拿破仑战争）的冲击和压力成为主要推动力，通过改革和统一，形成一条政治上'保守'、经济上快速发展的普鲁士式的道路。

4.美国是在没有任何封建传统背景的大地上，引入西欧的现代制度，快速走上自由发展的现代化道路。"美国现代化的历史进程起源于殖民地时期（1607—1775），并在美国革命至美国内战期间开始成形与起飞。"

5.俄国则是在保留大量封建残余并在西欧的影响下，艰难地转向现代化—工业化道路的。因此彼得一世改革还谈不上是一场现代化改革，毋宁说是一种'欧化'改革更为恰当，虽然也带有许多'现代性'。

6.日本的现代化有着明显不同于西方的特色，它是通过"脱亚入欧"实现的，那么不能不说日本的历史文化传统是一个关键性因素。在现代化进程中，现代性与超越时空的历史传统相结合。

7.意大利在19世纪60年代统一后的50年，在创立大工业和组织化方面的势力取得了巨大成果，在现代化道路上迈出重要的步伐。世纪之交被认为是意大利的"起飞"阶段。

同时，国内学者对发展中国家的现代化进程作出深入分析，概括出多种不同的发展模式与道路。从而用现代化的视角对世界近代史作出新的审视，进行新的概括，得出新的结论。⑧

二、从全球化视角分析人类历史进程

就在现代化理论受到质疑之时，全球化理论却风起云涌，长盛不衰。20世纪80年代，全球化作为一种理论思潮开始流行。如果现代化理论是以时间为主轴，以现代内容为标准观察人类历史的视角；那么全球化理论作为透视世界历史的视角，则以空间为主轴，从时空的变迁观察人类历史。从某种意义而言，一部人类历史就是一部从局部走向全球化的历史。世界全球化是一个长期的历史进程，自从人类在地球上诞生以来，它的演化进展过程，就是从以互不联系或联系不多的地区、地域、国家为特征的地域史、国别史向"世界联成一体"的全球史的转化。从1492年开始的地理大发现到世界市场的形成；从世界市场的形成到世界经济的出现；从世界经济到经济一体化的实现。世界近现代史在全球化过程中占有一个决定性的地位。"如果说'现代化'有一个世界进程，就是指它向全世界各地传播的进程，而真正的'世界进程'是全球化过程，'现代化'是作为全球联系的交往中的内容和动力出现的。这就是二者关系的实质。"⑨

全球化理论的形成与主要内容

全球化是一场实际上发生还正在发展的人类历史活动；全球化理论是对这种历史活动的理论概括；全球化虽然是当今时代最热门的话题之一，但就理论形态而言，它不如现代化理论完备，且人言籍籍，见仁见智；然而它的理论虽不完备严谨，但实用性与人们的关注度在某些方面却远超现代化理论；较之现代化理论受到批判挑战而言，全球化理论自问世之日起，就与反全球化理论与运动相互对立争斗，其激烈、尖锐程度是现代化理论无法比拟的。一般认为，全球化理论至少存在三大流派———西方主流派全球化理论、“新左翼”全球化理论和马克思主义全球化理论。

全球化理论与马克思、恩格斯的世界历史观一脉相承，马克思、恩格斯认为全球性的世界历史是大工业的产物，他们在《德意志意识形态》中指出，大工业“首次开创了世界历史，因为它使每个文明国家以及这些国家中每一个人的需要的满足都依赖于整个世界，因为它消灭了以往自然形成的各国的孤立状态”。⑩

工业革命以后，因为人类的生产方式与交换方式发生重大变化，人类的活动由过去的封闭走向开放，从地区走向全球，从国家走向世界，历史越来越成为世界性，“各国相互影响的活动范围在这个发展进程中愈来愈扩大，各民族的原始闭关自守状态则由于日益完善的生产方式、交往以及因此自发地发展起来的各民族之间的分工而消灭得愈来愈彻底，历史也就在愈来愈大的程度上成为全世界的历史。例如，如果在英国发明了一种机器，它夺走了印度和中国的无数工人的饭碗，并引起这些国家的整个生存形式的改变，那么，这个发明便成为一个世界历史性的事实”。⑪

马、恩从历史唯物主义原理出发，指出世界历史的发展完全是客观的物质运动，而不是一种抽象的意识与精神，“由此可见，历史向世界历史的转变，不是‘自我意识’、宇宙精神或者某个形而上学怪影的某种抽象行为，而是纯粹物质的、可以通过经验确定的事实，每一个过着实际生活的，需要吃、喝、穿的个人都可以证明这一事实”。⑫

马克思与恩格斯合著的《德意志意识形态》不仅提出了马克思主义的世界历史理论，也被认为是当今全球化理论的源头。而在马、恩前，“地圆说”是全球化理论的另一源头。

威廉·麦克尼尔和斯塔夫里阿诺斯的“全球史”

如果说西方现代化理论发端于经济学、政治学与社会学，那么全球化的理念与视角则肇始于历史学。20 世纪 60 年代，史学领域涌现了多部有世界影响力的全球通史，其中斯塔夫里阿诺斯的《全球通史》和威廉·麦克尼尔的《西方的兴起》为最。

美国当代著名历史学家L.S.斯塔夫里阿诺斯（Leften Stavros Stavrianos）（1913—2004），1913年生于加拿大温哥华。曾任美国加利福尼亚大学的历史教授，著述丰富，最引人瞩目的是他的《全球通史》，分为《1500年以前的世界》和《1500年以后的世界》两册。作者采用全新的史学观点和方法，从全球的视角而不是一国或一地的角度来考察世界上各地区人类文明的产生和发展，将人类的世界历史视作为一个统一的有机体，本书在20世纪中期一经问世便立即被译成多种文字，影响广泛，颇受好评。“这部通史被认为是第一部由历史学家运用全球观点囊括全球文明而编写的世界历史”。

美国著名历史学家威廉·麦克尼尔（William H. McNeill）（1917—2016），被称誉为“全球史研究奠基人”。芝加哥大学荣誉退休教授，曾担任美国历史学会主席、美国世界史学会主席。在全球史方面的研究卓然有成，甚至被尊称为与斯宾格勒、汤因比齐名的，开辟了西方世界史学新时代的学者。他在1963年出版的《西方的兴起：人类共同体史》（*The Rise of the West: A History of the Human Community*），一鸣惊人，誉满世界，并因此获得美国国家图书奖。

《西方的兴起》以全球视野讲述整个人类历史，将全球文明看作一个不断运动变化的整体，上起人类起源，下迄20世纪末，聚焦于中东、印度、中国、欧洲等主要文明，他认为所有人类社会都是在不同程度上相互联结的，各个文明之间的交往互动是促进文明演化、历史变革的主要动力。所以该书以不同文明之间的互动为主线，把人类历史分为中东统治的时代、欧亚文明均势的时代和西方统治的时代三个阶段；以“欧亚大陆生存圈”为核心，纵览了在这个大生存圈中各个文明交融传承、兴衰演变的宏观全景。1967年，他又出版了《世界史》，完整讲述了从史前到21世纪全球文明互动的故事。英国著名学者巴勒克拉夫在《当代史学主要趋势》一书中说：“近年来在用全球观点或包含全球内容重新进行世界史写作的尝试中，最有推动作用的是那些著作恰恰是由历史学家个人单独完成的，其中恐怕要以L.S.斯塔夫里阿诺斯和W.H.麦克尼尔的著作最为著名。”

沃勒斯坦的“世界体系理论”

伊曼纽尔·沃勒斯坦的《现代世界体系》是作为对西方现代化理论的批

判而诞生的,又为全球化理论提供了思想基础。

沃勒斯坦1930年生于纽约的一个犹太家庭。20世纪50年代在哥伦比亚大学就读,1958年获博士学位,就职于哥伦比亚大学社会学系。长期从事非洲研究,发表《通向独立之路:加纳和象牙海岸》《非洲:独立的政治》《社会变化:殖民地状况》和《非洲:统一的政治》。他认识到非洲社会的现代化绝不是一个孤立的过程。批评将发达国家的现代化模式普遍化的发展理论。之后成为纽约州立大学宾厄姆顿分校的杰出教授,1976年后,他在该校任"布罗代尔经济、历史体系和文明研究中心"主任,还担任国际社会学学会主席等职。他的主要代表作就是四大卷的世界体系论。

沃勒斯坦1974年发表了他的第一卷《16世纪的资本主义农业与欧洲世界经济体的起源》,阐述1450—1640年世界体系的起源和早期状态;第二卷《重商主义与欧洲世界经济体的巩固(1600—1750)》,阐述1640—1815年世界体系的巩固;第三卷《资本主义世界大扩张的第二时期》,阐述1815—1917年世界经济体系转变为全球性事业。第四卷《1917——资本主义世界经济体系的巩固以及这种巩固引发的特殊"革命"的紧张局势》。

概而言之,世界体系理论是70年代以来在美国出现的一种强调现代世界的整体性,强调把社会变化置于一个整体的世界体系之中去考察和分析的理论体系。

他的主要内容可以概括为:第一,对现代世界体系的结构、运作方式和历史形成过程的分析和研究;第二,对现代资本主义世界体系的政治、经济和文化的全方位的批判;第三,对改变现代资本主义世界体系的理论探索。世界体系理论认为,现代资本主义世界体系从其最初形成的时期始,就表现出它的结构特征:核心、半边缘和边缘三层结构。这是由世界范围的分工和交换关系所决定的。这种分工和交换关系把世界分成一对复杂的对立范畴:核心与边缘。这种关系不仅是一种状态,而且是一个过程,即核心化和边缘化的过程。这个过程是一个整体运动。

沃勒斯坦认为:"资本主义世界经济体是以世界范围的劳动分工为基础而建立的,在这种分工中,世界经济体的不同区域(我们名之为中心区域、半边缘区域和边缘区域)被派定承担特定的经济角色,发展出不同的阶级结构,因而使用不同的劳动控制方式,从世界经济体系的运转中获利也就不平等。"

因此,由核心—半边缘—边缘三层结构所决定,现代资本主义世界体系是不平等的等级社会。

同时,核心化和边缘化,是资本主义世界体系发展同一个历史过程的两个方面。核心地区和边缘地区经济的悬殊和历史发展的不平衡,正是资本主义世界体系的结构特征。

世界体系论不仅批判资本主义,而且本身就是作为现代化理论的对立面提出的。世界体系论以新的发展观对现代化理论所依据的发展理论进行批判。沃氏认为发展理论回避了一个实质性问题:发展的含义是什么? 发展是谁的发展? 发展战略后面隐含的目标什么? 在当今世界体系之下,这种战略目标是否具有可行性? 他认为发展理论的错误在于它提出问题、认识问题、解释问题的整个角度和前提都是错误的。他认为发展理论绝口不谈现代资本主义体系的等级结构,不谈核心国家与边缘国家之间的经济联系,仿佛任何国家和民族都可以通过一定的历史发展阶段,独立地达到发达国家的经济水平和富裕程度,取得重大的政治经济和文化的进步是不现实的。因此,发展理论从根本上说是西方主流意识形态的产物,起到了粉饰资本主义世界体系的作用,还具有推行文化霸权的意味。

就相关全球化理论而言,沃氏的方法论更具直接意义。沃氏在他的序言中说:"当人们研究社会体系时,社会科学内部的经典式分科是毫无意义的。我不采用多学科的方法(multidisciplinary approch),而采用一体化学科的研究方法(unidisciplinary)来研究社会体系。"

他为什么要采用新的方法? 沃氏认为当今的历史社会科学,是在牛顿的线性力学世界观基础上产生的。1848—1914 年间原来包罗万象的哲学伦理学道德经济学和政治经济学等综合性的思想行为变成了分门别类、界限明确的学科即政治、经济和社会生活三部分,相应的学科就是政治学、经济学和社会学。在历史研究中,把对东方国家的研究形成了一门东方学。19 世纪欧洲的历史是将欧洲以外的历史排除在外的历史。所谓世界史就是欧洲史。他认为这种严格的知识割裂和制度化学科设置是 19 世纪社会科学留下的最为误导的遗产。他倡导的一体化学科方法较之多学科、单学科和跨学科的方法无疑是上了一个新的台阶,进入一个新的研究境界。他在本书中将各种学科的知识融为一体加以运用,发展了法国年鉴学派的"总体史学"。其中特别引人注目的是,他提出将历史学和社会学结合起来,成为社会历史学或历史社会学,这是非常有意义的,甚至对史学可以起到一种革命性的推动作用。

更为重要的是,经过长时期的“摸索”以后,他提出了新的历史社会学的分析模式——世界体系分析法。他认为传统的史学研究,即使是世界史研究,也大都是以国家为单位,着眼于一个国家的盛衰荣辱,变化发展。沃氏提出了他特有的分析模式。他突破了传统的以国家为单位的限制,把作为一个有机整体的世界体系作为分析单位。在他的世界体系理论中,世界体系不仅是一个实体,而且还具有方法论的含义,这是一种与所有传统方法不同的新分析模式。这种世界性的经济结构及其演进过程给社会科学研究提出了真正的世界性主题。

据此,他认为,人类历史虽然包含着各个不同的部落、种族、民族和民族国家,但这些历史不是孤立发展的,而是相互联系着发展和演变的,总是形成一定的“世界性体系”。16 世纪以前,这种体系表现为若干“世界性帝国”,如罗马帝国等等。这些帝国有一个稳定的政治中心,但无世界性经济。但是随着资本主义生产方式的发展,开始以西欧为中心地区的“世界经济体系”。

沃勒斯坦还提出了从边缘看中心的研究视角。他自己的研究道路就是这样走过来的:从研究非洲到研究世界,从局部研究延伸到全球,从资本主义世界体系的边缘地区研究扩展到整个世界体系。沃氏进一步说明他的方法与视角受天文学的启发,类似与站在地球之外看地球,将整个世界看成一个整体运动的体系。这是一种“全球视角”。在全球一体的眼光下,没有所谓内因和外因,有的只是更深刻、更广阔的联系,是在一个更大范围内的结构分析。

可见,沃勒斯坦的现代世界体系的理论和一体化学科的研究方法,为后来流行的全球化理论提供了极为坚实的基础与广阔的视野。

此外,英国著名历史学家佩里·安德森(Perry Anderson)(1938—)是当代著名的马克思主义史学家、思想家和活动家。他是加利福尼亚大学洛杉矶分校的历史学和社会学教授,《新左派评论》编辑。他在 1974 年出版了《从古代到封建主义的过渡》与续集《绝对主义国家系谱》,在学术上有重大影响。该书反映了他的多维历史观。

我国学者对上述作品予以高度评价,中国社会科学院世界历史所研究员郭方指出:首先,在打破“西方中心论”和国别、地区的集合的传统治史方式上，这几部著作均提出了体系性的新构思。如麦克尼尔的“欧亚大生存圈”概念，将数千年的游牧、农耕、商贸活动放在这个广阔视野中考察，以解释各个文明与国家体制的兴衰演变。沃勒斯坦以“资本主义世界体系”的形成与扩张为系统，将世界分为不断变化的核心、半边缘、边缘、外部竞争场，来分析500年来重大历史事件的缘由。这些系统性理论均能够把握和阐释世界性长时段的历史趋势和史实，因而能成为具有广泛持久影响的一家之言。

其次，能够从多学科、多角度审视与分析历史，麦克尼尔运用文化人类学、人口、生态研究、技术发展、传播史和军事史的成果来充实“生存圈”理论。沃勒斯坦的“世界体系论”将历史学与经济学、社会学、政治学等结合为一体，吸收了年鉴派史学、发展经济学、比较社会学、新马克思主义政治学的成果。安德森的“过渡”与“系谱”论结合了历史哲学、政治经济学、社会学的创新发展。社会科学多学科研究方法与成果的应用，使历史研究有了崭新的多维视角。

再次，这类著作能够对历史研究中的焦点、难点问题和重大理论问题进行分析和解答。麦克尼尔提出应将全球文明看作相互联系影响的整体，认为各文明相互间的接触交流所造成的技术和文化进步与生产生活形态向较高方式演化，是人类发展的关键因素。沃勒斯坦针对以西方为模式的“现代化”发展经济学，结构功能主义的社会学和前苏联僵化的“社会主义模式”，用“世界体系论”阐释了资本主义原始积累和剩余价值实现问题，自由主义、民族主义、社会主义改革与革命的经济与历史渊源等问题，并将这些重大问题都纳入到多学科综合的世界体系论中。安德森的“过渡”和“系谱”理论则将欧洲作为一个整体来比较分析东、西、南、北欧的生产力、生产关系和国家体制等上层建筑。因而沃勒斯坦与安德森也被认为是西方“新马克思主义”的突出代表人物。

最后，都具有深厚广博的学术与治史基础。宏观世界史应当建立在众多微观与专门研究的成果之上，在提出自己的理论和体系时应当考虑到不同学派、不同观点和史实争论存疑之处。麦克尼尔、沃勒斯坦和安德森的著作均强调了这种治史态度。引用第一手资料和各种权威专著，对不同的史实看法和不同观点进行讨论评析，引文的语种多达十数种。这使他们的分析、观点与理论不是自说自话。并且他们对其著作均采取开放的态度，在此后二三十年中都不断在发展、完善、修正、自我批判，陆续发表了众多续作和论文。[13]

全球化理论的主要内容

就在美国罗斯托出版他的《经济增长的阶段》的1960年，加拿大的赫伯特·马歇尔·麦克卢汉（Herbert Marshall Mcluhan）提出了被译为“地球村”的“Global Village”说法。1985年，R.罗伯逊和F.莱克合作的论文《现代化、全球化和世界体系理论中的文化问题》中第一次使用了“globalization”一词。同年，西奥多·莱维特发表文章《谈市场的全球化》使用了“globalization”一词。

全球化研究始于西方发达国家，但现在，无论是西方国家，还是东方国家；发达国家还是发展中国家，全球化都成了一个共同话题。

1997年，德国社会学家、慕尼黑大学乌物尔利希·贝克教授出版了他的《什么是全球化》。他认为：“全球化指的是在经济、信息、生态、技术、跨国文化冲突与市民社会的各个不同范畴内可以感觉到的，人们日常行动日益失去了国家的界限……全球化指的是空间距离的死亡。人们被投入到往往是很不希望、很不理解的跨国生活形式中。”

据报载，经济学家、伦敦经济学院院长，曾为英国首相布莱尔和美国总统克林顿出谋划策的安东尼·吉登斯认为，全球化趋势为人类社会提出了新的挑战，那些不同世界经济接轨的国家得不到经济繁荣。各国的政府、商业团体和非政府机构应当建立一个新的伙伴关系，共同应付这些挑战。同时，政府要发挥非常重要的作用。政府在全球化时代的作用不是比以前小了，而是加强了。同时，富裕国家也要对贫困国家给予更多的帮助。

美国哈佛大学肯尼迪政治学院院长约瑟夫认为，全球化进程并不仅仅与市场经济相关，它还是涉及教育、法律、文化、社会、环境等等各方面的一次影响深远的革命。所谓的全球化其实指的就是全球性的相互依存。这种全球化不单单是经济全球化，还包括环境全球化、军事全球化和社会、文化方面的交流、流通的全球化。但是，这四个方面的全球化并不是同步进行的。约瑟夫认为，全球化并不是一个新东西，早在19世纪初期时，全球化曾经发展得很快，但这种快速发展的趋势在1914年停止了。到了90年代，全球化又开始飞速发展，原因有三：一是冷战结束也使东西方两种经济模式并存局面终结；二是由里根和撒切尔倡导的市场经济体制的兴起，以原苏联为代表的中心计划经济体制的失败，使得全球化成为必然；三是由于信息技术革命，使得通信、信息价格急剧下降。

1999 年 2 月，达沃斯世界经济论坛第 29 届年会主题就是“负责任的全球化”。德国赫姆尼茨技术大学社会学教授布洛克认为，世界全球化过程可以追溯到 16 世纪，是从 15 世纪和 17 世纪前期在欧洲发展起来的一种国际劳动分工模式。他认为目前的全球化是第二次全球化。“可以说，第二次全球化是以经济体系方面的一种动力推动为特征的。经济体系的基础并没有发生变化，而是经济行为主体的活动性、灵活性在飞跃增长。”

美国经济学家斯威齐认为，全球化是资本主义与生俱来的一个过程。全球化是一个资本积累的过程。资本主义制度最深刻的实质是，它是一种扩张的制度。

俄罗斯学者拉斯托夫博士认为，全球化的动力是科技革命。迄今为止世界历史上已发生过多次信息革命：人类的起源成为第一次信息革命的标志；文字的形成是第二次；印刷术是第三次革命；前三次均为“早期信息革命”，是全球化的前提。第四次是电话、电报、无线电、电视等电器；第五次是目前的信息技术的发展；不久将发生第六次信息革命。

因为对全球化的理解各不相同，目前学界尚无统一定义。但在全球化概念的理解上似有若干共识。诚如有的学者所言，与现代化理论相较，全球化理论的两重性更为明显：

第一，全球化与反全球化的两重性。经济全球化虽是不可抗拒的潮流，但反全球化现象是客观存在的。反全球化是由各种复杂的力量结合起来的一种综合现象，甚至是一种实体运动，它几乎与全球化同时产生。

第二，全球化中的普遍性与特殊性。作为生产社会化、经济全球化，世界联成一气的趋势将普遍存在于今后人类社会发展的整个进程，但是今天的全球化作为资本主义向全球的扩张却是一种特殊形式，是暂时的一个阶段，目前西方政界及他们的智库推崇全球化有其扩展全球资本主义的政治目的。

第三，全球化的利与弊。它既是巨大的历史进步，又是作为一种盲目的、自发的力量而给人类带来负面的影响。它在给人类带来裨益的同时，实际上把市场经济中的消极东西也同时全球化了，如污染全球化，疾病传染全球化，犯罪活动全球化，毒品泛滥全球化，等等，不一而足。当然这些消极的现象又会“倒逼”全球化的实施与推进，面对全球性的挑战与危机，如面对全球性气候不利人类生存的巨变，倒逼世界上的不同国家与民族联合起来，共同讨论筹划运用全球之力对付全球性弊端。

多视角探索世界历史

——《世界史通论》引论(下)

现代化和全球化都是历史发展的客观进程与阶段,然其核心内容是工业化,而工业化本身又是同资本主义制度相联系的,西方国家的工业化均是在资本主义制度下开始、发展、完成的,反过来又促进资本主义制度的变化、演进。资本主义制度的确立为人类第一次工业革命创造了前提,而工业革命的完成使自由资本主义制度得以最终确立与完善,第二次工业革命直接导致了自由资本主义向垄断资本主义的转化,第三次工业革命则直接导致国际垄断资本主义的形成。

三、从资本主义工业化视角探索世界历史

我们从资本主义工业化的视角观察世界历史的演变,就是从经济形态这个层面分析人类历史,资本主义制度是一种社会形态,人类历史是从非商品经济向商品经济演进,由商品经济转向资本主义经济的发展,资本主义由低级向高级阶段演进的历史。世界近代史在某种意义上说,是人类社会历史上的资本主义制度发生、发展和面临挑战的历史时期。资本主义作为一种社会经济制度有其自身发生、发展和衰亡的历史。在资本主义的发展史上,世界近代史是资本主义发展的主要阶段:由资本主义手工工场向资本主义工厂制发展的阶段;由自由资本主义向垄断资本主义(以私人垄断资本主义为特征)发展的决定性时期;是资本主义在理论与实践上面临社会主义挑战的阶段。随着第三次工业革命的展开,战后资本主义又有了新的重大发展,形成了新的特点。

马克思主义对资本主义的历史评判

生活在第一次工业革命和自由资本主义时代的马克思与恩格斯,对资本主义作出了他们时代最为深刻、最为系统的分析,1848 年他们发表的《共产党

宣言》，公然向资本主义制度宣战。马克思撰写的巨著《资本论》则对资本主义进行了最本质、最深刻的分析，他说："本书的最终目的就是揭示现代社会（即资本主义社会，资产阶级社会）的经济运动规律。"⑭马克思从资本主义社会的"细胞"——商品出发研究，提出了剩余价值学说，揭露了资本主义制度的本质，揭示了资本、原始积累的残酷与血腥。马克思、恩格斯创立的科学社会主义理论论证了社会主义代替资本主义的必然性。他们的理论体系与研究方法开辟了人类认识真理的道路。

同时，马克思、恩格斯以历史主义的目光审视资本主义，充分肯定了资本主义体系和资产阶级在人类历史上的地位，认为它给人类带来了史无前例的生产力，改变了世界的面貌，"资产阶级在历史上起过非常革命的作用"，⑮"资产阶级，由于开拓了世界市场，使一切国家的生产和消费都成为世界性的了"，⑯"资产阶级在它的不到一百年的阶级统治中所创造的生产力，比过去一切世代创造的全部生产力还要多，还要大。"⑰

恩格斯说："大工业把世界各国人民互相联系起来，把所有地方性的小市场联合成为一个世界市场，到处为文明和进步准备好地盘，使各文明国家里发生的一切必然影响到所有其余各国，因此，如果现在英国和法国的工人解放了自己，那就必然会引起其他一切国家的革命，并迟早会使这些国家的工人获得解放。"⑱"单是大工业建立了世界市场这一点，就把全球各国的人民，尤其是各文明国家的人民，彼此紧紧地联系起来，致使每一个国家的人民都受着另一个国家的事变的影响。"⑲

可见，马克思、恩格斯对资本主义的肯定总是将它同工业革命、工业化相联系的。正是资本主义的工业革命与工业化才奠定了它的历史地位。

当代西方学者对资本主义的研究与批判

其实，资本主义一来到世间，就受到人们的批判。自 15 世纪初萌芽到 18 世纪中叶，资本主义在封建社会母体内孕育、萌生、发育并最终取代封建主义时代，期间受到空想社会主义、人道主义学者的批判与揭露。

18 世纪中期到本世纪 19 世纪末 20 世纪初，是资本主义自由竞争阶段。资本主义已经形成为世界体系。资本主义在理论和实践上开始遭遇挑战。资本主义不仅在理论上遭到严厉批判，而且在实践上面临挑战。社会主义和共产主义运动的发生和发展。从上世纪之交到二战结束。资本主义进入垄断资本主义阶段。共产主义运动在实践上取得胜利:社会主义阵营的出现,亚洲、拉丁美洲、非洲的民族民主运动的高涨。

二战以后,随着第三次工业革命的开展,在西方发达国家,资本主义进入了新的发展阶段——国际垄断资本主义。资本主义的内在矛盾在新的历史条件下展现在人类面前,学界对资本主义工业化展开较为广泛的研讨、辨析甚至批判。

除了上述的沃勒斯坦的世界体系论批判现代资本主义外,美国著名社会学家、未来学家丹尼尔·贝尔在他的《资本主义文化矛盾》中采用了社会主义、自由主义和保守主义"异体合成"的组合式思维模式对资本主义文化进行批判。对帕森斯的结构功能理论提出挑战。他说:"在我之前,几乎所有现代的社会科学家都把社会看作依照某种单一的关键原则建成的统一'系统'(对马克思来说,这关键原则是财产关系。对帕森斯来说,它是主导价值观,即成就原则),这些原则通过自己在不同重要机构里的'再造',渗透到全社会。我的看法颇为相悖。我认为最好把现代社会当作不协调的复合体,它由社会结构(主要是技术——经济部门)、政治与文化三个独立领域相加而成,这样才能更合理地分析其中情况。"[20]

"本书详加阐明的论点是,经济、政治和文化三个领域各自拥有相互矛盾的轴心原则:掌管经济的是效益(efficiency)原则,决定政治运转的是平等(equality)原则,而引导文化的是自我实现(或自我满足)(self-realization or self-gratification)原则。由此产生的机制断裂就形成了150年来西方社会的紧张冲突。"[21]

此外,贝尔从横向上提出了三个"社会"说:"前工业社会的生活——这仍然是今日世界大部分地区的状况——其主要内容是对付自然(against nature)……工业社会,由于生产商品,它的主要任务是对付人工自然(against fabricated nature)。这个世界变得技术化、理性化了。……后工业社会的中心是服务——人的服务、职业和技术的服务,因而它的首要目标是处理人际关系(game between persons)。"即自然的世界、技术的世界、社会的世界。

贝尔更是一位未来学家。他的《后工业社会的来临:对社会预测的一项探索》,在整个西方世界引起轰动。此后形形色色的"后工业社会"理论层出不穷。如:"信息社会""超工业社会""第三次浪潮""第四次科技革命"等。

其中 A.托夫勒的《未来的冲击》(1970)和《第三次浪潮》(1980),J.奈斯比的《大趋势》为代表。贝尔的批评是为了建立更新的现代化理论,他用未来学来代替经典现代化理论。

丹尼尔·贝尔提出了"后工业社会"的概念。他在 20 世纪 70 年代末预测世界经济时认为:1.所有稳定的世界经济体制开始摇摇欲坠了;2.到本世纪(20 世纪)末,跨国公司的产量将占全世界总产量的三分之一;3.资本市场的国际化。整个世界成为一个单一的整体。

"未来学家"们预言一个代替资本主义"工业文明"的"后工业社会""信息社会""知识社会"或"第三次浪潮""科学社会"是否正在来临?

美国城市史专家芒福德对资本主义在城市发展中的负面影响进行了辛辣而有力的揭露与批判,他在 1961 年出版的 *The City in History* 中说:"资本主义经济认为,城市发展的规律意味着坚决无情地扫清日常生活中能提高人类情操,给人以美好愉快的一切自然景色和特点。江河可以变成滔滔的污水沟,滨水地区甚至使游人无法走近。为了提高行车速度,古老的树木可以砍掉,历史悠久的古建筑可以拆除;但是,只要上层阶级能在中央公园内驱车遨游或是清晨在伦敦的海德公园的骑马道上放马漫游,没有人会关心城市中广大市民缺少公园绿地和休息的地方。"[22]

他写道:"流动的资本犹如化学溶剂,它渗透了长期以来保护中世纪城镇的开裂的外层光泽面,把里面的木头都腐蚀精光,在消除过去历史上的组织机构与制度和它们的建筑物方面,资本比过去最独裁的统治者更加残酷无情。"[23]

"就资本主义对城市的关系来说,它从一开始就是反历史的;随着资本主义力量在过去 4 个世纪内日趋巩固,它的破坏力也大大增加。人类在资本主义体系中没有位子,或者毋宁说,资本主义承认的只是贪婪、贪心、骄傲以及对金钱和权力的迷恋。""为了发展,资本主义准备破坏最完善的社会平衡。"[24]由于它对工业文明非理性内容的尖锐批判,提倡生态文明,以致西方评论家巴赫勒认为:"正如卡尔·马克思对于劳工运动作出的贡献一样,芒福德的工作对于生态运动也有同样深远的意义。"[25]

资本主义问题是美国学界关注的课题之一,为此他们还专门出版了《资本主义研究丛书》。美国学者 W.E.哈拉尔的《新资本主义》(社会科学文献出版社，冯韵文、黄育馥等译，1999 年版）系《资本主义研究丛书》的一种。丛书出版者概括了资本主义的发展阶段和研究动态。他们认为资本主义 15 世纪萌发以来迄今已有 500 年历史，可分 4 个阶段：

1.15 世纪初到 18 世纪中叶英国产业革命。资本主义在封建社会母体孕育、萌生、发育并最终取代封建主义阶段，约 300 年；

2.从 18 世纪中叶到 19 世纪 20 世纪初，资本主义自由竞争阶段，约 150 年；

3.世纪之交到第二次世界大战结束，为垄断资本主义阶段，约为 50 年；

4.二战至今……资本主义进入一个更新的垄断后阶段（也有人主张 20 世纪 70—80 年代初开始），即当代资本主义阶段。

作者认为："我的主要贡献并不单纯是描述了一个新的时代、变化着的管理方法、经济倾向或许多人曾经论述过的其他问题，而在于我把大量的知识财富结合成为一个有条不紊的整体，调和了相互冲突的观点，阐明了这一切将导致什么，并说明了它如何在影响着企业、政府、社会制度和人们的生活。总之，我解释了如何在形成一种迥然不同的政治经济制度——一种'新资本主义'"。

1972 年，美国的保罗·斯威齐和哈里·马格多夫发表了《美国资本主义的新动向》（*the dynamics of U.S.capitalism*）[26]，对"公司"进行专门研究，他们认为："近代资本主义历史具有决定性意义的现象之一：即公司愈来愈大，就要在工业方面和地理方面起变化的趋势，或者用现代的术语来说，这个趋势是，一方面变为一个集团，另一方面变为一个多国公司。

"大的垄断公司愈加集团化和多国化，它们的最高管理机构脱离具体产品和生产过程也就愈远。总公司关心的愈来愈是纯粹金融方面的事务，即利润和积累方针的决定，而把生产、工艺等等问题的处理权交给下属机构、子公司和负责生产甚至在更大的程度上是负责公司许多产品销售的工厂经理。

"这意味着多国公司中最大的公司往往只是些掌握公司所有权的公司，并不进行什么业务活动，而且越来越是一个金融实体……多国公司是 20 世纪后 50 年金融资本的关键体制。"

"新帝国主义论"

对现代资本主义的批判中依附理论提出的"新帝国主义论"占有重要地

位。所谓依附理论就是60年代初期至70年代中期在拉丁美洲产生并发展起来的,研究当代资本主义积累运动在不发达国家的特殊表现形式的一种理论。依附理论有依附论和结构主义依附论两大流派。综合两派意见,巴西学者卡多索和智利学者法莱托提出了“依附性发展理论”。

这一理论的一个重要特点是从资本主义体系中外围国家的角度研究帝国主义问题,认为帝国主义现象包含了相互联系、互为条件的两个方面:向外扩张的经济中心和作为扩张对象的附属国;帝国主义理论只是研究了帝国主义中心的扩张过程和对世界的统治,依附理论则研究这种扩张的后果,即垄断资本主义的世界性扩张对外围国家经济和社会结构变化的影响以及外围的变化对资本主义积累总进程的影响。依附理论的另一重要特点在于既把依附现象放到帝国主义理论的总框架中来考察,又把它作为帝国主义总进程中的一个特殊现象来研究,以揭示垄断资本主义在世界范围内的扩张同扩张对象国内部经济和社会结构变化之间的辩证统一关系,以及资本主义生产方式的运动规律在外围的特殊表现形式。因此又称为“新帝国主义理论”。

依附理论的代表人物还有美国经济学家保罗·巴兰,著有《增长的政治经济学》;拉丁美洲学者安德烈·弗兰克,著有《资本主义与拉丁美洲的低度开发》;埃及学者萨米尔·阿明,著有《不平等的发展:论外国资本主义的社会形态》;英国牛津大学研究员J.格里芬,著有《从历史上看不发达问题》,等等。其中巴西经济学家特奥托尼奥·多斯桑托斯的《帝国主义与依附》是依附理论的代表作之一。作者在绪论中说:“本书的主要目的在于研究当代资本主义危机的性质和影响。”

理论总是植根于现实。依附理论的产生有其特殊的历史背景:一方面帝国主义跨国公司,从中心地区向边缘地区的强力扩张,特别在拉丁美洲的肆意扩张;另一方面,拉美国家正在兴起的大规模工业化进程,“扩张”过程与“兴起”过程在拉美的汇合,激起诸多新的社会问题与新的社会现象,促使人们深入思考当代资本主义的新特点与新问题。

四、从人类文明视角看世界历史

从现代化视角观察世界历史基本上是以时间纵轴为主线的研究,前现代、现代和后现代的研究;以全球化视角观察世界历史侧重于以空间线索研究历史,从资本主义视角观察侧重于以社会形态的演进发展研讨历史。这三大视角最终都聚焦在人类的文明上面。人类历史是人类文明发展的轨迹,人类历史是一部人类文明史。现代化归结为人类现代文明的创建与传播,全球化归结为人类文明由局部到全球的发展,总而言之,人类实现现代化、全球化之日,将是以全球形式展现更高级的人类文明之时。

从人类文明发展的视角研究世界历史,可以发现人类文明在纵向上经历了若干阶段的发展,在横向上各种不同文明相互联系结成一张密不可分的历史网络,网络的不断往前推进与不断丰富构成了全球文明不同发展阶段的内涵。世界历史是一部人类起源后从地区文明发展为全球文明的历史进程,人类起源和人类的地区文明历史构成了近代以前的人类历史的内涵。世界近代史是工业文明发生、发展的阶段,是欧洲文明对外扩张的阶段,是东西方文明开始大规模冲突和融合的时期。后工业文明或信息文明在人类现当代获得重大发展时期。

关于文明的概念

“文明”的含义。文明一词来源于拉丁文 civis,即指罗马的公民身份,也指比当时外国人或野蛮的原始生活状态优越的意思。文明与野蛮相对而言。18 世纪欧洲文献中正式见之。20 世纪被广泛应用。我国历史上,早在两千多年前的古代文献中,就多次出现过文明这个概念。如《尚书·舜典》中就有“睿哲文明”之语。《周易》中则有“见龙在田,天下文明”“其德刚健而文明”等语。这里的文明意为文采光明,文德辉耀,主要指政治上道德上的开明、德治等意思。后来,在漫长的中国古代历史中,“文明”的含义逐渐有所演变。到了五四后就开始有了“时新”和“进步”的意思。[27]

文明大致为人类有目的活动的方式和成果的总和。纵向的,有人类文明史的各个阶段:古代埃及文明,近代文明,现代文明;横向的,有地域性的:中华文明,印度文明,拉丁美洲文明,希腊文明,印第安文明;有宗教性:基督教文明,伊斯兰文明,儒家文明;有民族性的:中华文明,日本文明等等。

文明的发展是一个历史进程,有一个传递和扩展的过程。世界上存在各种文明,它们在传递和扩展过程中,相互接触、碰撞和影响,必然产生互相借鉴、选择和叠加现象。最后是否可能形成一种地球文明?

人类文明是人类生存与地球环境彼此适应与互动的产物，我们现在要加强地理环境对人类文明发展影响的研究，如生态史与科学史研究为人类文明的产生提供更具体的新材料与新证据。

关于文明与文化的不同思考

18 世纪的法国启蒙学家伏尔泰是文化史观的开创者，他将文化视作历史发展洪流中的主流。他说过："我想写一部历史，不是关于战争的而是关于社会的历史；想弄清楚人们在自己的家庭之内是怎样生活的，以及它们通常有哪些艺术修养。我想知道，人类是经过哪些步骤才从野蛮状态过渡到文明状态的。"

有学者认为，文明是高度发展的文化的"衰微阶段"。如德国历史学家奥斯瓦尔德·斯宾格勒（1880—1936），在他的名著《西方的没落》中，认为人类历史不外是诸种文化自行生长、衰亡的舞台，世界上共有八种文化：埃及文化，巴比伦文化，印度文化，中国文化，古典（希腊罗马）文化，玛雅文化，伊斯兰文化和西欧文化。这些文化在世界上自成一体，同时演进。他把文明说成是高度发展的文化的衰微阶段。他把一个伟大民族或帝国出于鼎盛时期的社会形式和用智慧的形式作为文化。而将它的停滞和萧条阶段称为文明阶段。他认为每一种文化都经历过如春、夏、秋、冬那样的前文化时期、文化时期和文明时期，"文明是文化的不可避免的归宿"。[28]

有学者则主张文明是每一个主要文化的"整个发展过程"，如曾被西方学者称为"20 世纪国际性智者"的英国历史学家汤因比（1889—1975）在他的代表作《历史研究》中提出了"文化形态史观"，他把世界看成一个文化系列，把每一个主要文化的整个发展过程称为文明。认为每一个文明必然经历四个阶段：起源、生长、衰落、解体。在文明起源问题上，汤因比提出了有名的"挑战与应战"的理论，认为"如果文明的起源不是生物因素或地理环境单纯发生作用的结果，那么一定是它们两者之间交互作用的结果。换一句话说，我们企图发现的因素不是单单的事物而是复杂的事物，不是一个统一体，而是一种关系"。他所描绘的二十多个文明中，目前尚存的是：西方基督教文明，东南欧和俄罗斯的东正教文明，北非、中近东和中亚的伊斯兰教文明，印度次大陆的印度文明，中国、朝鲜和日本的远东文明。

也有学者认为文明是一种"先进文化"。如《世界文明史》作者爱德华·

伯恩斯认为“文明即一种先进文化。”一个文化一旦达到了文字已在很大程度上得到使用，人文科学和自然科学已有某些进步，政治的、社会的和经济的制度已经发展到至少足以解决一个复杂社会的执行、安全和效能的某些问题这样一个阶段，那么这个文化就应当可以称为文明。而文化一词通常用来指尚未有文字、总的发展水平比较低下的社会或时期。

美国历史学家查尔斯·比尔德认为：“一国的文明史，如果论述精当，可以成为促进文明的手段。这种历史把生活作为一个整体来观察，而不是对它的局部作微观分析，因而应该比任何局部性的历史更符合阐发历史的需要。任何学科的哲理(就是它的真理)并不在它的中心，而是在它同所有其他科学有着密切接触的边缘。一部文明史不仅论述战争和政治的各种表面现象，而且探讨一个民族的内在力量的全部表现，因此，它基本上是能动的，既使人注意到尚待探索的人的才智，也暗示如何从外在的必然性中求得解脱。”[29]

他认为：“一国的文明史还可以作为那种文明本身已达到一定成熟程度的象征。然而，决不可以认为，一国的文明史主要同艺术和文学——所谓文化相关，因而设想能把它们同有机体的其余部分分隔开来而不致造成实质性损害。”[30]

在文明问题上值得我们注意的是，1993年哈佛教授塞缪尔·亨廷顿在美国《外交季刊》上发表了《文明的冲突》，1996年出版了《文明的冲突与世界秩序的重建》。在书中，他提出现在世界上有八大文明：中华文明、日本文明、印度文明、伊斯兰文明、西方文明、东正教文明、拉美文明和非洲文明。他认为，“冷战”结束后，决定世界国际政治格局的决定性因素不再是冷战前的意识形态，而是文明与文化的因素，将是西方文明与非西方文明之间的冲突，其中伊斯兰文明与佛教文明可能成为主要挑战者。此书用文明的视角观察世界历史与当前世界格局不无学术创见，但以数百年西方殖民扩张历史为依据，认为西方文明终将替代其他文明，偏见显然；同时他强调不同文明间的冲突，忽略甚至有意遗忘世界上不同文明之间的共存、融合、交流、互补——这个文明间的最基本的常态，更显片面。

关于梁启超的文化、文明观

被誉为中国“百科全书式”的杰出思想家、史学家、学者梁启超视野广阔，学贯中西，具有世界眼光，他对世界文明自有其独特看法，与西方学者的文明观堪称比肩。他的文明观博大精深，至少有如下特点。

一、深爱中华文化，立足中华文明

梁启超对中国文化作过深刻而系统的研究，他认为在中国历史上有过两次重大的文化飞跃发展阶段，第一次就是春秋战国时代中国的学术文化，在《论中国学术发展之大势》中，他指出春秋战国时代的中国文化"非特中华学界之大观，抑亦世界学史之伟绩也"。他不但用世界眼光看中国古代的灿烂文化，还从社会变迁到交通频繁，从思想自由到人才见重，从文字趋简到讲学风盛等方面分析形成该局面的原因。

在书中，他发自肺腑地表达他自己深爱中华之心："於兮，美哉我国！於兮，伟大哉我国民！吾当草此论之始，吾不得不三熏三沐，仰天百拜，谢其生我于此至美之国，而为此伟大国民之一分子也。……吾欲草此论，吾之热血，如火如焰，吾之希望，如海如潮。吾不自知吾气焰之何以喷涌，吾手足之何以舞蹈也。於兮！吾爱我祖国，吾爱我同胞之国民！"[31]

他深爱中华文化但不盲目崇拜。在"先秦学派与希腊印度学派比较"中，他认为，与希腊、印度文化相较，先秦中国学术有六大缺点：缺乏"Logic 思想"、缺乏物理实学、缺乏抗论别择之风、门户主奴之见太深、崇古保守之念太重、师法家数之界太严。言之凿凿。

他深爱中华文化还表现在他的忧患意识上。在《新民丛报》上，他疾呼："今天下之可忧者，莫中国若；天下之可爱者，亦莫中国若。吾愈益忧之，则愈益爱之；愈益爱之，则愈益忧之。"同时，梁启超出于对中华文化的热爱，对一些国人拜倒在西方文化脚下的偏向作了批判。他在《忧国与爱国》中一针见血、入木三分地指出："视欧人如蛇蝎者，惟昔为然耳。今则反是，视欧人如神明，崇之拜之，献媚之，乞怜之，若是者，比比皆然。"鞭挞当时一些视欧人为神明的洋奴。

二、强调不同文明的"互补"性

梁启超曾赴日游学，到欧美考察，细察西方社会文化，体验欧美经济政治。在欧洲一年多时间，梁启超在英法不仅参观了欧洲议会，还留意银行、商会、教堂、农村等。在欧洲的所见所闻引发了他新的思考。他曾在旅美后写出游记，不仅考察美国经济领域发生的新现象，专门比较了当时美国垄断资本主义企业的利与弊，还对中国与美国文化做出较为全面的比较，生动对比了中国人与美国人在待人接物、饮食起居、生活习惯等多方面的差异。在实地考察中，他对世界上存在的不同文化与文明进行研究，关注诸如古埃及文明、古巴比伦文明、古印度文明、古希腊罗马文明、美洲古代文明等。当然，作为社会活动家的他更为关注思考国际政治舞台上的所有政治实体。

梁启超在对世界不同文明研究的基础上，面对当时外国殖民者入侵中国，毁灭中华文明，全面否定中国历史、中国文化的国运艰难之际，他不是否定、矮化中华民族的历史文化与文明；而是义无反顾地肯定中华文化与文明，呼唤民族及民族文化克服危机、走向复兴。

在中华文明与西方文明的关系上，他基于对多元文明共存的看法，不走极端，强调两者的互补而不是两者的对立，承认西学对中学的促进。在《先秦政治思想史》中，他认为："吾侪受外来学术之影响，采彼都治学方法以理吾故物。于是乎昔人绝未注意之资料，映吾眼而忽莹；昔人认为不可理之系统，经吾手而忽整；乃至昔人不甚了解之语句，旋吾脑而忽畅。"但他也批评国内学界存在的某种"唯洋"的偏差，批评"吾侪每喜以欧美现代名物训释古书，甚或以欧美现代思想衡量古人。"

1919 年，梁启超出版了《欧游心影录》，书中展现了他的世界眼光，对世界上的不同文明间的关系的认识，不再笼统地把西方的每一步发展，都看成不可改变带有宿命的历史趋势，而是对他们采用分析的方法，认识到中华文明与西方文明各有千秋，应该相互"扩充"。他说："我们的国家，有个绝大责任横在前途。什么责任呢？是拿西洋的文明来扩充我的文明，又拿我的文明去补助西洋的文明，叫他化合起来成一种新文明。"寥寥数语，洞中肯綮。

他在书中记叙了法国大哲学家蒲陀罗（Boutreu）告诉他的一段重要讲话："一个国民，最要紧的是把本国文化发挥光大，好像子孙袭了祖父遗产，就要保住他，而且叫他发生功用。就算很浅薄的文明，发挥出来都是好的，因为他总有他的特质。把他的特质和别人的特质化合，自然会产出第三种更好的特质来。你们中国，着实可爱可敬！我们祖宗裹块鹿皮拿把石刀在野林里打猎的时候，你们不知已出了几多哲人了。我近来读些译本的中国哲学书，总觉得他精深博大。可惜老了，不能学中国文！我望中国人总不要失掉这份家当才好。"梁启超听后，顿觉重担压肩，责重山岳。

梁启超明确提出东西文化各有所长,应取长补短,认为“救知识饥荒,在西方找材料;救精神饥荒,在东方找材料”。梁启超告诉学生们治学要融汇中西:“一面发扬我国祖宗传下来的学业,一面输入欧西文化。”他尊重但不迷信西方文明,主张用西方的方法来开发中国学术这个矿产,梁启超曾在演讲时说,中国之学术就如矿产,宝藏极富,应用新方法来开掘,新的方法是西方来的……但不是用西方文化来替代中国的旧有文化,而是选出西方文化好的部分,补充我们的文化,造成一种新文化。

三、对“民族”概念的独到见解

“民族”这一概念在文化、文明观中有核心关键的地位,因为有了民族,才会有民族文化,才会有民族文明,反之亦然。何谓民族?梁启超对此有独到之研究。1922 年,他发表了他的著名学术论文《中国历史上民族之研究》,阐发了他的近代民族观。国内有学者考据后,认为梁启超率先将“民族”一词引入中国思想界,而且是近代中国赋予“民族”一词比较科学意义的第一人。梁启超明确提出:民族既与种族不同,也与国民不同。“民族成立之唯一的要素,在‘民族意识’之发现与确立”。他强调民族意识对一个民族的重要性,正是抓住了“民族”一词的实质性内涵。实属真知灼见。

在中华民族形成问题上,梁启超认为,中华民族开始即是多元的结合,又在漫长的历史长河中不断地融汇化合,逐步混合“成为数千年来不可分裂不可磨灭之一大民族”。他的民族概念是与他的文化、文明观融为一体的,他认为中华民族形成的过程与西方文化、文明之演进有着极为相似的路径。所以他以西方历史为参照系,将欧洲中世纪一千多年封建社会“黑暗时代”视为新旧民族融合醇化的时代,直至“所谓现代民族者,化合完成,然后得有余裕以从事于文艺复兴宗教改革诸大业,而近世之新曙光乃出”。梁启超的文化、文明观对中国学界有深远的影响力。

关于文明史与世界史研究动态的异同

在 20—21 世纪之交,世界全球化趋势日益加速,将全世界作为一个整体,从宏观角度审视和研讨历史,人类的文明发展问题成为热门话题是有其深刻的时代背景的。冷战后的世界格局发生变化,亨廷顿的文明冲突论代表了西方主流思潮;在经济层面上,全球工业文明正在向以知识、文化、信息为特征的后工业文明转化;在思想层面上,学界从重视意识形态转向对文化和文明的兴趣，全球化的推进引发人们对全球文化与文明的思考。在史学领域，人们关注文明史的研究，大部头的“世界文明史”问世。国内翻译了多部西方学者的文明史。

1998至1999年，商务印书馆再版了美国菲利普·李·拉尔夫等人著的两卷本《世界文明史》；1999年，东方出版社出版了美国威尔·杜兰著的11卷本《世界文明史》；1999年，中国社会科学出版社出版了由我国学者集体写作的11卷本《世界文明大系》；2002年上海人民出版社出版了十卷本《世界文明通史》，作者英国历史学家J.M.罗伯茨在谈到为何要编写文明史时说：“它试图展现相同的时间和空间下，相隔较远的不同地域间的相互关系和联系，从而使它们对整个历史的贡献能一目了然。”

国内学者就世界史与文明史的异同发表了不少真知灼见。

北京大学历史系教授张芝联认为，随着全球化意识的提高，各国史家不断探索编写新世界史的途径。他们都努力摆脱“西欧中心论”的影响，尽可能探索包括各地区、各文明的历史，重视地球环境、考古成果、妇女家庭等问题，突出文化创造和跨文化联系交流的作用，试图把本国历史与世界历史联系起来。他强调“文明史不同于通史，又离不开通史。如何妥善地处理好两者的关系，恐怕是写好《世界文明史》的关键之一”。

中国社会科学院世界历史所所长武寅指出，在世界史研究中，“通史”性的研究占有重要地位，就国内而言，40年代，周谷城先生曾撰有3卷本《世界通史》，是我国第一部世界通史性著作。新中国成立后，人民出版社在60年代出版有周一良、吴于廑教授主编的4卷本《世界通史》。“文革”结束后，中国学者对世界通史的研究更深入了一步，吴于廑、齐世荣主编了多卷本《世界史》，在全面理解和运用唯物史观，克服学术研究中的简单化、概念化、公式化倾向，重视生产力发展历史的研究，克服“西欧中心论”等方面取得了不少成绩。

北京大学历史系马克垚教授归纳了西方学者有关世界史的理论框架，大体上为以下几种：

1.西欧中心的体系。这是我们比较熟悉的一种世界史体系，黑格尔从理论上论证了世界历史的中心是日耳曼民族，亚洲的古老帝国如中国、印度等都是停滞落后的，其命运只能是受制于欧洲人。兰克则在具体的历史著作中，论述拉丁和条顿民族是世界历史发展舞台上的主角，其相互的斗争和融合构成世界历史的主要内容。而其他民族则在历史的发展中停滞不动，只能是微不足道的配角。此后，西欧学者所编写的许多世界通史，大都是西欧史，或只是欧洲史，对欧洲以外的地区，只从静态略加描绘。20世纪以来，对西欧以外地区的历史研究逐渐加大，西欧中心主义由原来对西欧以外的历史不重视演变为西欧是人类历史进程中的独特文明实体，它的发展道路就是全世界各国家、各民族所应学习的模式。这一世界史体系在许多人头脑中根深蒂固。

2.文化形态学的体系。此说源于汤因比，他摒弃了西方文明独尊的看法，把文明作为分析历史的单位。汤因比列出了世界历史上20多种文明，它们都有其发生、成长、衰落、解体的过程。同时，各种文明都具有同等的价值，都应作深入的比较研究，而不应固守古老的欧洲文化中心主义。文化形态学说虽然比西欧中心论进步，但对各文明之间的相互交往、相互影响注意不够，所以他的世界史体系只可以说是各文明的历史，而不是自成一体的世界史。

3.世界体系模式的世界史。这一理论由沃勒斯坦提出，本是用来分析现代化进程的。他分析的单位是世界体系，而不是民族、国家等。世界体系可分为作为基础的世界经济体和作为上层建筑的国际体系两部分，世界经济体由核心、边缘、半边缘等组成。资本主义发展的过程，就是把世界逐渐卷入核心、边缘的过程。沃勒斯坦还提出了半边缘地区的概念，即在这一世界体系内，核心与边缘的地位并非永远固定不变，核心地区会经过半边缘化而变成边缘地区，边缘地区也可以经过半边缘化而上升为核心地区。

4.全球史的世界史体系。这可以巴勒克拉夫主编的《泰晤士世界历史地图集》和斯塔夫里阿诺斯所写的《全球通史》为代表。他们都强调用全球的眼光看世界史，努力破除积习已久的西欧中心观点，而力求对亚、非、拉美各地人民的历史予以公正的评价。“当然，要具有全球眼光是很不容易的。这几种理论体系虽各有优劣，但我以为还都没有解决世界史的理论体系问题，不能形成令人满意的世界史框架。”[32]

他山之石，可以攻玉。我国学者正在着手编撰世界文明史，这是一项巨大的学术工程，我们期待他们在吸收中外学术成果与思想养料的基础上撰写出具有中国史学特色的世界文明史巨著。具有五千年文明史，特别有着世界上独一无二优秀史学传统，有着大量闪烁人类智慧之光的史学典籍的伟大古国，理应在文明史研究中有着自己的担当与责任，也有这样一份自信与自豪。两千多年前，我们伟大的史学家司马迁就教导我们："究天人之际，通古今之变，成一家之言。"这是我们历史系每位师生的座右铭。

五、不同视角建构世界历史纲要

综上所说，不同视角探索世界历史，就会对历史作出不同的解释与不同的建构，形成不同的历史纲要。

试从现代化视角建构世界近现代史纲要

一、传统社会发展历史及其特点（农业从渔猎中分离，手工工业从农业中分离），工业革命是现代化的起点

二、世界现代化进程的第一次高潮

1.第一次工业革命

2.第一次工业革命的传播

三、世界现代化进程的第二次高潮

1.第二次工业革命的兴起

2.第二次工业革命的传播

四、世界现代化进程的第三次高潮

1.第三次科技革命的兴起与发展

2.现代化浪潮的特点

3.现代化进程中出现的社会经济问题

试从全球化视角建构世界近现代史纲要

一、人类历史的区域性发展和世界全球化的开始

1.全球化理论和现代世界体系理论的主要观点

2.世界体系和世界历史的开端

二、世界市场的出现

1.第一次工业革命的后果

2.世界资本主义市场的形成

三、世界经济的形成

1.世界经济的内容
2.世界经济形成的历史条件
3.全球化的第一次高潮
四、经济全球化的高潮
1.跨国公司的作用
2.冷战结束和市场经济在全球占主导地位
3.区域性经济区的形成和发展
4.全球化的第二次高潮

试从资本主义工业化视角建构世界近现代史纲要

一、前资本主义时期
二、资本主义发展历史:资本主义由手工工场阶段向机器生产阶段的转化
1.资本主义手工工场的形成及其特点
2.资本主义机器大生产的出现
三、自由资本主义向垄断资本主义的转化
1.工业资本主义的迅速发展
2.欧美资本主义国家发展的不同道路
3.第二次工业革命和垄断资本主义的形成
4.对垄断资本主义的评价
四、对资本主义的批判——社会主义理论与历史运动
1.社会主义从空想到科学的飞跃
2.社会主义从理论到实践的飞跃
3.社会主义从个别国家到系列国家的飞跃
4.苏联解体、东欧剧变和社会主义阵营解体
5.中国特色的社会主义和社会主义市场经济的建立
五、资本主义的新发展与对资本主义的再认识
1.国际垄断资本主义的形成
2.各种新资本主义理论——对资本主义的再认识
3.资本主义的历史命运

试从人类文明视角探索世界历史

一、地球人类起源和不同文明的发源与形成

1.中华文明的起源与发展

2.两河流域文明的起源与发展

3.古埃及文明的起源与发展

4.希腊罗马文明的起源与发展

5.印度文明的起源与发展

6.玛雅文明的起源与发展

二、工业化时代的人类文明的发展

1.世界近代文明形成的历史条件:工业革命与地理大发现

2.世界近代文明的形成

3.不同文明发展的不平衡性

4.欧洲文明的崛起与扩张

5.欧洲文明的主要特点

6.东西方文明的第一次接触

三、全球化时代的人类文明的荣辱盛衰

1.不同文明向现代化转化

2.不同文明的现代化发展道路与模式

3.不同文明的现代化特点

4.不同文明的共性与个性

四、当代世界的不同文明的融合与冲突

五、不同文明的融合互鉴

六、中华文明的复兴

七、印度文明的崛起

八、俄罗斯文明再生

九、基督教文明的盛衰

十、伊斯兰文明的发展

综上可见,不同的视角有不同的解释,从而产生世界历史的不同建构与面貌:现代化以时间为主线,全球化以空间为主线,工业化以经济为主线,文明视角综合前三者从人类文明发展看世界史之演变。然而历史无论如何变化演进，却“万变不离其宗”，历史洪流总是按照自身内在的规律，永远滔滔向前，从低级到高级，从野蛮到文明，最后达到和而不同的大同境界。

注释：

①《马克思恩格斯选集》第一卷，第51页。

②《城市发展史》第一章。

③张耕华《历史哲学引论》，第72页。

④参见戴勇《多视角透析全球历史》，《历史教学问题》2005年第6期。

⑤何顺果《全球化的历史考察（修订本）》，2012年江西人民出版社。

⑥以上两篇论文均见罗荣渠《现代化：理论与历史经验的再探讨》。

⑦详见丁建弘主编：《发达国家的现代化道路》，北京大学出版社，1999年。

⑧参见罗荣渠：《现代化新论续篇》（北京大学出版社，1997年），丁建弘主编：《发达国家的现代化道路》（北京大学出版社，1999年），艾周昌等著：《南非现代化研究》（华东师范大学出版社，2000年），等等。

⑨何顺果《全球化的历史考察（修订本）》，江西人民出版社，2012年。

⑩《马克思恩格斯选集》第一卷，第67页。

⑪同上，第51页。

⑫同上，第51~52页。

⑬薄洁萍：《文明史、世界史与中国世界史研究》，《光明日报》2000年12月14日。

⑭见《马克思恩格斯选集》，第14页。

⑮《共产党宣言》，见《马克思恩格斯选集》，第253页。

⑯同上，第254页。

⑰同上，第256页。

⑱《共产主义原理》，见《马克思恩格斯选集》，第214页。

⑲《马克思恩格斯选集》，第221页。

⑳《资本主义文化矛盾》第41页。

㉑同上，第42页。

㉒《城市发展史》第442页。

㉓同上,第430页。

㉔同上,第430页。

㉕同上,第13页。

㉖商务印书馆,1975。

㉗参见戴勇《多视角透析全球历史》,《历史教学问题》2005年第6期。

㉘参见王晴佳《西方的历史观念》。

㉙《美国文明的兴起》第一卷。

㉚《美国文明的兴起》第一卷。

㉛《梁启超全集》第2册562页,北京出版社1999年出版。

㉜详见薄洁萍:《文明史、世界史与中国世界史研究》,《光明日报》2000年12月14日。

(本文是由为本系研究生开设的《世界史通论》引论整理补充而成)

两次全球化高潮比较研究

——从"世界联成一体"到"地球村"①

内容提要:文章用史学视角和比较方法对全球化作一探讨。认为人类历史是一部全球化的历史,它经历逐步全球化的过程后在19世纪末至20世纪初,20世纪末至21世纪初分别形成了两次全球化高潮。通过对两次全球化的比较,表明两者本质上同是资本主义经济体系的全球化,根本动力都是科技革命,两者不但都引发了不同文明的交流与冲突,而且均伴随有反全球化的斗争,它的后果表明两者都是一柄利弊相依的双刃剑,但上述共同点在表现形式与发展程度上存在很大差异,最后文章从一百多年的历史变迁中分析了产生这些差异的原因。

历史虽然不会重演,但有时往往会出现惊人的相似之处。回顾19世纪末20世纪初的世界历史,可以发现它与20世纪末21世纪初的年代有着极为相似的历史进程，即世界整体性的发展进入了一个飞速发展的特殊阶段，一个世纪前后全球化出现了两次高潮。

从逐步全球化到两次全球化高潮

从历史视角透视全球化，人类历史就是一部逐步全球化的历史，就是人类整体性与多元性的辩证发展的历史进程。它至少包含如下三个层面的内容，从人类生存的地理环境分析：自从人类在地球上诞生以来它的生存环境就从以互不联系或联系不多的地区、地域向“世界联成一体”的全球化转变。人类的生存与发展就是从局部性的地域向整体性的全球范围推进的长期历史演进过程，全球化的进程表现为渐进与突进，量变与质变的交叉发展的两种形态。

从人类社会的经济层面分析：全球化是人类从农业经济向工业经济转化的过程，是地域经济、民族国家经济向全球经济与世界经济转化的过程，是由自然经济向商品经济转化，直至形成国际分工和世界市场的过程。1492 年开始的地理大发现到世界市场的形成；从世界市场的形成到世界经济的出现；从世界经济到经济一体化的实现。19 世纪 20 世纪之交的半个世纪在人类全球化过程中占有一个决定性意义的地位，它是第一次全球化高潮。20 世纪末开始了新的全球化高潮。

从人类的认识角度分析：全球化是人类对自身所处环境的认识的深化，由最初的“天圆地方”“地心说”到“日心说”“地圆说”；由本族、本国所处的环境作为中心的地域观念发展成地区性观念，进而演进为“全球观念”“全球意识”，反映在历史观上，从地域史、国别史发展到世界史、全球史。这是人类对自身生存环境——地球的认识不断深化由此及彼、由偏至全的结果，是人类主体对全球化客观历史进程的反映。

上述三个层面的活动是相互依存的。地理范围的拓展为在经济领域的商品市场开发提供了基本条件，没有地理拓展，也就没有市场开拓，更谈不上世界市场的形成；反言之，没有市场开拓和经济发展，地理拓展就失去了意义而无法持续进行下去。基于地理拓展与市场开拓的发展，人类对哺育自身的地球的认识也不断加深并形成科学的认识，进而促进这两个客观进程的不断发展，使之成为一种更自觉的行动。如：“地圆说”的出现直接导致环球航行的实现和地理大发现的伟大成就。

历史往往会在若干历史发展的交叉点上形成合力而飞速前行。全球化的开端,即地理大发现是三条历史线索发展的交叉点。15 世纪是人类探索史由局部性探索向全球性探索的一个转折点,自人类诞生以来人类的地理探索活动从来没有停止过,不同部落、种族、民族和国家通过不同途径不断从原来的居住地向外开拓,寻找“新世界”。与此同时,人类的经济生活也经历了一个从农业经济向工业经济转化的时代,商品经济发展到了资本主义市场经济的阶段,追求市场的狂热成了对外探索的强大推动力。同时,人类对地球的认识也经历了一个不平凡的历程,确立了“日心说”与“地圆说”,追求全球航行的理想与获取东方财富的欲望结合成一股强大无比的精神动力。

全球化的各种分期众说纷纭,见仁见智。[②]美国学者罗兰·罗伯森将全球化的历史阶段划分为萌芽阶段、开始阶段、起飞阶段、争霸阶段与不确定性阶段。[③]笔者认为全球化的历史进程似可分为:一、从人类起源到地区性的各种古代文明的建立,即 1492 年以前的人类历史是局部性、渐进式的全球化量变时期,不同文明都在自己的特定地位上为全球化作出贡献;二、1492 年以后至世界市场的形成,形成了人类历史上全球化的开端;三、19 世纪末 20 世纪初全球化出现第一次高潮;四、20 世纪 90 年代以后再现全球化的新高潮。

两次全球化高潮的异同

19 世纪末 20 世纪初的世界整体性发展称为第一次全球化高潮,它的特点是“世界联成一体”;20 世纪末 21 世纪初的为第二次全球化高潮,它的特点是“地球村”的形成,经济全球化的实现。

一、两次全球化,本质上同是资本主义经济体系的全球化,统一的世界市场与世界经济的形成是全球化的基础,但它们的发展广度与深度有较大差异

第一次全球化高潮是建立在地理大发现与第一次工业革命基础之上的。19 世纪中叶,欧美主要国家继英国第一次完成工业革命以后,也相继开展与完成了工业革命,确立了资本主义生产方式,形成了资本主义经济体系的核心与边缘区域,开始了国际范围内的社会分工,即国际分工。而且在它的基础上形成了由地理大发现早已准备好的世界市场。

世界市场的建立是全球化的基础,它是随着地理大发现而萌芽,随着第一次工业革命的兴起而迅速发展,直至19世纪末20世纪初的第二次工业革命而最终形成的。马克思在《共产党宣言》中指出:“大工业建立了由美洲的发现所准备好的世界市场。”他还说:“资产阶级,由于开拓了世界市场,使一切国家的生产和消费都成为世界性的了。”世界市场的形成破坏了以自然经济为基础的相互隔绝的前资本主义社会,开始了人类真正的“世界历史”。西欧与英国是当时资本主义经济体系的中心,伦敦成了当时统一的世界商品市场和世界金融市场的中心;有世界市场就有国际贸易,为了保证世界市场的贸易公平性使世界市场的价格水平经常趋于一致,为国际贸易与资本输出创造有利前提,国际金本位制应运而生,1821年英国率先实行金本位制,19世纪70年代以后欧美各国和日本相继推行,许多国家的货币制度逐渐统一,金本位制成为国际制度;国际贸易的游戏规则也陆续出台,如1883年资本主义列强在巴黎签订的《保护工业产权巴黎公约》,1891年在马德里缔结的《商标国际注册马德里协定》等。

资本主义生产方式确立后,世界市场上开展的国际贸易无论在规模上、地域上、内容上都发生重大变化。由于前资本主义时代都以自然经济占统治地位,不仅商品有限,而且具有明显的地域性,还不存在真正的全球性的国际贸易;地理大发现导致海外市场的扩大,欧洲与美洲和亚洲的贸易超过欧洲各国间的贸易;出现了大量新商品等。工业革命成为推动国际贸易崭新的强大动力,由于一切国家与地区的生产与消费都具有世界性,国际贸易摆脱了地域的局限,开始具有真正的世界规模。主要经营者为股份公司与商品交易所,英国成为垄断国家。19世纪末20世纪初,因为形成了无所不包的世界经济体系,国际贸易中不仅重工业品的比重增加,而且垂直型的国际分工格局加深,殖民地的主要出口为初级产品;垄断资本在国际贸易中占统治地位,国际卡特尔、辛迪加等国际垄断组织瓜分世界市场已成为突出现象。[④]国际投资发展迅速:一战前夕各种形式的国际投资已超过470亿美元,投资的地区几乎遍及世界各国。英国曾是最大投资国,1914年高达40亿英镑,法国600亿法郎,美国50亿美元,德国为350亿马克。

随着国际分工的加强与国际资本的流动,移民成为国际性潮流,构成全球化的一个侧面,据统计,在1846—1932年期间,欧洲国家向外移民人数:英国移出1800万,意大利1011万,俄罗斯920万,奥匈帝国520万,德国490万,西班牙470万,葡萄牙180万,瑞典120万,挪威85万,波兰64万,法国52万,丹麦39万,芬兰37万,瑞士33万,荷兰22万,比利时19万,共计5861万。移民中3400万到美国,700万到俄罗斯的亚洲地区(仅1840—1914年),阿根廷640万,加拿大520万,巴西440万,澳大利亚290万,英属西印度群岛160万,古巴86万,南非85.2万,乌拉圭71.3万,新西兰59.4万。[5]

从19世纪末到20世纪初,在世界市场形成与扩展的基础上,世界经济经历了一个最终形成的过程,成为一个统一的有机体,作为这个有机体一部分的世界市场也变成统一而无所不包的了,经济全球化出现高潮。"日不落"大英帝国与"美国世纪"是当时全球化的具体写照。英国在一次工业革命以后迅猛崛起成为"世界工场",积极向全球其他地区寻求市场,这种资本与商品的扩张成了全球化的强大推动力。凯恩斯在他那具有震撼力的《和平的经济后果》中描绘了第一次世界大战以前经济全球化的现象:英国人早上起来就能够用电话订购世界各地的商品,向遥远的外国进行投资,购买外汇和贵重金属,还可以到他喜欢去的世界任何一个地方旅行而不用办理护照。在世界地图上,英国曾经因为拥有众多殖民地致使印度洋成了它的"内湖"[6],美国则提出太平洋扩张战略,企图实现将太平洋变成美国内湖的目标。

20世纪初,美国的发展迅速超过英国,成为全球资本主义经济体系的一个有更大潜力的新中心。当时有一位英国记者W.T.斯蒂德写了一本名为《世界美国化》的书,认为当时国际上出现了美国化趋势,昔日的世界强国面临美国的崛起只有两种选择:或与美国联合,或沦为"讲英语的比利时的地位"。1905年一位法国历史学家这样描写:"人们在报纸上、会议上、议会里除了听到美国危险外别无他物。"[7]1901年一位美国学者说:"我们在商业上已经打入世界上每一个市场。它是我们经济发展的一部分,我们正迅速迈向世界经济霸权。"[8]美国的产品打入欧洲,出现了"世界美国化"的说法。有人描绘一个英国家庭广泛使用美国货的情景:"早晨,一个普通人从新英格兰制造的床单上起身,他用'威廉斯'香皂和杨基保险刀刮胡子,在穿着北卡罗来纳短袜的脚上套上波士顿靴子,扣紧了康涅狄克吊带,轻轻地把沃尔瑟姆或沃特伯里牌手表放入口袋,然后坐下进餐。此时,他会对夫人穿的伊利诺伊前胸挺直的紧身胸衣和外配的马萨诸塞的短外套称赞几句。接着开始早餐:用大草原面粉做的面包……巴尔的摩的罐装牡蛎和堪萨斯小熏猪肉，而他的夫人则享受着薄薄的一片片芝加哥牛舌，孩子们得到的是‘魁克’麦片。同时，他还阅读着由美国机器用美国墨水印制在美国纸上的晨报，也许还是纽约一位聪慧的新闻记者编辑的呢。”⑨

21 世纪的今天，人类历史上的第二次全球化高潮同样以资本主义世界经济体系为基础，同样是国际分工与世界市场经济的产物。但它不是历史的简单重演与再版，它已在“世界联成一个整体”的基础上进而发展成为“地球村”：地球变得更小，人类联系更紧密，经济一体化程度更高，全球化从经济层面转向政治、文化、社会等各个领域。

一个世纪以来资本主义世界经济体系已经远不同于以前的了，具有新特点新形态：一、资本主义为适应新的技术革命与工业革命的变化，经过内部的调节展现了多种新形态，被冠以所谓“新资本主义”“国际资本主义”“国际金融资本主义”“后资本主义”等名称，老殖民体系已经瓦解，跨国公司成为渗透地球村各国、各地区的无孔不入的“怪物”，成了实现全球化的主要“工具”，它把许多国家纳入同一产品的生产过程当中而变成国际分工链中的一环，使国与国之间的分工体系正在向全球统一的国际或地球分工体系转变。根据中国社会科学院有关课题组的研究，二战后全球性跨国公司至 20 世纪末已达 6 万多家，控制着世界生产的 40%，国际贸易的 50%～60%，国际技术贸易的 70%，对外直接投资的 90%以上。另据统计，1998 年全球跨国公司的母公司共有 6 万家，其境内外分支机构已发展到近 50 万家。这些跨国公司控制了全球生产的三分之一、全球贸易的三分之二以上、对外直接投资的 90%。它们依靠竞争优势，挤垮、吞并各国的民族工业，独享垄断利润。排名全球 1000 家大银行几乎垄断了商业性金融服务。跨国公司和跨国银行正日益主宰着世界经济和世界金融。⑩国际分工从上世纪“世界城市”同“世界农村”分离与对立发展到了今天的工业分工阶段。

二、国际经济合作组织和国际经济协调机制成为经济全球化的两大支柱。地区性的经济合作组织的涌现与制度化的国际经济合作机制已成潮流。目前，国际经济合作组织大约有 100 个左右。其中规模最大的是：1991 年年底正式签订的《欧洲联盟条约》，它于 1999 年正式发行统一货币——欧元，欧盟约占世界经济总产值的 20%；1992 年《北美自由贸易协定》签订，1994 年自由贸易区正式建立；1989 年成立的亚太经济合作组织，现有 18 个经济实体已经参加了亚太经济合作组织，该组织代表 20 亿人口，其经济活动约占全世界经济活动的一半。亚太经济组织对国际经济合作的认识是建立在贸易和投资的自由化、简化商业手续、经济和技术合作这三根支柱之上的。亚太经济合作组织机构最高层是领导人非正式会议，至今已举行了五次：1993 年在美国的西雅图；1994 年在印度尼西亚的茂物；1995 年在日本的大阪；1996 年在菲律宾的马尼拉苏比克湾；1997 年在加拿大的温哥华。地区性国际经济组织成为“地球村”中的一道风景线。

在经济全球化的进程中，国际经济协调机制中的世界贸易组织（WTO）起到了重要的推动作用。根据“乌拉圭回合”谈判达成的协议，从 1996 年 1 月 1 日起，1995 年 1 月 1 日成立的世界贸易组织（WTO）将彻底取代 1947 年成立的关贸总协定（GATT），成为世界上最大的多边经济组织，它的宗旨是规范各成员方在商品流通、通关程序、关税和非关税壁垒的削减、商品检验、服务贸易、知识产权保护、与贸易有关的经济政策等广泛领域的行为。现有 100 多个缔约方。极大地推动世界贸易自由化、金融自由化和投资自由化的进程。

二、两次全球化的根本动力都是科技革命，但前者为工业革命，后者为信息革命

人类历史上的重大科学技术发明都是超越国界的全球性的文明成果，从长远看，它总是在不断地推动全球化进程；科技革命更是全球化飞速发展的直接推动力。第一次全球化高潮直接同以电磁学理论、电力技术为主要标志的科技革命相联系；第二次高潮则与以原子能技术、电子计算机技术、空间技术等方面的重大突破为主要标志的科技革命，特别是以信息网络技术革命为主要标志的科技革命相联系。

19 世纪末 20 世纪初，科学技术革命的狂飙席卷全球，电磁学、能量转化理论脱颖而出并直接导致电力工业的产生。1831 年法拉第发现电磁感应现象，后发现电解定律。麦克斯韦建立了电磁场的基本方程。荷兰物理学家罗伦兹又把电磁理论和原子学说结合起来，创立了物质的电子学说。德国物理学教授赫兹在 1888 年证实了光和电都是电磁辐射，并首次播出和接收了无线电波，为无线电广播和雷达的发展奠定了基础。德国电工学家，企业家西门子于 1866 年发明了自激直流发电机。1870 年，比利时的格拉姆将其改进为现代电机的雏形，制成环状自激式发电机。后英国工程师帕森斯发明了带动发电机的最好动力设备——汽轮机。1882年，爱迪生公司建成并投产了一座大型发电厂。不久，第一台有实用价值的直流电动机在1873年出现并于1888年开始使用。电力成为沟通世界的强大原动力，它能被输送到世界的每一个角落。

电力的发明推动电报，电话等电讯交通的出现。铁路、轮船等运输工具的改进和连接欧亚的苏伊士运河和连接太平洋和大西洋的巴拿马运河的开通，极大地缩短了地球上各个部分间的距离，苏伊士运河的开通把西欧和中国间的距离缩短了3000英里。海底电缆的敷设，仅德国西门子兄弟公司在1883年就制造敷设了近13000英里，超过地球半周还多，使信息可以传送到世界各地。地球上的各大洲和各大洋已连成一片，全球性的经济活动与文化交流已成为现实，地球上的每个地区、每个国家和每个民族都息息相通，事事相关，世界终于连成一个整体。恩格斯说："自1867年最近一次的普遍危机爆发以来，已经发生了巨大的变化。由于交通工具的惊人的发展，——远洋轮船、铁路、电报、苏伊士运河，——第一次真正地形成了世界市场。"[11]

如果说第一、第二次科技革命与工业革命是第一次全球化的直接动力，那么信息革命成了第二次全球化高潮的动力，全球化的加速与信息革命为核心的新科技革命的推进是同步的。20世纪40—50年代开始，人类在第一次、第二次工业革命成果的基础上，在军事、经济和科学文化激烈竞争的条件下，迅速开展了第三次科学技术革命，1946年世界第一台电脑问世，1977年第一台具有广阔市场的个人电脑诞生。核能的广泛利用，电子技术特别是电子计算机的普及和应用，航天技术等等成为这场革命的主要代表，相关的生物生命工程、材料革命、海洋工程等高科技也获得可喜发展。新科学技术革命导致了大量新产业的崛起。1961年尤里·加加林成为人类第一位进入太空的人。1969年人类在月球上踏上了第一个脚印。

20世纪90年代以来，全球的信息革命浪潮兴起，全球通讯网络迅速建成。以光纤通讯为主体，卫星通讯和无线电通讯为辅的"智能化、综合化、宽带化综合业务数字通讯网络技术"——新一代的通讯技术崭露头角；现代生物技术的新突破：克隆技术已经成功地培育了克隆牛等等；材料革命的新成果：如超导材料和纳米材料的发明和应用具有无限前景；近4千颗人造卫星围绕地球运行,1997 年“火星探路者”号探测器在金星登陆并发回照片。世纪末第一批人类太空居民已在地球外生存。人类取得了工业文明的最高成就并开始由工业文明向更高的文明攀缘,即由工业社会向信息社会转化。旧的工业产业在不断信息化的同时逐步为新的信息产业所取代,信息产业在一些国家已成为主导产业,电子商务在全球兴起,知识经济方兴未艾。在 20 世纪行将结束的时候,信息社会已经在人类历史上初露端倪。20 世纪末人类已经享受了从黑白到彩色电视机的进步:在屏幕前耳闻目睹来自世界各地的栩栩如生的影视节目和直播现场;数字电视、视频点播技术正在成为人类新一代的传播媒介;人类发明的电脑“扩展”了人类的大脑。电脑已经能与世界级棋王“下棋”;今天的信息高速公路使人类社会成了一个网络世界,电脑网络迅速变成地球村的信息网络和神经系统,改变了人类的社会生活。本世纪末出现的电子文学和网络教育显示其无比美好的前景。教师可以在网络上“传道解惑”,在家“上班”的人数与日俱增。发达国家中的信息产业在世界上占据领先地位,超越国家、地区界限的跨国公司可以利用先进的信息技术获取各国、各地信息,了解世界市场瞬息万变的动态,管理全球范围的经济活动,经济全球化进程加速,借助信息技术,地球经济不但连成一个整体,而且得到深度开发,“地球村”在经济层面上已名副其实。

三、两次全球化都引发了不同文明的交流与冲突,但前者是以西方文明对其他文明的冲击为主导,后者以不同文明的存在、交流与冲突的多元文明为特征

全球化势必引发不同文明间的沟通与交流。第一次全球化引发了地球上不同文明的初次大规模接触,在总体上是以首先完成工业革命与建立了资本主义经济体系的欧洲文明向非欧地区扩张为特点。伴随着资本扩张与殖民活动的推进,在西方强大的科技、经济、军事优势面前,非欧文明往往处于弱势的被动地位。伴随着西方炮舰的怒吼,欧美商品如潮流冲击尚未商品化的地区,猛烈的欧风美雨震撼了古老的传统文明,在中国出现了“西学东渐”的历史进程,有人提出全盘西化的口号;在日本发出了“脱亚入欧”的呼声;俄罗斯出现了主张“国粹”的斯拉夫派与主张走欧美之路的西方派的激烈争论等等。

西方殖民者在资本扩张中也总是以推行西方文明为己任。他们在向非洲进军时就打着开化非洲的口号。1876 年 9 月,利奥波德在所谓的国际地理学会上鼓吹说:“打开地球上唯一尚未进入的地区,并使之文明化,冲破笼罩着当地全体居民的黑暗,我敢大胆地讲,这是一次十字军远征,而这次远征与我们这个进步时代是很相称的。”[12]1884 年 11 月 15 日—1885 年 2 月 26 日欧洲列强在柏林召开国际会议进一步瓜分非洲,俾斯麦在会上说:“通过同这一大陆内地的贸易,向居民提供学习条件,对宣传有益知识的教会和各种事业进行鼓励,以及准备消除奴隶制度,尤其是取缔贩卖黑人等方式,使非洲土著与文明相结合。”[13]

第二次全球化高潮毕竟发生在不同文明交流碰撞了一个世纪以后,尽管西方发达国家是全球化的积极推进者,但地球上存在着的各种不同文明毕竟已不是“初次见面”了,相互的认识已经加深,大家越来越认识到不同文明共存的现实与合理性。在现代化过程中,非欧文明在不同程度上按照不同的国情吸收欧洲文明充实自己,探索本国的发展道路,展现了新的活力,如新儒学于东南亚经济的腾飞;同时欧洲文明也逐步懂得应该向非欧文明学习点什么,欧洲中心主义的思潮受到批评,[14]一位美国学者认为关于全球文化是正在走向同质化还是以越来越大的多样性和差异为标志的这一争论,可能是对作为整体的世界的研究中重要的普遍性问题。他认为将全球化作为一个以西方为中心的过程来谈论,是犯了严重的历史学错误。他提出一个新概念——“全球地方化”。它的含义是指“所有全球范围的思想和产品都必须适应当地环境的方式。必须将这种考虑与认为世界文化正在迅速走向同质化的常见观点加以对照。”他特别关注文化问题,因为文化维度是人类状况的各种维度中最重要的维度。[15]

西方学者越来越重视对非欧文明,特别是对东方文明的研究。如美国未来学家奈斯比特认为:“世界政治、经济、文化力量的格局正在发生变化,这种变化将不再仅仅是美洲、欧洲的力量所能左右,而是与亚洲共同来完成。当拉丁美洲与非洲在下一个阶段也参加进来时,便可实现一个完整、统一的世界体系,即单一市场的全球经济。”“全面承认并且接受东方的时代已经到来了,这种接受就和当初接受地球是圆的这一事实一样意义深远。”[16]他提出:“世界风云已变,西方人是该用亚洲眼光看世界的时候了。”[17]可见地球上呈现出以不同文明共存与交流为特征的多元文化与多元文明。当然,由于不同文明的平行发展也增加了不同文明间冲突的空间,特别是“911”事件以后这种趋势正在加剧，值得人们关注。

第二次全球化在很大程度上使“村民”们认识到全球化与多样化、整体性与局部性、国际性与民族性之间的辩证关系，它们是人类整体化历史进程的两个不可分割的方面。“地球村”由于联系的便捷虽然显得越来越小，但它的内涵却变得越来越丰富多彩。在20世纪，各国、各民族人民在继承和发扬本国和本民族的文化传统方面成果累累，全球具有数千种不同语言、语种的，分属千余种民族、种族的60多亿人口，共同创造了地球文明和现代世界，使地球村成为一个繁花似锦的人类乐园。使世界呈现千姿百态、百花争妍的繁荣景象。显示了人类无比伟大的创造力。

四、两次全球化均伴随着反全球化的斗争，但前者的反全球化运动主要表现为反资本主义运动与民族主义的斗争，后者的成分更为复杂，具有更大的广泛性，并已发展成一个“全球运动”

第一次全球化并没有因为当时尚未出现全球化与反全球化的概念而不存在，就本质而言，国际共产主义运动是反对资本主义全球化的强大力量，它不仅以实现社会主义全球化为目标，而且已经形成了一种“国际性”的规模，在“全世界无产者联合起来”的口号下，各国工人相互支持相互帮助，后又在马克思主义指导下建立了跨国、跨洲的第一国际，第二国际。在国际斗争中形成了一些全球性的诸如“国际劳动节”这样的节日。他们已经深刻认识到世界市场的形成使人类的“世界历史”成为现实，全球化是历史发展的必然趋势，他们仅仅反对资本主义的全球化。

民族主义运动是另一股反全球化的力量。19世纪末20世纪初，列强瓜分世界完毕，帝国主义的全球殖民体系已占世界土地面积的70%、人口的76%。处于“边缘”的殖民地半殖民地国家深受处于“中心”的宗主国的剥削和掠夺，不断起来反抗。“20世纪初，以反抗殖民统治、争取民族独立为主要目标的殖民地民族主义席卷亚洲大陆。”[18]亚洲，非洲和拉丁美洲人民的相同的命运也使他们在为自身利益进行斗争中相互支持，共同借鉴斗争经验，在争取民族解放和民主的斗争实践中认识到联合的重要性。

在国际移民潮中仍留在欧洲的工人和迁至“新大陆”的移民工人虽然在经济上受益，但因势单力薄无法影响本国政府的政策，而美国的原居住地的非熟练工人和欧洲因谷物进口而受损的农场主却利用地主之便与经济集团之利，影响政府决策，在美国通过了一系列限制外来移民诸如《排华法案》之类的文件，在欧洲一些国家纷纷转而实施保护贸易政策，掀起了一场反对全球化的政治斗争。[19]

同样，反全球化也伴随着第二次全球化的出现而产生，它不仅正式提出了“反全球化”的口号而且声势更大、成分更杂，队伍更广，并且已发展成一个“全球运动”。在地域上，反全球化的群众性活动主要发生在欧洲与美洲，数年来凡有国际性经济峰会或全球化会议必有反全球化运动人士，或聚会，或示威，或游行抗议，甚至与军警对峙；在成分上，从发达国家的中左派政治领袖到第三世界的马克思主义与依附论派，到环境保护主义、女权主义，到美国的绿党，到意大利的以实现友善的全球化为宗旨的“慢餐”运动[20]等等都在反全球化的行列之中；发达国家中的传统工业部门的工人因在全球化过程中利益受损也是反全球化的重要力量。他们的抗议活动比比皆是，如：2002 年 6 月 24 日，挪威的一些“左”翼组织和团体为抗议当天开始在奥斯陆举行的世界银行发展与经济年会而组织示威游行活动，约一万人参加了在奥斯陆市中心举行的示威游行。他们主要指责世界银行已经沦为富国用来控制穷国的不民主工具，并要求世界银行免除穷国的债务和停止为促使世界经济私有化和自由化而作出的努力。

民族主义运动更凸显其全球性。20 世纪“80—90 年代之交，一股源于欧亚大陆的民族主义洪峰迅速在整个世界蔓延，形成本世纪第三次民族主义浪潮。它与前两次相比，更具有全球性和综合性。”[21]总体而言，反全球化的参加者并不反对全球化的客观进程，而是反对加速贫富差异、污染全球环境的资本主义全球化。

五、两次全球化的后果与问题都表明它是一柄利弊相依的双刃剑

两次全球化的后果都证明全球化是给人类带来祸福共存、利弊相依的一柄双刃剑。全球化促使经济一体化，最大限度地开发人类资源与利用国际资本，在全球推广最新科学技术，促进国际贸易，使全球的经济收入增加，做大全球经济这块“大蛋糕”。第一次全球化浪潮从 1870 年到 1914 年持续的 44 年中，由于国际贸易的飞速发展，全球贸易额增加了一倍，其在全球总收入中的比重也达到了 8%。[22]

第一次全球化给大西洋地区的经济带来的好处显而易见。主要研究

1840—1914 年间的经济全球化问题的美国学者 J.G.威廉姆森与 K.H.奥饶克 1999 年合著出版了《全球化与历史:19 世纪大西洋经济的演进》。[23]他们认为,一个世纪前的全球化(1850 至第一次世界大战前夕)比今天发生的远为广泛,他们集中研究那次全球化的特征,考察全球化的各个方面如资本流动,劳动力转移,贸易、技术转化,穷国与富国的关系等方面。他们分析了 19 世纪末至 20 世纪初大西洋两岸国家实际工资率的差异后,发现 19 世纪全球化进程中欧洲的边缘国家如北欧诸国和爱尔兰等和欧洲核心国家如英国的差距逐渐缩小,新大陆国家如美国、加拿大和欧洲国家的差距也逐渐缩小,主要原因是全球化进程中大规模的国际移民导致了 19 世纪末大西洋国家实际工资率的趋同。他们发现同理论上的推断相反,事实上外移率最高的不是欧洲贫困国家与地区,而是欧洲富裕国家与地区。他们的结论是全球化能够使得落后国家以更快的速度发展,并逐步缩小和先进国家经济增长和生活水平的差距,但是他们指出各个国家对全球化的反应是非常复杂的,因为不同的经济层面对全球化有不同的反应。

在国际移民潮中,移民往往也为自己的祖籍国带来财富,如当时在美国的欧洲移民为祖籍国创造了不菲的外汇,1910 年美国的希腊移民带回希腊 460 万美元左右,1914 年为 820 万美元;意大利移民单 1917 年一年就带回给意大利 8500 万美元。[24]

马克思主义对殖民主义两重性的分析完全适合对全球化历史作用的评价,资本主义中心国家在瓜分殖民地过程中向边缘国家推销商品的时候,也将先进的工业文明成果加以传播,在从未开发的土地上建起铁路、矿山、工厂。如第一次世界大战前,非洲大部分从沿海伸向内陆的铁路都已建成。“南非是修建铁路最早的地区之一,到 1912 年约有 2600 英里铁路线,大都是从海港城市开普敦、德班、东伦敦等通往钻石和黄金产地的。随着英国向北扩张,铁路线也随之向北延伸。”[25]为使世界市场利益最大化,西方列强重视运河的开凿。“1869 年苏伊士运河通航贯通了从大西洋到印度洋的海上通道,非洲之角的战略地位和商务价值更显重要。”非洲之角的瓜分,成了“列强瓜分世界大格局的一个重要部分。”[26]

另一方面,全球化也给人类带来了麻烦,加剧贫困化就是最突出的问题之一。J.G.威廉姆森与 K.H.奥饶克的研究只是局限在大西洋沿岸资本主义世界体系中心或半中心地区。对广大的边缘地区的大多数国家而言，全球化给他们带来的更多是贫困，那里的大量财富被掠夺。殖民地与半殖民地人民的悲惨历史都说明了这一点。

帝国主义列强为争夺全球化的主导权，提高世界市场上的占有率，实现超额利润的最大化，成为导致人类历史上的第一次世界大战——全球性战争爆发的根源之一。同时也埋下20世纪30年代的全球性经济萧条的种子。

同样，第二次全球化也是一柄双刃剑，一方面它使一些国家在全球化中获利得益，根据2001年世界银行白皮书分析全球化的报告，从1980年开始的全球化浪潮对于发展中国家的影响是最大的。按照联合国的标准，在这次浪潮中，全球贫困人口的数量第一次出现大幅下降。24个发展中国家的人均国内生产总值在同期出现超过100%的增长，这大大超过了发达国家同期的增长速度。发展中国家整体出口额出现了大幅增长：1980年发展中国家工业产品的出口额仅占总出口额的25%，而到了1998年，这一比例已经上涨到80%，其中中国、印度、越南、匈牙利、乌干达，尽管国家情况各不相同，但都已经从全球化的进程中受益。亚太经合组织的部长会议也认为：全球性经济融合的趋势为经合组织各成员大幅提高社会生活水平带来机遇，大家重申全球化的好处应为经合组织各成员人民共享。[27]

但另一方面它又加剧了全球的贫富差异。该报告指出在过去20年里，由于全球化的发展，有差不多30亿生活在发展中国家的居民生活状况得到了显著改善，同时也有超过20亿的不发达国家的居民生活水平出现了滑坡，其中有的还出现了大幅下滑的情况。根据世界银行的统计，由于发达国家的贸易壁垒，每年发展中国家将从国际贸易中损失1000亿美元，而发展中国家从发达国家得到的援助却只有500亿美元左右。全球化进程中贫富差距的扩大成了人类最关注的问题。据世界银行统计，1993年全世界每日生活费不足1美元的绝对贫困人口为13亿，1999年则增加到15亿；有关统计资料表明，40年前，全世界最富的人口和最穷的人口人均收入是30∶1，而现在上升到74∶1。占世界人口六分之一的发达国家集中了全球80%的财富，而占世界人口60%的63个发展中国家的收入却只占全球总收入的6%。比利时首相在2002年10月的《致全球化拥护者的公开信》中说："最贫穷人群和最富裕人群之间的收入差距现在不但没有缩小，而且还在扩大。"指出贫富差距是一个"世纪问题”。同时,世界上还存在某些无法融入世界经济的最不发达国家,无法从全球化中受益,出现了绝对和相对的贫困状况加剧等结果。美国金融资本家索罗斯承认:“全球资本主义体系已经造就了一个非常不公平的世界,贫富差距越来越大。这是很危险的。”“资本主义体系的中心地区与边缘地区之间的关系很不平等。中心地区的国家比边缘地区的国家有更多的优势。”[28]

值得注意的是,第二次全球化高潮中世界经济隐含的风险在增大。过度的国家干预和大规模调控使资本主义经济危机变态成“滞胀”的形式,尽管人们认识和把握危机的水平较前有所提高,但随着全球经济一体性的增强,世界市场不仅规模变得更大、更复杂,地域分布更普遍,而且不同经济区相互间的影响力度不断增大,“牵一发而动全身”,局部地区的经济风险甚至能对全球经济发生影响,国际关系的诡谲风云对全球经济也会产生难以预料的作用,世界经济隐含的风险在增大。

造成两次全球化差异的原因

造成两次全球化差异的因素非常复杂,两者面临的全球环境发生的深刻变化是不可忽略的。首先是人口的变化。第一次全球化高潮时世界人口仅15亿左右,由于“人口爆炸”,今天,地球村已经居住着60多亿人口;人类不仅在数量上,更在生活质量上发生了巨变:一个世纪以来全球现代化水平较之上世纪已有大幅度提高,人类的生存与发展的条件变化直接对全球化造成不可忽视的影响。

其次,在全球的国际关系上,冷战结束以后,过去的社会主义国家转向市场经济体系,融入世界经济;中国的改革开放与中国特色的社会主义市场经济取得巨大成功。帝国主义全球殖民体系从形成到瓦解,广大发展中国家在世界政治舞台上发挥越来越重要的作用。全球性与国际性的协调机构和机制如联合国、世贸组织、国际货币基金组织、世界银行等机构纷纷建立,在协调国际关系方面发挥着越来越重要的作用。[29]区域性经济迅猛发展,20世纪50年代开始出现区域经济一体化的趋势。90年代以来区域经济组织达100个以上。今天,世界上出现了北美自由贸易区,欧洲联盟,亚太经合组织等“超级”区域经济。这在一个世纪前是难以想象的。

再次，人类所面临的社会与环境问题也日益呈现“全球化”趋势，环境污染、毒品贩卖、生态平衡、人口控制、水资源缺乏等问题在一个世纪以前还只是初露端倪的局部现象，现在都已发展成为超越国界的“球级”问题，需要全人类的智慧与通力合作才能奏效。例如，根据国际金融事务反洗钱行动集团的报告，全球的洗黑钱活动已给世界经济总产值带来1.5%~4.5%的损失。[30]

最后，第二次全球化较之第一次有更明确的理论指导。它以新自由主义与全球主义为理论指导，美、英等发达国家既是全球化的参加者又是全球化游戏规则的制定者。20世纪70年代以后新自由主义兴起，他们强调市场化原则，认为生产、分配、交换和社会组织都由市场力量决定。现在市场的力量已经大到超越国家界限，成为全球性的，随着经济全球化，其他领域如政治、文化，甚至军事也必将全球化。20世纪末，全球兴起一股强调超越老“左”派和新右派意识形态的“第三条道路”的政治思潮。曾为英国首相布莱尔与美国总统克林顿出谋划策，被誉为英国工党政府首席顾问的英国社会学家安东尼·吉登斯被视为是这一波政治思潮的理论导师。早在1994，他出版了《超越“左”派与右派》一书，1998年10月又出版了《第三条道路：社会民主主义的复兴》，后又推出《第三条道路及其批评》，极力推动全球主义，使美国、英国取得推行全球化的主导地位。这种推行全球化的“自觉性”与“理论性”是第一次全球化主导者们所望尘莫及的。

全球化的客观进程正在启迪人们用新的多维视角回顾人类历史，反之，用历史目光审视全球化也许能使人们对它有更深的了解。

注释：

①本文是由笔者开设的《世界史通论》课引论中有关内容整理而成。

②关于人类历史上的全球化，见仁见智，莫衷一是。2001年世界银行白皮书认为，历史上有三次全球化进程：第一次全球化浪潮从1870年到1914年，总共持续44年的历史；第二次全球化浪潮从布雷顿森林体系建立开始一直延续到1980年；第三次全球化浪潮从1980年开始至今。牛津大学历史学家费尔南德斯在他的《千禧年：过去千年的历史》中认为：如果人们所说的全球化指的是全世界更加紧密地联系在一起，各国相互依靠，文化远距离传播的话，那么，全球化真的是像人类历史一样的久远和古老。因此你可以说第一次

全球化是人类出现在这个地球上。人类起源于地球的某个地方,也许是非洲,然后从那里扩散开来。那可能是人类上一次真正享有单一文化,也就是全球文化的时候;那可能是上一次人类经历广泛而深入的文化交流的时候,正如我们今天所见到的文化广为传播的情况一样。从这个意义上来说,全球化的确像历史本身一样古老。但如果纯粹是从经济意义上来讲,如果你指的是西方化,那么全球化就不是那么古老的一种现象,而是近年来涌现的。美国学者戴维·赫尔在2000年"走经济全球化的发展之路"国际研讨会开幕致词中说,世界经历过两次全球化浪潮,现在正在经历的是第三次。第一次全球化从15世纪的航海运动开始,历时300余年;第二次全球化浪潮从18世纪英国产业革命开始,到第一次世界大战终止。20世纪80年代,随着"冷战"结束,第三次全球化浪潮初现端倪。新"左"派学者认为,自古以来,世界历史在帝国与反帝国、全球化与反全球化中,经历了五大历史時期:1.公元500—1500年,为第一次帝国时期或第一次全球化时期。以神圣罗马帝国和中华帝国为代表;2.公元1500—1800年期间的反帝国时期,以欧洲国家脱离神圣罗马帝国为标志;3.第二次帝国时代或第二次全球化时代(1800—1945),以大英帝国和拿破仑为代表;4.战后的1945—1970年代,以及第二次反帝国、反全球化时代,以民族独立和民族主义为特征;5.1980至21世纪初的第三次帝国时代或第三次全球化时期,以欧盟与亚太经合组织为代表。非领土化、再疆界化以及地缘经济为主要特征和趋势。本文重点对19世纪末20世纪初的全球化与20世纪80年代以来的全球化做一比较。

③罗兰·罗伯森:《全球化:社会理论和全球文化》,梁光严译,上海人民出版社,2000年,第84~86页。

④参见《世界经济百科全书》,中国经济百科全书出版社,1987,上海。

⑤R.R.Palmer and Joel Colton: A History of the Modern World, Alfred. A. Knopf: New York,1965,pp.564~566。

⑥R.R. Palmer and Joel Colton: A History of the Modern World, Alfred. A. Knopf: New York,1965,p.646。

⑦Ernest R. May, Imperial Democracy: The Emergence of America as a Great Power, Harper & Row, New York, ,1961,P.6.

⑧Emily S. Rosenberg: Spreading the American Dream: American Economic and Cultural Expanssion, 1890—1945, New York, Hill & Wang Company, 1982, P.22.

⑨Emily S. Rosenberg: Spreading the American Dream: American Economic and Cultural Expanssion, 1890—1945, New York, Hill & Wang Company, 1982, P. 15.

⑩转引自郑良芳《对经济金融全球化问题的研究——参与全球化必须坚持自主化、民族化》,《中国市场经济论坛文稿》,2001 年第五期。

⑪《马克思恩格斯全集》,人民出版社,第 5 卷,第 54 页。

⑫转引自艾周昌等主编:《非洲通史(近代卷)》,华东师范大学出版社,第 612 页。

⑬转引自艾周昌等主编:《非洲通史(近代卷)》,华东师范大学出版社,第 615 页。

⑭参见(美)威尔·杜兰:《世界文明史》,东方出版社,1999 年;(英)詹姆斯·罗伯茨:《世界文明通史》,上海人民出版社,2002 年 10 月;(德)贡德·弗兰克:《白银资本——重视经济全球化中的东方》,中央编译出版社,2000 年 3 月。

⑮罗兰·罗伯森:《全球化:社会理论和全球文化》,梁光严译,上海人民出版社,2000,第 84~86 页。

⑯约翰·奈斯比特:《亚洲大趋势》,蔚文译,外文出版社、经济日报出版社、上海远东出版社,1996 年,第 246 页。

⑰约翰·奈斯比特:《亚洲大趋势》,蔚文译,外文出版社、经济日报出版社、上海远东出版社,1996 年,第 3 页。

⑱余建华:《民族主义:历史遗产与时代风云的交汇》,学林出版社,1999,第 27 页。

⑲BOOK REVIEW: GLOBALIZATION AND HISTORY by Kevin H.O'Rourke and Jeffrey William, FUTURECASTS online magazine, www. futurecasts. com. Vol. 3, No. 3, 3/1/01. 原书为.O'Rourke, Kevin H.; Williamson, Jeffrey G: Globalization and History : The Evolution of a Nineteenth-century Atlantic Economy Cambridge, Mass. MIT Press, 1999. 参见何帆的书评《19 世纪的经济全球化——读威廉姆森和奥饶克的〈全球化与历史〉》。

⑳《经济观察报》,2001 年 9 月 10 日。

㉑余建华:《民族主义:历史遗产与时代风云的交汇》,学林出版社,1999,第 27 页。

㉒世界银行 2001 年白皮书分析全球化的报告——《全球化、增长和贫困》。

㉓BOOK REVIEW:GLOBALIZATION AND HISTORY by Kevin H.O′Rourke and Jeffrey William, FUTURECASTS online magazine, www. futurecasts. com. Vol. 3, No. 3, 3/1/01. 原书为.O′Rourke, Kevin H.; Williamson, Jeffrey G: Globalization and History : The Evolution of a Nineteenth-century Atlantic Economy Cambridge, Mass. MIT Press, 1999. 参见何帆的书评《19 世纪的经济全球化——读威廉姆森和奥饶克的〈全球化与历史〉》。

㉔Carl N. Degler: Out of Our Past , Harper & Row, Publishers, New York, 1970,p.285,note5.

㉕转引自艾周昌等主编:《非洲通史(近代卷)》,华东师范大学出版社,第 636 页。

㉖转引自艾周昌等主编:《非洲通史(近代卷)》,华东师范大学出版社,第 703 页。

㉗见 APEC 第 13 届部长级会议,《部长联合声明》,2001 年 10 月 17—18 日,中国上海。

㉘乔治·索罗斯:《开放社会——改革全球资本主义》,王宇译,2001 年,商务印书馆,第 10 页,第 186 页。

㉙《求是》杂志 2002 年第 20 期,中国社会科学院课题组:《〈共产党宣言〉发表以来世界发生的主要变化》。

㉚转引自《法制日报》,2001 年 8 月 13 日,苏明《匈非法洗钱严重》。

(载《江西师范大学学报》哲学社会科学版 2003 年第 2 期)

二、美国立国与华盛顿

美国独立前后政治体制的演变

美利坚民族在争取独立、创建家业的同时,就为寻求和选择适合自身特点的政治体制进行了艰苦的探索,终于在独立以后,特别是在 1787 年宪法制定以后,确立了联邦制的资产阶级共和政体。独立前后,美国政治体制的演变大致经历了如下几个阶段:(一)从殖民地变为独立国;(二)由松散的邦联变成统一的联邦;(三)由无党制发展为两党制。在政治体制演变的过程中,以杰斐逊为代表的资产阶级民主力量和以汉密尔顿为首的联邦党人是两股重要的历史力量,他们的斗争和妥协推动了政治体制的变化和发展。

从殖民地到独立国

独立战争以前,或者确切地说,在《独立宣言》发表以前,美国根本是不存在的。北美洲的大西洋沿岸只有十三个英属殖民地,这些殖民地就是未来美国的基础,它们的政治、经济、思想和历史传统影响着后来美国的发展。美国的政治制度也是在这个基础上得以发展的。这些殖民地的政权性质无疑是英国王室所代表的土地贵族和资产阶级的联合专政,然而它们的政治体制却颇有特点。

十三个殖民地按其政治形式可分为自治殖民地、业主殖民地和王室殖民地,但它们的最高立法权和行政权都掌握在英国王室手中。在政权的结构上,每个殖民地都派有一个代表英国王室的最高行政长官——总督。总督之下设有一个由殖民地贵族组成的行政机构——政务会议和一个代表“民意”的议会。这种政治结构同革命前的英国极为相似，所谓的议会虽然带有某种民主的成分，但远非近代资产阶级性质的立法机关，而仅仅是一种虚设的附属品。议员的财产限制极为严格，如南卡罗来纳当选议员必须有500英亩土地，马里兰的议员必须拥有两千英亩土地。[①]在王室殖民地和业主殖民地上，总督还拥有否决议会决议之权。随着殖民地议会的发展，英国王室千方百计限制议会的权益，削弱它的影响，采取措施，“不仅加强总督反对议会的力量，而且有效地促进王室本身直接地而不是间接地行使否决权”[②]。更有甚者，那些忠于王室的总督还有权解散议会，他们“习惯于行使这种权力”，因此，殖民地的议会普遍地依赖总督的行政意志而存在，它不过是英国都铎王朝或斯图亚特王朝时期议会的翻版而已。

另一方面，殖民地行政当局的权力和影响也有限，因为在殖民地耀武扬威的总督大人只不过是英国王室的忠实代言人和传声筒，一切重大的决策都唯英国王室之命是从，绝不敢越雷池一步。总督被派到殖民地时，不仅被授予一份述有职责权限的委任状，而且还得带一本载满各类具体命令、指示的小册子。特别是在英国与别国交战时期，英国王室更是详尽地列出了许多有关航海条例的条文，并要求总督严格执行。由此可见，北美十三个殖民地的政治体制大致上属于英国式的君主政体。它们不过是英国的海外“行政省”而已。

随着英国与殖民地之间矛盾的日益加深和激化，特别是1763年“七年战争”结束后，英国王室为了偿清因战争而耗费的军事开支，便加紧盘剥殖民地人民，先是向殖民地强制推行“征税条例”，继之以武力威胁和镇压殖民地人民的不满和反抗。这迫使殖民地人民痛苦地思考：为什么母国总是欺侮儿女之邦？为什么没有北美人民参加的英国议会可以通过向北美征税的法案？殖民地的出路何在？殖民地人民，从资产阶级、种植园主到工人农民，甚至黑奴开始联合起来：他们从怀疑、徘徊到诉诸武力、揭竿而起，历经八年的反英战争，终于取得了独立，摆脱了英帝国的殖民统治。

独立战争是一场资产阶级革命，不但在北美赶走了英帝国的殖民势力，建立起一个崭新的民族国家，而且使北美政权性质、政治体制方面发生了巨大的变化，它标志着邦联制度的开始。所谓邦联，就是由几个主权国家组成的一种联合,在这种联合体中,各成员国有相当的独立性。笔者认为北美第一届大陆会议的召开可作为邦联制度的开端。因为大陆会议是十三个殖民地(开始时只有十二个)的联合代表会议,它已具有高于各殖民地之上的某种主权形式。在独立战争期间,第二届大陆会议实际上成了一种权力机关,行使了如同以后邦联政府那样的职权,只是尚无权决定各州的重要事务。因此说大陆会议是邦联政府的雏形并不过分。

从1777年《邦联条例》产生到1781年各州批准条例,可谓是邦联的正式形成时期。1776年6月7日,里查德·亨利·李在第二届大陆会议上提出建立联盟的计划。不久,会议任命了一个以约翰·狄金森为首的起草委员会。7月12日,起草委员会向大陆会议提交了狄金森起草的"邦联条例和永久联盟"。这个文件在会上引起了极大的争论,至少受到来自三方面的批评。大州代表对条例规定邦联议会各州代表名额相等表示不满;蓄奴州反对按人口比例确定支付邦联公共开支的多寡;那些已经获准在西部得到土地的州则反对邦联政府有处理西部土地和划定边疆界限的权力。8月20日,大陆会议又讨论修改草案,意见还是没有统一。1777年10月7日,大陆会议一致同意每州在邦联议会中只能有一票的表决权,10月14日,又在西部土地问题上达成协议。这样,经过几番周折,《邦联条例》终于在11月15日正式被大陆会议通过,不久发至各州批准,到1781年条例被各州批准生效,邦联遂正式确立。

《邦联条例》的诞生是美利坚民族要求联合的愿望变成现实的重要步骤,也是美国政治体制演变中的一个不可缺少的环节,它给美国政治体制提供了如下新内容。

第一,条例第一次正式采用了"美利坚合众国"为邦联的名称。

第二,条例规定召开各州代表会议并规定邦联国会的职权。"未经合众国国会之许可,任何州不得派出或接受任何使节,或与任何国王、君主或国家举行任何会议,订立任何协定、同盟或条约"。"合众国国会拥有唯一无二之权利及职权决定媾和与战争""派遣与接受大使""缔约与结盟"。《独立宣言》曾宣布,"作为自由独立的合众国,它们享有全权去宣战、媾和、缔结同盟、建立商务关系,或采取一切其他凡为独立国家所理应采取的行动和事宜"。但它没有也无法指出由那一个机构(是全国的抑或是各国的)去执行这种职权,而条例则明白无误地规定只有邦联国会才有权这样做。此外,邦联国会还有权规定合众国境内的度量衡，处理与印第安人之间的贸易及其他事务；在军事上，它可授予团级以上军官的“军衔”。

第三，在邦联国会休会期间设立一个常设委员会，即“州际委员会”，由各州推选一名代表参加，并任命其中一人为总统。

第四，条例肯定和保留了各州的主权，“凡未经本邦盟召集之国会明确提于合众国之外，各州保留其主权、自由与独立及所有权能、领域与权利”。可见，邦联仅仅是十三个具有主权州的松散的联盟而已。

这十三个主权州的政治体制在独立前后也发生了深刻的变化。在战争的烽火中，各殖民地人民驱赶了英国王室派来的总督及其他官员，推翻了不列颠的殖民统治，解散了旧议会，纷纷制订各州的资产阶级宪法。新罕布什尔、南卡罗来纳、弗吉尼亚、新泽西、特拉华、马里兰、宾夕法尼亚、北卡罗来纳等州均在1776年制订了宪法。佐治亚于1777年制宪，马萨诸塞于1779—1780年批准宪法。这些宪法虽然因各州历史条件不同而具有不同特色，但在总体上都带有资产阶级政治色彩，以资产阶级的共和原则为指导，有的州公开明确宣布是“共和国”，由民主选举的方法产生州的议会和州长，实行立法、行政、司法之间的分权和制衡的原则。当时，民主派代表杰斐逊曾为弗吉尼亚起草的一份宪法草案，虽然未被采用，但从中可以看出资产阶级民主思想在各州制订宪法时的影响。在草案中，杰斐逊提出下院议员应由人民选举产生，主张实行制衡原则。从本质上说，原来十三个殖民地所实行的君主制已为共和制所取代，这一切当然是一个历史性的进步。

总而言之，独立战争以后，美国在政治体制方面的变化可以概括为：十三个殖民地变成为十三个独立的主权国家，原先的君主制转化为共和制，十三个独立国家之间又建立了松散的邦联，初步具备了一个统一国家的某种政治职能。这是美国人在探求和创建国家政治体制过程中的一次尝试，虽然不成熟、不完善，但国家的独立和邦联的产生毕竟是通向联邦制度的桥梁。

从松散的邦联到统一的联邦

从1781年邦联条例正式批准生效到1787年美国宪法的制订，这是美国历史上的一个短暂而复杂的重要时期，即邦联时期。由于各派历史学家对此褒贬、毁誉不一，这短短七年的历史真相竟然变得扑朔迷离、令人难以捉摸。联邦党史学家为了宣传制订新宪法的必要、批评邦联条例的不足，故意渲染和夸大邦联时期的缺点和困难，并将这一切统统归罪于邦联制度，称这一时期是美国历史上的“危急时期”。民主派史学家则把邦联条例的制定和付诸实践看成是民主势力挫败了某些人想在美国建立君主制的阴谋，是一次重大的胜利。也有美国史学家认为邦联时期是一个“健康、繁荣”的时期。③

究竟应该如何评价邦联时期？笔者认为这个时期不是美国历史上的“黑暗”时期，而是一个极其重要的关键性的双重转折时期：即由邦联制向联邦制过渡、由战争转向和平的时期。历史性的转折是艰难的，甚至充满危险和痛苦，但它毕竟是进步和发展，是走向未来的起点。只有认识这一时期的历史本质，我们才能对这个时期的政治经济作出客观的评价，对这一时期出现的困难、失误和毛病进行具体分析，有的问题属于战后必然出现而无法避免的，有的是在邦联制推行中缺乏经验造成的，也有因阶级矛盾激化所致。应该说，邦联时期的经济是发展的，政治是稳定的，特别是民主的程度和各州的独立主权的行使都是比较充分的。但这不等于说邦联制是尽善尽美的，它的弱点在实践中也逐步暴露。邦联在美国历史上只是一种过渡形态，是通向联邦国家的阶石。它较之有邦而无国的状态，无疑是一种前进，是从无到有的一种创造，但同未来的联邦制相比，则显得十分幼稚、软弱和松散。具体说来，在政治上，邦联政府无论权力和威望都未达到中央政府的高度，它只是几个主权国家之间的协调机构，邦联条例也只是一种契约。经济上，因为十三个州各行其是，没有统一的经济政策，在对外贸易上造成很大漏洞，在国内阻碍了资本主义统一市场的发展。外交上，因为邦联政府没有实权，无法同欧洲列强在外交上进行周旋、抗衡。邦联制的这些弱点早在战争期间已露端倪，一些主张建立强有力中央政府的人士已深感不满，如大陆军总司令华盛顿就经常为此大发牢骚，他曾说：“总之，我们的措施不是受一个议会的影响与指导，而是受十三个议会的影响与指导……我的看法——各州必须选出众望所归的全权代表参加大陆会议，并赋予该机构绝对权力”。他进而指出，要不然“我们就会变成一个多头怪物，一种异质体”。④华盛顿的看法当然不是代表他个人的，这种观点是为后来联邦主义者所共同信奉的。

如果说战争时期因大敌当前十三州必须联合起来的话，那么一旦战火平息，联合的呼声就迅速地降低和消失。麦迪逊曾经很有远见地告诫他的弗吉尼亚伙伴："目前的联合不会比目前的战争更久长。"他要他们充分认识如下事实：战争结束以后联盟的解散如同战争期间需要联合一样，都是势在必行的。事实也正是如此。战后，邦联国会有名无实的状况十分严重。据邦联条例的规定，邦联政府没有固定的财源，为了改变这种状况，邦联政府曾想以出卖西部土地增加岁入，但收效甚微。后来，邦联政府企图修改条例向全国征收百分之五的进口税，但因邦联中的最小成员国罗得岛的反对而告吹。1783 年重议此事，又因纽约州的否决而没有成功，[5]邦联政府处境之窘迫可见一斑。约翰·亚当斯认为："邦联国会既非立法机构也非代议机构，只是一个外交机构。"其实连外交机构也是打了折扣的。当时，南卡罗来纳的宪法就规定该州有宣战、媾和、签订条约的权力。弗吉尼亚州州长甚至直接派人出使法国商洽借款问题。[6]造成这种局面的原因，主要是邦联条例的制订者与他们同时代的美国人一样，没有全国性政府能够做什么、应该做什么的经验，因为独立前他们压根儿没有全国政府；但是，他们对一个专横暴虐政府对人民可能干些什么却有着亲身体验和切肤之痛，大英帝国强加于他们头上的专制统治和血腥战争还历历在目，记忆犹新。正因为如此，在设计和创建中央政府的时候，美国人最关心的是如何有效地控制、监督这个政府，而不是给予这个新政府以行使职责的权力和手段。这种害怕在美国出现专制政府和独裁者的心理在独立战争期间——这个非常需要权威的特殊阶段也早已普遍存在。大陆会议的许多成员始终以一种警惕的目光注视着由他们自己选举任命的革命军总司令华盛顿的行动，唯恐发生不虞。而华盛顿本人也早有自知之明，他"一直把自己视为大陆会议的公仆（即使在大陆会议于 1776 年授予他六个月的独裁权时），虽然他经常满腹牢骚，但从未越过界线一步，有证据表明，他对此毫无所求"。[7]

美国人民的这种要求民主、反对专制的传统在反英斗争中同资产阶级的革命要求是同方向的，但是独立以后情况就发生了变化。取得统治权的大资产阶级和种植园主与广大人民之间的关系由联合抗英转化为统治与被统治的关系，阶级矛盾的日益尖锐最后导致 1786 年秋的谢司起义。与政治危机相一致的是美国需要迅速恢复经济，发展资本主义。这一切都要求有一个强有力的中央政府来控制局面和稳定秩序，并以此为杠杆促进资本主义的经济繁荣，跻身世界民族之林。问题的关键是,“究竟哪种办法对美国人民有利:他们在一个联邦政府治下……应当成为一个国家,还是分成几个独立的邦联,而把建议交给一个全国政府的同样的权力授予每个邦联的首脑”。[8]

联邦还是邦联?美国人必须在两者之中作出选择。

这种历史性的抉择在1787年夏秋之交在费城召开的制宪会议上作出最后决定。这次会议经过三个多月的精心设计、激烈争辩和相互妥协,最后制定了1787年美国宪法。宪法规定采用联邦制,建立有力的全国性联邦政府。制宪会议的成功和合众国宪法的制定是美国政治体制演变史上的一个重大转折。但这时的国家体制还不是完备的联邦制,还带有过渡的色彩。它其实是一种“联邦共和国”,是以主权分割理论为指导的,政府既不是联邦性的,也不是国家集权性的,而是一种特殊的结构,即“联邦”和“共和”的结合。麦迪逊曾说:“如果我们从宪法与宪法修正权力的最后关系来检验宪法,我们会发现它既不完全是国家性的,也不完全是联邦性的。”具体说来,这个国家的基础是联邦性的而不是国家性的。在政府的一般权力来源方面,它部分是联邦性的,部分是国家性的。在行使权力方面,它是国家性的,不是联邦性的。在权力范围方面它又是联邦性的,不是国家性的。新宪法并没有撤销各州的政府,相反使州政府成为国家主权的“构成部分”。[9]总之,“联邦宪法是各种互相冲突的利益和原则之间的巧妙妥协,这种妥协使国家的存在成为可能”。[10]

如何看待和评价由邦联到联邦这一历史性转折呢?赞成邦联制的史学家把1787年宪法说成是无法实现的“空想”和“混乱”;主张联邦制的则把邦联条例说成是产生美国各种不幸的“祸根”。美国史学界还流行一种观点:1781年通过的邦联条例反映了“激进派”的立场,而1787年起草的美国宪法则代表了“保守派”的立场。[11]把邦联与联邦、条例与宪法视为势不两立的对立物。这种看法难以令人信服。邦联与联邦、条例与宪法确实是有区别的,但并非对立,两者之间存在着相互联系和继承关系。首先,1787年宪法和邦联条例都是以资产阶级的政治原则为指导的,两者都是以共和政体为国家的政体。其次,在政府的组织形式上,两个都是按三权分立的制衡原则来组织的,区别仅仅在于宪法将制衡原则运用于中央联邦政府,而条例则将它运用在州政府中。宪法把国家权力的重心由州政府移到了中央,而条例则在州政府和邦联政府间实现平衡。美国独立以后,先邦联后联邦完全是顺理成章的一种发展前进,而不是一种体制代替另一种体制的“革命性”变化。

当然，宪法同条例相比较仍有自己的特色。首先，宪法比条例有更大的权威性。因为条例仅仅是各州之间的“契约”，因此，它缺乏法律的支持，据此建立的“州际委员会”对各州亦无严格的约束力。1787 年宪法则不同，它对所属各州具有严肃的法律效力，根据宪法建立的中央联邦政府具有超乎各州之上的权力，国家的最高立法权在联邦国会（参议院和众议院），最高行政首脑是总统，最高司法权在联邦法院。其次，宪法具有较大的稳定性和灵活性。它的独特的修改程序，既保证了稳定性又避免了“死人统治活人”的弊端。但是，宪法在民主性方面远逊于邦联条例，甚至连公民的权利都未置一词，直到《人权法案》作为宪法的前十条修正案通过后才弥补了这一缺陷。宪法和条例两者之间的差别在很大程度上反映了时代的差异。条例产生于 1777 年，宪法产生于 1787 年，短短的十年景况迥异。前者正处在生死搏斗的民族危亡之际，这时的资产阶级要利用人民的力量争取反英斗争的胜利，条例的民主性较为强烈是可想而知的，此外战争环境也不允许政治设计家们有充裕的时间去设想国家大厦中的每一个细枝末节。十年以后，美国已有了邦联实践的经验，和平环境又给予宪法制定者们以足够的时间去思考、反思美国的过去和未来，战后的政治经济也已向政治家们提出了各种现实的课题要求解决。

尽管在美国由邦联转为联邦的过渡中曾出现过斗争，但总的说来，这种转折和过渡是顺利、稳妥的，没有出现重大的社会动荡和反复。这同美国独立战争的特点是分不开的。因为它没有像英国革命那样中间经过共和制、半君主制和君主制的反复，也没有像法国大革命那样君主立宪派、共和派、民主派之间展开的殊死搏斗，反复较量。美国始终围绕着民族独立这个主要目标稳步前进。美国革命的这种稳定性使后来的政治体制变革没有出现激烈的反复和折腾，而是沿着民族独立、实现邦联、建立联邦的道路发展。

综上所述，1787 年宪法的制订和最后批准，标志着美国联邦制度的基石已经奠定。原先十三个英属殖民地最后成功地统一成一个独立的联邦国家。约翰·亚当斯曾感慨地说：“殖民地在这样不同的政府宪法之下成长，它们有差别悬殊的各种宗教，它们由许多不同的国家组成，它们的习俗、生活方式和习惯是如此之不同，它们的交往又这样稀少并缺乏全面的了解，因此要以同样的理论原则和行动一致的制度去联合它们，确实是一件非常困难的事情。”[12]

1787年宪法肯定和总结了美国革命的成果，把资产阶级启蒙思想家提出的政治理论付诸实践，致使美国成为西方资产阶级议会制国家的典范。但是这部宪法只能是资产阶级统治人民的有力武器，它的制定是以牺牲印第安人、黑人和其他劳动人民的利益为代价的，因此不断遭到美国民主力量的批评。

如果说从邦联到联邦是一个历史性转折，那么宪法由制定、批准进入实施阶段又是一个历史转折点：即联邦制度由设计阶段转入实施阶段。两党制的出现是这一时期政治实践中的新现象、新变化。

从无党制到两党制的出现

邦联制和联邦制在美国的出现是先有设想后有事实，因此被人说成是“人的智能有意识地创造出来的”。[13]但美国两党制的形成却是先有事实后有概念。

根据1787年宪法规定的程序，华盛顿于1789年当选为美国第一任总统。应该说，华盛顿在忠于联邦国家和坚持资产阶级共和原则方面是忠心耿耿的，他虽然算不上雄才大略的政治家和才华横溢的理论家，但在艰苦创建联邦大厦的工程中却不愧是一个实干家。他在当政时期成功地建立了美国第一届中央联邦政府，进一步完善了司法系统，开始把三权分立的制衡原则运用于现实的政治生活。但是出乎华盛顿意料的是，在合众国初创不久，美国的两党制度竟不期而“生”，并给他带来不少烦恼。

华盛顿对党派和党派观念深恶痛绝，甚至在他卸任前发表的告别演说中，还谆谆告诫他的国人：“党派性总是在涣散人民的议会，削弱政府的行政机构。它以毫无理由的妒忌和虚假的警报使社会动荡不安，它点燃一方的仇恨之火反对另一方，甚至煽动骚乱和暴动”。[14]尽管开国元勋的言辞情真意切，寓意深长，但是党派仍在，党争未消，人们的主观愿望同真实的社会现实毕竟是两回事。美国的两党制终于在华盛顿任内出现。

关于党派问题，被称誉为“美国宪法之父”的麦迪逊看得比华盛顿更实际一些，也更深远一些。早在宪法制定不久，他对党派问题就作了这样的分析：“造成党争的最普遍而持久的原因，是财产分配的不同和不平等。有产者和无产者在社会上总会形成不同的利害集团。债权人和债务人也有同样的区别。土地占有者集团、制造业集团、金融业集团和许多较小的集团，在文明国家里必然形成，从而使他们划为不同的阶级，受到不同情感和见解的支配。”[15]他认为产生党派的原因“不可能排除”，只有用控制其结果的方法“求得解决”。在18世纪下半叶，麦迪逊就能从经济的角度分析政党产生的原因是难能可贵的。

美国的两党始于何时？众说纷纭，莫衷一是。C.A.比尔德认为两党形成于1787至1788年间，T.S.巴塞特和D.马隆主张在1791到1792年间，N.坎宁汉则把上限定为1792至1793年，O.G.利比把形成时期推迟到1798年。确定一个绝对的日期判定某一政党的形成并非易事，大致说来，18世纪的最后十年里，美国最早的两个政党基本形成。具体而言，联邦党萌芽于宪法批准时期。它的形成经历了几个阶段：(一)派别和团体的联络阶段，联邦党骨干努力寻求追随者并组成派别；(二)统一派别的形成和党派刊物的出现；(三)联邦党骨干通过宣传取得商人、船主、债券持有者、银行家和种植园主的支持；(四)纲领形成时期，这期间党人在一系列国内外重大问题上形成他们自己的观点和思想体系，并涌现了该党颇有威望的领袖，政党遂形成。[16]小施莱辛格把联邦党的产生说成：“产生联邦党的历史就是一个创造发明的故事，是一个新独立的主权国家政治现代化和政治走向稳定的实例研究。”[17]其实，联邦党绝不是几个政治家随心所欲“创造发明”出来的，它完全是美国18世纪末政治斗争的产物。在争取批准1787年宪法的斗争中，主张在美国建立联邦制的政治家们逐渐形成了一个政治团体，为了取得批准宪法的胜利，他们不分州的差别互相配合默契，南北呼应，互通信息。他们同许多报纸建立联系，并连篇累牍地发表鼓吹建立联邦重要性的文章；他们善于分析政治形势和长于玩弄政治手腕，懂得在什么地方，利用什么手段能得到同盟者和获得选票。在马萨诸塞州，他们说服两名反联邦主义者转向而使宪法得以批准就是一个典型。就这样在政治斗争的风浪中，联邦党由简单的政治派别、团体发展为初具规模的资产阶级政党。

在联邦派的对立面上，也同时积聚起一批反对建立过于集权的中央政府的政治团体，但不久就因宪法的批准而烟消云散。18世纪90年代初，这批政治力量出于对华盛顿政府重要政策的不满，先由麦迪逊后由杰斐逊为首组成民主共和党。这个党的阶级基础比联邦党广泛，它是在各地“民主协会”“共和协会”的基础上建立的。该党直到1800年才成为全国性政党，也就在同一年，全国政权由联邦党转到民主共和党之手，杰斐逊任总统，意味着两党轮流执政开始。应该指出的是，当时无论是联邦党还是民主共和党都还不能算是成熟的资产阶级政党，两党政治在美国还处在萌芽时期，但两党的出现使美国的政治体制从此再也无法同两党相分离，两党制成了美国政治制度中的一大特色。

美国立国不久就出现了独特的两党制度，令人深思。究其原因，首先，独立以后掌握统治权的资产阶级和种植园主阶级为了长治久安，巩固统治，需要一个能够集中反映他们利益和意志、较为稳定的政治集团来制定和推行政策，并充当统治集团与民众之间的中介物。华盛顿在职时虽然矢口否认政党的存在，但有的史学家却认为，“联邦党人虽然不认为自己是一个政党，但是他们确实觉察到，他们的政策需要公众的支持，为此，他们就逐步设想出了政党这种工具。他们在十年的掌权期间既学会了当州长，又学会了当大众和州长之间的调解人”。[18]到了华盛顿二任期间，联邦党已是名副其实的政党了。华盛顿政府为了使《杰伊条约》获得通过，于1795年在国会内还专门设立了联邦党的核心。

其次，美国联邦政府建立以后，联邦党人的一系列重大的内政外交政策，其中包括汉密尔顿偿还国债方案、华盛顿的“中立宣言”等等，引起统治阶级内部的不同意见，遭到人民的不满和反对，这就加速了政治反对派的形成。

最后，不同阶级的经济利益和思想观念是形成两大政党的基本原因。以杰斐逊为首的民主共和党代表中小种植园主和中小资产阶级的利益，在知识分子中也有相当的基础，杰斐逊的政治理想反映了他们的利益和要求。汉密尔顿及其联邦党人则是北方大商人、大工业家、大资产阶级的代表。“这些政党在经济和思想上的分歧较之两党间的一般分歧大得多”。[19]当然，英国的两党制对美国的影响也是一个不可忽略的历史因素。

这样，联邦制建立、两党制的出现，说明现代美国政治制度的主要框架和模式已被构筑而成。美利坚民族历经两个多世纪，通过革命与改革、激变与渐进，筚路蓝缕，终于创建了一套具有美国特点的政治制度和政治体制。尽管资产阶级的政治制度可以直接从历代剥削阶级的统治实践中吸取经验，但是他们还得付出巨大的代价，花较长的时间建立起符合本国国情的政治制度和政治体制。独立前后,美国政治体制的演变历史不正说明了这一点吗?

演变的历史条件

美国的政治制度曾被人吹嘘为“人的智能有意识地创造出来的。”可是这种创造绝不是随心所欲和无条件的。同样,政治体制的演变也绝不是孤立的,它同经济和思想上的变革构成了一个系统工程,没有经济上的发展和思想观念上的更新,政治体制的演变是无法实现的。所以政治演变需要具备经济和思想两方面的历史条件。

美国由邦联转化为联邦是以资本主义经济发展为基础的。从某种意义上说,联邦的产生也是资本主义经济运动的结果。独立战争的胜利为资本主义发展带来了活力,虽然战争损害了一些原来有钱的人,但“新的富翁却起而代之”。战后的贸易和商业扩大了、农业发展了。费城在1770—1772年每年装船货物约45000吨,1787年增加到72000吨,弗吉尼亚和马里兰两个港口,1790年的装运吨位比1768年提高一倍。“18世纪80年代是美国工业取得显著进展的时期。”[20]资产阶级,特别是其中的商业集团和公债债权人对邦联制度的弱点非常敏感,因为他们在邦联条例下遭受痛苦,他们发现自己不能在美国的港口同外国商人竞争,他们因各个州执行不同的外贸政策而遭受经济损失,他们希望有一个强有力的国家作为靠山发展海外贸易,所以他们首先对邦联条例发难,指责条例的“基本缺点在于没有把处理美国商务的全权赋予国会”。他们还同时鼓吹宪法的重要性。关于建立联邦和发展商业的关系,汉密尔顿讲得很清楚:“所有的开明政治家都看出并承认商业的繁荣是国家财富的最有效和最丰富的来源,因而成为他们政治上关注的主要对象”。他进而认为,“商业利益的一致,和政治利益的一致一样,只能通过统一的政府才能达到”,具体来说,第一,有了联邦政府,资产阶级就能利用国家力量同外国商人进行竞争,抵制欧洲各国对美的“不利”政策;第二,有了联邦政府,就可以在全国实行“限制性条例”,迫使各国为取得美洲市场的特权而相互竞争;第三,能够建立一支海军,虽然这支海军不足以同强国海军竞争,但至少放到敌对双方中任何一方的天平上是有“相当的分量”的,可以左右欧洲各国在美洲竞争的“胜负”。总之,在汉密尔顿看来,在一个生气勃勃的全国政府下面,国家的自然力量和资源都想到"共同利益",各州之间可以"毫无限制"的来往,通过各自产品的交换,能促使各自贸易的发展,"各地商品的血脉将得到补充,并且从各地商品的自由流通中得到更多的力量和动力"。[21]这种主张反映了独立以后,美国资本主义势力要求国家进一步实现联邦制的愿望,正是以这股力量为主体的各种政治力量在制宪会议上的妥协导致了宪法的产生,比尔德讲得好:"宪法并不像法官们所说的那样,是'全民'的创造;也不像南方废宪派长期主张的那样,是'各州'的创造。它只是一个巩固的集团的作品,他们的利益不知道有什么州界,他们的范围的确包罗全国。"[22]此处的"集团"指的就是经济集团,即比尔德所谓的动产集团,这里的利益就是"经济"利益。尽管在宪法问题上,美国史学家有主张宪法是"经济文件"与"政治文件"之争,但是制定宪法的经济背景和经济上的动因是决不能忽略的。可以这样说,资本主义经济的迅速发展是促进美国由邦联向联邦转化的基本动力。

实现美国政治体制演变的另一个历史条件就是美国人对联邦制度心理承受力的增强,即精神条件。美利坚民族在较长的时间里只有地方观念而无国家意识,他们曾不知美国为何物,最早的时候,他们只知道自己是英国国王的臣民;稍后,他们视自己为"弗吉尼亚人""马萨诸塞人""宾夕法尼亚人"……直到独立战争前夕和初期,他们才开始提出"美国人"的概念,但是,当时大多数美国人把"美国"仅仅看成是若干独立国家的松散的结合体。同这种思想水平相适应的就是《邦联条例》的制定,在当时,要是立即提出建立有力的联邦政府就会被认为是英王专制统治的复辟,必遭人民的反对。到了 18 世纪 80 年代,美国人不仅积累了邦联制的经验,而且对联邦制有了一定程度的认识和具备了某种心理承受力,社会上已经形成了一股坚决主张实现联邦制的政治力量,邦联制的弱点也为更多人所看清,这就是联邦制得以建立的思想基础。关于转变思想观念的重要性,有经验的联邦党人洞若观火,爱默生讲得十分明白:"我们需要的不是形式上的改变……必须变更思想习惯,我们不是把国家而是把州看成是自己的祖国,以毫不关心,甚至常常以仇恨、恐惧和厌恶的目光看待邻州。"[23]正因如此,汉密尔顿、麦迪逊、杰伊十分重视宣传的作用,在为批准宪法而斗争的年月里,他们写出了一批很有见地的政论文章,这就是后来的《联邦党人文集》。美国最高法院曾把它作为宪法的来源加以引证,其影响极大。

关于美国为什么能建立起联邦制的原因,法国作家阿·德·托克维尔曾作过颇有特点的解释,他在一个半世纪前写的《美国的民主》中说,“使美国容易保持联邦政府的环境不仅是这些州有相似的利益、共同的起源和语言,而且是他们都达到了相同的文明阶段,此种文明几乎总是使联盟成为可行”。[24]他在比较欧洲和美国时说,美国的缅因州和佐治亚州遥隔一千英里,但他们之间文明上的差距却小于欧洲诺曼底和布列塔尼之间的差异,“置于伟大帝国两个极端的缅因和佐治亚,竟比一河之隔的诺曼底和布列塔尼具有更多建立联盟的现实诱因”。[25]这种诱因,在我们看来应该是指经济上的资本主义发展水平和人民要求联合的愿望。

两股政治力量的斗争和妥协

在美国政治体制演变的进程中,以杰斐逊和汉密尔顿为代表的两股政治力量引人瞩目,它们在历史变革的关键时刻显得十分活跃,生气勃勃,富有进取和创造精神,经过二三十年的分化、重新组合,最后在18世纪90年代形成两个政党,壁垒分明,旗鼓相当。如何评价这两种政治力量?笔者认为,它们都是早期美国历史,特别是美利坚合众国建立和成长过程中的推动力量,两者缺一不可。从阶级地位上看,两派分别是资产阶级和种植园主阶级的左右两翼,杰斐逊是反映中小资产阶级和种植园主及边界地区农民的利益,同下层人民有较广泛的联系,是资产阶级的“民主派”。汉密尔顿是大资产阶级和大种植园主的代言人,经济上主张发展资本主义工业,政治上强调建立联邦制。独立前后的美国处在资产阶级革命和变革的时代,是美利坚合众国的创建时期,是资产阶级在历史上发挥革命作用的时代,这两股力量均属革命性的历史因素,都是同旧传统决裂和斗争的改革力量。

刚取得独立的美国面临着两种旧的传统势力的挑战,封建君主制度及其思想是最严重的旧传统势力。当时的欧洲,俄国的叶卡捷琳娜二世,法国的路易十五都还在世袭王位上大施淫威、号令天下。美国虽然没有根深蒂固的封建制度,但不等于不受这种旧传统的影响。美国独立不久,国内就有少数人想仿照君主制的模式治国安邦。在康涅狄格州有人听说一些新英格兰的军人和商人筹划推翻平民统治,用武力建立特权政府。在马萨诸塞有人听说许多学习法律的学生喧嚷建立君主制并企图寻求军队的支持。[26]早在独立战争结束前,就有人这样说:"如果我们独立,让我们以上帝的名义,立刻建立一个帝国,请华盛顿做国王。"[27]这种传统力量严重影响着未来美国的命运。一批有朝气的资产阶级民主派站在反对君主制度及其传统的前列。他们一开始就把争取独立和反封建结合起来,宣传鼓吹在美国建立资产阶级共和制,呼吁保障天赋人权。这批民主派的斗争形成了后来的美国自由传统,杰斐逊就是他们中最杰出的代表。

北美移民的地方主义观念是另一种旧的历史传统。这种传统不是"舶来品",而是地地道道的土特产。十三个殖民地的人民两个世纪来"邦"自为政、我行我素的观念是影响建立统一联邦的思想障碍。即使是一些激进派的民主人士也难免不受地方主义的影响。如S.迪安竟然认为新英格兰的青草比宾夕法尼亚的葱绿,果实更丰硕,姑娘更漂亮,奶牛更肥壮。就连约翰·亚当斯也认为费城不如他们北方的波士顿好,在他看来,波士顿人在语言、情趣、仪表、法律、宗教和教育等方面都比费城人"优越",甚至相信波士顿人"是更纯的英吉利人"。[28]这种狭隘的地方观点在独立战争中起过消极的作用:一些大陆军官兵因不愿到兄弟州作战而贻误战机。同这种传统观念进行斗争的力量主要是以汉密尔顿为首的联邦党人,他们以建立联邦制为己任,批判地方主义的危害性,宣传联合的重要性,从而成了联邦主义的创始人。

民主派和联邦党人在各自分别同旧传统作斗争的时候,彼此之间也形成了复杂的关系:既在一定范围内展开斗争,又在一定条件下实现妥协。两股力量之间的既斗争又妥协推动了美国政治体制的变革,形成了一股新的合力,推动历史的前进。具体说来:第一,两股力量之间的互相斗争,避免了美国建国初期政治体制变革从一个极端走向另一个极端的大幅度"动荡"。民主派把联邦党人看成是君主政体的拥护者来批评和揭露,而联邦党人则视民主派为"无政府主义"大加挞伐。尽管双方的互相指责都未击中要害,失之偏颇。但是,这种相互间的争斗却牵制了对方的行动,不至于走向极端,促使联邦党人同君主政体划清界限,民主派同无政府主义保持距离。第二,由于这两派的斗争始终没有越出正常斗争的范围,它们的斗争结局又往往是互相妥协而不是"一个吃掉一个",从而使建国初期政治体制的变革能以渐进的方式稳妥前进,没有出现兵戎相见、流血牺牲的严酷局面。1787 年宪法就是这种既斗争又妥协的政治产物。制宪以后,两派斗争又贯穿于批准宪法与反批准的过程中。民主派代表杰斐逊尖锐地指出,1787 年宪法有两大缺点:一是没有规定人民的权利,因此,他强烈要求宪法应增补《权利法案》。他说:“《权利法案》是赋予人民反对地球上各类政府,包括全国性的和地方性的联邦的或州的权利,没有一个公正的政府是会予以拒绝的。”二是宪法没有规定总统的任职届数,而使总统成为“波兰国王的糟糕翻版”。[29]尽管杰斐逊的批评义正词严,言之凿凿,但他还是接受了宪法。同时,联邦党人也同意将《权利法案》作为宪法前十条修正案写入宪法,从而使宪法臻于完善,具有一定的民主性。这种既斗争又妥协是建立在杰斐逊和汉密尔顿在制宪问题上持有的共同认识上的,即他们都主张三权分立的制衡原则等等。杰斐逊上台伊始曾说过这样一番话:每一种不同的观点并不是不同的原则,我们是有不同称呼但持相同原则的弟兄,“我们都是共和党人,我们都是联邦党人”。[30]这是值得深思的。

注释:

①[美]菲特·里斯:《美国经济史》,辽宁人民出版社,1981 年,第 58 页。

②伯纳德·贝林:《美国革命的思想渊源》(The Ideolo gical Origins of the American Revolution),哈佛大学出版社,1980 年,第 67 页。

③爱德华·S.摩根:《共和国的诞生 1763—1789 年》(The Birth of the Republic 1763—1789),芝加哥大学出版社,1977 年,第 112 页。

④《华盛顿选集》,商务印书馆,1983 年,第 169~170 页。

⑤爱德华·S.摩根:《共和国的诞生 1763—1789 年》,第 124~125 页。

⑥布尔斯廷:《美国人:国家时期的经验》(The Americans :The National Experience),纽约 1965 年,第 413 页。

⑦阿普塔克:《美国革命 1763—1733 年》(The American Revolution 1763—1783),国际出版社,1960 年,第 134~135 页。

⑧汉密尔顿、麦迪逊、杰伊:《联邦党人文集》,商务印书馆,1982 年,第 7 页。

⑨《联邦党人文集》,第 197~198 页。

⑩梅里亚姆:《美国政治思想》,商务印书馆,1982 年,第 126 页。

⑪卡尔·德格勒:《形成现代美国的力量》(The Forces That Shaped Modern America),纽约 1970 年修正版,第 87 页。

⑫布尔斯廷:《美国人:国家时期的经验》,第 404 页。

⑬维尔:《美国政治》,商务印书馆,1981 年,第 3 页。

⑭《华盛顿选集》,第 319 页。

⑮《联邦党人文集》,第 46~47 页。

⑯阿伯拉罕·S·艾逊斯坦德:《美国历史新解释》(American History Recent Interpretations)第 1 卷,纽约 1969 年,第 248~282 页。

⑰小阿瑟·施来辛格:《美国共和党史》,上海人民出版社,1971 年,第 23 页。

⑱小阿瑟·施莱辛格:《美国共和党史》,上海人民出版社,1971,第 29 页。

⑲约翰·C·米勒:《联邦时代 1789—1801 年》(The Federalist Era 1789-1801),纽约 1960 年版,第 101 页。

⑳菲特、里斯:《美国经济史》,第 153 页。

㉑《联邦党人文集》,第 56 页。

㉒查尔斯·A·比尔德:《美国宪法的经济观》,商务印书馆,1984 年,第 227 页。

㉓布尔斯廷:《美国人:国家时期的经验》,第 403 页。

㉔阿·德·托克维尔:《美国的民主》(Democracy in America),纽约 1945 年,第 176 页。

㉕阿·德·托克维尔:《美国的民主》,第 176 页。

㉖A.比尔德夫妇:《美国史纲要》(A Basic History of the United States),纽约 1952 年,第 121~122 页。

㉗M.詹森:《邦联条款》,威斯康星大学出版社,1963 年,第 112 页。

㉘M.詹森:《邦联条款》,第 118 页。

㉙L.莱文、R.米特尔卡夫编:《国家的特征:美国史论文集》(The National Temper: Reaclings in American history)纽约 1968 年版,第 103 页。

㉚卡尔·德格勒:《形成现代美国的力量》(The Forces That Shaped Modern America),纽约 1970 年修正版,第 91 页。

(载《历史研究》1987 第 5 期)

美国开国元勋构建联邦制的实践

联邦制不仅在人类政治制度史上占有重要地位，而且在现实世界中令人瞩目。目前世界上，美国、加拿大、瑞士、墨西哥、澳大利亚等国实行联邦制。

西方联邦制的产生与一种特殊的政治学说密切相关，那就是著名的契约论。英语 federal 一词，来源于拉丁文 foedus，意思是“契约”“协议”。而且 federal 具有宗教和历史含义。与《圣经》中的 brit（希伯来语）同义，是一种非常“神圣”“严肃”“重大”的契约。federal 还与 feudal（封建）相似，而封建是与中央集权对立的一种前现代政治结构。联邦制往往与分权学说相联系。孟德斯鸠说：“一个共和国，如果小的话，则亡于外力；如果大的话，则亡于内部的邪恶……这种弊害出自事物的本性，不是任何法制的形式能够医治的。要是人类没有创造出一种政制，既具有共和政体的内在优点，又具有君主政体的外在力量的话，则很可能，人类早已被迫永远生活在单人统治的政体之下了。我说的这种政制，就是联邦共和国。”

美国是世界上第一个建立联邦共和国的国家，美国《1787 年宪法》在序言中宣称说：“我们美利坚合众国人民，为了组成一个更完善的共同体，以树立正义，保障国内的和平，安排共同的国防，增进全民的福利，并确保我们自己及我们的后代永享自由的生活，特为美利坚合众国制定本宪法。”法国 19 世纪政治家和思想家托克维尔说，美国联邦制使美国“既像一个小国那样自由和幸福，又像一个大国那样光荣和强大”。

美国联邦制的建立要归功于美国开国元勋们的努力与智慧，他们是美国联邦制度的设计师与缔造者，他们创建美国联邦制是在“摸着石头过河”中实现的。

从“大陆会议”到《邦联条例》

历史总是在既存的条件与基础上向前推进的。美国联邦制的起源最早可以追溯到富兰克林，1754 年，在殖民地联合反对法国入侵的背景下，他提出了殖民地联合起来的“阿尔巴尼计划”。主张在保留各殖民地的独立与独立政府的条件下，建立一个“大政府”，由一位英王任命的行政长官和各殖民地代表组成的议事会进行管理。这是在各殖民地联合起来的层面上建立权力机构的设想，但没有得到英国的同意。

“大陆会议”可以认为是英属北美13个殖民地建立大陆一级政治机构的最初尝试。它是在联合抗击英国殖民统治的条件下建立的，由13个殖民地代表所组成的权力机构。1774年9月首次召开。1775年5月10日再次举行会议。1776年5月举行第二届大陆会议，7月公布了《独立宣言》。宣布13个殖民地是各自独立地从英国分离出来的，只是在宣布时采取了联合行动而已。1776年，美国宣布独立时并没有建立统一的国家，独立但不统一。大陆会议可以看成是邦联体制的雏形。

美国的联邦制是直接在邦联制的基础上建立的，也是在批判邦联制的过程中发现联邦制的。邦联产生于北美13个殖民地共同抗击宗主国英国的历史背景下，为了共同抗击强大的敌人，联合抗敌。13个殖民地制定了《邦联条例》成为第一部宪法。1776年6月7日，里查德·亨利·李在第二届大陆会议上提出建立联盟的计划，7月12日，以约翰·迪金森为首的起草委员会向大会提交了《邦联条例和永久同盟》的文件，在经过激烈争论以后，1777年11月15日被正式通过。从1777年《邦联条例》的产生到1781年各州批准，是邦联的正式形成时期。1781年3月1日，《邦联条例》被各州批准生效，13个殖民地组成了一个松散的邦联。大陆会议让位于邦联国会。根据条例，邦联没有强有力的中央政府与行政长官，只是各州派出一名代表参加议事。同年，独立战争获得了决定性的胜利。1783年英美正式签订和约。但是，正如有些历史学家所说，此后数年的美国是“独立但不统一”。

独立战争结束后，宣布独立后的北美13个殖民地相互间也是独立的，联合抗英的任务结束，13个殖民地将回复到战前“各自为政”的状态，还是继续联合起来建立一个统一的国家？如是，这个统一国家将是怎样的一个国家？这成为美国人民与开国元勋思考的最重要的问题。托克维尔认为，“自缔结和约以后，最初立法的缺点便立即暴露出来：国家好像一下子就解体了，每个殖民地都成了一个独立共和国，都要求享有完全的主权”。当时的邦联政府只是一个“友好同盟”，这个同盟的权力还不如今天的联合国大。建立何种政体？当时可供美国人选择的是：法国式的君主专制，英国式的君主立宪制，独立战争中形成的邦联制。有的美国学者认为，美国的制宪者把英国的法律传统、美洲殖民地政府和州政府的形式、邦联条款的经验作为起草宪法的依据。但他们没有照抄欧洲模式，也没有照搬独立战争时期的临时性统治模式，而是根据欧洲思想家的理论，根据北美的实际情况，一步步探索，一次次辩论，选择与创立了美国的联邦制度。

从"修宪"到"制宪"

一批主流的政治家，后来被称为联邦主义者的开国元勋主张独立后的美国应该建立联邦国家。亚历山大·汉密尔顿在《联邦党人文集》一书的开篇就指出："人类社会是否真正能够通过深思熟虑和自由选择来建立一个良好的政府，还是他们注定要靠机遇和强力来决定他们的政治组织？"麦迪逊说："假如人是天使，就不需要政府，假如由天使来管理人，就不需要从外部或内部来控制政府。在设计一个由人来管理人的政府时，最大的困难在于：首先，必须使政府能控制被管理者；其次，要强迫政府控制自己。"华盛顿在 1783 年就说："在美国，没有人比我，或能比我更痛切地感到有此必要对目前的邦联制度加以改革。其他人不可能对邦联制度的弊端比我感触更深。""如果认为我国的国家大事，能由 13 名首脑或 1 名没有实权的首脑来领导，实属荒谬。"经过 8 年执政实践后他在告别演说中说："要使你们的联邦足有成效并永存下去，一个为全体所有的政府是必不可少的。各地之间的联合，不管多么紧密，都不可能完美无缺地取代它。""人民有权力和权利建立政府这一思想，是以每个人有责任服从已建立的政府为先决条件的。"这些政治家首先批判邦联制度的不足——缺乏权威与实权。

在行动上，他们先是召开了安那波里斯会议。1786 年 9 月 11 日，纽约、新泽西、宾夕法尼亚、特拉华、弗吉尼亚等州代表在安那波里斯召开会议，讨论贸易改革问题，但认为必须同时讨论政治改革，所以应该有 9 州代表参加，并倡议 1787 年召开费城会议。亚历山大·汉密尔顿起草了一份给邦联国会的报告，分析了邦联制的弊端，建议修改《邦联条例》，这次会议成了制宪会议的预备会议。1787 年 2 月 21 日，邦联政府致函各州以修改《邦联条例》的名义邀请各州参加费城会议。

制宪会议的召开是最关键最具决定意义的一步。1787年5月至9月，12个州的代表在费城召开会议。参加会议的成员均为美国的政治精英：各州共派出74名代表，只有55人到会，其中约20人实际控制了会议，坚持到底的是42人，最后在宪法文本上签字的只有12个州的39名代表。55岁的华盛顿为会议主席，81岁的富兰克林是最年长的元老。诚如美国历史学家比尔德在他的《美国文明的兴起》中所言：参加会议的人员“有在战争和外交方面受过锻炼的，擅长立法和行政的，通晓财政和商业的，精通当代和以前的政治理论的”。其中7名担任过州长，至少有28名在革命期间或在邦联期间任职于大陆会议或邦联国会，有8名曾在独立宣言上签字。他们是务实派而非激进分子。他们“互相争吵，他们都是有创见、有经验和有才干的人，但在权利、偏见和感情的折磨下疑虑重重，今天朝着这个方向、明天朝着那个方向……”

麦迪逊“违背”制宪会议的保密原则实录会议情况。在他于1836年6月26日逝世后，麦迪逊夫人将他的保密会议记录卖给国会，成为后人了解制宪会议内幕的珍贵文献。麦迪逊在引言中这样写道：“我深信，1787年制宪会议的与会者担负着伟大而艰巨的任务，以无比纯正的动机，彻底的献身精神和高度的责任感，全心全意投入会议工作，以实现人民所寄托的伟大目标，即设计并提出一套完善的宪法体系，补充原有宪法的不足，以保证国家人民永恒的自由、幸福。这样的大会是史无前例的。”

从激烈辩论到“伟大妥协”

在制宪会议上辩论最激烈的有两个核心问题：一是联邦与州的权力分割问题。200多年来，联邦与州的权力关系一直是美国联邦制度的核心和争论的焦点。“美国宪法之父”麦迪逊当时年仅36岁，“权利法案之父”乔治·梅森62岁。麦迪逊是一个特殊人物。有学者认为他的小小的脑袋里装着最多的知识，熟悉法律与政治，“集政治家的深谋远虑和学问家的博闻强记于一身”的他在制宪会议上“总是处于引导地位”。他起草了“弗吉尼亚方案”后，由相貌堂堂的伦道夫在会上宣读。

弗吉尼亚方案:建立两院制的立法机构,下院由各州按人口比例民选产生,上院由下院从各州立法机构提出的名单中选出;国会选出一位全国行政长官和一位全国司法长官;国会有权否决任何违背全国宪法的州宪法,可以动用武装力量对付任何州的不服从行为。

该方案具有很浓重的国家主义色彩,遭到小州代表的反对。他们主张一个单院制立法机构,各州代表人数相同。经过激烈辩论,最后美国制宪会议将原来方案中的 National Government 改变为 Government of United States。反对派迪金森提出太阳与行星说,联邦政府是太阳,各邦是行星,应该让行星在自己的轨道上运行,而不能消灭。主张众议院由人民选举,参议院由各邦议会选举。"康涅狄格妥协案"代表罗杰·谢尔曼提出一项妥协案:立法机构设两院,在参议院中各州代表席位相等;众议院则实行比例代表制。经过修改,所有白人居民和 3/5 的奴隶人口作为分配众议院代表人数的依据。约翰逊发言说,与其让双方对立,不如把他们结合起来——议会两院,一院代表人民,一院代表各州。

7 月 16 日,大会对两院席位进行表决投票通过制宪会议达成妥协,被后来的历史学家称为"伟大的妥协"。当时的联邦党人看到了统一的必要性。为了说服各州同意加入一个统一的联邦,他们在起草《美国宪法》的过程中对各州代表做了许多妥协,特别是,在宪法中保留了许多州权。宪法对联邦政府和州政府各自的权力范围作了明确的规定,包括各自专有的权力、共享的权力和各自禁止使用的权力。赋予联邦政府特定的立法权、司法权和行政权;确立联邦政府至高无上的地位。并且,联邦政府享有的权利仅以宪法规定为限。这就形成了三个层面的分权与制衡关系,这与英国君主立宪制有很大的不同。首先是各州和联邦政府之间的分权制衡,其次是联邦政府内部立法、行政、司法三大权力部门之间的分权制衡,并对立法权的再度分割(分成参议院和众议院),再次是各地区和社会利益集团的制衡。从而导致中央权力(power)被切割地支离破碎,"还继续把它切割给各个州和民间舆论,形成所谓的'州权'和'民间舆论制约权'"。最后立法者采取了一种折中的办法,将两种构想与制度调和起来。州独立的原则在组建参议院方面取胜,而国家主权学说则在组建众议院方面占优势。托克维尔说得好:为了把因国家之大而产生的好处和因国家之小而产生的好处结合起来，才创立了联邦制度。

争论的第二个核心问题是创立最高行政长官的职权与监督问题。原来《邦联条例》中只设国会议长的职务，除了掌握会议外本身没有什么权力。制宪会议上，“弗吉尼亚方案”首次建议在联邦政府中“设置一名全国行政长官，由全国立法机构选举产生”，建议总统除了拥有执行国家法律的一般权力外，还应享有联邦授予国会的各种行政权力。平克尼提出方案，称美国的行政权力属于美利坚合众国总统——“总统”是他的职务称呼，尊称“阁下”，通过选举产生。辩论的焦点是总统的职权、任期、人数、选举办法，是否拥有否决权、弹劾等问题。当威尔逊与亚历山大·汉密尔顿建议授予总统绝对否决权时，富兰克林认为，这样做，美国的最高行政长官的权力就会变得越来越大，最终导致演变成君主政体。一些小州害怕总统权力过大，提出“新泽西方案”。亚历山大·汉密尔顿反对两种方案，提出方案坚持建立强有力的中央政府。在弹劾问题上，富兰克林、麦迪逊、伦道夫力主对总统保留弹劾权，富兰克林说，如果不保留弹劾权，那就只能依靠暗杀来摆脱一个腐化的最高行政长官了。

联邦主义者和州权主义者的思想和行为既相互冲突又互相补充。这是美国试验得以成功的保证。正如梁启超所说的：“质而论之，则遮（杰斐逊）党者自由之木铎也，而哈（汉密尔顿）党者秩序之保障也。此两义之在政治界，如车之两轮、鸟之双翼，缺一不可。而美国卒以此两党者之相竞争、相节制、相调和，遂以成今日之治。”

宪法是自由主义者与保守主义者两种立场的妥协，他们在设计时就考虑到：既要防止来自底层的暴政（联邦主义者所担心），也要防止来自上层的暴政（反联邦主义者所担心）。正所谓“伟大的妥协，妥协的伟大”。

从批准宪法到建立第一届联邦政府

华盛顿认为新宪法“采取了比人类迄今所建立的任何政府所采取的还要多的防范和其他难以逾越的措施，以防止走向暴政”。他主张：“要么通过新宪法，要么回到绝对的无政府状态并承受其可悲的恶果，别无其他选择。”为了达到 9 个州批准宪法，华盛顿建议“要请文笔高明的人士在报纸上写文章，公开赞扬宪法”。后来麦迪逊、汉密尔顿、杰伊三位文章高手在报纸上连续发表文章 85 篇，全面深刻地论证批准宪法的必要性，后集结成册《联邦党人文集》，成为影响美国历史的经典之作。

围绕宪法是否应该批准，美国社会形成了联邦党人和反联邦党人两个庞杂的阵营，领导力量分别是以汉密尔顿为代表的联邦主义者和以从法国回来的杰斐逊为代表的州权主义者。当时形成了对美国政治产生影响力最大的集团就是联邦主义者，也称国家主义者。与之对立的是州权主义者。两者在国家主权属于联邦或州的问题上分歧很大。也有人称他们为国权主义者与邦权主义者。汉密尔顿和杰斐逊展开激烈的争论。汉密尔顿主张建立一个有力量有权威的中央政府，主张把美国建设成一个工商业国家。而杰斐逊则相信自然权力和“天赋人权”说，主张州权，反对权力集中，认为管得最少的政府是最好的政府，经济上奉行重农主义学说。汉密尔顿和杰斐逊之争，实际上是中央政府与州政府之间、秩序与自由之间、权力与民主之间、工商业社会和农业社会之间、富豪阶层精英阶层与下层人民之间、以工商业经济为代表的北部利益与种植园经济为代表的南部利益之间的冲突与斗争。

美国历史上的第一次总统选举，华盛顿当选为第一届美国总统，1789 年，杰斐逊被任命为首任国务卿，汉密尔顿为财政部长。美国独特的内阁制形成。1791 年，美国宪法的前十条修正案——《人权法案》通过。早在 1787 年制宪会议期间，民主派乔治・梅森提出用一个人权法案作为宪法的序言，但没有被批准。在各州批准宪法期间，民主派提出只有增加《人权法案》他们才同意批准，麦迪逊始则反对后则赞同。1789 年 4 月第一届国会开始工作，6 月 8 日麦迪逊提出他起草的 12 条，后作为修正案补入宪法。1791 年 12 月 15 日，弗吉尼亚州批准生效。保护公民权利进一步明确没有被宪法规定的真空权力的归属：“本宪法所未授予中央或未禁止各州使用的权力，皆由各州或人民保留。”

联邦制的基本构架

美国学者在他们的《民治政府》一书中指出，联邦制，18 世纪 80 年代多数有头脑的美国人都把它列为首先值得担心的问题——全国政府和州政府之间的权力划分（联邦制）和各级政府权力的分立以及制衡，都被指望成为抵制首都或首府暴力行动的有力障碍。什么是联邦制？仅仅存在全国政府与地方政府还不能形成联邦制,重要的是宪法将政府权力划分给总统或全国政府及州政府,分别赋予具体职能。既不是中央政府从成员政府获得权力,也不是成员政府从中央政府获取权力,两者的权力都出于宪法。

联邦制的特征:建立联邦制的目标:"将主权划分后,既能使组成联邦的各州继续在一切与本州繁荣的有关事务上管理自己,又能使联邦所代表的全国政府仍然是一个整体和满足全国性的需要。"关于如何处理联邦法和州法的冲突,美国宪法的第 6 条中明白陈述了联邦法的至高无上性:本宪法与依本宪法制定的联邦法律,以及以美国的权力所缔结的条约,皆为全国最高的法律,纵是与任何州的宪法或法律有冲突,各州法院的法官亦应遵守之。

设立联邦最高法院在两个互相竞争的政府间维护宪法规定的分权。200 多年来,联邦与州的权力关系一直是美国联邦制度的核心和争论的焦点。特别是建国初期,由于联邦政府的权力非常有限,州政府的独立性和自由度较大,各州在经济上都有地方保护主义的倾向。在这种情况下,最高法院为维护美国的联邦制度,对宪法的联邦权力条款一直采取"从宽解释"立场。

美国最高法院被认为是当今世界上最有权威的法院。因为它不仅具有解决在美国宪法和法律下产生的所有案件和争端的最高审判职能,而且还负有对宪法进行解释和审查法律是否违宪的职能。所谓司法审查权,是指联邦最高法院在审理案件时,可以以国会或州议会的法律与联邦宪法相抵触为理由,判定其无效而不予适用。美国宪法是 200 多年前制定的,至今只有 26 条修正案,可是时代已发生了根本变化。但为什么美国宪法能以不变应万变,能适应不断变化着的现代社会呢? 其秘诀之一就在于最高法院通过司法审查不断地适时解释宪法,使宪法条文的含义能顺应时代潮流的变化而变化,从而保证宪法的永久活力。

它不是介于单一制与邦联制中间的过渡形态,而是兼具两种形态特征的新制度。后来,这一在政治制度上有重大创新的美国体制,被称作联邦主义。美国联邦主义的特点包括:1.宪法具有单一制和邦联制宪法的混合特征,一个全国性的政府和联邦组成单位的各邦政府同时并存,管辖地域和人民重叠,两种政府的权力来源各自独立。2.全国性政府直接对公民行使权力,立法的对象是个人,并且有独立的行政机构执行其法律,美国立宪者认为建立一个政府之上的政府违反了政治科学的一般原理,是原来的联邦失败的原因。3.司法制度在联邦体系的发展中起了非常重要的地位。政府间权力范围和关系的调整,主要不是通过成文宪法的修正,而是通过司法判例。美国宪法关于联邦权力的列举,本就是高度概括和伸缩性的。美国的普通法法院特别是其最高法院,通过个案判决的方式,发展了政府间关系的普通法。

从文化层面分析,美国是移民国家,移民文化的特点是先有移民群体与社会后有国家。没有全国政府的历史经验,美国独立以后华盛顿政府毫无经验,"摸着石头过河";移民文化中的反暴政意识特别强烈,要不然他们不必离开家园追求自由,"(托克维尔说)推动美国革命的,是对自由的发自内心的热爱,而不是对独立的盲目和没有限制的渴求。这个革命没有受到造反激情的支持,相反,它是在爱好秩序和法治的口号下进行的。"移民的爱国精神,在欧洲居民认为自己是外来移民毫不关心当地的命运,但在美国"到处都使人感到有祖国的存在,祖国是人人关心的对象"。

美国开国元勋的理想有否实现?200年的实践证明他们设计的联邦制度符合美国历史发展,在美国现代化道路上起了重要作用:1.稳定美国的政治,维护了国家统一;2.推动经济发展,发挥了中央与地方两种积极性,避免了"一统就死,一放就乱";3.州政府往往可以成为全国政府推行某种政策的实验地;4.非常有趣的历史现象是:美国历届政府的政策仿佛都是在开国元勋们争论的两个方面像钟摆似的摆动,或左或右,虽然名称不同——自由主义或保守主义。有人认为,美国的联邦宪法,好像能工巧匠创造的一件只能使发明人成名发财,而落到他人之手就变成了一无是处的美丽艺术品。有人认为,美国宪法并不是"精心设计"的。理由是:一、设计者开始只是想建立一个集立法、行政、司法、国家元首与三军总司令为一身的强大统治者,国会与法院只是为防止这种权力的过度发展而已。二、当时他们依据的启蒙思想的核心"分权理论"是英国思想家洛克与法国思想家孟德斯鸠英国政治实践的总结,美国文化是英国文化的延续,他们制定宪法的内容,只能是这种内容,"而不能成为其他内容",更不可能是"精心设计"的。[①]

注释:

①[美]《联邦党人文集》,程逢如等译,商务印书馆,1980年。

②[美]麦迪逊著,尹宣译,《辩论:美国制宪会议记录》,辽宁教育出版社,

2003 年。

③[美]文森特·奥斯特罗姆,《复合共和制的政治理论》。

④[美]文森特·奥斯特罗姆,王建勋译:《美国联邦主义》,上海三联书店 2003 年版。

⑤刘绪贻、杨生茂:《美国通史》第二卷《美国的独立和初步繁荣 1775—1860》(主编张友伦)第二章

(华东师范大学国际关系与地区发展研究院冬季讲习班“社会转型:历史与理论”学术报告,2007 年 12 月 18 日)

华盛顿与美国宪法

论文提要:美国宪法是世界上资产阶级民主共和制的第一部成文宪法。自那以后,“国家的最高形式,民主共和制,在我们现代的社会条件下,日益成为一种不可避免的必然性”。文章认为,美国开国元勋华盛顿不仅在独立战争中作出了卓越贡献,在美国宪法的制定和执行过程中,也起到了特殊的作用。他是制定宪法的热心推动者、制宪会议的积极主持者,又是宪法中共和原则的坚持者和忠实执行者。文章还着重探讨了华盛顿积极推行制宪的经济动因和政治动因,并指出:1787 年美国宪法虽然有着资产阶级反对封建君主专制主义的进步作用,但本质上,它是美国资产阶级和种植园主为维护本阶级利益、对广大劳动人民实行残酷统治的根本大法。

乔治·华盛顿在制定、执行美国 1787 年宪法的过程中占有特殊地位。他是美国制宪会议主席,第一任美国总统,美国宪法的第一个实际执行者。如果说华盛顿那戎马倥偬的军事生涯同美国独立事业息息相关,那么他那充满动荡的政治生涯同美国宪法的酝酿、制定和执行就密不可分了。

华盛顿的同时代人对他在制宪中的作用持有不同看法,有人认为他的作用“并不很大”,有人则颂扬他说:“1775 年,我们注视着他站在军队的最前列,

抵制着英国君主专制统治的扩展；1787 年，我们看着他站在一群爱国者和英雄们的最前面，阻挡着无政府状态在美国的延续。”[①]

我们认为要正确认识华盛顿和美国宪法的关系，应该坚持历史唯物主义的基本原理，作出全面的、历史的阶级分析。不仅要分析华盛顿在制宪会议上的作用，还要研究他在制宪前后的表现；不仅从政治上，还要从经济上剖析他的制宪动机；不仅要从宪法所依据的原则上，还要从他任总统期间执行宪法的实践活动中去考察判定华盛顿的历史作用。

制定宪法的积极推动者

1787 年美国宪法的制定大致经历了酝酿、制定、实施三个阶段。在酝酿准备时期，华盛顿站在资产阶级和大种植园主的立场上，积极鼓吹制宪的必要性，竭力推动、促进宪法的制定，不愧是制宪最积极、最热情的推动者和倡导者之一。

独立战争的狂风暴雨刚在北美大陆平息，华盛顿就带着战争年代中的深切感受，大声疾呼建立联邦政府和制定宪法的重要性。1783 年 4 月，他指出："制定一部能给联盟带来协调、稳定和威严的宪法，并且为了总的目的赋予'国民大会'以充分的权力，这是每个希望繁荣的人的责任"。[②]两个月后，他在写给各州的通知中又说："我冒昧地认为有四个要素对于幸福是必不可少的。"第一个要素就是"在联邦政府的领导下，各州结成牢不可破的联盟"。[③]

战争正式结束以后，华盛顿辞去大陆军总司令的职务，回到故乡芒特弗农庄园，自称是波托马克河畔的一个"普通平民"，宣布不再参与纷扰的政事，隐居乡间。可是，普通平民不"普通"，他隐居庄园，并未停止政治活动。战后美国国库空虚，财政困难，物价飞涨，甚至用一车的钞票还难以买回一车货物。广大农民、手工业者和工人负债累累，难以为生。他们强烈要求改善生活，争取民主权利，同掌权的资产阶级、种植场主的矛盾日趋尖锐。人民的革命情绪犹如干柴烈火，一触即发。资产阶级和大种植场主为着自身的利益，迫切要求"安邦定国"。动荡的形势促使华盛顿重新跨入政治舞台。他不仅向朋友们不断宣传制宪的重要性，而且直接筹划了安那波利斯会议。在这次会议上，来自五个州的代表正式向邦联政府提出召开费城会议的建议，希望 13 州代表共商修改邦联条款的大事。这次会议直接导致了制宪会议的召开,成了制宪的前奏。

在决定召开费城会议,特别是华盛顿正式当选出席制宪会议的弗吉尼亚州代表以后,他更是兴致勃勃,跃跃欲试。他不是思想家,也未受过高等教育,为了制宪,他从世界历史中寻找共和制度的历史经验,写了不少供自己阅读的笔记。[4]为了说明修改邦联条款"势在必行",他强调说:修正和制订邦联条款是必要的,"要不然这个组织势必崩溃,因为它确已摇摇欲坠了"。[5]为了能在制宪会议中贯彻自己的企图,华盛顿还特地写信给詹姆斯·麦迪逊——在制宪中起过杰出作用的重要人物——阐述了他对会议的希望:会议对宪法的不足之处要作"彻底的探究"。[6]

华盛顿为什么对宪法的制定如此孜孜以求?首先,华盛顿认为,独立以后的美国要自立于世界民族之林,能同欧洲列强抗争,必须建立一个统一的联邦政府。他说:"我们现在终于成为一个独立民族了,但是我们还应该学习政治战术。我们置身于世界列国之中,要树立一种民族性格。"因此"必须从大陆的角度来衡量国家的光荣、力量和真正的利益"。[7]美国虽然在政治上获得了独立,但国际地位低微。邦联政府派到英国、西班牙的谈判代表竟然被不理不睬长达两三年之久;合众国的旗帜到处遭受侮辱。华盛顿的想法反映了美国统治阶级要求尽快改变国际地位、跻身世界列强行列的勃勃雄心。

其次,进一步统一和扩大国内市场是华盛顿急于制宪的经济动因。美国资本主义经济在独立以后虽然还没有摆脱英国的殖民统治,但它的发展速度毕竟比战前要快,不幸的是,这种发展受到了十三州各自为政的不统一状况的阻碍。以外贸为例,由于各州都制定符合本州利益的关税原则,从而造成州际摩擦,外商坐得渔翁之利。工业发达的纽约州和宾夕法尼亚州为了保护本州工业,阻止英货入境,新泽西州和康涅狄格州却执行相反的政策,欢迎英国商品入关。这样英商就可以将工业品经新泽西、康涅狄格偷运入纽约和宾夕法尼亚,获取巨利而又打击了美国工业。一些州不仅向外国商品征税,也对外州的产品课税,一些没有外贸港口的州为了借用邻州港口而必须付出租金。此外,这种不统一的状况还严重阻碍了西部土地的开发和国内统一市场的形成。资产阶级和种植园主曾经竭力要求邦联政府制定十三州统一的关税原则,确立与各国的正式贸易关系,妥善解决西部土地问题,可是一切尝试都没有取得明显的效果。原因很简单,因为邦联政府没有足够的权威来统一和协调各州的活动,邦联条款毕竟也不是各州都应遵循、服从的联邦宪法。邦联政府虽然能够对外宣战,各州可以拒不参战;邦联政府能够对外签订条约却无法让各州践约;邦联政府可以借款但无法还债。一句话,邦联条款只是一个"君子协定"而已。[8]例如,邦联政府曾向全国征收两年的款项 1,000 万美元,到时却只收到 150 万美元。[9]它的威望之低可想而知。

华盛顿是弗吉尼亚一个富有的大种植园主,一个实业家。他隐退以后,并非无所事事,而是致力于农业和开发西部土地,还筹建波托马克河公司,发展内河航运事业。1784 年 9 月,华盛顿从西部旅行回家,就写信给弗吉尼亚州州长,详细地提出了开展内河航运,把东西部的土地沟通起来,繁荣经济的计划。后经州议会批准,决定建立波托马克河和詹姆士河航运公司。因为这不是弗吉尼亚一州所能办到的,还得与马里兰州协商办理,为此,两州代表又共同商议统一的税率和商业规则。华盛顿为了同马里兰州商讨有关事务,夜以继日地工作。这种社会实践使华盛顿深感建立联邦的必要性。他写信给伦道夫说,他要改进和扩大波托马克河和詹姆士河的内陆航运的最大的目的是"要将大西洋沿岸各州的西部土地联系起来"。[10]1785 年春,弗吉尼亚州和马里兰州代表在华盛顿的家里商讨,决定内陆航运的总政策和统一的商业条例、进口税率。可是要把东西部的土地联系起米,并加以开发,决非弗吉尼亚和马里兰两州能够解决的。因此,两州后来又建议召开安那波利斯会议。华盛顿希望这次会议将能"为了商业上的目的给予邦联政府以充分的权力"。[11]1786 年 6 月 11 日安那波利斯会议召开。

华盛顿渴求宪法的另一个重要原因是为了镇压人民起义,维护资产阶级和大种植园主联合专政的统治秩序。资产阶级和大种植园主在独立战争中利用人民的力量取得了胜利。独立以后,他们独占了胜利成果,而在战争中拼死战斗的广大劳动人民却被迫吞吃战争遗留下来的经济"苦果",负担军事费用。据统计,马萨诸塞州,每个家庭平均负债 200 美元,而当时的大多数农民的年收入还不到 50 美元。监狱中关满了负债的劳动人民。民怨沸腾,起义频频发生。这种斗争发展到最高潮就是 1786 年秋的谢司起义。年底,起义队伍发展到 15,000 人,他们提出"平均财产"的口号,深受人民的欢迎。华盛顿在给麦迪逊的信中惊呼:"从未有哪一天比我们现在更阴霾满天……要是政府无力阻止他们,人们还有什么生命、自由和财产安全?……那些正在相互扯皮,一致用力牵制邦联领导的13州的主权将会立刻遭到同样的毁灭”。[12]他主张立即平息起义,要不然它就会像雪球那样越滚越大。如何驱散这满天的“阴霾”?华盛顿在同一封信中说,“一部自由的、有力的宪法将能很好地保护和严密地守卫我们免遭侵害”。他认为,只有建立一个中央集权的政府才能有力地镇压起义。他在给亨利·李的信中说得十分明确:“让我们建立一个能够保护我们生命、自由和财产的政府;要不然,我们马上会吃到没有它的苦头”。[13]华盛顿心急如焚,接连向麦迪逊、诺克斯、杰斐逊等写信,呼吁建立统一政府,镇压起义。

1787年美国宪法的制定,决非个别历史人物随心所欲的产物。它是美国当时社会政治经济发展的结果,是美国统治阶级维护阶级统治所必然采取的一个步骤。华盛顿正是适应了时代的要求,充当了美国统治阶级的代言人。

制宪会议的成功主持者

华盛顿渴求制宪的强烈愿望表达了美国统治阶级的意志,尽管在制宪的道路上充满着坎坷曲折,甚至存在着失败的危险,华盛顿还是一步又一步地向前推进。1787年5月13日,华盛顿来到费城参加会议。作为昔日英雄,他受到了热烈的欢迎。

会议开幕时,宾夕法尼亚代表罗伯特·莫里斯提议华盛顿为会议主席,获得全体代表通过。华盛顿就这样被推上了制宪会议主席的宝座。这同他当年被大陆会议一致举荐为大陆军总司令有着惊人的相似之处:即多少带有南北双方相互妥协的意味。

然而,出乎华盛顿的意料,担任制宪会议主席绝不是一件轻松愉快的事。当年华盛顿荣任总司令,曾冒着枪林弹雨,驰骋战场,现在却面临唇枪舌剑,明争暗斗;那时他发号施令,一呼百应,现在却不能随便发言、妄置一词。有人曾对此作过有趣的描绘:“让华盛顿领导军队的抉择将他投入了必须日理万机的军营里;而要他担任制宪会议主席的任命将剥夺他在一段时间里的发言权。”[14]作为会议主席,华盛顿不能在会上轻易表态,可是这次会议的争论偏偏又是异常激烈。来自12州(罗得岛州除外)的55名代表代表着全国资产阶级和种植园奴隶主各个阶层、集团的利益。有民主派，也有君主政体的拥护者；有主张废奴的，也有坚持蓄奴的；此外，大州与小州的代表也存在不少分歧。因此，在会议期间，他们在参议院和众议院的代表名额、奴隶贸易、关税以及总统的权力等一系列问题上争论不休。人口众多的大州主张按人口比例规定两院的代表名额，小州代表则主张各州代表名额一律平等；北方代表为了保护工商业，主张宪法规定国会有权颁布征税法令，南方一些州则表示反对；蓄奴州强调奴隶贸易合理性，自由州则主张废除奴隶贸易。这些争论表面上反映了民主派和保守派的斗争，从根本上说，争论的实质是美国统治阶级寻找如何"公平"地分配统治权力的长策和维护统治的"最佳"方案。

这个充满风波的会议自始至终笼罩着失败的阴云，几濒绝境，甚至像富兰克林那样乐观的社会活动家也几乎陷于绝望之中。华盛顿同样忧心忡忡。会议开始不久，他就疑虑重重地告诉家里说："我不知道在这里将待到什么时候！"后来他又说："对于能否在会议进程中看到顺利的事情我已感到绝望"。[15]尽管如此，华盛顿还是坚持不懈地领导会议开展工作。经过四个月的激烈争论，终于实现了妥协。会议制定了一部既反映统治阶级总意志又能为他们各个不同阶层和集团大体接受的宪法草案，规定美利坚合众国是总统制的资产阶级共和政体。关于两院代表名额，双方都作了让步，最后达成协议：各州在参议院中的名额相等，每州两名代表；众议院的名额应按居民人数比例产生，奴隶则以五分之三的人口数计算。奴隶贸易和关税问题，南北也达成妥协：北方自由州同意 20 年不干涉奴隶贸易，蓄奴州则以此为条件同意宪法应规定国会有征税权。就这样，制宪会议以牺牲黑人和其他劳动人民的利益为代价，取得了统治阶级内部的"和谐"和"一致"。

华盛顿在制宪会议上起了什么作用？由于这次会议是在极其秘密的状况下进行的，没有留下任何第一手的资料，甚至华盛顿在日记中也从不涉及会议的内容。我们只能根据会议参加者的回忆，特别是麦迪逊的回忆来判定华盛顿的作用。首先，他通过"弗吉尼亚计划"反映他本人对宪法的看法。他在会上很少发言并不等于他对宪法毫无主见。其实，在其他各州代表到达费城之前，弗吉尼亚代表已按时到达。他们就利用这段时间商讨计划。"弗吉尼亚代表为了形成一个适当的统一看法……每天要商议两到三个小时。"[16]最后形成了"弗吉尼亚计划"。这个计划的具体制定者是麦迪逊，可是诚如有的史学家所指出的那样，麦迪逊是通晓法律、政治知识的学者，而华盛顿则是社会活动家，在制定“弗吉尼亚计划”中，“华盛顿非常佩服他，并且总是用自己的影响来支持他”。[17]这个计划在某种意义上为美国宪法草案定下了基调。它提出了联邦政府应由立法、行政、司法三部分组成，立法机构应由两院构成。制宪会议通过的宪法实际上是“弗吉尼亚计划”和“新泽西计划”妥协、调和的结果。

综观会议的全过程，华盛顿与其说是通过他的法律知识和组织才能，不如说是凭借了他的威望对会议的成功起着某种微妙的平衡、协调作用。在人类的政治生活中历史人物的威望虽然难以用具体的尺码去衡量，然而它对某些历史事变的发生、变化及其结局可产生虽然难以捉摸但是实实在在的作用。在特定的历史条件和环境中，某些人物可凭其威信达到他某一预想之目的，而换了他人则可能一事无成或一败涂地。

华盛顿参加制宪会议并担任主席，在一定程度上给会议带来了某种权威性。当时，华盛顿在美国人民的心目中是一位杰出的爱国英雄，在资产阶级和种植园主的眼中更是一位不可多得的代言人和领袖人物。因此，他的言行就不是无足轻重的。特别是像制宪会议那样意见纷杂、争论不休、难以统一的场合，就更需要一个似乎超脱各派之上、享有威望、能为各个派别都能接受的人物进行调节、妥协，致使不同意见趋于统一，至少能使会议不致破裂。当时能充当这个角色的人物只有两个人：富兰克林和华盛顿。富兰克林年逾八旬，年迈体衰，重任自然就落在华盛顿的身上。正如一位美国史学家所描述：“华盛顿是他那时代的伟人，参加会议的代表们不仅尊敬、佩服他，一些代表还确实对他有点害怕。当他站起来时，俨然似一位总司令。”[18]华盛顿正是凭着人们对他的“尊敬”“佩服”和“害怕”发挥他的特殊作用。我们从华盛顿在会上不多的发言中，可以看出他明显的调解色彩。

当两院代表因名额问题争得不可开交的时候，华盛顿认为要使所有人都满意是不可能的，企图这样做也无裨益，唯一的办法是在批判的目光审视之下“去建立一个政府，并相信人民的良知和爱国心能使它得以实施”。[19]他劝导大家：“我们建议的计划很可能都通不过，或许另一次令人厌烦的争论将持续下去，但是如果我们提出了自己都无法证明的东西，往后我们如何去保卫它？让我们提出一个聪明和诚实人都能达到的标准。”[20]他认为争论是必要的，但应该遵循一个标准,使争论能达到统一。

1787 年 9 月 17 日,也就是制宪会议最后一天,在举行签字仪式之前,一位代表又提出了一项修正案:众议院代表最好由每四万人改为每三万人产生一名。华盛顿深恐再一次挑起争端,致使签字仪式无法进行,四个月来的会议毁于一旦。他站起来说,虽然他的处境一直使他不能对会上讨论的问题直抒己见,可是现在他再也无法继续保持沉默了。对于上述修正案,他承认以前一直是抱着不赞成的态度,然而现在他经过慎重考虑以后却极其乐意地看到它将为全体会议所通过。华盛顿发言以后,代表们就一致通过了这个提案,签字仪式顺利地进行。[21]代表们之所以能在此时此刻一致通过这项提案,同他们尊重、"害怕"华盛顿是有关系的,正如有人指出的那样:"并非因为全体成员都同意该项意见,实因大家都希望按华盛顿的意愿行事。"[22]

其实这一点,华盛顿本人在呈交宪法草案的致国会函中说得最清楚了。他写道:"我等探讨此事,常以一切真正美国人之最大利益为念,即如何巩固吾侪之联盟;盖此实关系我国繁荣、幸福、安全,甚至我民族之生存。由于认真铭记此一重要考虑,才使参加制宪会议之各州在次要问题上未如前所预料之坚持己见;我等现在呈送之宪法草案系友好与互相尊重忍让精神之结果,此种精神实为我国独特之政治形势所不可或缺者。"[23]这段话既说明了华盛顿关于制宪会议之所以取得成功全在于"互相尊重忍让精神"的看法,也可以看作他在会议期间一贯重视"友好"和"忍让"精神的写照。为什么制宪会议几次陷入僵局而又能"柳暗花明又一村"呢?原因是"华盛顿和他的大多数同僚都坚信:会上所作的妥协是独具匠心的"。[24]

当然会议成功的因素是多方面的,特别是民主派在会上所作的努力更是不容忽视,被人称为"宪法之父"的麦迪逊功劳卓著。然而论及以个人威望促成会议顺利进行方面,除德高年劭的富兰克林外,恐没有人能同华盛顿相比了,冠以华盛顿是"制宪会议成功的主持者"绝非溢美之词。

宪法共和原则的维护者

1787 年宪法是美国资产阶级和种植园主各个集团、派别,特别是民主派和保守派妥协的产物,因此它具有明显的妥协性。宪法所确立的共和政体是民主性的表现;它没有肯定人民的民主权利,保存奴隶贸易等则是保守性的反映。宪法的两重性基本上体现了华盛顿的政治思想特征。华盛顿坚持共和政体,可是他的民主思想远不如杰斐逊那样彻底完整;他强烈主张建立强有力的联邦政府,但又不同意汉密尔顿的君主主义思想。华盛顿的政治理想是要在美国建立法治政府。他说:“为了确定这个值得向往的目的和建立法治政府,这些州的联盟是绝对必要的。因此,在每一种行动中都必须把这个伟大而重要的目的永远记在心头。”宪法制定以后,他又解释说:“宪法规定,权力永远属于人民,为了某些特定的目的,并且,在某一特定期限内,人民把权力交给他们自己选举的代表,无论在什么时候,如果这种权力的执行违背了他们的利益,或者不符合他们的愿望,他们都可以毫无疑问地罢免他们的代表。”[25]当然,华盛顿的这些话具有很大的欺骗成分。因为根据宪法以及各州州宪法的规定,在有四百万人口的美国有选举权的人仅120,000人。人民哪有权力选举自己的代表?选出来的政府又哪能真正代表人民?况且这种思想同杰斐逊的人民有革命权利的思想相距尚远。然而它毕竟是属于“主权在民”的思想范畴,终究比当时世界上奉行的“君权神授”来得进步。

君主政体在当时世界上是最盛行的制度,它在美国出现的危险性与可能性也不是绝对不存在的。1782年,大陆军中一部分具有君主主义思想的高级军官曾利用军队对联邦政府的不满,策划了一次要华盛顿当国王的政变,因遭华盛顿的拒绝而未遂,次年又发生了类似的事件,也被华盛顿及时劝导制止。虽然,随着军队的解散,君主政体的拥护者利用军队力量推行君主制的企图破灭了,但这并不意味着君主主义思潮及其代表人物在美国已经绝迹。他们利用不少人对共和政体的可行性和持久性的怀疑,在要求建立联邦政府的口号下,贩卖他们的主张,力图使未来的联邦政府带有君主制的色彩。在制宪会议前几个月,美国一些有名望的人物曾经试探能否劝动普鲁士王子亨利来美国当国王;[26]在社会上也出现谣传:乔治三世的儿子要来美国了。[27]无风不起浪。这些现象说明君主政体的拥护者还在活动,尽管他们翻不起大浪。正是鉴于这种形势,华盛顿在制宪会议前指出:“我听说,即使德高望重的人也在毫无惧色地谈论君主政体政府。从思想到言论,再进一步就可变成行动。但这是多么可怕和无可挽回的一步啊!”[28]这当然不是杞人忧天之谈。

制宪会议期间,一些君主专制政体的拥护者,如迪金森,竭力鼓吹君主立宪政体是“世界上最好的政治制度之一”。我们“从来没有从任何共和体制中得到同样的幸福”。[29]汉密尔顿则主张总统应该搞终身制。然而，以华盛顿为主席的制宪会议还是坚持了共和原则。并且“在创设总统这一职位的时候，他们曾用尽各种预防的办法，以防止个人的色彩影响到政府的体制上去”。[30]华盛顿本人在宪法制定以后也总是强调这部宪法包含了比迄今任何人设计过的“更多的障碍，以防专制暴政的施行”。[31]并主张由选举产生的执政者应分配到立法、行政、司法部门去管理中央政府，以避免政府退化到君主、寡头、贵族政体或其他专制压迫形式的危险。[32]

关于华盛顿坚持宪法的共和原则，杰斐逊有一个公正的评价：“乔治·华盛顿本人是我们宪法的共和原则的忠实朋友，他的信心，在整个活动过程中也许不像我的信心那样坚定；但是，他曾一再对我说，他不惜流最后一滴血，支持人们反对任何想要改变宪法的共和形式的企图。”[33]

诚然，1787 年美国宪法是资产阶级和种植园主对广大劳动人民实行残酷统治的根本大法，看不清这种阶级本质就无法抓住宪法的实质。然而，从历史发展的角度分析，这部宪法制定于资产阶级革命刚刚开始的时代，它所确立的共和原则有着反封建君主专制政体的客观作用。它否定了封建帝王那种最高权力的不可转让性和不可分割性。它的制定正式标志着美利坚合众国的确立。它所具有的权威性又是美国立国以后政局相对稳定的一个不可低估的因素。列宁说：“资产阶级的共和制、议会制和普选制，所有这一切，从全世界社会发展来看是一种巨大的进步。”[34]我们正是在这点上给予华盛顿在制宪中的作用以适当的评价。

有必要指出，这部宪法在当时应该避免而且也是可以避免某些缺陷的存在，特别是它较之《独立宣言》倒退的部分，无视人民的民主权利和没有废止奴隶贸易和奴隶制度等方面，华盛顿当然负有不可推诿的历史责任。总之，在宪法问题上，华盛顿始终没有越出一个大种植园主的阶级局限，他忠于的共和原则从本质上看还是意味着对广大劳动人民实行更有效的统治而已。

宪法的第一个忠实执行者

不管华盛顿的主观动机如何，美国宪法的制定以及它被多数州所批准，客观上为华盛顿当选总统铺平了道路。1789年春，华盛顿以美国第一任总统的身份在就职仪式上庄严宣誓："忠诚执行合众国总统职务，并将竭尽所能坚守、维护并保卫合众国之宪法。"

1787年美国宪法仅仅是一个书面的政治文献，它所确立的原则尽管十分重要，但毕竟还不是现实。要将宪法确立的共和原则由书面变成现实，还有一个转化的过程。在转化期间，宪法的共和原则被中断、被曲解甚至被否定也并非不可能。因此，制宪会议结束以后，有人问富兰克林："我们得到了共和国还是君主政体？"富兰克林回答说："要是你能够将它保持住，你就得到了共和国。"[35]富兰克林的担忧当然不是毫无根据的。早期资产阶级革命历史进程中，曾出现过没有保持住共和制的悲剧。法国在革命期间曾制定了一部又一部的宪法，特别是1793年宪法，不但宣布法兰西是共和国，而且还规定了若干人民权利，较之1787年美国宪法有更强的民主性。可是曾几何时，这庄严的宪法成了皇帝脚下的一张废纸。法兰西变成了帝国。这就告诉我们：一部成文宪法对于确立国家的政体是必不可少的，但人民用行动来保卫这种政体更为重要。掌握国家权力的个别历史人物能否坚持宪法所确立的共和原则也起着至关重要的作用。

那么，华盛顿作为美国第一任总统究竟干了些什么呢？

第一，华盛顿建立了美国历史上第一个统一的联邦政府。美利坚民族自形成到获得独立，始终没有出现过一个统一的联邦政府，13州基本上是各自为政、各行其是的独立政治单位，各州有自己的议会、政府、法律和宪法。独立战争期间的"大陆会议"的"邦联政府"严格说来都不是权威性的政府。因此，华盛顿宣誓就任总统时，美利坚合众国除了一个总统和一个议会外，别无长物。新政府既无机构又无基金。就在这种条件下，华盛顿着手组织了第一届联邦政府，建立起一整套官吏机构。他任命杰斐逊为国务卿，汉密尔顿为财政部长，诺克斯为陆军部长，伦道夫为司法部长。这种超乎于13州之上，有中央权力的联邦政府的建立是顺应美国历史发展的统一趋势，也符合业已形成的资本主义国内市场和正在发展中的资本主义经济的需要，当然也有利于加强美国的国际地位。这种政府机构也为后来美国的政治体制奠定了基础。

值得一提的是，华盛顿在组织政府和执政的过程中特别重视调和各种不同派别的意见，实现某种程度的妥协和平衡。他任命杰斐逊为国务卿就是为了同汉密尔顿当财政部长相“平衡”，并借助杰斐逊的威望使联邦政府能为资产阶级各阶层，特别是其中的民主派所接受，同时也使政府带有某些“民主”的色彩。他还常常调解杰斐逊和汉密尔顿之间的矛盾。华盛顿为什么这样做，用他的话来说：“我内心的第一个愿望是，如果存在党派就使他们和解。”[36]他的这种想法和做法同他在制宪时期强调各州之间“忍让”“友好”是一脉相承的。

第二，加强司法机构是华盛顿在执行宪法过程中维护共和制的又一重大措施。美国宪法所确立的共和政体是依据三权分立的原则建立起来的。因此加强司法机构对建立和巩固共和政体有着特别的意义。华盛顿“深信对司法的恰当管理是良好政府的最牢固的支柱”，他把筹建司法部门视为对美国的“幸福及其政治制度的稳定必不可少的事”。[37]他上任不久就开始筹建司法部门。1789 年通过了《司法条例》，1790 年建立了最高法院，并将 13 州分成三个巡回区，每区设立一个联邦巡回法院，每州又设立联邦地方法院若干。这样就建立一整套包括最高法院、联邦巡回法院和联邦地方法院在内的完整的司法系统。这种机构一直延续至今。完善的司法部门给资产阶级和大种植园主们带来莫大的好处，使他们得以利用司法机构和法律的力量保护他们“神圣的”私有财产。从美国宪法的角度分析，建立完善的司法系统和规定具体的组织办法，保证了宪法规定的司法权能得到实现，并且也能对行政、立法部门起某种制约作用。

第三，华盛顿二任引退，开创了美国总统任期不超过两届的先例，成为一条不成文的法律。美国宪法规定了每届总统的任期，但对连任次数未作限制。这就给终身制留下了后路。华盛顿在二任届满时，自动引退。后来的总统都仿效他的榜样(除罗斯福因第二次世界大战的特殊原因打破了这惯例以外)，以二任为最高任职年限。1951 年国会通过第 22 条修正案规定总统只能连任两届，终于使华盛顿开创的惯例变成了宪法的规定，这不能不说是华盛顿对美国宪法和共和制度的一大贡献。

关于华盛顿二任引退，美国史学界有人认为是被迫的，“非不为也，是不能也”。我们认为这种看法失之片面。华盛顿的引退是由客观、主观两方面的因素促成的。客观上，华盛顿在任时已面临越来越大的风波：党争日趋激烈，他的威望也因镇压威士忌酒农民暴动和批准《杰伊条约》日益降低。虽然这个风波并没有猛烈到足以使华盛顿在新选举中失败的地步，却使他感到“愤懑”“厌倦”，复萌隐退之意。从主观上分析，华盛顿反君主政体思想是他决定引退的重要因素。在担任总统一任届满时他就想辞职，还请麦迪逊帮他起草了告别辞，后来在杰斐逊、汉密尔顿等人的竭力挽留之下，他才继续留任。此外，当时的政治形势虽然使华盛顿感到恼火，但是要他继续参加竞选的话，胜利还是有把握的。不管华盛顿引退的原因多么复杂，它在客观上开创了美国总统任期最多两届的先例。杰斐逊曾经可能第三次当选美国总统，“但他宁愿效法华盛顿连任两届引退的先例”。[38]

此外，宪法的十条修正案，即《人权法案》在民主派的推动下也是在华盛顿任内通过的。如果说对于1787年美国宪法没有规定人民的民主权利，华盛顿要负一定的历史责任的话，那么在他任内通过了十条修正案也不失为功过相抵了。

华盛顿的政治生活同1787年美国宪法的酝酿、制订、执行相始终，两者互为依存，相辅相成。美国宪法的制定，资产阶级共和制在美国的最终确立，其根本原因在于美国的社会政治经济条件：美国没有根深蒂固的封建制度及其残余，却存在着比较强大的民主力量和传统，美利坚民族虽然年轻却刚刚经过了长达八年的独立战争烽火的洗礼。从人类的政治制度发展历史来看，“国家的最高形式，民主共和国，在我们现代的社会条件下日益成为一种不可避免的必然性”。[39]华盛顿正是顺应了这种历史必然性，为在美国建立资产阶级共和政体作出了贡献。

注释：

①史密斯：《乔治·华盛顿传略》，M.Smith，（George Washington A Profile），纽约1969年版，第142~143页。

②菲利普·方纳编，王绶昌译《华盛顿文选》，商务印书馆1960年版，第60~61页。

③洛奇：《乔治·华盛顿》，（Henry C.Lodge，George Washington），Boston and New York，1889年版，Vol.II，第17~18页。

④威廉·撒耶：《乔治·华盛顿》（William Thayer，George Washington），Lond，1922年版，第156页。

⑤贝克:《革命后的华盛顿》,(William S. Baker, Washington after the Revolution),Philadelphia, 1898 年版,第 57 页。

⑥L.P.奥斯本:《华盛顿论自己》(Lucretia Perry Osborn, Washington Speak for Himself), New York, 1927 年版,第 187 页。

⑦同②,第 60~61 页。

⑧⑨法勒达:《宪法缔造者》,(Max Farrand, The Fathers of Constitution), Yale University,1921 年版,第 54、8、7 页。

⑩⑪同⑥,第 36、56 页。

⑫⑬同⑥,第 189~190、第 188 页。

⑭同①,第 117~118 页。

⑮同①,第 124、128 页。

⑯哈特:《当代人论述美国历史》(Albert. B. Hart, American history told by Contemporaries),New York,1924 版第 1 卷。

⑰⑱同⑧,第 111 页。

⑲同①,第 125、第 126 页。

⑳法勒达:《联邦会议记录》(Max Farrand, The Records of the Federal Convention), New Haven, 1911 年版,Vol. ll ,第 644 页。

㉑㉒同①,第 140 页。

㉓㉔汉密尔顿、杰伊、麦迪逊:《联邦党人文集》,程逢如等译,商务印书馆 1980 年版,第 452 页。

㉕坎利夫:《乔治 · 华盛顿,人和纪念碑》,(Marcus Cunliffe, George Washington, Man and Monument) ,New York,1958 年版,第 126 页。

㉖同②,64~65 页。

㉗同④,第 259 页。

㉘同③,第 134 页。

㉙同④,第 142 页。

㉚摩累斯:《为美国的自由而斗争》,孙硕人等译,三联书店, 1957 年版,第 231 页。

㉛哈罗德 · 拉斯基:《美国总统制》,何子恒译,上海人民出版社 1959 年版,第 13 页。

㉜同⑦,第 195~196 页。

㉝同②,第 25 页。

㉞《列宁选集》第 4 卷,第 55 页。

㉟同③,第 134~135 页。

㊱同①,第 218 页。

㊲莫里森等:《美利坚合众国的成长》,天津人民出版社,南开大学译,第一卷第二分册,第 5 页。

㊳《英国百科全书》1964 年版,第 12 卷。

㊴《马克思恩格斯选集》第 4 卷,第 169 页。

(载《世界历史》1983 年第 5 期)

华盛顿军事思想初探

北美独立战争是世界近代史上第一次殖民地人民反对殖民统治的民族解放战争。华盛顿作为殖民地军队的总司令,率领军民同占绝对优势的英国殖民军血战八年,南征北伐,拼搏厮杀,在硝烟弥漫的军事舞台上演出了扣人心弦的活剧。虽然他没有留下论述战略战术的专门论著,也没有指挥过震撼世界的特大战役,可是因为他的军事实践是独立战争的重要组成部分,体现了这类革命战争的某些规律,所以研究他的军事思想有助于深入探讨独立战争的内在逻辑,对认识民族解放战争的一般规律也不无裨益。

军事生涯

华盛顿的军事生涯开始于 21 岁,自他接受弗吉尼亚总督丁威迪之命冒险去法军据点送信开始,在英法战场上他崭露头角,转战沙场,直至辞去军职共两年时间。期间,他打过胜仗,也犯过错误吃了败仗,积累了一定的军事经验,获得了相当的声誉,为他后来的军事生涯铺垫了基石。

独立战争是华盛顿军事生涯中的“黄金时代”,也是他学习战争的主要课堂。华盛顿没有受过高等教育,少年时代曾因母亲的反对失去了进英国海军军校的机会。他的军事思想主要形成于烽火遍地的疆场上,是在同英国殖民军面对面的浴血奋战中,在处理瞬息万变的军事事务中,在总结经验教训运筹帷幄之中形成了他自己的军事思想。他的军事知识主要来自战争实践而不是军事院校和军事专著。

华盛顿自担任北美大陆军总司令到战后解甲归田,八年期间,据不完全统计,他亲自指挥和参加了十次左右的重大战役:

波士顿战役(1776 年 3 月)

纽约长岛之战(1776 年 8 月)

哈伦姆高地之战(1776 年 9 月)

白原战役(1776 年 10 月)

特灵顿之战(1776 年 12 月 26 日)

普林斯顿之战(1777 年 1 月 3 日)

勃兰特威之战(1777 年 9 月)

日耳曼镇战役(1777 年 10 月)

蒙默思法院之战(1778 年 6 月)

约克镇之战(1781 年 10 月 19 日)[①]

如果我们对十次战役作一简略分析,可知其中完全按照华盛顿意图取得预期效果的成功战役共四次,即波士顿、特灵顿、普林斯顿和约克镇战役;属于平局的两次,即日耳曼镇战役和蒙默思法院之战;余四次均属败仗,特别是长岛之战,华盛顿险遭全军覆没。可见,华盛顿既非百战百胜的"常胜将军",也不是"懦弱的"长败将军。同时,它告诉我们,华盛顿指挥过的战役在人类军事史上均属小规模战争,最大的双方参战人数也不超过四万人,时间不超过一个月。华盛顿的军事实践是有限的。然而仅仅根据他指挥的战役数目和胜败比例判定其军事思想之优劣,未免表面和片面。

我们知道,华盛顿指挥的战役不是一般的战争;也不是属于一般的民族解放战争;而是属于 18 世纪下半期发生在北美殖民地的一场以小胜大,以弱抗强的持久战争。华盛顿正是在这样一场战争中担负着正面指导战争的重任,在极端复杂、万分艰苦的形势下,带领军队绕过战争海洋中的险滩暗礁,渡过"考验人们灵魂"的艰难阶段,搏击风浪,最终到达胜利的彼岸。在战争过程中,大陆军和民兵配合,患难与共,共同对敌。因此,华盛顿的军事思想不同于一般的军事原则,它同人民战争有着密切的联系,它属于民族解放战争的范畴,所以我们探索华盛顿的军事思想,不仅要分析各次重大战役的胜败,还应从整个战略的、全局的高度去认清战役的地位;不仅着眼于具体战役的分析,还应从独立战争双方整个力量对比的消长、变化中去观察。因此,华盛顿的战略思想是我们首先应该探究的。

战略思想

关于华盛顿的战略思想,美国学者曾展开过热烈的讨论。有人认为他是“杰出的战略家”,[②]有人持不同意见,认为“作为一个将军,他最伟大的成就不是一个战略家,而是军队的缔造者”。[③]

本文不想去判定华盛顿是否是“战略家”;而试图探讨华盛顿有没有形成其战略思想?他的军事思想与独立战争的内在逻辑有何关系?我认为,虽然华盛顿本人并没有使用过“战略”这个词语,可是他的战略思想是存在的,并且还有一个形成过程。随着独立战争过程的推移和他对这场战争认识的深化,华盛顿的战略思想由朦胧到明确,直到最后形成,以适应军事形势之变化和指导具体的战术策略。我们大致可分三个阶段来分析他的战略思想。第一阶段,从列克星敦第一枪到波士顿战役的胜利;第二阶段,从长岛之战到 1781 年春;第三阶段,从 1781 年春到约克镇大捷。

华盛顿荣任大陆军司令之日,正是美英战事初起之时。英国殖民当局对殖民地人们的反抗恼羞成怒,派军队围困波士顿,妄图迫使北美人民俯首就范,一举扑灭北美人民的革命烈火。但英美远隔重洋,英国的战争准备尚未最后完成。而北美人民正处于热情高涨的时刻,各州民兵纷纷开赴波士顿,尽管他们只有几条烂枪,没有受过专门的军事训练,只不过是“一群拿着武器的人”而已;可是他们都渴望早日把英军赶出波士顿,解救他们的同胞。在这种情况下,等待和犹豫将意味着失败,解救他们的同胞刻不容缓。一旦英军增援到达,战机坐失,机不可失,时不再来。据此,华盛顿在他上任的第二个月,就说:“我们所处的形势要求我们去冒一切风险。”[④]应该抓住任何时候和地点出现的进攻可能性。[⑤]应该进攻敌人,这就是华盛顿当时的军事主张。其实,华盛顿是一个耐心细致、处事谨慎的人，他从不轻举妄动，也决不冒无谓的风险。正如杰斐逊所说：华盛顿“最强烈的性格特征”是“谨慎，在认真权衡各种情况和思虑以前决不采取行动”。[6]华盛顿决定采取“冒险”和“进攻”的主张绝不是感情冲动所致而是深思熟虑的产物。因此，华盛顿在波士顿，迅速整顿军队：任命军官，建立制度，组织军训。进攻的条件一俟成熟，华盛顿于 1776 年春天主动向英军发起进攻，广大士兵发挥了英雄主义精神，冒着严寒，穿越崎岖山道，使用铁铲将大炮拖上山头，抢占了具有战略意义的多彻斯特高地，致使英军主力置于美军的炮口之下；不久，英军在反扑失败以后，悻悻退出波士顿。事实证明，华盛顿当时的军事主张是正确的。

这里，我们有必要指出：“战争是政治的继续。”因此军事战略和政治战略是相互联系的，从根本上说，政治上的战略目标决定了军事上的战略思想。一个军事家无论他承认与否，他总是自觉或不自觉地在为某种政治路线服务，他的政治观念和理想必然会直接或间接地影响到他的军事主张。由于华盛顿当时在政治上还缺乏一种成熟的考虑，他对英王乔治三世还抱有某种幻想，1776 年 1 月，他的军官们在进餐时还在为英王祝福。他的这种认识和大陆会议的不少成员是相一致的，这种不切实际的愿望当然妨碍了华盛顿从较长远的角度、从全局的范围去观察这场战争，思索它的未来进程。此外，独立战争本身的进程还刚开始，战争双方的力量对比、矛盾发展还未达到一定的程度，也使华盛顿难以逆料未来的变化。因此，我以为在第一阶段，很难说华盛顿已经形成了他自己独特的战略思想。尽管如此，华盛顿在此阶段提出的军事主张仍闪烁着军事家的真知灼见，并在实践中取得了成功。

然而，华盛顿的成功之处主要是在第二阶段，他根据急剧变化的军事形势，提出了他的战略思想。

独立战争按照自身的规律向前发展着。1776 年 6 月，从波士顿撤走的英军已在加拿大增强到三万多，还有一支实力雄厚的英国舰队也正开赴北美。而北美殖民地自身所固有的弱点也开始暴露，一句话，英强美弱的基本特点在这阶段中充分显露出来。1776 年 7 月 4 日，大陆会议通过了《独立宣言》，使独立战争的革命性质更加鲜明，英美双方已不存在“和解”“妥协”的余地。然而英美双方的经济力量、军事力量悬殊太大，美国虽然宣布独立，但在国际上还未得到承认，国内没有中央行政机构，没有任何措施能有效地筹集战争经费。面对这一严峻的形势，一个担负正面指导战争的军事统帅能否迅速、及时地根据变化了的形势制定正确的战略，并且在困难挫折面前，坚定不移地贯彻这种战略，对于战争的最后胜负至关重要。不认清这种形势或制定出错误的战略会贻误战争，有了正确的战略思想而不敢坚持到底同样会导致失败。

当时，华盛顿充分认识到军队的重要性，“美利坚合众国的和平和安全有赖于我们军队是否成功”。⑦军队的作用越重要，华盛顿的责任越重大。然而他面临的形势异常复杂，“如果战斗，他可能失去一切，如果拒绝战斗，他也可能失去一切”，“在每一方面都存在着困难的抉择”。⑧何去何从？华盛顿选择了“战斗”；但放弃了“冒一切风险”的“进攻”主张。他提出了新的、完全区别于第一阶段的战略思想。

长岛之战的失败，主观上因美军指挥失策；误将纽约的布鲁克林高地看成是波士顿的多彻斯特高地，孤军驻守，最后遭到英军前后夹击，陷入危险境地。客观上，英美双方力量对比悬殊。其实此战之后，独立战争已开始进入战略防御和相持的新阶段，这一点，华盛顿是在美军付出流血代价后才开始认识到的。因此，在长岛之战失败后一个月，即1776年9月，华盛顿清醒地提出，“在我们方面，战争应该是防御性的。……在一切情况下，我们应该避免一场总行动和去冒任何风险”。“如果可能，我们应该拖延战争”；他还强调指出，如果不采取这办法“将是不明智和不安全的”。⑨华盛顿的主张是：今后美国军队应采取防御战略，不冒任何风险；避免同英军决战，保存自己的力量；尽可能“拖延”战争，以争取时间。

这种战略思想已受到独立战争的检验，它是置英军于死地的武器。华盛顿率残部从长岛侥幸撤退以后，英军司令豪将军一直统领大军尾追大陆军。数次逼迫和诱使华盛顿同他决战，妄图利用他自己的军事优势，一举歼灭华盛顿，以达速战速胜之目的。可是，“狡猾的”华盛顿并没有上当受骗。他根据“防御”“拖延”战略，避免决战和冒险，大踏步地后退，从纽约一直退到新泽西，最后带领“衣不蔽体”“赤脚在雪地行走”的士兵来到德拉华河畔，期间打了数次败仗。⑩这些仗，从战术上看，无疑都是败仗；然而从战略上看未必如此。以小损失避免了大损失，以局部失败避免了大的失败，以运动战代替背水一战的“总行动”，使英军速战速胜战略告吹，这难道不是美军战略上的成功？华盛顿一生所打的败仗几乎都集中在此阶段，如果从战略的角度作一分析，恐怕就不会苛求这位军事家了。

其实，华盛顿的防御战略绝不是单纯的撤退、消极的防御，只要有机可乘，华盛顿总是利用他的局部优势兵力歼灭英军之一部，特灵顿和普林斯顿之战是明显的一例；在退却期间，华盛顿还曾率军在伏吉谷和莫里斯镇休整，可见，华盛顿的防御战略思想，根据他的军事实践至少包括了战略撤退、局部进攻和整训部队三个内容。其根本宗旨是为了保存实力。为保存实力而避免同英军作战，实行战略撤退，在战略撤退中，抓住有利时机，攻敌之虚以消灭敌之有生力量；利用战争间隙整训军队，提高战斗力，补充新的兵员，以利再战。

华盛顿之所以能提出正确的战略思想，并不是因为什么"先验"的原因，这同他当时的政治思想密切相关。1776 年春，华盛顿的思想开始进入一个重大的转折，严酷的战争实际和潘恩《常识》中宣传的激进民主主义思想，促使他成为一位坚定地为独立而战的军事统帅。1776 年夏《独立宣言》的发表更使他认识到这场战争的重大意义和北美人民将独立事业推进到底的决心，他说："决定美洲做自由人或做奴隶的时候就近在眼前……残暴不仁的敌人逼得我们除了进行抵抗外，没有别的出路，否则就是最卑辱地屈服。"[11]政治上的坚定促使他认真严肃地探求战争的前途和道路；也扩大了他的眼界和视野观察战争进程。很难想象一个政治上的保守者，没有渴求祖国独立热情的军人会提出同英军作持久战争的战略主张。

此外，华盛顿提出这个战略思想，并不是因为他具有战略家的天才条件，相当程度上是由于客观的军事形势迫使他不得不这样做。他的可贵之处不是他"料事如神"或"未卜先知"，而是他能清醒地面对现实，转被动为主动，终于提出了符合独立战争客观规律的战略思想。

历史事实告诉我们：坚持正确的战略思想有时往往比提出这种战略要付出更大的代价。战略转变是困难的，华盛顿的成功退却带来了严重后果。首先，广大人民并不能马上理解这种撤退的必要性，连续的败仗曾使不少人丧失对最后胜利的信心；其次，在撤退中，士气低落，离队人数日增，部队几次濒临瓦解的绝境；第三，那些对华盛顿抱有偏见的人，乘机攻击，妄图动摇他在军队中的地位，最后取而代之。就是在这种困难的条件下，华盛顿坚持了以防御为主的战略思想。

这种战略终于给独立战争带来了积极的效果。一、保存了北美人民的军事实力。大陆军虽几经周折,可是始终没有被英军打垮。战争期间,它一直担负着正面抗击和牵制英军主力的任务。从某种意义上说,大陆军的存在已成为美利坚合众国的象征,只要大陆军未被消灭,美利坚合众国就依然独立。它的存在为后来的战略反攻奠定了基础。二、粉碎了英军速战速胜的战略。迫使英军在分散的、广阔的战线上疲于奔命,为北美民兵“州自为战”提供了有利条件。三、由于执行了正确的战略,“拖延”了战争,使大陆军的有利因素得以逐步发挥,也为外交斗争的胜利赢得了时间。

如果说在第二阶段,华盛顿认清敌强我弱的基本特点,提出了“防御”和“拖延”的战略思想;那么在第三阶段,由于英美双方力量对比发生了有利于美国的变化,华盛顿又不失时机地变“防御”战略为战略反攻。

萨拉托加大捷以后,美法结盟。华盛顿认为这是独立战争“最重要的时候”。[11]在他看来,光靠北美的军队要战胜强大的英国殖民军是有困难的,因为英国有一支精锐的海军,所以要在海岸线上消灭英军几乎是不可能的。美法结盟,法同意派遣陆海军支援北美,华盛顿认为同英军进行总决战的时刻到来了。1778 年 6 月他开始提出应该做一次“巨大的、强有力的努力”打击英军主力。1781 年春,他同前来支援大陆军的法军将领正式制订总反攻计划,标志着他的战略反攻思想最后形式。

综上所述,华盛顿在独立战争中并没有总结出一整套的战略思想和军事理论,但这并不妨碍他根据战争双方力量的对比变化,在不同阶段提出相应的军事主张或战略思想,转变对英作战的方针,他的战略虽然是英强美弱的形势所迫制定的对策,但这种“防御”“拖延”战略符合民族解放战争的一般规律,是北美人民用鲜血和生命换来的宝贵军事经验教训。

战术原则

如果说华盛顿在军事战略上还算不上一个“天才”,那么在战术策略上他却是一个当之无愧的军事家。华盛顿在六年抗击英军的战争实践中,形成了他独特的战术原则。扼其要点,归纳如下:

千方百计保持军队是他最重要的军事原则。在战争实践中,他视军队如瑰宝,为了保持自己的军队,他首先加强军队自身的战斗力,对军队进行整顿、组织和训练,并制订出一整套的规章来保证军队的素质。在敌强我弱的形势下,避免同敌人决战。因此,有的美国学者认为“华盛顿的天才在于他对政治力量和军事力量的理解,这种理解是他同时代人无法相比的。当美国极其需要军事力量的那一刻,华盛顿懂得如何最大限度地去利用它”。[12]还有人认为“华盛顿那伟大作用寓于这样的事实之中,即他指挥了一支新型的军队,他看到了他们的素质并认识了它们的必要性”。[13]

为了保存有生力量,华盛顿还认为不应以一城一镇的得失为胜败,而以保存实力为目标。当豪将军率英军进攻费城时,大陆会议曾要求华盛顿组织军队在费城周围修筑工事以保卫“临时”首都。但是,华盛顿不同意这样做,他的理由是,要是他能在战场上击败豪将军,那么对费城进行防卫就没有必要,如果他不可能击败豪将军,那么修筑工事的时间和劳动将会白费,因为这些工事迟早将落入占优势的豪将军之手,到那时,这些工事将被用来反对美国人。[14]“华盛顿知道占领城镇在任何情况下对战争的结局毫无影响”。[15]后来大陆会议迁移别处,大陆军并未因保卫费城而同豪将军硬拼决战,而是迂回撤退,保存了实力。1778 年,华盛顿明确地写道:“当我们还有一支军队在战场上,(英军)占领我们的城镇对他们无甚裨益。……他们必须征服我们的武装,而不是不设防的城镇。”[16]华盛顿这种思想在当时是高人一头的,它包含着游击战争的重要战术。弱小民族要在自己的国土上同强大的侵略者作战,不能以城镇得失为胜败目标,而应采取游击战术,消灭敌人的有生力量,保存自己的实力。

为了保存实力,华盛顿还主张集中兵力,保证部队的机动。当时,一些被英军占领的州都渴望华盛顿能派军队去“防守”,但是华盛顿认为这样做决非良策,他主张保持住这支不大队伍的集中和机动是绝对必要的,一旦时机到来,他就能进行有效的打击。[17]在当时地方主义观念十分严重的北美殖民地,本来就存在着分州御敌的传统,不少大陆军士兵只愿在本州“保卫祖国”,而不愿到他州去战斗。华盛顿提出这个主张是非常正确的。

第二,在战略防御阶段,应抓住有利时机,集中兵力,用突袭方式,攻敌之虚。即退却中实行进击,在防御中进行反攻。1776 年冬季,华盛顿曾连连退却,避免决战。但他并不是一味消极退却,而是在退却中寻找战机,打击敌人。那年 12 月,当他确知驻守特灵顿的英军只有一千四百人后,就果断地率二千四百名大陆军战士，在船民们的积极支持下，冒着大风雪，抢渡特拉华河，夜袭特灵顿，俘敌近千人，杀敌二十多，而美军伤亡很少。不久，华盛顿又在普林斯顿避敌之优势，攻敌之虚，带领士兵夜行军奇袭普林斯顿之敌，重创敌人三个团。这两次夜袭都是成功的战例。华盛顿同时代的普鲁士国王腓特烈二世誉称这两次战役是“军事编年史上最光荣的成就”，后来他又赠送肖像给华盛顿，题词道：“欧洲最年长的将军致世界上最伟大的将军。”[19]

对强大于己的敌人进行突袭、偷袭、夜袭是殖民地人民同强大敌人进行斗争行之有效的战术。此类战术是以士兵高涨的爱国热情和广大群众的忘我支持为基础的。特灵顿之战，大陆军是在船工们冒着生命危险、密切配合下得以成功的；普林斯顿之战，则是士兵们通宵行军、饥寒交迫、奋勇杀敌创造的奇迹。

乘敌不备、攻敌之虚是华盛顿经常运用的战术。当英军刚占领费城，立足未稳之机，华盛顿偷袭驻守在日耳曼镇之敌。事后，华盛顿说：“这次突袭是通过四十英里的夜行军进行的，事情非常富有成效。我们在敌人发现以前就赶到了他们的守卫处，要不是那场大雾——它使当时变得如此昏暗，以致在三十码之内难辨敌我，我相信我们一定会赢得这个光荣和这一天的决定性胜利。”[20]1778年夏，英军从费城撤离时，华盛顿又趁敌军匆忙撤退之机，紧追英军，在蒙默思法院附近组织了一次对英军的袭击。只因为李将军拒不执行华盛顿的命令，突袭计划没有全部实现。然而吓破胆的英军害怕华盛顿再次偷袭，连夜拔营逃遁。

华盛顿的突袭战术和广大民兵的游击战术相配合，使英军官兵胆战心惊。一位英国军官埋怨说，英国军队从来没有同如此不爽气的敌人打过仗；他们一次派出五六个来福枪手隐藏在树林后面，直到能抓住机会射击我们的士兵，一俟完成他们就撤走。[21]

关于大陆军的作战形式，恩格斯曾总结说：“在美国独立战争中，起义者的队伍曾经同这种动转不灵的线式队形作战。起义者虽然没有经过步法操练，但是他们能很好地用他们的线膛枪射击；他们为自己的切身利益而战，所以并不像雇佣兵那样临阵脱逃；他们并不像英国人所希望的那样，以线式队形在平地上和他们对抗，而是以行动敏捷的散兵群在隐蔽的森林中袭击英国人。在这里，线式队形是无能为力的，而且被既看不见又不能接近的敌人所击败。于是又发明了散兵战——由于兵士成分的改变而产生的一种新的作战方式。”[22]华盛顿运用这个战术有“三利”：一、有利于集中自己的兵力，使之在局部范围内超过英军之一部或一翼而取得优势；二、有利于利用地理条件。美军是在本土上同敌作战，熟悉地理环境和地形条件。这种战术使美军获得选择作战地点的主动性；三、有利于迫使英军主力龟缩大城市而无法发挥他们自己的军事优势。

最后，选择有利时机和适当地点同敌人进行总决战，这是华盛顿又一个战术原则。

在总决战的条件业已成熟的情况下，大陆军敢不敢、是否能及时同英军决战，能否选择最好的时机和最有利的地点进行决战，对独立战争的最后结局将产生重大影响。坐失战机或时机不当、地点不利贻误战局的教训在军事史上不乏其例。华盛顿明智地把握战机，改变原来计划，最后选择在约克镇同英军决战，取得胜利。

根据原来计划，华盛顿选择了纽约作为决战地点。因此，英将克林顿龟缩纽约之后，华盛顿一直在纽约附近驻军，监视英军，准备与英军决一雌雄。为什么华盛顿最后又选择了弗吉尼亚的约克镇？原因有二：一是华盛顿在北方难以得到足够的兵员补充和军备供应；[23]二是法国海军不同意去纽约湾，而将进入切萨比克湾。法国援美海军司令格拉斯于1781年7月20日写信给华盛顿说，法海军舰只“直接驶向切萨比克湾”，并且只能停留到“10月15日”。[24]法国舰队的去向是选择决战地点的关键。华盛顿面对现实，放弃了进攻纽约的计划，同时又缜密地部署了约克镇战役的战术。他认为，英将康华利驻守约克镇是一种军事上的失误，如果法国海军占领了切萨比克湾，就关闭了约克镇通向海洋的大门，将他同纽约的克林顿一切为二。这样美法联军只要在陆上形成对约克镇的包围，英军就成了“瓮中之鳖”，联军稳操胜券。同年8月17日，华盛顿写信通知格拉斯：要是美法联军到达弗吉尼亚之前，康华利仍在该州，就在弗吉尼亚发动进攻；要是他率军离开了弗吉尼亚，那联军主力将随海军一起直捣查尔斯顿。[25]华盛顿还认为完成此计划的关键是不让纽约的克林顿摸清联军方面的意图，而南下援助康华利。因此，华盛顿率军南下时，行动极其秘密。甚至连他最亲密的军事顾问诺克斯也不明白联军的去向。[26]与此同时，他又让留守北方的部队作出佯攻纽约的态势麻痹克林顿。为了强调时间的重要性，华盛顿又让部下知道“现在失去一天，就相当于失去一个时机”。[27]最后，美法联军的计划进行得非常顺利，约克镇战役取得全胜，康华利率八千英军投降，关于华盛顿选择约克镇，有人曾作了这样的描述：“整个历史上几乎没有重大事件像约克镇战役那样富有戏剧性地悬而未决，几个星期举棋不定；发动纽约战役还是弗吉尼亚战役，两者各有利弊。最后，谜底揭晓，华盛顿发现赞同弗吉尼亚已成定局。”[28]这是十分客观公正的。

乔治·华盛顿，作为一个军事家，他在英法争夺殖民地的“七年战争”中初露锋芒，而在反对殖民统治的北美独立战争中大显身手；虽然他缺乏事变发生前“料事如神”的先见之明，但一旦事变发生，他能作出合理判断，提出具有真知灼见的军事主张；在战略上他以“费边”“拖延”著称，战术上却迅速敏捷，以奇袭令对手胆寒；他是民族解放战争造就的军事家，他的军事实践虽然有限，然而闪烁着此类战争特有的异彩，至今还引人去探索和评价。

注释：

①参见 Dupuy Hammerman 的《美国革命中的人和事》。

②③④⑤参见 Stanley J. Underdal 编《美国革命军事史》，1974 年版，第 4、72、55、55 页。

⑥⑦⑧⑨同上书，第 139~140 页、第 56 页、第 57 页。

⑩见 Herbert Aptheker：《美国革命》，1960 年版，第 118 页。

⑪方纳：《华盛顿文选》，第 51 页。

⑫见 Edmund S. Morgan 的《乔治·华盛顿的天才》，1980 年版，第 6 页。

⑬见上书《美国革命》第 118 页。

⑭⑮⑯⑰见上书《乔治·华盛顿的天才》，第 9、10 页。

⑱⑲见 James Grant Wilson 的《美国总统》，第 1 卷，第 23 页。

⑳见 Jared Sparks：《华盛顿传》，第 239 页。

㉑见上书《美国革命》，第 119 页。

㉒《马恩选集》，第 3 卷，第 207~208 页。

㉓㉔见 Theodore Thayer：《约克镇战役：战略性的选择》，第 108、107 页。

㉕㉖㉗㉘同上书，第 42、43、52、61 页。

（载上海市历史学会年会《世界史论集》，1983 年）

从神到人

——美国学界华盛顿研究之演进

华盛顿作为美国的开国元勋,理所当然引起美国人民的敬仰和美国史学界的重视和研究。两个世纪以来,关于他的传记和史料汇编卷帙浩繁,不胜枚举。史学家对华盛顿的研究和评价经历了一个变化的过程,这种研究的总趋势是由浅入深,由表及里,从神化到人化。

一

华盛顿十分珍视自己的声誉,他对自己的手稿——反映他一生业绩的文字记录——当然不会漠不关心。独立战争结束,华盛顿回到弗农庄园不久,就把复制革命前文件的事项交给他侄子罗伯特·刘易斯去完成。为此,他特意对文件作了修改。1785 年 7 月 25 日,华盛顿又写信告诉他信赖的助手,素有"哈特福特才子"之称的戴维·汉弗莱斯上校,他本人不愿意亲自记叙他在这个时期的经历,殷切希望汉弗莱斯能够承担此任。为此他不但让汉弗莱斯细读"所有文件",而且还乐意提供文件难以记述的"口述消息"。为了让这位"才子"顺利工作,华盛顿特意在芒特弗农提供一间专用房间让他使用。据华盛顿日记所载,汉弗莱斯在 1787 年 6 月 24 日至 8 月 28 日蛰居芒特弗农,后于 1788 年至 1790 年再次来到庄园居住。但极为遗憾的是,他撰写的《华盛顿将军传》并未完稿问世。[①]

华盛顿对手稿的关心与珍视从他对后人的遗嘱中也可窥见一斑。在遗嘱中,他希望将他全部关于国家军事与行政事务的文件遗赠给侄儿布什罗德·华盛顿,也愿意把有保存价值的私人文件留给他。华盛顿辞世以后,布什罗德接受了这笔无价之宝。后来他又把这些珍贵的文件、手稿遗赠给他的侄子乔治·考宾·华盛顿。

美国政府对这批手稿的关注是 1834 年的事情。是年,联邦政府以 25000 美元的代价从乔治·考宾·华盛顿手中购买了部分文件与手稿;1849 年,政府又以 20000 美元的代价购买了余下的资料。这批资料收归国有以后，曾以国防部应掌握国家所有关于军事资料为由，一度转归国防部门下。1903 年，由于国会图书馆手稿部负责人 W.C.福特的不懈努力，依靠行政命令，把这批手稿最终从国防部转到了国会图书馆，一直保存至今，从而使这些材料得以发挥其学术上的作用。国会图书馆手稿部的年度记录表明，研究美国开国史的历史学家和学生查阅华盛顿手稿的人比查阅其他资料的人明显要多得多。

现在美国国会图书馆保存的华盛顿手稿，据保守估计共有 75000 张左右，此类手稿按类编目为：

1.少年时期，学校的练习作业

2.测量笔记和备忘便笺

3.账目

4.日记

5.商业通讯

A.芒特弗农的管理经营

B.土地租赁

6.战争记录

A.法国印第安人战争

B.革命战争

C.与法战争(1798—1799)

7.总统时期记录

8.个人杂录

A.家庭

B.朋友

C.政治

这些手稿无疑是研究华盛顿最有价值的资料，也是认识美国建国时期历史面貌的第一手材料，对历史短暂的美国来说，它更是价值连城的稀世之宝，令国人刮目相看。可令人遗憾的是，这些资料曾遭到三次意外的“损失”，已非“完璧”。华盛顿离世后，这批手稿一直保存在芒特弗农。可是华盛顿夫人在临死前，不知出于何种原因竟将她与华盛顿的通信信件付之一炬，这就使完整的材料受到了第一次损害，还给研究华盛顿和他夫人的关系蒙上了一层神秘的色彩。

第二次损失是:革命时期曾代华盛顿将军管理产业和商务的伦德·华盛顿在弥留之际也出乎意料地要他夫人把他同华盛顿的来往信件烧毁。

最大的损失是在贾雷德·斯帕克斯准备出版《华盛顿文集》时不幸造成的。斯帕克斯本想在芒特弗农编纂文集,但是由于没有合适的图书馆,所以他在劝说布什罗德·华盛顿同意后,竟贸然把这批手稿从芒特弗农运到北方的马萨诸塞州的剑桥,据说造成不少损失,"后果是不幸的"。1834—1837 年,斯帕克斯终于编成《乔治·华盛顿生平与著作》,其中一卷是记述华盛顿生平的传记,其余都是华盛顿本人著作。文集开创了系统整理华盛顿资料之先声,获得史学界好评,但却因斯帕克斯随意改动华盛顿原件而受到后人严厉指责。

半个世纪以后,W.C.福特于 1889—1893 年陆续出版 14 卷本的《华盛顿文集》。以前,斯帕克斯在他所编的文集中编印了 2500 份华盛顿的有关信件和文件,福特的 14 卷本删去了前者的部分材料,而在总数上增加了 500 份材料。福特的书虽晚成于斯帕克斯 52 年,数量上也仅增加了两卷,但是因为它经过"审慎的选择",更接近于原始资料,加上增添了不少新材料,很快成了华盛顿资料的"标准本",因而为许多华盛顿传记作家广泛引证和应用。可是斯帕克斯和福特所编的两种文集加在一起所收编的资料数量充其量也只不过是华盛顿原始手稿的一半。因此,有的美国历史学家认为,依靠这两种文集材料撰写华盛顿传只能说是依据了华盛顿的"一半材料",资料很不全面。

在整理、编纂华盛顿资料方面开创新局面的美国学者当推约翰·C.菲茨帕特里克。他继承了前辈们的事业。于 1925 年整理出版了 4 卷本的《华盛顿日记》,又于 1931 年至 1944 年编辑出版了 39 卷本的《华盛顿著作集》。这是一项重大的学术成果,受到美国史学界的高度评价。当时的美国总统胡佛还特地为该集写了前言。在前言中,这位总统这样写道:"美国人公正地为他们的学者而感到自豪。他们同样也为杰出的政治家感到骄傲。华盛顿既有文学之功又有治国之才,他是他那个时代最伟大的政治领袖,也是革命时期最伟大的智慧与精神力量。"

第二次世界大战以后,华盛顿史料整理工作又开始了新的阶段。为庆祝美国建国 200 周年,在弗吉尼亚大学赞助下,计划出版由唐纳德·杰克逊主编的 80 卷本的华盛顿通信全集,它将取代菲茨帕特里克的 39 卷本而成为华盛顿研究最丰富、最完整的史料。笔者曾于1983年春夏之交访问了坐落在杰斐逊故乡的弗吉尼亚大学，参观了《全集》编辑组的档案室，会见了华盛顿通信全集的编辑艾博特教授。笔者问他何时完成这一宏大工程，老教授笑着回答说，大约需要20年时间。

二

美国的华盛顿传记作家在华盛顿手稿整理完毕前早就开始着手研究这位英雄了。华盛顿手稿整理与撰写传记是同步进行的。严格说来，传记的出版早于史料的问世。如果说华盛顿手稿及文件的整理是沿着一条日臻完整的直线上升的话，那么对华盛顿的评价则呈现时高时低、跌宕起伏的一条曲线。

平心而论，华盛顿在生前并没有被神化。尽管随着独立战争的胜利与合众国的创建，华盛顿的威望与日俱增，甚至在民间也出现了一些崇拜者，如耶鲁大学的史泰因曾在1783年讲过诸如"敬爱""仰慕"和"感谢"华盛顿的话，还说华盛顿的名字比阿拉伯的香料"更芬芳"，敌人一听见他的名字就会停止"炮火与诅咒"等等。但是，华盛顿连任总统时，他的威望已由顶峰向下跌落，批评责怪甚至攻击他的人在国内不乏其人。1795年，刚进入国会的杰克逊，这位未来时代的美国总统，就同11名其他议员共同反对国会对退休的华盛顿所致的过分褒扬的欢送词。因此，华盛顿在世时，美国还没有关于他的专著与传记，而只有一些简短的生平介绍，例如在杰迪迪亚·莫尔斯主编的《美国地理》上发表的介绍性的短文章。然而，1799年12月14日华盛顿离开人世之后不久，美国就开始出现对华盛顿的崇拜热潮。

这股敬慕、崇拜华盛顿的热潮，滥觞于第一本华盛顿传记的出版。写出美国历史上第一本华盛顿传记的是一位名叫梅森·威姆斯的牧师。他1759年10月11日出生于马里兰的安妮·阿伦特县。经过一番曲折的人生道路之后，1794年他成了年轻的出版商M.凯里的代理人，他不辞辛劳地跑遍马里兰、宾夕法尼亚、弗吉尼亚、纽约、新泽西，甚至佐治亚州也留有他的足迹。他为凯里提供了不少著作，如：威廉·卡塞林的《现代地理新体系》和奥立弗·哥尔德史密斯的《生气勃勃的大自然》等。1799年，他敏锐地觉察到千百万人想尽快读到英雄华盛顿传记的迫切心理，竭尽所能搜集了有关华盛顿的各种遗闻轶事，道德说教与爱国言论，并写信告诉凯里：他几乎已准备好出版一本名为《华盛顿的美德》的书籍。1800 年，即华盛顿逝世几个月后，威姆斯抢先出版了《乔治·华盛顿的生平与难忘的活动》。此书一出版就成了热门的畅销书，风靡一时。到 1808 年该书就出了第六版，篇幅由最初仅 80 页的小册子变成 228 页的中型规模的传记，书中充满着种种堪称青年楷模的言行说教。这年，威姆斯把此书的版权以 1000 美元的代价卖给了凯里，可是成交以后他又懊悔不迭，不仅因为价格不合理，而且他认为此书还大有油水可捞。次年 1 月，他写信提醒凯里："要是你尽力榨取的话，那你会获得一大笔躺在老乔治骨头上的钱财。"几天以后，他又写信给出版商说："有若干篇最有价值的章节……应该增加，"威姆斯的书虽然风行一时，满足了广大读者渴求了解华盛顿的心理，可是随着时间的推移，人们对此书的价值提出了怀疑，威姆斯本人也被后人称为"可爱而能干的骗子"，是"把宗教同推销术糅合在一起的跑街"，甚至有人指责这本书"没有一个字是可信的"。当然，这种批评也未必公允。

继威姆斯之后，华盛顿传记不断出版。1804 年到 1807 年间，大法官约翰·马歇尔把这位国父看成是一个邻居，是一位老领导。为了写华盛顿传记，马歇尔花了 7 年时间做准备，钻研了华盛顿的日记、信件及某些尚未公开的档案。书成以后，他又花了 15 年时间修改他的第一版传记。马歇尔治学态度是严谨的，但这并不妨害他在著作中倾注了对华盛顿的敬慕之情。他认为华盛顿的出现仿佛是苍天的选择，是为了实现上苍关于西半球的伟大计划而作出的挑选。这位杰出人物是多么异乎寻常，在祖国命运需要采取措施的关键时刻，"他被国人的一致呼声召唤到崇高岗位上"。关于马歇尔的书，约翰·亚当斯称它是一座华盛顿的"陵墓"。如果说马歇尔开创了多卷本华盛顿传记之先例，那么贾雷德·斯帕克斯于 1834—1837 年编成出版的 12 卷的《乔治·华盛顿的生平与著作》是整理华盛顿资料的发轫者（详见前述）。美国著名文学家华盛顿·欧文在 1855—1859 年呕心沥血写成了 5 卷本《华盛顿传》，是又一大部头传记，此书文笔流畅，叙事生动，富于文学特色。欧文的第一卷《华盛顿传》出版后，美国历史学之父乔治·班克罗夫特写信赞扬他说："公正，毫无偏见的良好判断力，选材精当——这些就是你和最优秀的历史学家共同具有的优点。但是，除此之外，你还有自己的特点：你写作时情感发自内心，使人不能不同情，使人不能不相信；你还有一种巧妙的魔法，可以叫各种场景、事件和个人轶事听凭你指挥，各就各位，各得其所，靠了你自己的天性变得光彩夺目。你的文风也是熟练、清晰、流畅、优美的；你的描绘生动如画，而又没有生僻的字眼，你的辞藻丰富，而又不失为朴素。”[①]可是这部著作太过于倚重斯帕克斯整理的华盛顿著作，从而使史料的可靠性受到损害；此外作者又抱着极为强烈的崇敬心情谈到华盛顿的家庭史，一直追溯到征服者威廉时代华盛顿的一名祖先方始心甘。作者是一位华盛顿的狂热崇拜者，为了表达对华盛顿的崇敬之心，他甚至特改名为华盛顿·欧文，在为华盛顿立传时又因竭尽全力寝食不安而罹病。

19 世纪上半期，即华盛顿逝世后半个世纪，华盛顿一直处于被人崇拜、敬仰之中，他甚至被人奉若神灵。“祖国的救星”华盛顿常常与“人类的救星”耶稣相提并论。1832 年，在华盛顿诞生 100 周年纪念日前夕，一名国会议员在演说中把 2 月 22 日华盛顿生日同圣诞节并列为创世纪以来人类仅有的两个值得庆祝的诞辰。美国人也普遍认为在家里挂一幅华盛顿的画像是神圣的义务，好像家里必须有圣人像一样。更有甚者，在 1845 年出版的《华盛顿画传》中，作者竟认为，婴孩出世第一句应学的话是妈妈，其次是爸爸，第三是华盛顿。

华盛顿在死后的一段时间里受到国人的赞扬崇敬，并在一定程度上被神化并不是不可理解的。在资产阶级革命家、政治家中，华盛顿德高望重、才能卓著，他胸怀坦荡，对奸诈、诡谲的政客手段和党派观念疾恶如仇；在生前他没有利用手中的权力为自己树立个人崇拜，开展造神行动；死后美国民众对他“仰之弥高，钻之弥坚”，对他有点神化是可以理解的，从某种意义上说，这种神化现象也是华盛顿个人价值在民众情感上的反映与折射。从史学上分析，这种神化现象也有源可溯。独立战争前，美国有一批史学家基本上是按照基督教教义为指导撰写殖民时期历史的，在他们撰写的历史著作里充满了上帝通过他们“选民”实现自己意志的观念。美国建国以后的历史学家不同于前者，他们开始以民族主义为指导，以强烈的民族主义情感记述美利坚民族成长和立国的进程，他们怀着对开国元勋无比崇敬的心情把华盛顿描绘成“祖国的救星”，大加颂扬，以振国威，激励民心。当然，美国历史上确实存在着反对个人迷信的强大的民主力量。独立革命时期，民主力量就担心执掌军政大权的华盛顿成为“独裁者”；在制宪时期，他们又竭力主张以制衡原则牵制美国总统的权力；华盛顿任总统不久，民主派提出《人权法案》作为宪法前十条修正案在国会通过，这些防止独裁与暴政的一系列活动与斗争不仅促使像华盛顿式的政治人物早日退休，而且也使那些有强烈权力欲望的政客企图在生前成为受人崇拜的“神”的愿望落空。但是，当英雄一旦离世，民主派人士害怕华盛顿成为专制君主的顾虑烟消云散。何况华盛顿本身的威望实际上确实超过了他同时代的其他人，他作为全民族的领袖、开国元勋的历史地位无可置疑。独立战争结束以后，美利坚民族要摆脱落后的地位，跻身世界民族之林，需要强化民族团结的观念。充分肯定华盛顿的历史作用，发扬他的精神，把他作为民族和国家的象征是符合当时时代的需要的。

三

华盛顿作为无与伦比的民族英雄和白璧无瑕的完人形象一直保持到南北战争。随着历史的变迁，华盛顿的高大形象遭到了越来越多的挑战。这种挑战首先来自人们为了颂扬林肯而不惜贬低华盛顿，有人甚至说华盛顿“不是美国人”。克拉伦斯·金在为一本《林肯传》(海依与尼柯莱合著)所写的序言中说，阿伯拉罕·林肯是达到流芳百世至尊声誉的第一个美国人，在他之前，美国历史上只有两个杰出人物：“发现者哥伦布”和“缔造者华盛顿”，一个是“意大利预言家”，一个是“英国绅士”。他认为就性格、习惯、道德标准和社会伦理而言，华盛顿都是“英国人”，是“一个人们在英国国旗下任何地方都能找到的不列颠殖民地绅士”[③]。这种说法不论其主观动机如何，但对于原先“战争时期第一人，和平时期第一人，他同胞心目中的第一人”的评价，显然是一种修正。拉尔夫·沃尔多·埃默森在他主持的杂志《代表人物》中直言宣称：“第一个英雄到头来要变成一个讨厌的人。……人们推崇乔治·华盛顿的德性——而可怜的雅各宾党人的整个演说和驳词仅仅是该死的乔治·华盛顿。”纳撒尼尔·霍桑带着讽刺的口气质问道：“谁曾看见过赤裸裸的华盛顿？”他自问自答：“这是不可能的。”因为华盛顿“生来就穿戴整齐、头发扑粉，当他初降人间之刻就向大家彬彬有礼地鞠躬致敬”。这些严厉而尖刻的警告和幽默机智的讽喻表明：人们希望揭去蒙在华盛顿身上的偶像崇拜的纱幕。这种要求很快在史学领域得到反映。19世纪中叶，《哈泼周刊》主编叹息道，对理想化了的华盛顿作理想化研究的著作已经有了，但按其真实言行举止还其真面目的传记却尚未问世。迟至1885年,约翰·贝奇·麦克马斯忒仍然认为,华盛顿的生平简历虽已童叟皆知,但他的真实传记还有待学者日后的努力,他断言:“乔治·华盛顿是一个尚未被认识的人物。”

时迁世异,美国史坛不久就出现了一股寻求华盛顿“真实面貌”的思潮,揭示他“真面目”的传记应运而生。19世纪末有三位探求华盛顿真相的传记作家值得一提。亨利·卡博特·洛奇的《乔治·华盛顿》名列前茅。作者继《亚历山大·汉密尔顿传》与《丹尼尔·韦伯斯特》出版以后,于1889年撰写了两卷本的华盛顿传记。“写真实的华盛顿”是洛奇的写作宗旨。他认为,尽管华盛顿的声誉无边无际,尽管传记作家们为之付出了如此辛勤的劳动,可是华盛顿依然未被理解;他,作为一个人,对于尊重他的子孙后代来说仍是一个陌生人。因为他或多或少被敌意的批评和正直朋友的赞颂悄悄地曲解了,他已被错误的赞美和虔诚颂扬者过分的揣度而加以伪饰。因此,他说:“现在任何人能做的是,从大量的材料出发,描绘这个人生活中的各种联系,努力探求真正的他是一个什么角色,他在当时意味着什么,他现在又是什么角色,今天他对于我们和整个世界又意味着什么。”在洛奇看来,华盛顿的真实面目应该是掩映在神化烟雾后面的有血有肉的人。洛奇进而指出:“在广泛流传的神话后面,在演说家和鼓吹者塑造的雕像般的形象的后面,在历史学家笔下的将军和总统的后面,有着一个强健而朝气勃勃的人,他的血管是流淌着炽烈而鲜红的热血,他的心坎里充满着对人性的炽烈的感情和深沉的同情,他的头脑里蕴藏着深远的思想……”④但是,洛奇最后承认他自己的目标并未达到,因为华盛顿身上所具有的伟大和尊严的品格使人敬而远之,所以很难认识他。可是洛奇又认为:“华盛顿就像一个典范,他已深深地刻印在人类的想象之中。这种形象是真实抑或虚假无足轻重,因为事实长存。”⑤

继洛奇之后,曾任美国第28届总统的伍德罗·威尔逊在1896年发表了一卷本华盛顿传,虽然他的其他史著颇具价值,但这本传记与其说是人物传记,不如说是编年记录,仅述事实而不加评论,较之洛奇的书平淡乏味多了。几乎同时,保罗·L·福特出版了题为《真实的乔治·华盛顿》一书。书名表明了作者的写作目的,他同洛奇一样,认为以往的历史学家对待华盛顿、富兰克林、林肯这样的人物都采取了英国谚语“国王无错误”的态度,这显然是不妥当的,所以他强调要把华盛顿描写成如常人一样的人,“一个受人类的弱点制约的人,一个受人类情欲支配的人。”[⑥]他主张要在历史人物的肖像上罩上人性的玻璃匣子。福特在编写传记时所遵循的原则是:尽可能让华盛顿自己多说话,他表示:“如果本书成功地人化华盛顿,使他成为一个人而不是一个被神话的历史人物,那么它的目的就实现了。”[⑦]但是事实上他写的传记严格说来不像传记,而是华盛顿本人关于生活、思想、哲学、教育、敌友等问题上的一系列论述。

这时期华盛顿研究的最大特点是从“神”到人的转变,是华盛顿崇拜的降温。从史学研究的角度加以分析,应该说这是一种可贵的进步,它说明人们摆脱了感情因素与同时代人的好恶而能比较客观地审视华盛顿,研究华盛顿。为什么会在19世纪下半期开始出现这种转变呢?笔者认为,南北战争以后,美国工业化的进程以前所未有的速度迅猛发展,美国人民向西部移民、开发的运动方兴未艾,美国已不再是华盛顿时代的美国——偏隅于大西洋沿岸狭长地带的13州(后增加了田纳西和肯塔基),它已成为居于两个大洋之间的北美洲中心地带的大国,这不仅扩大了人们的眼界,更新了他们的国家与民族的观念,而且随着西进运动的推进,美国的民主思想注入了新鲜的养分——西部移民的民主化观点,强烈的民主思想同盲目的偶像崇拜当然是无法长久共存的。这股民主思潮势必引起华盛顿研究中的革新。

其次,林肯的崛起也是一个重要因素。林肯在国家面临分裂危险的关键时刻,挺身而出,以统一联邦为己任,最后又以消灭种植园黑奴制度的革命伟业载入史册,从他身上放射出的爱国和民主的光芒无疑冲淡了华盛顿头上的“光圈”。林肯又因出身劳动人民家庭,比家境富裕的华盛顿有更广泛的群众基础。所以华盛顿逝世半个世纪以后,美国人民心目中的“第一人”由华盛顿变成林肯合乎情理,顺理成章。

史学观念上的更新当然直接影响到华盛顿的研究。19世纪末叶,德国朗克学派越来越多地影响美国史学,这种史学是以标榜“客观主义”和“科学方法”为特征的。与此同时,美国一些历史学家受英国历史学家约翰·格林的影响注重写人民的历史,这些思潮极大地触动与促发传记作家们去寻求华盛顿的“真实面目”。

不管怎么说,华盛顿死后一个世纪里,有关他的传记和史料整理卷帙浩繁,成绩不小。据W.S.贝克在1889年的《华盛顿文献书目》所列共有502册。

不过,这些书大多出于美国非专业的历史学家之手,随着美国专业历史学家的出现,历史学科的建立,华盛顿研究进入了新境地。

四

19 世纪末叶,美国历史学会正式成立,哈佛大学开设历史专业,此后,经过专业训练的历史学家取代了非专业的历史学家,在史学界占据领导地位。这种变化带来了华盛顿研究中的新特点,新情况。从美西战争到第二次世界大战的半个世纪里,华盛顿研究因不同历史学流派的出现而观点迥异。

那些受过正规训练的专业史学研究者分属于进步学派或帝国学派。1913 年,进步学派的代表人物、著名史学家查尔斯. A. 比尔德(1874. 11. 27—1948.9.1)发表了《美国宪法的经济观》一书。在书中,他阐明了指导宪法制订者们行为的原则并不是神灵的启示,而是"真实的经济力量"。他列举了开国元勋们五项主要的经济利益,并认为华盛顿这个也许是当时美国最富有的人就持有其中的四项。在他的笔下,华盛顿被描绘成"当时美国最大的富翁。除了他在波托马克的大量地产之外,还把一大笔流动资金投放在西部的土地上,指望由于建立一个稳定的政府与开拓国境,那些土地可以大大地增值"。[⑧] 比尔德通过对制宪会议成员的研究得出如下结论:华盛顿和制宪会议的其他成员们绝不是不讲经济利益的人,相反,他们清楚地懂得,正在建立的新政府是同他们自己的经济利益息息相关的。比尔德虽然没有留下一部华盛顿传记,但是他从经济领域去寻求政治事件底蕴的尝试无疑开辟了一条研究华盛顿的新路子,提供了新角度。进步学派的史学家还用集团斗争和阶段斗争的观点分析美国的早期历史,认为华盛顿是代表富人利益的保守分子。该派某些史学家认为华盛顿在美国政治史与思想史上的地位是无足轻重的。克劳德·C·鲍威尔斯在 1925 年出版的《汉密尔顿和杰斐逊:争取民主的斗争》中仅仅把华盛顿视为两派斗争的"台面人物";弗农·帕林顿在 1927 年出版的《美国主要思潮》一书中几乎没有提到华盛顿。尽管如此,进步学派对华盛顿反对君主制坚持共和制的贡献还是给予较高的评价。比尔德夫妇在 1944 年颂扬华盛顿说:第一任总统华盛顿"是一位军事英雄——革命军队的总司令。但是他没有成为恺撒或拿破仑,把皇冠戴在自己头上"。[⑨]

帝国学派的历史学家把美国独立战争看成是大英帝国内部的争斗，主张从英帝国范围考察独立战争，强调英国和殖民地之间的政治与法律关系。查尔斯·安德鲁早在19世纪30年代就认为英国的航海条例保护了美洲的商品和船只。他的学生，帝国学派的主要代表人之一，劳伦斯·吉普森在他的13卷本的《美国革命前的不列颠帝国》中，竭力为大英帝国的殖民政策涂脂抹粉。他认为1763年以后英国向美国征税和加紧实施航海条例完全是正当的，因为英国在保卫殖民地的所谓“伟大的帝国战争”中兴师动众，劳民伤财，流血牺牲，付出了巨大代价。这种殖民主义者的偏见直接影响了对华盛顿的正确评价。在帝国学派史学家的眼中，华盛顿成了一名只对战略战术问题感兴趣，而对政治争论、殖民地的权利和独立漠不关心的“职业军人”。吉普森在其巨著中，以4卷的篇幅介绍了北美殖民地的情况，可是在长达1365页的叙述中仅仅只有9次提及华盛顿，在第13卷的摘要中根本没提及大陆军总司令的华盛顿。

总之，在专业历史学家的笔下，华盛顿已从被神化的高度降为普通的“凡人”。

20世纪初，在美国史学界还出现了一批“暴露者”，他们是一批敢于揭露社会黑暗面的政治家和作家，他们的观点反映了中、小资产阶级对于垄断资产阶级暴政的反抗。“暴露者”们所写的有关华盛顿的流行读物构成了这时期华盛顿研究的一个特殊部分。在这方面，威廉·伍德沃德和鲁珀特·休斯是两位突出的代表。他们领导了一场反对华盛顿崇拜的斗争。为了打破神化，发现真实的华盛顿，前者将其著作取名为《乔治·华盛顿：偶像与其人》。伍德沃德在谈及他的写作动机时说，鼓励他写该书的原因是他阅读了其他关于华盛顿的书，这些书大都把华盛顿描绘成上帝一般的神，他的生活白璧无瑕，他每时每刻都具备着全部值得称颂的品德。“我无法让自己相信这样的人真的存在过。此外，如此神话般地描绘华盛顿的品格和成就只能使年轻人泄气却步，因为向他学习似乎不可能成功”。因此伍德沃德决定写一本“偶像与其人”的传记。在书中，他设法把华盛顿“看成是人——一个有卓越才能但并非没有缺点与失败的人——这是贯穿全书的灵魂”。然而，出乎意料的是，作者在反对华盛顿崇拜时，却“对华盛顿的赞美有加无已”，最后伍德沃德坦率地承认华盛顿已成了他“最热爱的英雄之一”。[10]

1926年,另一位“暴露者”鲁珀特·休斯出版了《乔治·华盛顿:人和英雄》。为什么在琳琅满目的华盛顿传记中,休斯还要“增添上一本呢?”他回答说,因为他希望“尽可能地去发现和尽可能忠实地描述华盛顿是个什么样的人,他做些什么,说些什么,想些什么,以及为什么要这样做和如何做的。”他认为以往撰写华盛顿传记的作家,“都致力于纪念华盛顿而不是展现他”。华盛顿几乎总是被作为一个“天使”提供给读者,而传记作者则成了“高级神父”。他认为此种神化之风发轫于威姆斯。华盛顿·欧文虽然没有将人性和脉脉温情融入他所塑造的人物;但在他的笔下,人性和温情已被编织成花环,安放在他从斯帕克斯那里接收来的冷冰冰的雕像脚下。休斯自1900年开始为了工作曾到不列颠博物馆、法国国家图书馆和许多美国的地方图书馆搜集资料,博览群书。在接触了大量资料以后,他发现历史研究中缺乏国际性的角度和公正的态度。为了纠正这种偏向,休斯在写华盛顿传记时自以为用了不少新材料,其中包括弗吉尼亚历史协会编纂的《丁威迪文集》。在写作时他除了“尽最大可能让华盛顿用他自己的话讲述他自己的故事外”,他还要“合理地”处理华盛顿时代有关法国方面、英国方面、殖民主义者方面的各类问题,公正地评价诸如布雷多克、丁威迪及其他所有的华盛顿最热烈的“支持者”和最激烈的“反对者”。

这些“暴露者”特别注意揭露华盛顿诸如恋爱生活,渎神言论和饮酒恶习,实利主义和勃勃野心,漠视宗教和占有奴隶等短处,甚至极力渲染华盛顿婚后还同他挚友的妻子保持暧昧关系,等等。但是到了1930年,休斯在他著作的末卷的附录中却声言:“我越是研究华盛顿,就越感到他的伟大和善良,但是我并非要证明他的伟大和善良,我只是企图按他本来面目去描绘他,让他自己说话。他是一个取得无可否认的辉煌成就的人,因此无须宣传来支撑,无须宗教的压制来保护,也无须更多的7月4日的那种雄辩来颂扬。”在历史研究的长河中,人们对历史人物的评价从一个极端走向另一个极端,一些历史人物由风云一时的英雄瞬时变成历史罪人的现象并不罕见。这批暴露者史学家敢于冲破旧时的定见与迷信,以打倒偶像为己任,从而在华盛顿研究中掀起一阵波澜,实属可喜,更可贵的是他们并不是为“翻案”而翻案,随意地、无根据地给历史人物涂上其他色彩,或抹黑、或杜撰,把历史人物的面目弄得更加难以辨认。他们坚持让事实说话。华盛顿经过这番“暴露”,他的真实面貌和历史价值更为世人所知了。

就在一部分史学家企图在崇拜与迷信的浓雾中寻求华盛顿真面目的时候,纪念华盛顿诞生200周年的隆重活动在全美铺天盖地席卷而来。1932年,由于经济危机而变得垂头丧气、忧心忡忡的美国人举行了长达9个月的纪念华盛顿诞生200周年活动,声势浩大,形式多样,史无前例。领导纪念活动的机构事后还特意出版了5大卷纪念专集。前4卷以《乔治·华盛顿诞生200周年纪念史》为题,第五卷题为《美国纪念乔治·华盛顿诞辰200周年委员会报告》。根据报告,1932年华盛顿纪念活动遍及世界81个国家和259个城市,其中还包括我国广州、上海、杭州、哈尔滨等城市的纪念活动。报告集的扉页上还特地发表了F.D.罗斯福1932年6月1日给纪念委员会主席布鲁姆的信件。这位新上台的总统在信中声称这种国际性的纪念盛况,作为自发的国际性礼遇和友善是“史无前例”的。布鲁姆在报告集上指出:在充满暴政与压迫的当今世界上,华盛顿却作为自由政治理论的主要倡导者出现于世。在华盛顿所计划的政府已经运转一个半世纪以后,即在1932年考虑“他对当今世界之影响似是适合时宜之举。”在美国,人们用戏剧、歌咏、演讲等各种形式宣传、歌颂华盛顿的业绩,纪念“国父”的高尚精神。华盛顿从一度被人们冷淡的谷底再次升腾到受国人狂热崇拜的巅峰。1932年美国出现纪念华盛顿的热潮并非偶然。当时正值美国国运维艰之时,经济危机像魔影一般笼罩美国,失业、饥饿威胁着美国劳动人民。胡佛总统面临内外交困的绝境无奈下台,民主党人F.D.罗斯福入主白宫。这位新总统告诉他的同胞的第一句话就是“我们唯一恐惧的正是人们的恐惧心理”。无论是胡佛还是罗斯福都急切希望借助国父的精神来帮助人民树立信心渡过难关,利用开国元勋的英名维系人民对国家的信赖,一句话,20世纪30年代的美国是需要搞点对华盛顿个人崇拜的。

然而,华盛顿纪念热潮过后接着是一片沉寂,从1932年到第二次世界大战结束,有关华盛顿的著作出奇地减少了。究其原因,在热潮以后出现冷却的现象是一种自然的变化,华盛顿研究不可能一直处于高潮之中,出现起伏曲折完全可以理解。具体说来还有以下几个原因:第一,由于罗斯福新政的实施及初见成效,使杰斐逊的形象大为生辉,小斯莱辛格等史学家认为罗斯福新政是美国历史上的自由民主传统的继续,是自由主义的“组成部分”,这就冲淡了华盛顿的历史影响。其次,当时的历史学家因为处在英雄崇拜的神圣传统和现代史学严格要求的矛盾困境之中,举步维艰,难以适从。因此,1946 年,柯蒂斯·内蒂尔斯评论道:“目前有关乔治·华盛顿的历史研究中的主要倾向,如果能称为倾向的话,就是对他的忽视……专业的历史学家对华盛顿不闻不问已经达到这种程度,以致他很快变成美国历史上被遗忘的人了。”

华盛顿真的被遗忘了吗?

五

真正的英雄无需书籍为他制造崇拜者,一个为人民与国家作过贡献的人是不会被人民遗忘的。第二次世界大战以后,一度沉寂的华盛顿研究又重新活跃起来。20 世纪 50 年代这类研究结出了可喜的成果,成绩斐然。道格拉斯·弗里曼(1886.5.16—1953.6.13)在华盛顿研究中独辟蹊径,独居鳌头。说来令人难以置信,弗里曼竟是在 58 岁那年,即 1944 年才开始撰写华盛顿传的,这本身就是一件与众不同、富有勇敢精神的创举。1948 年弗里曼向读者贡献了《华盛顿传》的第一、第二卷,1951 年第三、第四卷问世,第五卷于 1952 年出版,他逝世以后第六卷又同读者见面。该书的最后一卷——第七卷由他的后继者 M.艾希沃特和 J.卡罗尔执笔完稿。1958 年,七卷本《华盛顿传》荣获普利策奖,共出售了 193631 册。

弗里曼七卷本《华盛顿传》的出版标志着华盛顿研究进入了新的阶段。客观上,约翰·帕特里克于 1931—1944 年编辑、出版了 39 卷本的《华盛顿著作集》,提供了比斯帕克斯和福特更丰富、更准确的材料,使历史学家有可能在更扎实的基础上重新认研究华盛顿。正因为具备了这个前提条件,所以关于他的权威性的军事评论“正需要有人去做”。弗里曼适应了这种需要,在他快跨入 60 岁门槛的前夕当仁不让,决定担当写作华盛顿传的任务。弗里曼确实当之无愧、不负众望。他是一位弗吉尼亚人,曾因研究李将军成绩优异而蜚声史坛,成了一位杰出的军事传记作家。他具备一个历史学家必不可缺的严谨的治学态度,对历史材料一丝不苟,虽有助手帮忙也务必亲自过目,他还有与众不同的极严格的时间观念和高效率的工作作风。

弗里曼以毕生的余力从事华盛顿传记的写作,据他自己统计,他足足花了

15693 个小时全力描写这位美国历史上的第一位英雄。他的统计并不是无根据的估计,因为他写作时分秒必争,经常统计所花的时间,数字可靠可信。如撰写第一卷的第八章时,弗里曼在日记中记道,他花了 25 个小时列提纲,42 个小时写作,17 个小时修改。弗里曼开始写作《华盛顿传》时还兼任弗吉尼亚一家电台的编辑和播音员,因此只能利用公务之暇从事写作,困难可想而知。后来当他辞退公职成为专业历史学家一心写作华盛顿传时,他遂心如意,幽默地说:"现在生活多么美好,可是我怕它仅是一个梦,我在梦中将被一个声音唤醒:'快起来到城里编写两大卷的社论'。"弗里曼的著作史料准确翔实,描绘细致入微,立论公允中肯。有人认为这部传记是"不朽之作",它使弗里曼跻身于本世纪美国主要传记作家的行列。有人评论说:"创作关于杰出人物的杰出书籍的人是民众的恩人,道格拉斯·弗里曼就是这样的创作者。"[11]

如果马歇尔的五卷本《华盛顿传》是一座宏伟的"陵墓",那么弗里曼的七卷本著作就是一座高耸入云的华盛顿纪念塔。它代表了战后美国史学界华盛顿研究中的最高水平。特别在运用第一手资料写出这位英雄的一生方面它堪称是第一流巨著。在撰写青年时代华盛顿的时候,弗里曼除了运用菲茨帕特里克所编的资料外,还搜集了许多以前"未曾使用过"的新材料,诸如丁威迪的信件。作者通过对大量资料的独立研究后升华出自己独到的见解。在第一、第二卷里,弗里曼对历史上的两种传统看法提出异议,一是威姆斯所持的看法,一是吉尔伯特·斯图尔特和大法官约翰·马歇尔的观点。弗里曼认为,如果按照威姆斯的看法,华盛顿既是一个自命不凡又是一个完美无缺的人。要是通过马歇尔和吉尔伯特·斯图尔特的眼光观察华盛顿,那么这位英雄就成了一个令人敬畏的人物,一个决不能为青年人所信赖的人。作者要让多数美国人明白:华盛顿有时是粗暴的,易动感情和激怒愤恨的——他是一个人而不是一座躯体冻结了的纪念碑。总之,弗里曼还是强调要把华盛顿写成一个有血有肉、富有情感,也有五情六欲的人而不是神。当然弗里曼的著作也不可能白璧无瑕。大家一致赞扬弗里曼对战争的描绘真实细致,军事评论公正持平,但发现这部传记缺乏关于社会、思想和政治方面的篇幅,有些次要的事情描写过于详尽。

在弗里曼之后,最引人注目的要算詹姆斯·托马斯·弗莱克斯纳的四卷本《华盛顿传》(第一卷出版于 1965 年,最后一卷是 1972 年问世。期间作者又写了单卷本《乔治·华盛顿:一个不可缺少的人》)。根据弗莱克斯纳的自述,他的写作目的与弗里曼很不一样。尽管弗里曼的著作是“科学”传记的伟大榜样,材料翔实,言之凿凿,可是弗里曼在华盛顿的著作中寻求历史意义的时候却极少涉及主人公的性格。弗莱克斯纳虽然也企图把传记写成科学传记,做到材料确凿,然而他写作四卷本华盛顿传记的目的“不是扩展和鉴定那真实的记录(此种努力在弗里曼之后已属多余),我希望阐明历史和创造了世界上最伟大、最值得称道的经历之一的人物之间的相互联系”。[12]

弗莱克斯纳为了撰写《华盛顿传》,曾作了较长时间的准备,原先他只计划写一卷,后来发现这位英雄的一生经历实在丰富。同林肯相比,华盛顿比他多活了11年,林肯作为全国性人物仅仅7年时间(从与道格拉斯辩论到被杀害),而华盛顿却有24年(从被选为大陆军总司令到逝世)是美国最有影响力的人物,其中17年(即革命战争时期、制宪会议、美国总统任期)实际上天天都在处理国家重大事务;在此以前,华盛顿不到20岁就在英法七年战争中崭露头角、为世人所知,而相同年龄时的林肯还依然是名不见经传的无名小辈。华盛顿的绚丽多彩的生涯使作者最后写成了洋洋大观的四卷巨著。弗莱克斯纳在写传记时,主观上尽量排除先入为主的观念,企图客观地、冷静地去描绘主人公,用他自己的话说:“我力图把头脑中留存的关于他的声誉和生涯的先验观念排除出去,企图在好像从未听说过华盛顿名字的情况下开始工作,我甚至不去想到他是一个善良和伟大的人。”通过写作,弗莱克斯纳相信华盛顿“是迄今为止最尊贵与最伟大的人物之一……但,他不是从丘比特的头脑中跳出来的已用智慧和力量武装好的完人。他是通过意志与技能的锻炼逐步使自身完善起来的。”作者企图把经历过实际生活的华盛顿与一切象征性的华盛顿区别开来,把华盛顿从大约200多年来围绕着他的回忆而生的、令人昏昏的传说中“拯救出来”。

弗莱克斯纳认为神化了的华盛顿在历史上所起的作用可归于两个方面:一是表现在弗洛伊德所谓的人的精神方面,适应于人们对英雄崇拜的心理需要;二是成了反映人民对他们自己时代的国家形势看法的一面“镜子”。他还指出人们对华盛顿评价的变化、起伏、沉降是与同时代的价值观念的变化密切相关的。他解释说,毫无疑问,人们普遍都认为华盛顿不是“天才”而是“公正”。可是19世纪人们的价值观念发生了变化,当“天才”已经成为对一切最有价值的人的暗语时，“公正”就轻蔑地下降为一种普通的“常识”，这种变化直接影响了对华盛顿的评价。弗莱克斯纳认为，其实天才与公正都是人的基本特性，只不过某些时候天才强调得多一些，某些时候公正强调得多一些。华盛顿恰恰生活在一个时代的转折点上，即两个巨大的思想体系——重视“公正”的古典主义和崇尚“天才”的浪漫主义——正在互相争斗的转变时期。这是很有见地的分析，弗莱克斯纳的传记还采用了某些心理学的原理，运用弗洛伊德精神分析的某些原理与术语分析华盛顿的性格特点和某些政治行为。如，他认为华盛顿的意志与性格的形成，与其母亲是一个缺乏母爱和温情的“悍妇”有着某种内在联系；他认为1798年华盛顿准备重返战场时如此固执地坚持让汉密尔顿作为他的第一副手，而置约翰·亚当斯总统的意见于脑后，同华盛顿的老年心理变化有关，等等。无论如何，弗莱克斯纳的传记称得上是当代美国华盛顿研究中最有分量、最有影响的作品了。80年代，美国一家有名的广播公司还根据他的华盛顿传（第一、二卷）拍摄了长达8小时的电视系列片《乔治·华盛顿》，在银屏上再现了曾是美国人民心目中“第一人”的华盛顿的形象。

同弗莱克斯纳几乎同时，伯赫特·诺伦堡对华盛顿也作了独特的研究。他站在反对偶像崇拜的立场上，指望在资料中发现华盛顿行为中的瑕疵、工作中的失误，他竭力维护那些与英雄有争执的各种人，其中包括丁威迪总督、华盛顿母亲和盖茨将军等。有人认为诺伦堡的著作虽然在他的烟雾后面仍有一些闪烁着的火花，但总体上看他的尝试似乎走得太远了。诺伦堡对华盛顿评价不高，在他编写的厚达350页的《美国革命起源：1759—1766年》中，仅两次提到华盛顿。

1974年，即在弗莱克斯纳的第四卷华盛顿传记出版的第二年，美国历史学家福雷斯特·麦克唐纳出版了他的《华盛顿总统任内》。作者在书中研究了华盛顿任职期间的重大历史事件，分析了华盛顿与汉密尔顿、杰斐逊的关系。他认为在创建一个永久性的国家方面，甚至是在建立政府的行政部门方面，华盛顿除了象征性的意义外并没有发挥其特殊的作用；对于汉密尔顿的财政体制，他除了投票赞同外无所事事；对于“中立宣言”他顺水推舟，毫无主见，等等。麦克唐纳认为，在美国建国初期，在历史上功绩卓绝的中心人物不是华盛顿而是汉密尔顿，华盛顿的作用仅仅在于，当他的人民渴求一种神话和一个象征时,“他贡献自己的一生满足了这种要求”。[13]不过作者还是肯定了华盛顿在由君主制向共和制转化过程中的历史作用。这部著作篇幅简短、论述集中,符合人们想简略评价1789—1797年美国政府所作所为的愿望,然而不少历史学家批评该书“低估”了华盛顿的历史作用。

从19世纪初威姆斯编写的第一本华盛顿传到20世纪80年代哥伦比亚广播公司拍摄的电视系列片《乔治·华盛顿》在银屏上播放,中间差不多隔了两个世纪。200年来,人世间发生了多大变化!人类经历了机器生产时代,又跨过第二次产业革命,面临第三次技术革命。但是在日新月异的变化中,美国人并没有因新生活的到来而忘记华盛顿。因为人民是公正的,他们绝不会遗忘曾为他们作出过巨大贡献的优秀儿女。历史是公正的,经过无数次汹涌澎湃的时代潮流的拍打与洗刷,历史最终会对人的是非功过作出公允的评价。华盛顿不是天生的伟人,更不是被别人硬捧出来的伟人,他是经过奋斗达到伟大的常人,所以在恢复了“真实”面目以后,人民更感到他的伟大与善良。诚如法国人夏多布里昂所说:“这个人看上去并不十分引人注目,因为他举止得体,不矫揉造作,他将自己的存在与祖国的存在融为一体。他的荣耀是发展中的文明的共同财产。他的卓著声誉犹如一座圣殿高高耸立着。”

注释:

①手稿已在近年被发现。

②华盛顿·欧文著,查尔斯·奈德:《华盛顿传》,新华出版社,1984年,第26~27页。

③洛奇:《乔治·华盛顿》,波士顿1899年版,第2卷,第303页。

④洛奇:前引书,第1卷,第14页。

⑤洛奇:前引书,第1卷,第7页。

⑥⑦保罗·L.福特:《真实的乔治·华盛顿》,1896年纽约版,第6页。

⑧查尔斯·A.比尔德:《美国宪法的经济观》,商务印书馆,1984年,第100~101页。

⑨比尔德夫妇:《美国史纲要》,纽约1944年版,第139页。

⑩W.伍德沃德:《乔治·华盛顿:偶像与其人》,纽约1956年版,前言。

⑪D.弗里曼:《华盛顿传》,纽约1948年版,第六卷,前言。

⑫J.弗莱克斯纳:《华盛顿传》(第一卷),小布朗公司,1974 年,第 356~357 页。

⑬F.麦克唐纳:《华盛顿总统任内》,堪萨斯大学出版社,1974 年,第 7 页。

(载《华盛顿评传》中国社会科学出版社 1990 年)

潘恩和《常识》

美国历史上曾先后爆发过两次轰轰烈烈的革命战争:独立战争和南北战争。说来也巧,在这两次革命中都出现过一本震惊全国、轰动一时的名著。前者是潘恩的《常识》,后者是斯托夫人的《汤姆叔叔的小屋》(旧译《黑奴吁天录》)。

《常识》发表于 1776 年 1 月,仅在出版后的短短三个月的时间里就出版了十二万册,后来又猛增到几十万册。它为什么能赢得成千上万的读者,广泛传播于欧美大陆?也许有人以为《常识》一定是一部卷帙浩繁的理论巨著或是文采横溢的文学名作。事实并非如此,《常识》仅仅是一本只有五十多页的小册子。

潘恩奋笔疾书将《常识》贡献给人类的时候,美国还是英国的一块殖民地。英法战争结束以后,英国王室把大笔军费开支转嫁到北美人民头上,强征税收,肆意盘剥,继之以重兵进驻屠杀殖民地无辜百姓。北美人民忍无可忍,于 1775 年 4 月 19 日在列克星敦打响了反英独立战争的第一枪。可是北美的资产阶级和种植园主却迟迟不肯拿起武器同英国斗争,更不敢提出“独立”的口号,他们迷恋于请愿、和解;忠于英国王室的传统观念更是像梦魇一般牢牢地缠在人们的心头。当时美国最高的临时权力机构——大陆会议直到 1775 年还通过了致英王乔治三世的《橄榄枝请愿书》,“热切地希望”恢复英国与殖民地之间“旧有的和谐”。

面对英国王室的残暴统治和血腥镇压,北美人民究竟该跪着向英王乞求生存的权利,还是挺起胸膛拿起武器推翻殖民统治?美利坚民族究竟是忍辱祈求英王赐恩实现“愉快而恒久的和解”,还是同英国“一刀两断”宣布独立自主于世界民族之林？何去何从关系着美利坚民族的存亡和三百万人民未来的命运。

在这关键时刻，托马斯·潘恩撰写了《常识》一书。他在书中喊出了人民的心声和时代的最强音。他明确指出以前那种请愿、和解的建议、计划都不过是“明日黄花”，像“美梦一样已经消逝”。他大声疾呼：“关于英美之间的斗争这个题目，已经出版过好多卷书籍，各阶级的人们处于不同的动机和抱着各种目的，参加了这场争论；但是一切都毫无效果，现在论战已经结束了。作为最后手段的武力决定着这场争执；诉诸武力的办法是由英王选择的，北美大陆已经接受了这个挑战。”“由于问题的争论转到用武力对付，一个政治新纪元开始了，一种新的思想方法已经产生了。”

针对当时北美存在着的那种崇拜、迷信英王乔治三世的愚昧思想，《常识》又以犀利的笔锋，无情地撕去罩在英王脸上“仁慈”的假面具。潘恩直言怒骂英王是“暴君”“坏蛋”“冷酷的、乖戾的英国法老”“大不列颠皇家畜生”。他指出：“在英国，一个国王所能做的事情，往往不外乎是挑起战争和卖官鬻爵。”他告诉读者：“一个普通的诚实人要比从古到今所有加冕的坏蛋更有价值。”

如果说潘恩对英王的揭露是无情的，那么他对君主政体和世袭制度的批判是相当机智的。他认为君主政体里“有一些极端可笑的东西；这个体制首先使一个人无从获得广博的见闻，然而又授权他去解决那些需要十分明智地加以判断的问题。国王的身份使他昧于世事，然而国王的职务却要求他洞悉一切”。他讽刺世袭制度“常常把笨驴而不是雄狮给予人类”。这种制度“只是为愚人、恶人和下流人大开方便之门”。

因为潘恩在《常识》中倾注了自己的爱国激情和热爱自由的思想，因此整本小册子热情洋溢，气势磅礴，特别是它的结尾，至今读来仍是感人肺腑，他说：“啊！你们这些热爱人类的人们！你们这些不但敢于反对暴政而且敢于反对暴君的人们，请站到前面来！旧世界遍地盛行着压迫。自由到处遭到驱逐。亚洲和非洲早就已经把她逐出。欧洲把她当作异己分子，而英国已经对她下了逐客令。啊！接纳这个流亡者，及时地为人类准备一个避难所吧！”

北美人民的火热斗争培育了潘恩，使他的《常识》“应运而生”；而潘恩通过《常识》所表达的启蒙思想反过来又教育、鼓励成千上万的人民去战斗。

《常识》出版以后,人们竞相阅读,赞叹不已。1776 年 4 月的《纽约报》写道:“以《常识》为书名的那一本小册子,决定了最近几个星期整个美洲谈论的话题。”有的报纸指出:“《常识》促使成千上万的人变成了独立的拥护者,而以前他们对独立是连听也不愿意听的。”即使是像华盛顿那样的人,读了《常识》以后,也说自己的思想发生了重大变化。

潘恩于 1737 年生于英国。1774 年来到北美,因富兰克林的介绍,担任费城杂志的编辑。并于次年发表了攻击奴隶制度的文章。1776 年 1 月写出了《常识》。他不仅用笔唤醒民众,而且拿起枪杆投入独立战争,在戎马倥偬之际,他又写了以《美国危机》为题的十多篇论文。战后他回到欧洲,投身于法国大革命,据说参加起草《人权宣言》,还写了《人权》《理性时代》等有影响的作品。后因同雅各宾派发生冲突身陷囹圄,在狱中完成了《理性时代》的第二部分。1802 年回到美国,七年以后逝世。

(载《书林》1982 年等 3 期)

三、美国内战与林肯

美国南北战争:统一战争还是革命战争?

150 年前,美国爆发了历时 4 年、伤亡达 60 余万人的南北战争(1861.4.12—1865.4.9)。美国南北战争是一场“兄弟间的相互残杀”。战争的起因、性质、结局与任务,南北各执一词。有关争议的学术研究也从未间断,包括“南派”“北派”“修正派”“老左派”“新左派”“新保守派”“新经济派”等在内的不同派别各持己见。从南北战争性质来看,基本上有两种倾向:其一,强调它是一场维护联邦统一的战争;其二,强调这是解放黑人的革命战争。笔者倾向于认为美国南北战争兼具统一战争与革命战争双重性质,它首先是一场维护联邦统一与主权完整的统一战争,领导这场战争的林肯政府的最高目标是维护联邦统一而不是解放黑人奴隶。

战争背景:“一国两制”的发展

南北战争的爆发是历史发展的结果。美国独立后,版图不断由东海岸向西部扩展,面积由 1783 年的 82.7 万平方英里扩展到 1853 年的 302.5 万平方英里,但是北方与南方却是两种完全不同的社会经济制度。北方是工业资本主义制度,19 世纪 20 年代开始工业革命,经济发展速度较快。南方盛行黑人奴隶种植园制度,它为世界资本主义市场提供原料,换取工业品,虽具有某些资本主义特征,但不等同于资本主义雇佣劳动制度;它以黑奴劳动为基础,种植园主对黑奴实行超负荷的强迫劳动，视奴隶为财产，可以任意加以处置与买卖，但也不完全是古代奴隶制的翻版。较之当时生气勃勃的北方，南方显得十分落后与残暴。

这种格局早在殖民地时期就初露端倪，当时北方新英格兰殖民地的社会经济以工业为主导，而南方殖民地则以奴隶制为基础，中部诸殖民地则是混合经济，不同社会经济制度的南方与北方为了摆脱英国殖民统治而联合发表著名的《独立宣言》，北美大陆会议选举南方的华盛顿为大陆军总司令也有南北共同抗英的含义。在独立战争中他们建立邦联，制定《邦联条款》，明确“永久联盟”的原则；独立后，1787 年《美国宪法》的制定最后确立美国联邦制度，实现了合众为一与“一国两制”。然而，南北两种制度的对立愈演愈烈，国家分裂的危险与日俱增，诚如一位美国作家分析所说，美国的分裂性在于“合众国的政治分歧和地理分界之间的巧合”。

立国后，开国元勋们在创建国家的过程中认识到“分歧与利益却都如此带有地理特征”，所以，一直担心国家的分裂，一贯强调维护联邦统一的重要性。第一任总统华盛顿在《告别辞》中告诫国人：“你们应该正确地估计全国性的联合对你们集体和个人幸福的巨大价值，你们应当对它怀有真诚的、经久不衰的感情，要像对待护佑你们政治上的安全与繁荣的守护神那样想到它或谈到它；要小心翼翼，无微不至地保护它；要驳斥一切抛弃它的想法，即使对它抱有丝毫怀疑也不允许；要义正辞严地反对刚冒头的一切可能使我国的任何部分与其他部分疏远并削弱连接全国各地的神圣纽带的种种企图。”

南北不同社会经济制度的矛盾随着美国领土不断扩张而逐渐复杂尖锐起来，矛盾逐步集中在南北双方争夺联邦控制权的政治领域，演变成维护联邦统一还是分裂国家的“政治危机”。

“两个美国”的形成和战争的爆发

美国南北战争爆发的直接原因是南方奴隶主制造的阴谋分裂活动直接构成了对美国的最大威胁——国家分裂。

19 世纪上半叶，奴隶制存废问题同国家统一与分裂的政治危机总是交织在一起。随着美国领土的不断扩张，矛盾聚焦在西部新领土上，那里该建立自由州还是奴隶州，关系到联邦领导权问题，南北双方对此针锋相对。北方资产阶级因自身软弱不断谋求与奴隶主妥协；南方奴隶主则利用这一点，一直以“脱离联邦”相要挟。19 世纪 20 年代，围绕密苏里该建立什么州的问题上，双方激烈辩论，令美国一些老牌政治家担忧联邦“将会分裂”。

1828 年，当时代表南方奴隶主利益的副总统针对联邦政府新出台的关税法案，匿名抛出《1828 年南卡罗来纳申论》，鼓吹各州在加入联邦后仍拥有主权，有权判定国会的某项法令是否违宪，并可采取相应措施中止所谓违宪法令，为分裂主义提供理论依据。1832 年，南卡罗来纳通过《国会法令废止权法案》，声称决不屈服联邦的武力。如果国会通过新关税法案，南卡罗来纳则退出联邦。当时的总统杰克逊采取果断措施，发表《告南卡罗来纳人民书》，严正指出，“一州拥有废除合众国某项法律的权力，与联邦的存在是水火不相容的”，与宪法原则“格格不入”，对制定宪法的目标是“毁灭性”的；同时又签署《动用军队法令》，授权总统在必要时动用海、陆军强制征收关税。一场政治危机终于平息，但国家分裂的危险日益增长，终于在 19 世纪 50 年代爆发了“堪萨斯内战”。1856 年奴隶主势力在新建领地堪萨斯建立由他们控制的立法会议与领地政府，制定了维护奴隶主利益的法律等等；自由移民们不能眼看他们的非法行径得逞，也在那里建立政府，制定了反对奴隶制的法律。最后，代表奴隶主利益的“边疆暴徒”进攻自由移民政府，爆发内战，史称“堪萨斯内战”。

南方奴隶主并不满足这种局部性的“内战”，他们正紧锣密鼓策划一场全国性的分裂活动。1860 年，林肯当选美国总统。虽然林肯认为维护联邦统一和国家主权比废除奴隶制度更重要，曾公开宣布：“自由诸州的人民完全没有权力或意图进入奴隶州去干涉奴隶制问题。”但是，南方奴隶主视林肯限制奴隶制的温和主张是要“从根割断奴隶主的统治”。他们迫不及待制造分裂，要在林肯正式就任前制造“两个美国”的政治局面。

南卡罗来纳州奴隶主率先于 1860 年 12 月 21 日宣布脱离联邦，24 日发表宣言重申“州权论”，无理要求联邦军队撤出该州。接着，密西西比州、佛罗里达州、阿拉巴马州、佐治亚州、路易斯安纳州、得克萨斯州相继脱离联邦。这些州于 1861 年 2 月 4 日在阿拉巴马的蒙哥马利召开所谓代表大会，成立了美利坚诸州同盟，简称“南方同盟”，制定临时宪法。选举密西西比州的杰斐逊·

戴维斯为临时总统,公开宣称他们的政府是建立在黑人与白人不能平等的真理基石之上的。北美大陆出现了“两个美国”。

1861 年 3 月 4 日,林肯在华盛顿发表第一次就职演说,绝口不谈奴隶制问题,阐明了维护联邦统一与主权完整是他的执政理念与目标,强调目前在美国分裂联邦已经成为一种实际的危险行动。林肯有力地驳斥“州权论”,强调联邦不容分裂,坚决否认南方同盟作为独立国家的合法性。

维护联邦统一就是捍卫美国宪法,捍卫以“民治”“民享”“民有”为特征的美国资产阶级民主制度。美国 1787 年宪法在政治理念上主要是州权派与中央集权派的妥协与斗争的结果,其目的就是要在没有中央政府传统、各“州”为政的联合殖民地建立永久性的联邦,创建联邦政府,设计出一种既有中央权力又要保证各州主权的政府体系,因而在联邦权力与州权的确定、划分上面,在两者的关系和界限问题上不可避免地留下某些模糊措辞,成为南方奴隶主分裂分子利用的缝隙。

林肯坚持美国宪法是国家根本大法的理念,以维护联邦统一与主权完整为己任,尽力消除“宪法危机”。同时,他坚持用和平方式统一联邦维护主权完整,指出,“不需要流血或使用暴力……除开为了这些目的确有必要之外,决不会有什么入侵问题——决不会在任何地方对人民,或在人民之间使用武力”。他还苦口婆心地劝导南方分裂派人士说:“政府决不会攻击你们。只要你们自己不当侵略者,就不会发生冲突。”“我们决不能成为敌人。”

然而,南方奴隶主们全然不顾林肯的和平呼吁,在林肯就职不到两个月,南方同盟就任命皮埃尔·博雷加德为查尔斯顿港的驻军司令,下令包围查尔斯顿港。1861 年 4 月 12 日上午 4 点 30 分,叛军打响轰击联邦军驻守的萨姆特要塞的第一炮,炮击持续 33 个小时,公然挑起国内战争,联邦守军无奈降下国旗撤出要塞。4 月 15 日,林肯被迫发布合众国总统公告,宣布征召七万五千名合众国各州的民兵以对付叛军。可是,“树欲静而风不止”,弗吉尼亚州、阿肯色州、北卡罗来纳州、田纳西州 4 个奴隶州脱离联邦。

在内战进程中,林肯没有放弃和平道路。1861 年 7 月 4 日,他说:“我们选定的政策是,在使尽一切和平手段之前,决不使用强硬的手段。”1862 年 3 月 6 日,他重申:“战争已经成为而且现在仍然是为达到此一目的的必要手段。只要能使人们重新确认国家的权威,战争便会失去其必要性,它也就会立即停止。”

南方奴隶主之所以如此猖獗还有其国际背景。当时,英国、法国、俄国、西班牙等国对于北美大陆的内战局面各有如意算盘,但是他们总体上同情南方叛乱集团——一则害怕美国北方的民主运动会引燃他们国内的阶级斗争之火,二则害怕北方的胜利将会造成一个强大的竞争对手,因此他们希望南方胜利与分裂局面的存在。英国公然承认南方叛乱集团为“交战方”,在经济军事上大力支持他们。林肯妥善应对了英国的挑衅。英国失去开战借口,美国则避免两线作战,可以集中精力镇压南方叛乱。

废除奴隶制　维护联邦统一

美国内战的事实表明:南方奴隶主为维护奴隶制度而挑起内战;林肯政府却为实现维护联邦统一保卫主权完整的目标而解放黑人奴隶、解决土地问题。

虽然北方在综合实力(包括经济、地域、人口与资源)上远远超过南方,但战争初期,由于南方叛乱集团蓄谋已久,而北方被动应战,所以北方节节败退。1862 年 7—10 月,北方军事形势不利,东线惨败。人民革命情绪激昂,解放黑奴的呼声日益高涨。激进的废奴主义者更是批评林肯“过多地被议会中的那些来自边远地区蓄奴州的政客们所左右”,并提醒林肯“赢得战争是现实的需要”。一位美国历史学家描绘当时的林肯“像一只记录压力变化的灵敏的气压计”。当激进派的压力增大时,他就“倒向了左边”。林肯自己也坦承“事变控制了我”。

1862 年 5 月 20 日,林肯签署《宅地法》,规定凡未参加叛乱的年满 21 岁的合众国公民或一家之主(或按规定申请愿意成为美国公民的人),从 1863 年 1 月 1 日起只要付 10 美元的费用,就有权登记 160 英亩或 160 英亩以下尚未分配的国有土地,按照有利于农民的方式解决土地问题,这对进一步动员广大农民投入革命战争有积极的意义。

在解放黑奴问题上,并非废奴主义者的林肯经历了长时间的犹豫。战争刚开始时,他为了避免 4 个边界奴隶州的脱离,不敢废除奴隶制度,错误地撤销约翰·弗里蒙特将军宣布的一项解放密苏里州奴隶的命令,还解除他的指挥权。1862 年 7 月 17 日,林肯签署第二个《没收法》,授权政府解放联邦军队占领区的奴隶,把愿意移居的黑奴迁到美国以外的国家去。不久,他又提出逐步、有偿的奴隶解放法案。这些方案既无法满足奴隶主的贪欲,又遭到黑人的强烈反对。当内战已发展到只有解放所有奴隶才能拯救联邦的关键时刻,林肯发现他以前执行的作战计划已经到了山穷水尽的地步,他决定采取解放政策。1862 年 8 月 22 日,他在一封公开信中说:“我在这场斗争中的最高目标是拯救联邦而不是拯救或摧毁奴隶制。如果我们拯救联邦而不解放任何一个奴隶,我愿意这样做。如果为了拯救联邦而需要解放所有的奴隶,我愿意这样做。如果为了拯救联邦需要解放一部分奴隶而保留一部分,我也愿意这样做。”1862 年 9 月 22 日,林肯为了瓦解叛乱各州的战斗力,在内阁会议上宣读了《解放黑奴宣言》(它不适用于留在联邦内的奴隶州)。宣言规定,自 1863 年 1 月 1 日起,所有叛乱各州境内的黑人奴隶即被视为自由人,可以应召参加联邦军队。9 月 24 日,《解放黑奴宣言》公开发表。

《解放黑奴宣言》在南北双方引起了截然不同的强烈反响。北方人民热烈欢呼宣言的发表,黑人群众连夜集会,欢庆自由和解放。南方的奴隶主则咒骂林肯是“魔鬼”,把宣言的发表说成是“美国历史上前所未有的最惊人的政治罪行、最愚蠢的政治错误”。然而历史是公正的,它已经证明《解放黑奴宣言》是一个民主性的革命文件,它是美国人民(包括黑人与白人)长期进行反对奴隶制和废奴斗争的结果。宣言的发表加速了北方的军事胜利。

在内战的危急关头,林肯果断采取措施,解决农民的土地问题和解放黑奴,从而使内战由一般的维护联邦统一的宪法战争转化为废除奴隶制度的解放战争,实现了他在这场斗争中的最高目标——“拯救联邦”。军事形势迅速向有利于北方转化。1863 年 7 月,联邦军队在葛底斯堡战役取得的胜利成为战争的转折点,同时西线的维克斯堡战役传来喜讯。1864 年,联邦军队举行全面反攻,实施“向海洋进军”战略取得圆满成功。1865 年春,联邦军队开始不断收缩对南方同盟“首都”里士满的包围圈,4 月 9 日,南方叛军司令罗伯特·李将军在投降书上签字,历时 4 年的内战终于以联邦政府的胜利告终。4 月 14 日,萨姆特要塞重新升起了那面 4 年前被迫降下的联邦星条旗。

南北战争是美国历史上发生在本土的最大规模的战争,也是至今唯一一次内战。如果说独立战争使美国摆脱了殖民地的命运,那么南北战争维护了美国的统一,避免了分裂。奴隶制的废除和土地问题的解决,为资本主义发展开辟了广阔道路,奠定了美国成为一个世界大国的坚实基础。在南北战争后的 30 年里,美国人民以经济建设为中心,推进工业革命,全力开发西部,到了 19 世纪末,美国的工业产值已经超过英国位于列强之首,成了世界一流的工业强国。如果没有南北战争的胜利,美国或许被分裂成两个或数个国家,历史也将完全被改写。美国人民怀念南北战争,称誉林肯为"最伟大总统"的根本原因也许就在于此。

(载《文汇报》2011 年 7 月 25 日)

林肯与《解放黑人奴隶宣言》
——兼议林肯是否为废奴主义者

"正是亚伯拉罕·林肯,将商业需要、共和党人的政治抱负和人道主义的花言巧语完美地结合起来。他不是将废除奴隶制度置于优先考虑的地位,而是尽量使其接近这种地位,这样,他就能时不时地被废奴主义者的压力和实际的政治利益所推动。当最富有者的利益和黑人的利益发生冲突时,林肯能在关键时刻巧妙地将这二者结合起来。他能将这二者与美国正在兴起的阶层——前途远大、经济上雄心勃勃、热衷参与政治活动的白人中产阶级连接起来。"

——霍华德·津恩

50 年前的 8 月 28 日,美国民权运动领袖马丁·路德·金在华盛顿向参加和平示威的 20 万民众发表扣人心弦的演说《我有一个梦》时说:"一百年以前,一位伟大的美国人——我们就站在他象征性的庇荫下——签署了解放宣言。这一重要的法令犹如灯塔把辉煌的希望之光带给千百万饱受屈辱、处于水深火热之中的黑人。"这位伟大的美国人就是林肯总统。1863 年 1 月 1 日起,林肯在内战中签署的《解放黑人奴隶宣言》(下简称《宣言》)正式生效,如今已时隔 150 年。《宣言》称:南方叛乱各州的黑人奴隶全部获得解放,并可参加联邦军队。作为一个战时决策,《宣言》并非由美国立法机构起草通过,但仍然意义重大,被马克思称为"联邦成立以来美国史上最重要的文件"。

解放黑人奴隶是历史潮流

美国独立后，在版图不断由东向西扩展过程中，北方与南方形成两种完全不同的社会经济制度。北方是工业资本主义制度，19世纪初开始工业革命，经济发展速度较快；而南方黑人奴隶种植园制度则随罪恶的奴隶贸易而建立。早在哥伦布航海到了美洲后，欧洲殖民者为解决殖民地劳动力不足问题，以“奴隶贸易”为中心的“三角贸易”就在欧洲、非洲、美洲之间大规模展开，一共持续了300多年。1619年一艘荷兰船装运黑人奴隶到达北美殖民地弗吉尼亚，成了美国南方黑奴制的起点，据美国著名黑人学者杜波依斯研究，先后从非洲运到美洲的奴隶大约有1500万人，现居南北美洲的3400多万黑人和1800万黑白混血种人，都是非洲黑人奴隶的后裔。

因为黑人远离乡土孤立无援，且因肤色特点最易被识辨，较之白人契约奴与土著印第安人，他们更易被“管理”而适应密集型劳动。尤其重要的是，从非洲可以大量掠夺黑奴，以致北美“黑人奴隶”数量日增，北美英属13个殖民地独立前夕，黑人奴隶已达50万人，南北战争前夕则高达400万人。以黑人劳动为基础的种植园经济制度在美国南方迅速扩展，在种植园里，奴隶一般分成若干组或队进行密集型生产，大约100个黑奴种植1000英亩土地。有的种植园以生产烟草为主，有以棉花和水稻为主，为世界资本主义市场提供原料，具有某些资本主义特征，但不等同于资本主义雇佣劳动制度；它以黑奴劳动为基础，种植园主对黑奴实行强制劳动，视奴隶为财产，可以任意处置与买卖，但又不完全是古代奴隶制的翻版。黑人奴隶种植园经济还具有扩张性的根本特点——对土地、对黑奴需求的扩张，一旦这种扩张被限制，黑奴制就会窒息死亡。19世纪上半叶，由于世界资本主义市场对棉花需求的剧增，加上棉花加工机器的发明与改进，美国南方很快成为“棉花王国”，黑奴制获得极度扩张。然而物极必反，至19世纪上半期，废除南方黑奴制与解放黑人成了美国的时代潮流。

首先，黑奴制严重阻碍了美国工业资本主义发展，两种社会经济制度在经济层面矛盾尖锐：北方为了发展资本主义和保护本国市场抵制国外工业品的倾销，要求执行关税保护政策，南方奴隶主为了通过棉花出口换回廉价的工业品，坚持自由贸易政策；北部的劳动力只能依靠从欧洲来的移民，如果400万黑奴能获得自由，就能充实北方劳动力市场，而南方种植园主只是依靠非洲移民来满足种植园的生产；北方资本主义的发展和南方奴隶制的扩张还导致南北双方争夺西部土地。1860年代，美国正处在成长为世界列强的关键时刻，一些有远见的政治家甚至已经想到要向太平洋扩张，如当时作为林肯政府国务卿的西沃德就已经提出了"太平洋战略"的设想。美国要发展资本主义，必须扫除南方奴隶制这个障碍。

其次，黑奴制在扩张中"培育"了掘墓人，反对和废除黑奴制逐渐在美国达成共识。美国黑人始终站在斗争最前列，但奴隶起义一次次被血腥镇压。南方奴隶主则利用国家权力制定一部又一部法律限制黑奴自由。1640年代在弗吉尼亚等殖民地就实施过约束与限制黑人的《黑人法典》；1672年弗吉尼亚议会又颁布了杀死拘捕逃奴的法律；独立后，美国国会分别在1793年与1850年通过《逃奴追缉法》。美国废奴运动的蓬勃开展为黑奴制敲响了丧钟。废奴主义者以高度的热情批判黑奴制的残暴，宣传人性与人权，并发动武装斗争。1730年代开始，废奴运动在美国北部蓬勃兴起。内战前的废奴运动"实质上是一个中小资产阶级激进分子领导的以立即废除奴隶制为宗旨的群众性改革运动"（刘绪贻、杨生茂主编《美国通史》第2卷，349页）。早在1775年独立战争打响第一枪前，富兰克林在宾夕法尼亚成立了"废除黑奴制促进会"，此后在北部州成立了相似组织，并在1794年举行了一次全国代表大会。1831年，加里森发行第一份战斗性刊物《解放者》，宣称"必须消灭奴隶制"。1852年，斯托夫人"把废奴主义者的信念形象化地写成了《汤姆叔叔的小屋》这本小说"。废奴派组织了"地下铁道"，冒险将南方黑奴转移到北方获得自由，涌现了如塔布曼那样的女英雄。约翰·布朗为废除黑奴制度发动武装斗争献出了生命。在废奴运动的推动下，反对黑奴制不可阻挡地成为美国的时代潮流，1854年，反对奴隶制的共和党的建立，标志着美国黑奴制的存废斗争演变为两党政治斗争。

然而，维奴派人数虽少但能量很大，他们是黑奴制度的既得利益集团，他们不断制造"维奴"舆论，奴隶主代言人卡尔霍恩鼓吹，奴隶被运到美洲以来，经过几个世代，已经提高到"比较文明的地位"；有人把奴隶制说成是"仅是州的主权范围内的地方制度"，还有人吹嘘它是"崇高的制度""上帝的制度"。

在政治上，奴隶主们更是疯狂地展开维奴斗争，挑战美国联邦体制，先后通过几次“妥协案”以实现黑奴制的扩张，甚至不惜挑起“堪萨斯内战”，最后走上挑起全国内战的叛乱之路。

林肯反对黑奴制但不是废奴主义者

1860年代，美国处在黑奴制存废的历史关头，当时美国人的立场大致可分为废奴派、反奴派与维奴派三种。废奴主义者最激进，他们主张立即无条件在美国废除奴隶制度；反对黑奴制度者占美国人口的大多数，包括北方各主要阶级的居民，他们主张有条件有步骤地废除奴隶制；维奴派主要是南方奴隶主及其鼓吹者，人数少，负面能量大。三大派内部也派别林立，如：废奴派内有温和派与激进派之分，反奴派中有全面反奴与部分反奴之别，维奴派也分化成赞成脱离联邦与留在联邦两大部分。

在1860年美国大选中，林肯作为共和党候选人当选第16任总统。为什么林肯在关系国家进退的关头当选总统？这与他的竞选纲领有关，他的立场、态度与共和党的主张相一致。他从道德层面淋漓尽致地批判黑奴制，而在行动上谨慎小心；他主张在美国宪法范围内有条件、有步骤地解决奴隶制问题，而不主张无条件立即废除黑奴制。他曾设想多种方案，包括将黑人奴隶迁移回拉美或非洲等方案，试图解决奴隶制问题。林肯的可贵之处在于他看清奴隶制违背人权的本质和这种制度必亡的趋势。林肯于1856年加入共和党，1858年6月16日伊利诺伊州共和党代表会议提名他为国会参议员候选人，在提名会上他发表了著名演说，提出“分裂之家无可持存”的观点，“我认为这个政府不能在半奴隶制半自由制的状态下长存。我不希望这个国家解体，也不希望分裂的家庭崩溃，但我确实希望它结束分裂的状态。”林肯反对黑奴制的立场使他名声大振。

尽管废奴派的定义与诠释见仁见智，且废奴运动本身也经历了不同演变阶段，但有学者认为废奴主义者“首要战略目标”就是反对1816年成立的美国殖民地协会，反对这个协会提出将黑奴迁移到美国之外或重返非洲的主张。他们认为黑奴制就是一种罪恶，因为它否认黑奴是人，这种制度侵犯了美国《独立宣言》中规定的人的生命权、自由权和追求幸福的权利。19世纪30年代起，美国废奴运动高涨，激进废奴主义者加里森为突出代表，他主张“立即无条件地解放奴隶”。

关于废奴派是否可能在大选中获胜的问题，美国历史学家比尔德认为，废奴主义者中的激进派“谴责奴隶制是一种罪恶，准备不惜抛弃宪法和解散联邦来消灭这种制度”，但是没有成功的可能；他们企图通过选举制度获得大多数美国选民的拥护，取得最高国家领导权废除奴隶制，也没有这种可能。废奴派的宣传效果是“烟大于火”。美国史学家霍华德·津恩在《美国人民的历史》中也指出：“这样的一个联邦政府从来不赞成奴隶用起义的方式来结束奴隶制度……只能由白人来负责结束奴隶制度。”由此可见，黑奴的斗争与废奴运动的高涨虽然形成了美国历史上废除黑奴制的强大推动力，但仅靠他们自下而上的斗争，是难以最终实现废除黑奴制的伟大理想的。

随着反对奴隶制与废奴运动的高涨，美国国内的政治力量发生新的分化与重组。1854 年，原先的辉格党、民主党党内的反奴隶制的成员与前自由土壤党等组成新的政党——共和党。共和党在成立大会上要求废除《堪萨斯-内布拉斯加法案》，废除《逃亡奴隶法》，要求把自由土地开放给农民开垦，要求实行保护关税等。共和党代表了北方资产阶级工商业者和西部自由民的利益，在一定意义上成了美国反对黑奴制的一个统一战线，因此废奴主义者在 1860 年大选中支持林肯当选总统，他们要利用林肯的总统地位来实现废奴的目标。废奴派领袖温德尔·菲利普在选举第二天就发表演讲说：“尽管林肯先生既不是废奴主义者，也不完全反对奴隶制度，但他还是同意代表反对奴隶制度的观点。他就像政治棋盘上的一个卒子，其价值在于他的位置，只要使用得当，我们就能用他吃掉马、相乃至主帅，赢得全局。”所以，1860 年大选中，美国人民选择了反对黑奴制的林肯，结束了南方种植园主长期对国家最高权力的掌控。美国历史将林肯推到了正面指导国家航船前行的“船长”位置上。

林肯“行动路线图”的首要目标是统一而不是废奴

如果说林肯成为美国总统是他人生的第一次飞跃，那么他从一个奴隶制的反对者转变为伟大的黑奴“解放者”就是第二次飞跃。

林肯任总统期间，以“维护联邦统一”为最高目标行事，从反对奴隶制度发展到最终为挽救联邦而废奴。废奴派是根据“无条件废除黑奴制”为最高目标的路线图进行斗争,利用林肯的地位来实现废奴目标。两者的不同点在于:林肯的最终目标是维护联邦统一和美国宪法的权威性,废奴目标从属于联邦统一;而废奴派的最高目标是废除奴隶制,甚至不惜冲破美国宪法的底线实现废奴理想。

霍华德·津恩评价林肯在解放黑奴中的作用时说:“正是亚伯拉罕·林肯,将商业需要、共和党人的政治抱负和人道主义的花言巧语完美地结合起来。他不是将废除奴隶制度置于优先考虑的地位,而是尽量使其接近这种地位,这样,他就能时不时被废奴主义者的压力和实际的政治利益所推动。当最富有者的利益和黑人的利益发生冲突时,林肯能在关键时刻巧妙地将这二者结合起来。他能将这二者与美国正在兴起的阶层——前途远大、经济上雄心勃勃、热衷参与政治活动的白人中产阶级连接起来。”评价公允,分析深刻。

林肯为挽救军事危局果断废奴

在解放黑奴问题上,林肯主观上经历了长时间的犹豫,也不断在摆脱某些偏见。南北战争伊始,他为了避免 4 个边界奴隶州的脱离,不敢废除奴隶制度,错误地撤销约翰·弗里蒙特将军宣布的一项解放密苏里州奴隶的命令,还解除了他的指挥权。1862 年 7 月 17 日,林肯签署了第二个《没收法》,授权政府解放联邦军队占领区的奴隶,把愿意移居的黑奴迁到美国以外的国家去。林肯并不认为黑人是平等的一员,他的提案始终有一个不变的主题——给奴隶以自由,送他们回非洲。不久,他又提出逐步、有偿的奴隶解放法案。这些方案既无法满足奴隶主的贪欲,又遭到黑人的强烈反对。

虽然北方在综合实力(包括经济、地域、人口与资源)上远远超过南方,但战争初期,由于南方叛乱集团蓄谋已久,而北方被动应战再加上轻敌,故节节败退。战场失利引起北方废奴呼声的高涨,激进的废奴主义者提醒林肯“赢得战争是现实的需要”。林肯感受到巨大压力,一位美国历史学家描绘当时的林肯“像一只记录压力变化的灵敏的气压计”。当激进派的压力增大时,当内战已发展到只有解放所有奴隶才能拯救联邦的关键时刻,林肯“倒向了左边”。他自己也坦承“事变控制了我”。1862 年 8 月 22 日,他在一封公开信中说:“我在这场斗争中的最高目标是拯救联邦而不是拯救或摧毁奴隶制。如果我们拯救联邦而不解放任何一个奴隶,我愿意这样做。如果为了拯救联邦而需要解放所有的奴隶,我愿意这样做。如果为了拯救联邦需要解放一部分奴隶而保留一部分,我也愿意这做。”

在战争危局下,林肯适时打出最后一张牌——废奴。1862 年 9 月 22 日,林肯为了瓦解叛乱各州的战斗力,在内阁会议上宣读了《宣言》(它不适用于留在联邦内的奴隶州)。宣言规定,自 1863 年 1 月 1 日起,所有叛乱各州境内的黑人奴隶即被视为自由人,可以应召参加联邦军队。9 月 24 日,《宣言》公开发表。林肯说:“我只不过是一个工具而已。是加里森的逻辑和道义力量,是全国的反奴隶制人民,是军队,成就了这一切。”(刘绪贻、杨生茂主编《美国通史》第 2 卷,349 页)此言中肯。废奴主义者也认为,他们的神圣愿望已经因林肯签署《宣言》而取得了“最后胜利”。

此后,共和党中的废奴派们担心战后《宣言》可能被解读成一份违宪的战时命令,为保障黑奴自由,要求从法律上巩固成果,林肯在此压力下于 1864 年总统选举中提出,将通过宪法修正案的方式废除全国奴隶制度。赢得连任后,林肯力促国会立即通过宪法修正案。1865 年宪法第 13 条修正案生效,规定“在合众国境内或属合众国管辖的任何地方,不准有奴隶制或强制劳役存在”。1870 年批准生效的第 15 条修正案规定,“合众国或任何一州不得因种族、肤色或以前的奴隶身份而否认或剥夺合众国公民的选举权”。

签署《宣言》虽然是林肯政府内战中的一个军事策略,却是推进美国文明的一大步。首先,废奴宣言使内战从宪法战争提升为革命战争,自由黑人积极参军提高了联邦军战斗力,保证了联邦政府在内战中取得最后胜利;其次,解放黑人奴隶是一场革故鼎新的人权革命;再次,解放黑奴与维护联邦统一为美国资本主义发展扫清道路;最后,黑人奴隶的解放与美国联邦的统一为今后美国多元文化的发展奠定了坚实基础。

然而,从一纸宣言到黑人解放的现实仍需长期抗争,维奴派的残余及其种族偏见也绝不会自动消失。林肯被暗杀的惨剧,林肯后时代某些奴隶主的反攻倒算,三 K 党的倒行逆施等,说明黑人争取自由的道路上仍然布满荆棘乱石。《宣言》生效 100 年后,马丁·路德·金在《我有一个梦》中说:“然而一百年后的今天,我们不能不面对这一悲剧性的事实,即黑人仍未获得自由。一百年后的今天,黑人的生命仍惨遭种族隔离桎梏和种族歧视枷锁的束缚。一百年后的今天,黑人仍生活在物质繁荣的汪洋大海所包围的贫困孤岛上。一百年后的今天,黑人仍蜷缩在美国社会的偏僻角落,感到自己是自己国家里的流放者。”言之凿凿。

当然,从林肯签署《宣言》到百年后马丁·路德·金发表《我有一个梦》,再到近半个世纪后的2008年大选产生了美国第一位黑人总统奥巴马,这不能不说是美国黑人解放事业的成果与承续,但美国的种族歧视并没有因此而消弭,带有“种族歧视”因素的事件仍然在美国时有所闻。就在今年7月,美国一名枪杀黑人少年特雷文·马丁的白人协警被宣判无罪,旧金山、费城、纽约、华盛顿等美国20多座城市数千民众走上街头,抗议判决结果不公。看来,要完全实现林肯和马丁·路德·金种族完全平等的梦想尚需后人继续努力。

（载《文汇报》2013年12月9日）

南北战争与美国的崛起

150年前(1865)的4月9日,美国弗吉尼亚州阿波马托克斯小村,南军总司令罗伯特·李向联邦军队总司令格兰特将军投诚,在投降书上签字。美国历史上长达4年(1861.4.12—1865.4.9)之久的南北战争(又称美国内战)最后以代表工业资产阶级利益的北方联邦政府的彻底胜利告终。

正如有关这场战争起因、性质的认识存在分歧那样,关于它的历史意义美国学界不同学派,言人人殊。但美国主流历史学家对此均持肯定立场,美国著名史学家埃里克·方纳认为:“在我们国家的历史中,没有哪个时期像内战时代那样被证明对美国人具有持久的魅力。在过去的那一代,没有哪个时期像内战时代那样成为如此众多杰出的历史新著的研究主题。”他还断言,美国史学家在对南北战争关键问题的解释上以前存在过分歧,现在正出现一种“共识”:将奴隶制看成内战前的美国人生活中最重要的问题和内战爆发的基本原因,并将奴隶解放的种种后果看成内战和重建的中心主题。

其实人类的历史、现实与未来是一个连续的整体,过去的现实就是历史,今天的现实就是未来的历史，未来是现实的延续与发展，历史必然会对现实与未来发生影响（包括正面与负面的），一个在历史上发挥过正能量的历史事件对后世的影响与意义往往会随着时代变迁，越往后越会显示其影响力。自南北战争结束的1865年至今，美国迅速崛起，取代“日不落帝国”英国，使20世纪成为“美国世纪”，美国崛起与南北战争是否有关？有何关系？

南北战争的胜利为美国崛起创造了政治前提

国家统一是美国崛起的前提。美国独立后，经历了一个“一国两制”的演进过程。随着版图不断由东海岸向西部扩展，北方与南方存在两种完全不同的社会经济制度：北方是工业资本主义制度，19世纪初开始工业革命，经济迅速发展；南方盛行的种植园奴隶制度，为欧洲资本主义市场特别是英国提供原料，换取工业品，较之北方，这种制度显得落后与残暴。南北双方不同社会经济制度的矛盾为今后国家分裂埋下隐患。

独立战争时期，为摆脱英国殖民统治，南方种植园奴隶主与北方工业资产阶级共同对敌，联合发表《独立宣言》，北美大陆会议选举南方华盛顿为大陆军总司令也有南北共同抗英之含义。在独立战争中他们签订《邦联条款》建立邦联制度，明确“永久联盟”原则；独立后，1787年《美国宪法》的制定最后确立美国联邦制度，实现合众为一。然而，随着南北两种制度的对立愈演愈烈，国家分裂的危险与日俱增，一些有识之士已经清醒地认识到美国的分裂性在于“合众国的政治分歧和地理分界之间的巧合”。美国开国元勋们在创建国家的过程中已经洞察到“分歧与利益却都如此带有地理特征”，担心国家分裂。第一任总统华盛顿卸任时，在告别演说中告诫国人：应该正当地估计全国性的联合对集体和个人幸福的“巨大价值”，应当对它怀有真诚的、经久不衰的感情，要像对待护佑你们政治上的安全与繁荣的守护神那样想到它或谈到它，要小心翼翼，无微不至地保护它；要求同胞们驳斥一切抛弃“联合”的想法，即使对它抱有丝毫怀疑也不允许；提醒美国人民要义正词严地反对刚冒头的一切可能使美国的任何部分与其他部分疏远并削弱连接全国各地的神圣纽带的种种企图。言之凿凿，情深意切。

但是善良的忠告并没能消除美国被分裂的危险。南北不同社会经济制度的矛盾随着美国领土不断扩张而逐渐复杂尖锐起来，最后演变成维护联邦统一还是分裂国家的"政治危机"。南方奴隶主利益集团，违背开国元勋的教诲，不惜挑战联邦国家，假借"州权"之名，要求"独立"，从祖国分离出去，在林肯就职前公然建立了叛乱政府与军队，通过所谓宪法，制造两个美国的既成事实，在林肯就职不到两个月，1861 年 4 月 12 日上午 4 点 30 分，叛军就打响轰击联邦军驻守的萨姆特要塞的第一炮，公然挑起国内战争。

第 16 任美国总统林肯临危不惧，1861 年 3 月 4 日，林肯在华盛顿发表第一次就职演说，阐明了维护联邦统一与主权完整是他的执政理念与目标，驳斥"州权论"，强调联邦不容分裂，坚决否认南方同盟作为独立国家的合法性，捍卫美国统一。林肯维护了联邦统一也就是捍卫了美国宪法，美国 1787 年宪法在政治理念上主要是州权派与中央集权派的妥协与斗争的结果，其目的就是要在没有中央政府传统、各"州"为政的联合殖民地建立永久性的联邦，创建联邦政府，设计出一种既有中央权力又要保证各州主权的政府体系。林肯以维护联邦统一与主权完整为己任，最终捍卫了美国宪法的尊严与权威，消除"宪法危机"。

经过 4 年浴血奋战，林肯领导美国人民取得南北战争的伟大胜利，不仅使美国避免了被分裂的危险，使美国宪法继续成为指导国家政治命运的根本大法，成为处理联邦政府与州政府之间关系的准则，还推进了美国政治体制的不断完善，与时俱进。南北战争后，美国的政治体制出现重要变化，特别是联邦主义的发展。首先是联邦制的变化，南北战争以后直到 20 世纪初，美国联邦制变化的最显著特征是联邦权力的扩大。如为保证黑人权利的美国宪法的第 13、14、15 条修正案中也包含了削弱州权的含义，修正案明文规定"国会有权以适当立法实施本条规定"。显示联邦国会权力的威权性。可以这样说，南北战争后的半个世纪，美国联邦制进入了"权力扩大时期"。当然这种扩大是通过渐进的方式实现的，通过对州际商务的管理和推出种种立法实现的。其实联邦权力的加强是南北战争的必然结果，在战争中州权主义因其最终导致联邦分裂和维护奴隶制度的严重后果声名狼藉，战后加强联邦权力和威权是顺理成章的逻辑发展。

其次，美国三权分立的权力重心开始由国会转向总统，总统的权力终于突破了平衡点向重心方向转化，总统的权力不断扩大，国会的权力日趋削弱。20

世纪初，西奥多·罗斯福任总统，他崇拜华盛顿、林肯等强势总统，强调旧制度为了面临新的社会和经济问题必须改革。实现了总统在三权分立格局中的重心地位，适应了美国19世纪末20世纪初垄断资本主义发展阶段的政治需要，对于当时美国整体国力的发展有积极作用。这都是南北战争的胜利维护了国家统一，巩固了联邦制度，捍卫了美国宪法的结果。

南北战争的胜利促进了资本主义经济全面发展，为崛起提供坚实的经济基础

经济是国家崛起的基础。南北战争以统一战争始，以废除黑人奴隶制的革命终。废除黑奴制直接扫除了发展资本主义的经济障碍，土地问题的解决直接推动农业资本主义经济的发展。

美国独立后，北方发展工业资本主义，但南方黑奴制度严重阻碍了美国经济发展。资本主义需要大量自由劳动者，但数百万南方黑人被束缚在奴隶制桎梏下；工业发展需要保护关税政策保护本国工业，但南方奴隶主为用棉花换取英国工业品而主张自由贸易；美国资本主义发展要求西部大量土地成为自由土地，推行农业资本主义，而南方奴隶主却坚持在西部土地上建立种植园奴隶制度。总之，南方黑奴制度的存在使美国在经济上无法摆脱依赖英国的殖民地性质。战争胜利后，北方工业资产阶级利用政权力量，通过“南方重建”，大力发展资本主义，在第一次工业革命的基础上又掀起了第二次工业革命，以经济建设为中心实现美国梦，经济很快进入了一个飞速发展的时代。

经过数十年的发展，美国工业取得奇迹般的成果。从19世纪50年代初到19世纪末，美国工业总产值增长了12倍，到第一次世界大战前夕，其增长超过20倍。在工业革命的推动下，电力、钢铁、石化和汽车制造等新兴工业部门崛起，并逐渐成为工业经济中的主要部门，纺织、木材加工和食品加工也有明显发展。1890年美国工业制品的总值首次超过农业品总值，标志美国经济中工业主导地位的确立。美国第二次工业革命时期的发明与产品，诸如：电灯、电报、电话、钢材、钢轨、电梯等发明，对生活在21世纪的我们仍有巨大影响。

农业资本主义进入大发展时期，这同战争期间林肯政府采取的一系列措

施有关。其中林肯政府在战争期间1862年5月20日颁布的“宅地法”更具有不可忽视的历史意义，它是美国土地政策发展的重要法律，对战后美国农业资本主义发展有重大意义。该法规定，一个美国公民或宣布想成为美国公民的人，缴少量登记费后，可获得160英亩公共农田土地作为“宅地”，需在宅地上建一房屋并耕作土地，耕作5年后归其所有。在1862—1900年，约有8000万英亩土地成为宅地。在本质上，这就是用革命的手段，以最有利于农民的方式解决了土地问题。

南北战争胜利后，美国联邦政府实行鼓励移民的政策，1864年通过移民法后到1900年，进入美国的移民1300万，为美国第二次工业革命提供了最为宝贵的技术力量与劳动力。内战期间联邦政府颁布的“国民银行体系法”对19世纪末的美国金融体制一体化起了重要作用，战后联邦政府调整了金融政策，部分地解决了战后经济大发展所需要的资金问题。

内战结束后的30年，西部大开发与边疆的消失成了美国经济发展的巨大成就。西部大开发的因素很多，联邦政府在“宅地法”后又推出若干有关规定，有利农民对西部开发。矿产业的兴起虽然时间不长，但吸引力很大，产生了如“淘金热”那样的奇观，经过广大农民的开拓，美国广袤的西部建成了小麦、玉米等生产基地，大量农产品出口欧洲，西部开发与交通运输的发展密不可分，到1893年，美国建成5条横贯北美大陆的太平洋铁道。1890年，美国西部的边疆最后消失，美国城市化进程也随之加快。西部大开发是资本主义在美国的“横向”大发展。

同时，美国资本主义经济制度在深度上、纵向上实现了由自由资本主义向垄断资本主义阶段的转化，“巨型企业”代替了“小型企业”，涌现了大批如爱迪生那样的发明家和一批经济界的“拿破仑”，经过大鱼吃小鱼的残酷兼并过程，巨型企业与银行脱颖而出，最后工业资本与金融资本结合形成了八大财团，包括有摩根、库恩—洛布、洛克菲勒、芝加哥、梅隆、杜邦、波士顿和克利夫兰，这些财团的发家史都有着对中小企业不公平的压迫。从内战结束到20世纪初，世界上第二次工业革命发源地的美国很快成了引领全球经济发展的最大经济体。

南北战争是美国军事史上的里程碑,促进美国军事理论的新发展

美国崛起离不开军事力量的发展,南北战争为美国军事崛起究竟留下了那些遗产?提供了那些正能量?著名历史学家霍布斯鲍姆认为,南北战争“是1815年至1914年间最伟大的战争,也是美国历史上最伟大的战争,它堪称美国的第二次革命。它过去和现在在美国国内的影响都很大。”评价中肯,言之有理。从拿破仑战争结束到第一次世界大战爆发的这100年中,世界各地发生的战争有大有小,有长又短,数量不少。如发生在欧洲的,就有普鲁士铁血宰相俾斯麦发动的与丹麦的战争,与奥地利的战争,与法国的普法战争等,还有1853到1856年的俄罗斯与土耳其的克里米亚战争等等,但无论从战争规模、武器装备、交战时间以及在军事编年史上所产生的意义和影响分析,美国内战(1861—1865)在军事史上独占鳌头。

南北战争长达4年,战场遍及美国南方的西部与东部,最后联邦军队发起“向海洋进军”,直至东部沿海,战争规模与交战时间首屈一指;然就军事意义而言,南北战争显示了人类近代工业的威力,当时英国工业革命已胜利完成,德国、法国、意大利等国的工业革命接近完成,美国北方工业革命取得可喜成果,当时北方已建成铁路22000英里,南方也有9000英里的铁轨,蒸汽机为动力的轮船已航行在密西西比河上,1864年北方联邦军队已拥有671艘战船,北方依靠自身的力量,制造步枪近170万支,可见发生在人类第一次工业革命时代的这场内战超过了拿破仑时代的物质基础,完全建立在新的技术革命基础之上。诚如恩格斯所说:“暴力的胜利是以武器的生产为基础的,而武器的生产又是以整个生产为基础,因而是以‘经济力量’,以‘经济情况’,以暴力所拥有的物质资料为基础的。”这是历史唯物主义的战争观,军事的发展离不开经济这个基础,发生在人类第一次工业革命背景下的南北战争,铁路、轮船和电报发挥了重大作用,并在战争史上第一次使用装甲舰、旋转炮塔,早期地雷、水雷等。因此《大国的兴衰》作者保罗·肯尼迪称,南北战争“更有资格号称第一次真正的工业化‘总体战’”。

南北战争期间,新式武器的使用,军队运输方式的变化,军队信息传递方式的改进,导致人类前工业时代那种传统作战样式的改变,如战争中双方都大量

装备了新式线膛武器，促进了散开队形、野战工事和步兵近迫作业的运用和发展。南北战争中，双方都最大限度地利用了铁路这一现代化交通工具，军队的机动性能大为提高。来复枪的使用，使士兵挖掘战壕建立工事的防御成了比较有利的作战形式。有军事专家认为在整个南北战争战场上“都是壕沟防御式的战斗”。有的军事理论家认为在南北战争中形成了一种“美国的战争方式”。根据陈海宏对美国军事史的研究，北军将领谢尔曼与格兰特将军的“总体战略”在美国军事史上“影响极大”，在后来的某些军事战略中还“可以看到这种思想的影子”。

内战以后，美国涌现了被誉为“陆上马汉”的埃默里·厄普顿和主张海权论的马汉那样的杰出军事家，陈海宏认为“内战后 30 年的军事改革在美国军事史中堪称转折时期，是‘美国武装力量历史上最富有成果的创造性发展时期’，美国的战略思想由于厄普顿和马汉这两位大战略家的努力而发生了根本性的变化，从‘大陆主义’转变为扩张性的‘海军主义’”。

继厄普顿之后，美国著名军事理论家马汉提出了“海权”概念。“海权即凭借海洋或者通过海洋能够使一个民族成为伟大民族的一切东西”。马汉的海权论认为，以贸易（指商品输出）立国的国家，必须控制海洋。夺取并保持制海权，特别是与国家利益和海外贸易有关的主要交通线上的制海权，是国家强盛和繁荣的主要因素。1901 年，西奥多·罗斯福成为美国总统，将马汉连同他的海权理论一起请进白宫。马汉被任命为这位美国总统的海军顾问，他的海权论也成了这个合众国以海强国的根本指导思想。

综上所述，美国内战在武器装备、战略战术、战争观念等方面，较之过去都有根本性变化，是世界近代战争史上的重要里程碑，对后来美国军事理论与战略产生重大影响。南北战争后不到半个世纪，19 世纪末，美国就发动了第一次海外战争——美西战争，实施海洋扩张战略，其主要目标就是太平洋。

南北战争的胜利为美国参与国际竞争和“美国世纪”奠定坚实基础

最后，我们从更为广阔的国际政治层面探索南北战争对美国崛起的意义。纵观欧美近代史，几乎在美国内战的同时，俄国开展了 1861 年自上而下的农奴制改革,虽然不那么彻底还是为资本主义在俄国的发展扫清道路;德意志通过三次战争实现了最后统一,建立了民族国家,迅速开展工业革命,人气大增,国力日盛,堪称后起之秀;意大利通过统一战争,实现民族独立国家统一,步入世界民族之林。可见19世纪的60—70年代是世界近代历史上一个非常重要的时期,欧美一些主要国家先后进入历史的转折点,由分裂到统一,革故鼎新,废除农奴制和奴隶制,进入崛起复兴新阶段。

1860年,美国工业生产占世界的工业生产的第4位,落后于英、法、德;1894年美国跃居世界第一,生产量等于欧洲各国的生产总量的一半;1913年工业产品占世界总量的三分之一,超过英、法、德、日四国的总和;1914年美国已有铁路25万英里,煤、铁产量远远超过英国和德国,美国国民收入也远远超过英、法、德、日;1913年美国的现代能源消费等于英、法、德、俄、奥匈帝国的总和,生产与拥有的汽车比世界其他国家拥有的总和还多;美国在国际贸易中成为令欧洲各国领导人恐慌害怕的“贸易巨人”,人们惊呼“世界的美国化”。

美国的崛起为何如此迅猛而令世界诸国刮目相看?究其原因,除欧美各国历史发展特点与地理环境等原因外,与美国南北战争有着密切关系,美国内战与俄国1861年的废除农奴运动,与德国、意大利统一战争作比较,我们不难发现,美国南北战争完成了民族统一与废除黑奴制的双重历史任务,且在深度、广度上完全超过了俄国、德国、意大利等国的资产阶级革命与改革运动,正因如此,美国利用了内战后的天时、地利、人和的有利条件,在政治、经济、军事领域迅速推进,最终形成一股强大的历史合力,推动美国的崛起,经过几十年的努力,它终于超过英、法、德、俄,走在时代前列。历史没有“如果”,但我们可以设想南北战争要是北方失利,直接后果就是美国“被分裂”:至少分裂成两个,甚至多个美国,试问一个四分五裂的美国能否出现后来那样的迅猛崛起?回答是否定的。

其次,美国在崛起过程中,南北战争后处于从大陆扩张向海洋扩张转化的历史进程中,美国人对太平洋的关注最早是美国的第三任总统杰斐逊,到了南北战争爆发的19世纪60年代,当时作为林肯政府国务卿的西沃德已经提出向西海岸“太平洋”扩张,建立太平洋商业帝国的设想,1890年美国西部“边疆”消失,大陆扩张终结,马汉海权论应运而生,成为当时美国海洋扩张政策的指路星辰。纵观世界历史,西方的文明是海洋文明。两千多年以前,罗马的哲学家就讲到,谁控制了海洋谁就控制了世界。几百年以后,葡萄牙、西班牙、荷兰、英国,他们的称霸基本上都是以海军力量维持的,19 与 20 世纪之交,美国也正沿着这条西方资本主义列强的崛起、扩张、称霸之路而前行。

南北战争为美国崛起提供了巨大的正能量;但它也有历史局限性,南北战争虽然废除了黑奴制,但美国的种族问题至今还在困扰着美国社会的稳定。

(载《第一财经日报》2015 年 4 月 9 日,题为“南北战争结束 150 周年记:美国崛起的开端”)

四、美国经济

论19世纪后期华工开拓美国太平洋沿岸的历史贡献

美国是当今世界上最年轻的资本主义大国，在短短的200年里从13个英属殖民地发展成一个经济、军事超级大国。这奇迹般的发展原因何在？在多种复杂的历史原因中，有两个因素是不能忽略的。首先，美国是合众为一的移民国家，美利坚民族的主体是来自世界各国的移民及其后裔，从某种意义上说，北美奇迹是由各国移民及其后裔创造的，没有移民就没有美国，没有移民的奋斗就没有美国的今天。其次，美国具有广阔的富饶的空间，空间的优势弥补了她的时间与历史的短暂。诚如托克维尔所言："整个这片大陆，当时好像是为一个伟大民族准备的空摇篮。"[①]西部的开发对美国的发展尤为重要，没有西部开发就不会有现代化的美国。

这两种历史因素：移民与西部在19世纪下半期的美国显示出最活跃、最大的影响力；当时移民的迁入出现新的高潮，西部的开发已延伸到太平洋沿岸，西部的开发与移民的迁入构成了美国历史上最瑰丽的画面之一。如果说，18世纪的移民主要是开发美国的大西洋沿岸，为建立美利坚合众国大厦奠基的话；那么19世纪的移民则为美国太平洋沿岸的开拓而英勇奋斗，使美利坚合众国成为政治上、经济上真正统一的国家，最终成为两洋国家，在地球上实现由"大西洋时代"到"太平洋时代"的伟大转变。

在这伟大的历史转折点上，华工们历经千辛万苦，远涉重洋来到太平洋彼岸的"花旗国"，在美国太平洋沿岸这个关键地点，在美国历史发展的关键时刻，与其他各国移民一起为开拓美国的未来发挥了不可磨灭的作用。

金矿开采为西部开发积累大量资金

关于中国人最早何时赴美的说法众说纷纭。据最新出版的《The Peopling of America》[②]，我们可以知道早在1785年，3名中国船员（Ashing，Achun和Accun）乘坐Pallas号来到美国的巴尔的摩居住了一年，这是中国人出现在美国的最早记录。1807年，来自广东的中国商人（Punghua）为讨父债到达纽约居住一年；1815年，一个中国移民（Ahnam）在美国加利福尼亚定居，为蒙特利尔的总督烧饭；1837年，第一个中国妇女（Maria Seise）来到夏威夷，6年后回国，后又于1848年搭乘“铁鹰号”轮船抵达旧金山成为传教士（chailes Gillespie）的女仆；1847年，美国传教士勃朗带容闳、黄宽、黄胜3人抵美就读；1848年中国淘金号开始来到加州；1850年年底，加州的中国人已达万人，第一座美国华裔的庙宇在旧金山建成；1852年加州华人达20025人，标志华人来美浪潮的开始；1854年，第一份中文报纸在旧金山正式出版；次年，华人已到达内华达的Gold Canyon淘金；1858年，加州的中央铁路与先锋羊毛厂招收华工；1860年，美国人口普查报告在美华人达35586人；1862年，加州的上哥伦布发现金矿，激起中国移民的迁徙高潮，华工开始赴俄勒冈、华盛顿、爱达荷、蒙大拿、南达科他和科罗拉多。1870年，在美的华工总数激增到63199人。在1820—1900年，美国华人共达305455人。[③]由此可见，华工大规模来美同加州发现金矿分不开。1848年5月，加州发现金矿的消息引发了巨大的震动。“顷刻之间，工匠丢下他们的工具，农民遗弃了自己的庄稼和牲口，任其枯萎死亡；律师离开了诉讼委托人；教师抛弃了书本；传教士脱下了法衣；水手把船只弃置在港口；妇女告别了厨房——大家像狂潮般冲向那产金的地区。”[④]发现金矿的消息很快由西部传到东部，由东部飘越大西洋带到英国和欧洲大陆；不久，东方的亚洲也轰动了。几股移民浪潮迅速涌向美国太平洋沿岸——加利福尼亚，其中华工们忍受难以想象的艰辛乘坐非机动帆船历时三月才从太平洋东岸抵达西岸，加入淘金热潮，成为拓荒者的一员。

但是，华工淘金是在最艰苦、最恶劣的条件下进行的，因为华工抵美时，“个人开采的时代已经接近尾声。最富的‘金矿’都已被占，该地区已被彻底检查过,没有希望再找到金矿了。那里仍有黄金,但是藏在石英矿脉中或是深埋在过去千百年沉积的岩层下面。”[5]不少中国的淘金工人只能在多处被白人遗弃的旧矿穴里淘金。此外,如果华工发现了较富的金矿也常被白人驱赶出去;他们淘到的黄金超过一定数量后,白人就不允许他们再继续淘下去。

一位美国人在描写淘金时说:淘金是一项原始的艰苦的劳动,淘金人必须长期暴露在风吹雨打之下,淘洗时整天站在水里。夏季天气最热的时候,一般是淘金最紧张、最忙碌的时候。因此淘金是件辛苦的工作,收获量不大,“白人是谁也不肯干的。”[6]淘金工人被描写成“贫苦的可怜虫,龌龊邋遢,衣不蔽体。”[7]1859 年,美国人 H.格里利在艾尔多拉多、普拉塞尔和内华达各县的矿上住了一个星期,他观察到那里的每一个溪谷或者山谷都已开采,并且已经挖掘到基岩,看不到一个白种人使用拣取和盘洗的淘金法来取得金子。“不久以后矿区中大部分就是中国人了,在那里简单的盘子淘金法仍然足以应付。”[8]19 世纪 60—70 年代,中国工人还去内华达、亚利桑那、科罗拉多、爱达荷、犹他、新墨西哥的矿区开采,在那里洒下了他们的汗水。据陈依范所著《美国华人》提供的材料,1860 年,加州共有 83000 矿工,其中华工是 24000 人,1870 年约有 30000 多矿工,华工是 17000 人。1848—1883 年,加州共开采了价值 12 亿美元的黄金,占美国总开采量的三分之二,“而其中很大一部分是华人矿工开采的”。华工不仅为美国从地下开采出大量的黄金,而且还以偿付关税、运费、执照费、开矿税等名目“贡献”大量由劳动得来的财富。据美国学者西华德的统计,仅 1861 年,他们所付的款项就为加州增加了 1400 万美元的收入。1862 年,约有 2 万中国矿工,他们每人每月要缴 4 美元矿税,共付 100 万美元,华人每人每天为购水要付 0.3 美元,一年共付 219 万美元。1860 年,加州通过法案,规定每个外籍矿工每月交纳开矿税 4 美元,其实税款的 85%都是中国人缴的,因为爱尔兰人和德国人都不被看作外国人,税收额高达 500 万美元,后税法取消,所缴税款分文未退。[9]关于向华工征税事,一位具有排华情绪的采金商人亨利·德格鲁特在 1876 年作证时,有那么一段话,问:你自己说过,早年当过淘金税的征收员,是吗?答:是的,先生。那是 1853 年和 1854 年。问:你向所有的外国淘金人一律征税吗?答:不,先生。问:不向来自欧洲的外国人征税?答:是的,不征。问:那么,你向谁征税呢?答:我们只向中国人征税,不向别的外国人征税。[10]另一位美国人大卫·D.考尔顿曾于

1852—1856年间任律师，他在证词中这样说："事实上执照费主要是中国人缴付的。"金矿的发现和黄金的开采为美国开发西部提供了大量的资金，因此凯里·麦克威廉斯说：发现金矿所释放的能量一下子强有力地把加利福尼亚射入轨道。《哈泼周刊》在1859年说："加利福尼亚发现金矿事件，即使不是最重要的事件，也是本世纪美国最有意义的事件。"就是在这"最有意义"的事件中，华工作出了他们的伟大功绩，在美国历史上写下了光辉的一页。

修筑铁路将西部与东部连成一片使美国成为两洋国家

美国开国元勋乔治·华盛顿在独立战争胜利以后曾竭尽全力设计建立波托马克河、俄亥俄河之间的交通联营和开发，目的是要把东部和西部（独立战争后获得的土地）联结起来，建立统一市场，实现国家统一。这是很有远见的，同时也说明发展交通对实现国家经济、政治统一的重要性。

19世纪下半期，美国的版图已扩大到太平洋沿岸，东部和西部，特别是西部的交通极为不便，美国东部的移民很难到加利福尼亚去，据说从芝加哥运送一个移民到旧金山去需花65~120美元，而从香港到旧金山的船票仅40美元。可见当时美国东西部间的阻隔多么严重！1862年7月1日，美国国会通过立法修筑第一条横贯大陆联结东西部的太平洋铁路，这是林肯政府的英明之举，具有重要的历史意义。

中国工人在修筑太平洋铁路的伟大工程中立下的丰功伟绩，是开发太平洋沿岸所作的最大的贡献之一。首先，华工是在美国筑路遇到困难时挺身而出勇担重任的。太平洋铁路从密苏里河直通太平洋沿岸，中央太平洋铁路公司负责西段，由西往东筑路；联合太平洋铁路公司负责东段，由密苏里的奥马哈往西筑进。当时美国政府采取多铺多得政策，平地每筑一英里铁路公司得1.6万美元；山麓地区得3.2万美元；山区得4.8万美元。中央太平洋公司负责的西段，地势艰险，山峦起伏，铺路难度极大。1863年开始铺轨进度很慢，1864年和1865年仅铺40英里，进入山区以后白人劳工纷纷离去，公司一筹莫展。该公司工程承包商查理斯·克罗克说："我们开始修造太平洋铁路的时候，工地上完全使用白人劳工。过了一年半光景，我们发觉没有办法雇到足够数目的白种工人，铁路工程进展不快，有不能按期交工的危险。我们迫不得已，只能试用中国工人，作为临时应急的办法。我本人和工程监督史特罗布里先生两个，都对中国佬抱有偏见，不太愿意用他们。我们非常彻底地作了广告，用大工钱招徕白人劳工。但是我们失败了。我们连800个也没有招足，我们无路可走，只好招中国工人来试。”[11]试用的结果如何？据美国历史学家的记录，第一批50名华工被送到工地，他们下了车，看了看周围的深山老林毫无惧色，从容地搭起帐篷，吃完一顿米饭加干墨斗鱼就回去睡觉。东方破晓，他们早已在工地上拿着镐铲、推着小车开始劳动了。

经过工人们12小时的埋头苦干，克罗克和他的工程师们满意而惊讶地看到，工作进度竟如此之快。一些人认为中国人体质虚弱，会累得筋疲力尽，半路上就倒下来。现在他们改变了看法，承认中国人确实能吃苦耐劳。[12]中国工人用自己的行动取得了洋人的信任，后来华工们被誉为克罗克先生的“宝贝”，在筑路中起了主力军的作用。诚如美国学者比林顿所说：“创业者最难办的问题——怎样从边疆社区得到劳动力——则由于输入了大量的中国苦力而解决了。7000多留着辫子的工人劈出了筑路地带，当他们用独轮车推土或是躲避炸药包爆炸时，他们的大草帽和摆动的裤腿构成了生动的画面。”[13]由此可见，华工并没有与白人劳工争工作，相反是在白人不愿工作的最困难的时候，他们顶了上去，美国历史学家华尔顿·平恩描绘说：“旧金山的劳联曾抗议雇用华工，但是当铁路筑到山区时……白人工人对在塞拉斯困难条件下需要忍受艰苦和危险的工作都失去了兴趣。”[14]其次，华工在修筑铁路中见难而上，哪里有困难，哪里就有他们。华工们用他们的鲜血和生命写下了美国创业史上最为悲壮的一页。美国学者奥斯卡·刘易斯记述道，1865年末到1866年初的冬天气温达到历史最低点，早在10月就下起鹅毛大雪，接下来的五个月里暴风雨几乎连续不断，地面冰冻如石，路轨和建设路线全被埋没。山脊上积雪越来越厚，雪崩愈益频繁，崩前除了短暂的隆隆声没有任何征兆，刹那间，整群工人，整个营房，有时甚至整个营地呼地一下全被卷走，摔入几英里外的冰雪峡谷。几个月以后，工人们的尸体才被发现。有时人们发现整组整组的工人被冻死，他们的双手依然紧紧地握着镐头或铲子。

内华达火山顶峰底下的隧道工程必须从最坚硬的花岗岩石中开出来，是整个工程中必须尽早突破的一个“难关”。铁路公司决定在山脚的两面相向掘进，为此他们重金聘用弗吉尼亚柯尼斯矿区的一些采矿好手负责一端的开掘，另一端则由华工承担。结果，“每一次中国人几乎无一例外地比柯尼斯矿工挖得多，挖得快”[15]。为了在山坡上开掘通道铺上铁轨，1866 年炎热的夏天数千中国工人云集在峡谷坡上，有的凿着炸开的乱石，有的头戴草帽排着队推着小车，把一车车碎石卸在峡谷坡地；有的用竹扁担挑着黑色炸药走在危险的羊肠小道上。在烈日下，他们休息时喝上几口随身携带的茶水，茶水装在被人丢弃的酒瓶里。

华工的英勇精神还充分表现在合恩角的筑路上，合恩角犹如一块花岗石墙。它的下部是深达 1000 英尺的悬崖峭壁，垂直而光滑。华工们腰系绳索，身悬半空，用锤子和钢钎先凿出一条险峻的小道，然后逐步往里扩展，开出一条行驶车辆的通道。三年后，火车通行时，当它小心谨慎地贴着峭壁向前时，旅客们透过车窗朝下望去，眼前一片茫茫，都十分惊讶。[16]这是中国工人在北美创造的又一奇迹。

中国工人在筑铁路中还创造了最高的筑路速度。当时分别负责东段与西段的两家铁路公司竞争激烈，参加东段建设的爱尔兰人曾说：“不能让华人胜过我们。”他们创造了一天铺下 5 英里的记录，同时还声称如果负责西段工程的中央太平洋铁路公司不宣告结束竞赛的话，他们还要创造每天铺设 8 英里的新纪录。但有恃无恐的中央公司的克罗克依靠华工——他青睐的“宝贝”，提出一天能修 10 英里的目标与之竞争，联合公司董事长立即抛出 1 万美元作为赌注。最后的结果是，华工在一天内完成了 10 英里 1800 英呎的路轨，创下筑路的最高纪录。1869 年 5 月 10 日，在犹他州普罗门特里角，4 名华工铺上最后一根枕木与东段铁路接轨，由铁路公司总经理斯坦福敲入金道钉，钉上刻着：“愿上帝使我们永远团结，正如这条铁路把世上最雄伟的两个海洋联结在一起一样。”(May God Continue the Unity of Our Country, As this Railroad Units the Two Great Oceans of the World)虽然铁路通车后没有为筑路工人树碑立传，但这条联结两洋的太平洋大铁路本身就是一座伟大的历史丰碑，一座镌刻着华工和爱尔兰工人业绩的丰碑，一座用筑路工人血肉建成的丰碑。华工为筑路究竟牺牲了多少生命？这已无法精确统计，据说，曾经有 1200 名华工的骨灰被运回中国。据一位美国学者的估计，“平均每修筑一公里铁路(西段长 1800 英里)，就有一个中国人丧生”。[17]据中国学者的调查：有四五万华工参加过修筑太平洋铁路，因筑路而牺牲的(病死、意外而死的)不下万人。[18]克罗克在萨克拉门托的铁路合轨仪式上说:“我愿提请各位注意,我们建造的这条铁路能及时完成,在很大程度上,要归功于贫穷而受鄙视的、被称为中国的劳动阶级——归功于他们所表现的忠诚和勤劳。”[19]令人遗憾的是,在典礼上仅仅只有他的这句话提到了中国工人的功绩。但是,历史是抹杀不了的,几年以后美国人奥斯瓦德·加里森·维拉德在众议院作证时说:“我要提请你们注意华工为开发我国的西部所作的贡献。我的父亲曾参加铺设穿越大西北第一条横贯大陆的铁路……在他钉入最后一根铆钉时,我正巧在他的身旁。他怀着深厚的感情赞颂了筑路工人。是他们用双手建成了那条铁路,那时还没有铺路基。最令他难以忘怀、经常颂扬的,是华工。将近一万名华工向坚固的森林发起进攻。他们冒着严寒和酷暑,冒着被充满敌意的印第安人杀害的危险,帮助我们开发了我国辽阔的西北江山。”[20]中国工人在完成中央太平洋铁路以后,又投入了南太平洋铁路和北太平洋铁路的修筑。南太平洋铁路公司董事长说,华工约占他们公司工人的75%或80%,他承认要是没有中国工人“我想我不能造得那么快。我也没有那么多的把握能在预定时间内完成那么大量的工程。”[21]伊文斯铁路公司董事长也证实说:“在筑路工程中我绝大部分使用中国劳工,”“我想如果没有他们,工程就完成不了。”可见,华工在筑路中的优异成绩是有口皆碑的。

1976年,正值南加州铁路建成百周年纪念,南加州华人历史协会在加州铁路上竖立一个碑,上题:“加州铁路,南北贯通。华裔精神,血肉献功。”英文题字为“值此100周年之际,我等纪念数逾3000之华人为建南太平洋铁路和圣佛尔南多大隧道之功勋。他们的劳动使加利福尼亚得有第一条南北铁路,改变了本州历史。”[22]可见华工不仅创造了“19世纪最最伟大的工程奇迹”——修筑了太平洋铁路,而且建造了太平洋沿岸第一条贯通南北的铁路。

改造洼地发展农业使加利福尼亚成为“果木园”

华工还通过改造洼地发展农业来改变加利福尼亚的面貌。今天,加州的农产品产值在全美第一位,其他行业,甚至宇航业也不能同它相比。[23]

但是,一个世纪以前,加利福尼亚有300万英亩的沼泽地,其中50万英亩集中在萨克拉门托河下游与圣华金河交汇之处和苏森湾一带,即人称的加利福尼亚三角洲。这里排水极差，而萨克拉门托河因涨潮河床逐年增高，从苏森湾上溯的潮水不时造成低地的泛滥；因此，萨克拉门托河下游的平原实际上成了芦苇丛生的水泽之乡，人称“芦苇地”。为变沼泽地为良田，人们在这里修筑堤坝堵住海水流入，然后用灌溉之法或用雨水冲刷土中的盐分，使沼泽地变为可耕地。在这伟大工程中，中国工人起了特殊作用。“在开垦初期，从事体力劳动的主要是中国人”[24]。后来土地改造好了，又是中国劳工在这里开始种植稻米，“该地区约有 6 万中国人是种植这种作物的一个新动力”[25]。1865 年，这里向太平洋沿岸港口输出了 2000 万磅稻米，形成了可观的稻米市场。1876 年，加州已开垦了 550 万英亩土地。这是何等壮观的治田工程！

关于华工开垦沼泽地的具体材料，美国人傅烈秘律师在 1876 年作听证时说：“这里有很多地产公司，每家雇工多达 1500 个中国人，使用他们去平整涝洼地如期完成工作。这种情形大约在旧金山市最初建立时就已经存在了。”[26]为什么美国的农业资本家喜欢雇佣华工整治洼地？因为中国工人不怕苦，不怕累，用美国人的话说：“白人劳工一般都喜欢承担一些比整理土地更容易、更挣钱的工作。整理土地的工作太苦，是白种工人不肯干的。”[27]其次，中国人有较强的管理能力，中国工人中有承包大工程如整治土地的商人。

他们表现出很强的管理才能。一个中国包工头能够包下一笔大工程，比如说整治上万英亩的土地，修若干英里渠道，等等。他们自己招雇管理工作的人手，在约定的期限内把工程完成得很好。美国人认为“中国佬在企业的经营管理方面有相当才能。中国人使加利福尼亚的耕地面积大大增加了，土地的价值也大大增加了”[28]。土地增值的原因显而易见，农业资本家以每英亩 1~2美元的低价购进大批低洼地，然后雇佣中国工人加以整治，每英亩仅需花 6~7美元，而改造好的土地在市场上的价格最低要卖每英亩 20 美元，高的可达 100 美元。地价的上涨反过来又促进了美国西部经济的发展。美国律师本杰明·布鲁克斯说：“我曾经请加利福尼亚前任土地测量长官计算一下中国劳工在修筑铁路和整治涝洼土地两项，为加利福尼亚所创造的财富价值，他向我举出一个总数 289,700,000 元，这就是 10 多万名受雇到这里为白人做工，而不是为中国人做工的中国劳工为加利福尼亚州增值的财富。中国人并没有把它们拿走，铁路、田地都将永久留在此地，中国人即使想拿，也是拿不走的。”[29]华工还直接参加农业生产，为加州农业开发立下汗马功劳。首先，华工以勤劳诚实赢得人们的信赖,很快被吸收进加州农业工人大军。有一位农场主为收获西红柿曾进城招收临时工人,但一些工人因怠惰而使熟透了的西红柿烂掉,农场损失不小。后经人推荐试用中国工人,农场主非常满意,因为中国工人“劳动很勤快,不声不响地把成熟的西红柿从架上摘下来,轻轻地放进筐里。太阳落山时,他们把篮筐一排排整齐地摆在一起,然后离去。”[30]有的华工披星戴月为美国农场主收割小麦受到好评。[31]根据凯里・麦克威廉斯的统计,1870 年,加州农业工人中华工占 10%,1880 年占 1/3,1884 年占 1/2。[32]又据美国经济学家的研究,1900 年加州已生产柑橘、梨、葡萄、樱桃、杏、桃等水果;1909 年,该州生产了大约占全国 3/4 的橘子、2/3 的无花果、90%以上的柠檬、近一半的坚果。[33]无疑这些累累硕果中渗透了中国工人的辛勤汗水。加州索诺马县葡萄园主诺德霍夫坦率地说:“在我住的那一区内,我想大约有 500 个中国人在果园做工。我住的那一带主要是一个种植葡萄地区。我确信如果不是这些中国人,我们就必须放弃种植葡萄。如果没有中国人,会有成百上千业主破产。”[34]圣何塞的果园主罗伯特・F・毕克翰说:“中国人被广泛地雇用,特别是果木和霍希花(啤酒花)的种植事业中。本州各地果园里的劳动几乎全部由中国人承担。”[35]一个拥有 17.5 万英亩土地在加州干了 20 多年的农场主威廉・W・贺列斯特说:“至于这个州里各种劳工的好坏,我按自己经验,把中国佬放在最前列,他们比别人强些。”[36]现在,当人们在加利福尼亚的大型葡萄园——纳帕和索诺马山谷品尝着醉人的葡萄酒的时候,应该感谢为在这里种植葡萄作出重大贡献的中国劳工。美国参议院的一份档案材料中有那么一段话值得深思:“没有华工就没有西部的垦殖,华工使荒地变为良田,使整个加利福尼亚变成一座花园,一个果木园。”[37]

发展第三产业推动西部的工业发展

今天,美国的太平洋沿岸不仅是一座果木园,更是一个现代化的工业基地。华工在发展西部工业,特别是第三产业方面的贡献炳烛千秋。

随着西部开发,人口激增,城市崛起,洗衣业应运而生。19 世纪后期华工的主要职业之一就是洗衣服。1920 年,被雇佣的华工中 30%是从事洗衣业的。梁启超在访美后写成的《新大陆游记》中估计当时 12 万华人中约有 4 万人从事洗衣业。他认为“洗衣业实为在美华人最重要之职业也”。1876 年,加州约有 3600 人从事洗衣工作,但是,他们遭受盘剥甚深。据加州 1873 年 5 月的规定,凡是洗衣馆或洗衣馆事务处所雇之男子及其东主司事经纪等以及凡与此业有关涉之人,每人每季须抽例 15 元,凡洗衣馆及洗衣馆事务处非用牲口牵车者,每月须纳银 15 元[38]。1877 年,仅旧金山洗衣店就上缴了 15.2 万美元的租金和 6.8 万美元的水税。这些收入大都用于该市的市政建设,造福市民。[39]

开餐馆是中国人开发第三产业的重要领域。据说 1896 年,中国清廷外交大臣李鸿章顺道赴美国访问,宴会上李鸿章不食主人提供的食品只吃中国厨师为他准备的菜肴,并邀主人品尝一道名为“杂碎”的中国菜肴,果然味美。此后炒杂碎风行美国,中国餐馆遂如雨后春笋般发展起来。另说,有一次一些白人矿工因饿极到一家即将打烊的中国餐馆就餐,店主无奈用碎肉与蔬菜杂烩应付之,不料矿工们大嚼一顿后啧啧称赞味美可口,并打听得菜名为“杂碎”,后此名不胫而走。不管怎么说,中国餐馆因中国菜肴受美国人的欢迎而蓬勃发展起来是有目共睹的,华工们用辛勤的劳动推动了美国饮食业的发展。

捕鱼捕虾业是美国太平洋地区独具特色的重要经济部门,说中国渔民为这里的现代渔业奠定了基础是毫不夸张的。1849 年,一些华人渔民开始在太平洋沿岸捕鱼。几年后,他们在旧金山附近的赖因肯角(Rincon Point)建立了捕鱼队。1854 年 1 月 21 日,一家美国杂志报道说,许多读者也许不知道,近密歇河口的赖因肯角(旧金山)的南面有一个中国人移民区值得一访。那里共有 150 名居民,主要从事捕鱼业。他们拥有 25 条船。他们抓捕鲟鱼、鲨鱼和鲱鱼,然后将它们晒干,大部分被切成小块。干透后装进桶、罐、盒内,送到城内卖给那些去开矿或远游的同乡。……一天平均生产 3000 磅鱼,每 100 磅可卖 5 美元。[40]1870 年,中国人的捕鱼基地已遍布俄勒冈到下加利福尼亚的海岸线上,旧金山是最重要的渔业中心。

中国渔民还为加州开拓了捕虾业。随着渔业的发展,中国渔民用中国进口的渔网捕虾效果良好,后在太平洋沿岸建立起若干捕虾基地。1880 年,加州已成为全美 8 个产虾州之一。此外,当时美国人还不懂鲍鱼的价值,中国渔民率先对它进行开发。仅 1880 年,中国渔民就售出价值 38800 美元的鲍鱼肉。

在艰苦的创业中,中国渔民还要饱受剥削排挤之苦。1860 年,加州立法规定华人渔民每月须缴捕鱼执照费 4 美元(该法于 1864 年废除);1879 年加州又立法对华人不发执照(后被宣布为违宪);1880 年,向华人渔民征收每月 2.5 美元的捕鱼税等等,不一而足。梁启超认为“此业最苦,每年只有半年做工,其余半年则坐食……工人当坐食时,常先支其工价之半额,渔毕而归,复支半额,故常仅糊口而已”。[41]

此外,中国工人还在毛纺厂、制靴厂、制帽厂、烟草厂、服装厂就业。1876 年,加州的太平洋麻织厂雇用中国工人 220 名,白人劳工仅 30~40 名。旧金山毛纺织厂主毕克汉姆说:“我们的工厂所有工人大部分是中国人。现在约有 600 人……我们的工厂历来赚钱,我们一直雇用中国工人。”[42]制靴、卷烟、织帚三业集中在旧金山,“此三业前此极盛,工厂主也是华人,华商以此致富者不少”。[43]

综上所述,中国工人在 19 世纪后期作为拓荒者在开发美国太平洋沿岸的伟大工程中功垂青史。他们在艰苦的环境中开采金矿,铺设第一条贯通东西的太平洋大铁道,改造洼地,发展果业和农业,投身第三产业和工业,还把中国文化带到美国……多少华工的尸体掩埋在太平洋铁路的铁轨之下!为开发美国的太平洋沿岸中国工人付出了多少代价!加利福尼亚最高法院法官所罗门·海登菲尔特在 1876 年的证词中说过一段较为公正的话——“我认为加利福尼亚的繁荣兴旺实在应当归功于来到此地的中国人所付出的辛勤劳动。我认为,如果没有他们,我们的港口就不会有那么多的船,我们的土地上不会有那些四通八达、穿山越岭的铁路,我们大概会因为没有他们而落后许多年。我认为中国人不来,我们不会有这么多白人移民入境。他们对于加利福尼亚农业所作的贡献,特别是治理涝洼地方面,是突出的。”[44]

排华不合民意不顺天理

但是,令人难以置信的是,掩埋在太平洋铁路下的华工尸骨未寒之时,排华的逆流却在美国掀起,并由局部地方性排华演变成全国范围的排华反华运动。形成了美国历史上的排华时期(1882—1943),这是美国历史的耻辱。

事实上,几乎自中国工人抵美为开发西部舍命劳动之日起,一些种族主义者,白人至上主义者就开始排挤、攻击、杀害他们。1856 年 12 月 18 日,旧金山一家报纸报导说:“过去 5 年中,杀害中国人的事件几乎每日发生。”[45]1871 年,洛杉矶发生集体屠杀华工血腥事件,华工死 22 人,数百人被驱。1871 年,排华急先锋戴尼斯·卡尼(Dennis kearney)在加州组织所谓的“工人党”,大肆污蔑华人与垄断集团狼狈为奸夺走白人的饭碗。他每次演讲结束时,总要声嘶力竭地叫喊:“中国人必须滚蛋!”平时,他还经常带领打手对华人施暴。

自 19 世纪 50 年代开始,加州的立法机关也屡屡通过法案限制华人的权利和向华人征税。1876 年,美国联邦政府取得处理移民事务的权力并组织一联合委员会调查沿太平洋各州的所谓华人入境问题;次年,该委员会提出了一个多数派报告,要求修改 1868 年的《蒲安臣条约》。1879 年,美国参、众两院通过《限制华人移民》的议案,海斯总统以议案违背 1868 年条约为由加以否定。1880 年美国派出 3 名要员赴华向中国清政府提出修改《蒲安臣条约》,缔结了中美续修条约四款,作为对《蒲》约的修正。内容如下,第一款:华工续往美国,美国对之可加以规定、限制或暂停,但不能绝对禁止。第二款:中国教师、商人及旅行者,与现已在美的华人,享受最惠国待遇。第三款:美国应按修约保护在美华人。第四款:美国制订限制华工法规,须知照中国。[46]1881 年加州参议员米勒提出《关于执行有关华人的某些条约规定》的议案。1882 年 3 月,议案在美国两院通过,但遭阿瑟总统否决。后国会对议案作出某些修改,将禁止华人入境期由 20 年改为 10 年,以非劳工身份进入美国的华人不必登记。5 月 6 日,阿瑟总统签署法案,这就是美国历史上第一个由联邦政府作出的排华法案,规定十年内不准华人入境,凡非法入境者都可以被美方驱逐出境,中国人不准享有归化入籍的权利。

此后,美国政府不断推出排华法案,1888 年国会通过《禁止华工来合众国法案》(即《斯科特法案》),完全禁止华工进入美国。1892 年,又通过《格里法案》。1894 年,美国强迫清政府签订《限制华工条约》。1902、1904、1911、1912、1913 年又分别通过各类排华法案,直到 1943 年罗斯福政府取消排华法案,排华长达 61 年。

随着排华法案的通过,排华暴行日益加剧。1885 年,怀俄明州石泉城发生屠杀华工事件,28 人被杀,15 人重伤。1886 年,华盛顿的希特尔市,暴徒们强迫数百华人离开城市。俄勒冈的洛格凯宾发生惨无人道的屠杀华人事件……血案不断,暴行遍地。据统计,仅从1882年8月到1885年7月的3年里,被迫离开加州和死亡的华人就达50,174人。[47]研究美国华人专家玛丽·柯立芝写道:“在卡尼主义时期,华人能在美国活下来简直成了奇迹。”

美国政府的排华政策严重伤害了中国人民的感情,激起了反美情绪。1904年,中国人民的反美行动使美国官员大为震惊。上海、广州的工商界分别召开大会,号召禁用美货,禁用美船装货,不上美国人开办的学校,不给美国人当保姆,拒给美国公司当翻译等等。中国知识分子也加入了抗议行列,苏州学生要求美国政府修改排华法案,让美国领事转告美国政府。上海举行群众集会,参加者达5000人,大会痛斥美国政府非法虐待华侨的罪行,号召抵制美货,声势浩大。由于抵制运动,美国对华贸易严重受挫,1906年输入中国的货物大幅下降,棉布减少一半,汽油减少三分之一。

排华政策延缓了美国西部的开发。柯立芝教授在她的专著《中国移民》中指出,西部地区的发展由于丧失了华工的劳动而停滞不前。加利福尼亚州的果园出现成熟的果子无人采摘的局面。更为严重的是,由于排华,加州出现了难以应付的流动人口问题。这种分析是很中肯的。

其实,排华是不合民意不顺天理的逆流,遭到了广大美国人民的反对。美国文学家马克·吐温就是最好的代表之一。1864年的一个星期天,他在旧金山的一条街上看见几个“恶棍”在追赶一个中国人,并用石头扔他。这个中国人是个洗衣工,背着一个装着衣服的大包袱边逃边喊,声音凄惨。可是一个美国警察却在一旁无动于衷“颇有兴趣地从旁观看”。作为记者的马克·吐温满怀义愤写出报道,要求他所在的报纸加以揭露。但是他的文章被拒载,他也因此而被解雇。[48]排华法案通过以后,马克·吐温又于1910年11月23日发表公开演讲说:“既然我们并不准许中国人到我们这儿来,我愿郑重声明:让中国自己决定哪些人可以到他们那里去,那便是谢天谢地的事了。外国人不需要中国人,中国人也不需要外国人。在这一点上,我任何时候都是和义和团站在一起的。义和团是爱国者。”[49]他的话讲出了美国人民的心声!

1879年,美国国会在通过《限制华人移民》法案时,一些有识之士,如俄亥俄参议员斯坦利·马修斯力排众议,指出该法案亵渎了美国《独立宣言》的精神,有力地驳斥了华工的存在是造成白人失业的谬论。缅因州的汉巴尼尔·哈姆林据理辩驳,痛斥反华言论,充分肯定了华工在开发加利福尼亚的历史功绩。纽约州的马丁·汤森驳斥反华谬论，公正地说加利福尼亚的繁荣都应归功于华人移民。阿瑟总统在否决该法案时说："经验已经证明，东方的贸易对我们国家的繁荣与影响来说至关重要。中国对全世界开放贸易的最大受益者莫过于我们自己的太平洋沿岸各州……"[50]

面临中国抵制美货运动，西奥多·罗斯福不得不承认："除非我们能公正地对待中国，否则无法要求他们公平对待我们。这次抵制美货运动，无疑主要是由我们对待来访的中国人的态度引起的……作为行政措施，我将尽快结束多年来执行法律过程中形成的凌辱中国人的政策。"[51]

排华不符合中国人民的利益，也不符合美国人民的利益，排华逆流必遭历史的唾弃。1943 年，美国国会最后废除了排华法案，历史最终证明排华不得人心。

今天，历史的车轮已驶近更为光明的 21 世纪，未来的世纪将是"太平洋的时代"，太平洋沿岸的周边地区将出现巨大的经济腾飞，成为全球发展的热点，从这个高度回顾历史，我们应该永远牢记为这个伟大时代的到来进行艰苦开拓的美国华人的历史功绩！

注释：

①(法)托克维尔：《论美国的民主》(上)，商务印书馆，1988，第 29 页。

②Compiled by Allen S. Kullen, Americans All and Portfolio Project, Inc., 1994, 第 146 页。

③Edited by Richard B.Morris,《 Encyclopaedia of American History》, Harper & Row, New York,1982,P.655。

④查尔斯·比尔德，玛丽·比尔德：《美国文明的兴起》，第 1 卷，商务印书馆，1991 年，第 586 页。

⑤雷·艾伦·比林顿：《向西部扩张》(下)，商务印书馆，1991，第 261 页。

⑥陈翰笙主编：《华工出国史料》，第三辑，中华书局，1981 年，第 276 页。

⑦⑧拉尔夫·亨·布朗：《美国历史地理》，商务印书馆，1984 年，第 397 页。

⑨Mary R. Coolidge:《Chinese Immigration》, NewYork, Henry Holt & Co.,

1909 ,P.80。

⑩⑪见陈翰笙《华工出国史料》,第 303, 278~279。

⑫宋李瑞芳:《美国华人的历史和现状》,商务印书馆,1984 年,第 28 页。

⑬见雷·艾伦·比林顿, 第 298 页。

⑭Laver Mau Dicher:《The Chinese in SanFrancisco: A Picture History》, Dover Publications,Inc. NewYork,1979 年, 第 9 页。

⑮见陈翰笙《华工出国史料》,第 279 页。

⑯见宋李瑞芳《美国华人的历史和现状》, 第 30 页。

⑰李长久等主编:《中美关系二百年》,新华出版社,1984 年,第 35 页。

⑱朱杰勤:《19 世纪中国人在美国开发中的作用及处境》, 见《历史研究》,1980,第 1 期。

⑲见 Laverne Mau Dicker, 第 10 页。

⑳见宋李瑞芳《美国华人的历史和现状》,第 30 页。

㉑见陈翰笙《华工出国史料》,第 277 页。

㉒邓蜀生:《美国与移民》,重庆出版社,1990 , 第 215 页。

㉓尼尔·R.彼尔斯 杰里·哈格斯特洛姆:《美国志——五十州现状》(下),中国社会科学出版社,1987 年, 第 1088 页。

㉔㉕见拉尔夫·亨·布朗, 第 403 页。

㉖㉗㉘㉙见陈翰笙《华工出国史料》,第 250、272、273、293 页。

㉚见宋李瑞芳《美国华人的历史和现状》,第 33 页。

㉛见陈翰笙《华工出国史料》, 第 268 页。

㉜Carey McWillims:《California: The Great Expection 》,New York ,Correct Books Inc.,1949 年, 第 152 页。

㉝吉尔伯特·C·菲特,吉姆·E·里斯:《美国经济史》, 辽宁人民出版社,1981 年, 第 589 页。

㉞㉟㊱见陈翰笙《华工出国史料》, 第 311、283 页。

㊲见邓蜀生《美国与移民》,第 219 页。

㊳见朱杰勤《19 世纪中国人在美国开发中的作用及处境》,第 100 页。

㊴陈依范:《美国华人》,工人出版社,1984 年, 第 67 页。

㊵见 Laverne Mau Dicker,第 5~6 页。

㊶㊸梁启超:《新大陆游记及其他》,《走向世界丛书》, 第 542、543 页。

㊷㊹见陈翰笙《华工出国史料》, 第 273,272 页。

㊺㊼见李长久等《中美关系二百年》,第 25,42 页。

㊻张人羽:《美国排华史》,文化供应出版社,1951 年, 第 16 页。

㊽㊾马克·吐温:《马克·吐温自传(1835—1910)》,江苏人民出版社,第 147,12 页。

㊿见邓蜀生《美国与移民》,第 226~229 页。

51见宋李瑞芳《美国华人的历史和现状》, 第 62~63 页。

(载《美国历史问题新探》中国社会科学出版社 1996)

第二次工业革命与垄断资本主义的形成

20 世纪初的美国处在一个“巨变”的历史性关键时刻,这种变化最本质、最核心的部分就是第二次工业革命的完成,以及由此而生的垄断资本主义的确立。

第二次工业革命的完成

工业革命是人类社会的科学、技术、经济、政治和自然环境等综合因素发展的必然产物。工业革命是一个历史过程,19 世纪末 20 世纪初美国具备了开展新工业革命的各种前提条件,成为人类史上第二次工业革命的中心之一。美国内战以后特别是 80 年代就开始了新工业革命,90 年代后革命纵深发展,20 世纪初工业革命取得全面胜利。新工业革命成为推动美国现代历史前进的巨大动力。生产力飞速发展,新产业层出不穷,科学创新和技术发明快速转化为生产力,美国社会状况和生活方式发生重大变化,思想文化有新的突破,传统的价值观念发生变革。总之,美国是带着丰硕的成果、巨大的转变和一系列的社会问题从 19 世纪跨入 20 世纪的,在新世纪开初的岁月里整个美国社会经历了数十年的巨大变化以后,以崭新的但令人震惊的面貌出现在世界上:

从此美国社会完全建立在一个全新的工业文明的物质基础之上。

新工业革命完成于何时难以划定具体时日，况且工业革命在一个国家的不同地区发展也不平衡。这里我们所言工业革命基本完成是指整个美国国家而言，新工业革命兴起于“镀金时代”，完成于20世纪初，即“进步主义时代”。历时半个世纪之久。新的标志性产业的形成和稳定发展可以被视作新工业革命深入发展和完成的重要标志。如果第一次工业革命完成的标志是机器制造业的诞生，那么新工业革命完成的标志是代表这场革命的新产业的形成和稳定发展，以及他们在国民经济领域中确立了主要地位。20世纪初美国的新产业已经最后形成并得到充分发展，他们在国民经济中占有重要地位。美国历史学家卡尔·N·德格勒认为，经济革命首先表现在动力上的革命。1860年美国的畜力几乎占全国非人力动力构成中的2/3；1890年，改进了的蒸汽动力已成为全国总动力中的60%；1900年，两个新动力即电力和内燃机的出现，构成了20世纪工业的基础。[①]早在1883年，恩格斯以其敏锐的眼光预见了电力革命的前景，他说：“菲勒克就电工技术革命掀起了一阵喧嚷，却丝毫不理解这件事的意义……但实际上是一次巨大的革命。蒸汽机教我们把热变成机械运动，而电的利用将为我们开辟一条道路，使一切形式的能——热、机械运动、电磁、光——互相转化，并在工业中加以利用。”[②]20世纪初电力工业部门成为美国现代工业体系中的重要部门之一。1913年美国发电量达到248亿度，1919年电力达到全国动力总容量2940匹马力的1/3。电的发明应用也进入新阶段，1910年美国出现了无线电广播，无线电发展到电子管时代，1910年美国已有电话700万台。20世纪初美国出现了最早的电影院。

石油工业也是新工业革命中出现的新产业。1900年它已达到每年6362万桶的稳定高产。石油炼油技术继续改进，特别在高温高压作用下分解石油的新技术和制造合成汽油的工程技术都有突破性进展。与此相关的化学工业也成为独立工业部门。

钢铁工业的发展是新工业革命的产物。1860年美国生铁产量100万吨还不到，1915年已超过3300万吨，1899年已占全世界生铁产量的1/3。1899年美国的钢产量已占全世界的43%，1915年钢产量3200万吨。

汽车工业是最具代表性的新产业。它的诞生和发展被称为一场“汽车革命”[③]。美国发明家亨利·福特于1903年在底特律创建福特汽车公司并且运用部件标准化原理，大批量生产价格低廉的产品，使美国汽车工业迅速扩展，福特公司生产的汽车价格直线下降，1909—1910 年，每辆汽车的价格从 780 美元跌至 690 美元、600 美元、550 美元、490 美元、440 美元、360 美元。1914 年美国年产汽车 57.3 万辆，1920—1921 年福特汽车公司年生产量为 125 万辆，成为世界上最大的汽车公司。

新的工业体制和管理体系的诞生和完善是新工业革命完成的重要标志之一。其中最有意义的是大企业的形成和自动生产流水线的诞生和定型。大企业的出现是第二次工业革命中的特有现象，也是工业体制上的重大变革。而生产流水线的出现是工厂管理制度上的一场革命。第一次工业革命以工厂制取代了工场制，第二次工业革命则是以大生产和流水线生产取代一般的小规模机器生产过程。自动生产流水线的诞生与美国的汽车工业的发展是分不开的。“汽车大王”亨利·福特的贡献巨大。早在 1903 年他就说过：“制造汽车的办法就是使一辆汽车和另一辆汽车一样，使他们全都一样，使他们在出厂完全一样。”为此他认为某一型号汽车的零件，不仅对同一型号的所有其他汽车是通用的，而且和他们已经生产出来的所有汽车的相似零件也是通用的。为了实践他的理想，他在汽车工业中创立了自动生产流水线。1917 年福特的里弗鲁日汽车厂就是按照连续生产流水线的要求建成的。这是一种完全新型的而不是传统意义上的老式工厂。“工厂如今成了安置在关键地点的工人们照看的装配上逐步完成一辆汽车的地方。”[④]管理革命既是工业革命的产物又成为工业革命不可分割的一部分。泰勒管理制度的诞生也是新工业革命完成的标志。

工业革命的完成使美国工业的机械化程度大为提高，成为世界上机械化程度最高的国家，连第一次工业革命发源地的英国人也对此大为吃惊。1902 年一个英国工会领袖代表团访问美国，企图寻求美国生产发展迅速的“秘密”，最后他们发现了谜底，就是美国工厂中广泛使用了机器。一位成员在报告中写道：美国人“几乎在每件事情上都用上了节约劳动的机器，完全令人震惊”。[⑤]

总体而言，第一次世界大战前夕，新工业革命已在美国基本完成，本世纪 20 年代末则最后完成。

巨型企业的崛起和发展

第二次工业革命在生产力领域给美国带来了翻天覆地的变化，工业化和城市化基本实现；在生产关系领域则带来了意义深远的美国经济体制中的垄断化的完成，实现了美国资本主义制度由自由资本主义向垄断资本主义的过渡和转化。美国的新工业革命和工业化、城市化、垄断化是一个基本同步和互动的历史进程，是一个系统发展的美国社会进化工程。

经济领域中的垄断化过程也始于内战以后，基本完成于20世纪初。19世纪60—70年代，美国资本主义的自由竞争发展到顶点，垄断组织开始萌芽。1873年美国国会一调查委员会宣称，国家即将出现和布满一些掌握控制无数财富、拥有巨大影响和权力的庞大公司。1873年经济危机后生产和资本的集中大大加快，垄断组织得到广泛发展。

巨型企业的崛起和发展是垄断化的第一步。虽然作为一种合法的体制——巨型企业萌芽于16世纪英国的股份公司，19世纪这类企业在某些行业已经取代独资企业，在内战以前，美国这类企业组织在运河和铁路行业中已经出现，但是在工业领域还没有成为一种明显的企业形式。1900年这类股份公司获得迅猛发展，采矿业产量中的86%和制造业中的2/3都是由股份公司所生产的。[⑥]股份公司促进了企业巨型化和生产进一步集中发展。这是因为在第二次工业革命中释放出来的巨大生产力成为生产集中和资本集中的强大原动力。第一次工业革命时代以工厂取代手工工场，因此是以生产单一商品为目的的独资工厂为特征的。在新工业革命进程中，大规模生产的现代工厂取代了旧式小规模的工厂。新工业革命中涌现的新能源、新的生产工艺以及新的生产要求和管理，逐步促使工厂的外部规模和内部结构发生重大变化，最终形成了以准确性、系统性、连续性、高速运转和经济性为原则的生产流水线。工厂与工厂之间、行业与行业之间出现了合并的趋势，形成巨型企业。从90年代开始，美国的一些工厂业经由纵向和横向两条途径实行联合和兼并向巨型企业转化。一些公司还通过扩展或收买其他企业成为巨型企业。如：1870—1900年，钢铁企业在30年里的资本和生产增长了500%，但是企业数只增长5%。19世纪60年代典型的美国工商业仍是独资业主开办的小企业，一个家庭或一个合伙企业。这类企业大多在当地经营买卖。但是到了 90 年代,美国工商业系统的“基本结构已经变化”,独资企业渐渐为巨型公司(股份公司)所取代。1870 年美国约有 25.2 万个工业企业,1890 年发展为 35.5 万个企业,数量上只增加 40%,但是资本投资却增长 300%,从 21 亿美元增加到 65 亿美元。[8]可见资本迅速集中的趋势。20 世纪初,有亿万美元资本的企业有近百个。1909 年美国所有企业的全部产值,几乎有一半掌握在仅占企业总数 1%的企业手里。这些企业不仅资金雄厚、规模巨大,而且可以控制生产组织活动直至原材料资源和加工甚至是各级市场。20 世纪初,巨型企业已经侵入了美国国民经济的大多数部门。巨型企业的产生为垄断组织的形成铺平了道路。垄断组织是巨型企业发展的必然结果。因此,有学者认为:“垄断资本主义是由巨型公司组成的一种制度。”[9]

如果说,高度发展的生产力是垄断资本主义形成的强大动力和根本原因,那么在第二次工业革命中崛起的新产业则为形成巨型企业和垄断的产生提供了物质基础。电力、钢铁、化学、石油和汽车等新兴工业部门具有先进的生产能力,它们没有旧产业部门的包袱,一开始就采用最新科学技术发展生产,因而具有很强的竞争力。同时由于生产特点所决定这些新产业部门都具有大生产的特点,产业自身就具备了生产一体化的要求。美国最早创立流水线的是新兴的汽车工业,最早的垄断组织托拉斯产生于石油工业,托拉斯运动发展最快的部门是在新兴工业部门:电力部门、钢铁、化学、汽车等部门,绝非偶然。有的新工业本身就是新技术发展的产物。整个美国电气工业发展的历史就是这种科学技术进步促进工业垄断化的历史。同第一次工业革命相比,这些产业部门都具有大生产的特点,他们的发展需要大量资金投入和建立大规模的生产基地。诚如一位美国学者所言,19 世纪 70 年代,美国的主要工业是“为农业经济服务的”,因此这些厂商往往规模较小,通常在当地购买原料和出售成品;到了 20 世纪初,美国更多的公司是“在进行生产资料的生产”,商业经济已成为工业经济。即进行重工业产品的生产,以前那种小型工厂已无法承担大规模生产任务,因此巨型企业随新产业的诞生而应运而生,20 世纪初的这些公司已成为规模巨大、有垂直领导体系的、集中化的企业了。[10]

促进巨型企业兴起和发展的另一个因素是美国城市化的历史进程,由于城市的兴起和城市化的初步实现,不断扩大的城市建设和与日俱增的城市居民形成了对商品的大量需求,城市建筑需要大量的钢材、木材、玻璃等等建筑材料,城市发展和交通运输的扩展需要耗费大量的能源,致使电力、石油、煤气的供应量扶摇直上;城市居民对粮食、肉类、水果、蔬菜等造成大批量的需求。一些独资小企业无法适应这种大批量的物质需求,他们或者谋求扩大经营规模,或被其他企业“吃”掉。面对这样大的市场,企业还要考虑降低成本、提高效益,走合并之路势在必行。另外一些诸如食品加工类的企业为了占领全国市场,还发展自己在全国的商号出售他们的产品,甚至需要掌握交通运输部门专门运送他们的物资,企业规模越来越大,经营范围越来越广。“他们(巨型企业)占有他们所需要的一切,从原材料(油井、蔗糖种植园、煤矿和铁矿)到交通运输工具(铁路、管道、汽船公司和大湖铁船)和市场设施(仓库、零售店和批发分配代理商)。此类所有形式同仅仅控制单一产品的同行业结合形成了鲜明对照。”⑪

总之,第二次工业革命中崛起的新工业部门为资本主义由自由竞争转向垄断提供了物质基础,新工业部门的诞生发展同资本主义垄断化的过程相辅相成。当然,旧的、传统的工业部门也会因资本主义内在规律的作用由自由竞争走向集中和垄断,但是如果离开新工业革命的推动,离开这些新出现和发展起来的工业部门,离开这些新能源、新科技的应用,资本主义经济要全面实现由自由竞争向垄断的转化是难以想象的。巨型企业的继续发展就是企业之间进一步形成垄断集团,即导致了垄断组织的出现,企业间组成的垄断集团在美国主要有普尔、卡特尔、托拉斯和控股公司等等。垄断组织发展大致经历4个阶段:19世纪60—70年代是其萌芽时期,1879—1890年是托拉斯运动时期,1897—1903年是为联合、合并阶段,是托拉斯发展的决定性时期。1903至20年代末为托拉斯稳步发展阶段。

第一次兼并高潮和托拉斯帝国

早在19世纪50—60年代,美国出现垄断的最初形式:普尔。这是一种短期销售协定的联合制,往往只是规定产品产量和价格,划分销售市场,以保证参加者的垄断利益。70年代,美国出现了一批以卡特尔为形式的早期垄断形式。但是无论是普尔还是卡特尔,这些早期垄断形式都是一种不稳定的、短期性的垄断组织。

19世纪80年代始，美国出现了较高级的垄断组织——托拉斯。1882年美国企业史上出现了第一个托拉斯：美孚石油公司（也译美国标准石油公司）。早在1870年，约翰·洛克菲勒组建美孚石油公司，当时资本为100万美元。1879年，美孚石油公司生产的石油已占全美总产量的90%~95%。1882年美孚石油公司改组为托拉斯，有14个石油公司参加，此外还控制其他26个石油公司的多数股票。美孚托拉斯掌握了美国产油区的各大铁路，建筑了四通八达的输油管，拥有自己的仓库码头，还有上百艘海轮，控制了全美90%的石油。美孚石油公司名义资本为7000万美元，其中的4600万掌握在洛克菲勒为首的9个委托人手中，公司业务为这9人所左右。

托拉斯一般由许多生产同类商品的企业或与产品有关的企业合并而成，旨在垄断销售市场、争夺原料产地和投资范围，增强竞争力量，以获取高额垄断利润。加入托拉斯的各个股东公司将其股票交由董事会而领取一种所谓信托券成为股东，完全失去了在生产、商业和法律上的独立性。企业经营事务和财务活动完全由董事会负责，原业主仅作为股东按股份取得红利。他的管理机构虽然由股东代表选举产生，实质上受大股东的控制。托拉斯因其是完整的企业联合组织较为稳定可靠因而在美国迅速蔓延扩展。

19世纪90年代直至20世纪初美国出现组建托拉斯高潮。继在榨油、炼铝、酿酒、制烟和屠宰出现托拉斯后，自然资源开发和运输领域也出现建立托拉斯的高潮。20世纪初，美国主要工业部门都已被少数几个托拉斯所垄断，形成了各工业部门中的“大王”。1901年摩根家族凭借其巨大财势利用摩根钢铁工业在竞争中不断集中的机遇，同剩下的几个最有实力的钢铁集团谈判达成协议，将4个集团合并成一体化的摩根钢铁联合企业，拥有铁矿、煤矿、铁路和运输船只，1907年摩根企业职工已有21万人，控制了全美60%的铁路，生产了66%的原钢和近50%的钢铁预制品。1910年钢铁产量分别达到1400万吨和1200万吨。1901—1910年间，平均年纯收入为1.12亿美元。

1898—1904年美国出现第一次企业兼并高潮。生产集中和资本集中必然导致垄断，这是托拉斯得以发展的基本原因，而经济危机则是促进垄断的催化剂，继1873年经济危机以后，美国在1882年、1893年、1903年和1907年连续出现经济危机，促使优胜劣汰，垄断加剧。同时，美国证券市场的形成也成了促使形成兼并高潮的酵母。自1863年纽约股票交易所建立以后，波士顿股票交易所、费城股票交易所和巴尔的摩股票交易所也相继成立。股票交易市场的形成，使工业股票得以上市，这就为企业兼并创造了条件。兼并高潮是垄断组织发展过程中具有决定意义的时期。据统计，1904年美国有318个大工业托拉斯，其中236个是在1898年以后建立的，并且拥有全部工业托拉斯的5/6的资本；有26个控制了各自部门生产的80%以上，有57个控制了各自部门生产的69%以上，有78个控制了各自部门生产的50%。另一统计资料表明，1904年美国各经济部门的44个大托拉斯共拥有资金204亿美元，而其中的1/3的资金掌握在最大的7家托拉斯手中。同年，产值在100万美元以上的企业有1900家，只占整个制造业企业总数的2.2%，但其产值却占制造业总产值的49%，所雇职工人数占行业职工总数的1/3。[12]1909年，产值在100万美元以上的大企业有3000多家，占企业总数的1.1%，其产值却占43.8%。[13]具体而言，1906年有7个垄断集团控制了全国铁路总利润的85%左右。范德比尔特铁路公司控制纽约—芝加哥地区铁路；宾夕法尼亚铁路公司控制从费城和巴尔的摩以西的铁路；摩根财团控制美国东南部铁路；詹姆斯·杰伊尔公司控制西北地区铁路；哈里曼财团控制中央大铁道和南太平洋铁路；古尔德铁路公司和罗克·艾斯兰系统占有密西西比河流域的铁路。[14]“钢铁王国”——摩根在1901年组成的摩根钢铁公司控制了美国钢铁产量的65%。1900—1910年，四大垄断集团（道奇、安纳康达、肯尼科特和卡劳梅特—赫克莱铜矿公司）控制了美国铜产量的75%。1909年美孚石油公司控制全国石油的66%。福特汽车公司在1913年生产了全美汽车总量的50%。1907年，摩根完全接管了美国电话电报公司，当时公司所属各公司共装有电话机300万部，其他独立公司也装有相同机数，1912年美国电话电报公司装机数已超过500万部，其他独立公司只装机360万部。1898年美国奥蒂斯升降机公司兼并其他8家升降机公司，总资产高达1100万美元，生产了几乎世界上所有建筑用升降机，第一次世界大战时成为第一批跨国公司。

总之，20世纪初年，垄断已成为美国全部经济生活中的基础，垄断组织（主要是托拉斯）遍布美国的工厂、矿山、油田、铁路、交通运输以及公用事业各个部门。

八大财团最后形成

在垄断进程中，银行资本和工业资本又逐渐融合，从而形成了金融资本和大财团，出现了金融寡头。

19 世纪末美国出现了金融界的巨型企业。1898 年纽约最大的 17 家商业银行拥有全市 63 家商业银行存款总额的 70%；1900 年 3 家最大的人寿保险公司：公平保险公司、互惠保险公司和纽约人寿保险公司拥有全美人寿保险公司资产总额和保险单总额各半数以上。纽约的两家合伙经营的银行和两家商业银行各自形成了有力的金融垄断组织。[15]工业垄断组织和金融垄断组织的形成为两者的联姻创造了条件，为财团的形成铺平了道路。

1898—1900 年银行巨头摩根共合并了 20 多家钢铁公司，后又以 4.8 亿美元的高价收购了卡耐基的钢铁公司。1901 年，他组建了摩根钢铁公司，这是美国历史上第一个 10 亿美元的大公司。摩根将银行资本渗入工业资本之中，从而形成美国第一个首屈一指的摩根财团。1912 年，该财团在 112 家大公司中拥有 341 个董事席位，并在 100 家子公司中拥有较大股份。摩根本人是美国 21 条铁路、通用电气公司、西方联合公司、普尔曼车厢公司和 3 个保险公司的董事。财团控制了第一国民银行、银行信托公司等 13 家金融机构，合计资产总额达 30.4 亿美元，其中摩根公司实力最为雄厚，称雄金融界，被誉为“银行家的银行家”。财团还拥有一些大型公司，如：美国钢铁公司、美国电话电报公司、纽约中央铁路公司以及其他几家全国最大的保险公司。“到 19 世纪末，摩根在商界的信誉已超过了美国政府。”[16]一些评论家指出，“摩根比大多数总统的权力都大”[17]。

建立财团的另一个典型就是依靠雄厚的工业资本渗入银行金融领域，最后成为仅次于摩根财团的洛克菲勒财团。19 世纪 70 年代，洛克菲勒创办了美孚石油公司，掌握了美国石油业后，又控制了煤气、电气、制锌、制铅、炼铜、炼钢等企业。90 年代始，洛克菲勒将工业资本投向银行业，与斯蒂尔曼共同掌握了花旗银行，并利用所得利润再投资，或组建新的工业垄断公司，或收买其他企业的股票攫取控制权，由此形成实力雄厚的财团。

20 世纪初，美国形成了 8 大财团，除摩根和洛克菲勒两大财团外，还有库恩—罗比财团：德裔犹太人 A.库恩和 S.罗比于 1867 年创办库恩—罗比公司，主要投资铁路事业。19 世纪末至 20 世纪 30 年代间，该财团有“铁路王国”之称，垄断美国铁路，还投资银行、钢铁、石油、电气等部门。

梅隆财团：T.梅隆于 1869 年创办托马斯·梅隆银行，1902 年更名为梅隆国民银行，这是他发家的金融支柱，后与工业资本融合形成财团。梅隆银行在 1890 年就控制匹兹堡冶炼公司，后改名为美国铝公司，1910 年以来一直垄断美国铝的生产，长期通过金融机构控制匹兹堡地区的银行资本和工业资本。

杜邦财团：是一个典型的家族托拉斯。杜邦公司在 1918 年资产高达 3 亿美元，成为当时最大的垄断公司之一。

芝加哥财团：美国中西部地区财团。20 世纪初，由当地富豪麦考密克家族、伍德家族及新兴的克朗家族组成。他们利用当地的农业优势，发展肉类加工和农业机械，使芝加哥地区成为仅次于纽约的工商业中心和金融中心。在商业上占有优势。成立于 1866 年的西尔斯—娄巴克公司为该财团所属。20 世纪初经营邮购业务获巨大发展，它的零售商店和供应点遍及全美。

克利夫兰财团：克利夫兰地区的几家关系密切的富豪家族，如：马瑟、汉纳、汉弗莱、伊顿等，利用当地丰富的煤铁资源，创办钢铁工业获巨额利润后再投资银行业，并将资本投向橡胶工业和铁路运输。第一次世界大战后具备了财团的条件。

波士顿财团：由 19 世纪经营奴隶贸易而致富的波士顿地区的富豪，如：洛威尔、劳伦斯、亚当斯、洛奇等家族组成。他们利用海外殖民攫取的财富投资于商业银行、保险事业和投资公司，并依靠这些金融机构提供资金投资纺织、制革、制鞋、服装、食品以及化工等轻纺工业。20 世纪初，几家世代通婚的家族以波士顿第一银行为核心，形成财团。

此外，还有一些中小财团伴随大财团而生。他们一般都依附于某一大财团而生存。

20 世纪初年，八大财团形成以后就掌握了美国的经济命脉。美国一些主要工业部门中，都有一家大垄断公司的产品占整个部门总产量的 90%以上，而这些大公司的背后就是垄断财团。以八大财团为主体的美国金融资本不仅支配着整个美国国民经济，成为商业和企业生活的“心脏”和“源泉”，而且还操纵政府，干预政务，并将其触角伸向社会的每一个角落。美国的资本主义已由自由竞争阶段进入到垄断阶段，成为以托拉斯为特点的美国垄断资本主义，或托拉斯帝国主义。

现代企业的定型

在美国经济垄断化过程中，现代大企业的初步形成是一个具有积极意义的历史成果。现代企业形式——股份公司在企业垄断化和巨型化进程中脱颖而出。虽然股份公司这种企业形式在美国经济史上早就出现过，最终还可追溯到16世纪的英国。但是股份公司作为现代企业在美国真正形成是在第二次工业革命兴起后。从19世纪50—60年代起股份公司进入迅速发展阶段。20世纪初，尽管美国的独资企业形式在经济生活中仍占多数，但在大企业中股份公司已在美国成为一种主导企业形式，成为一种基本的组织形式。股份公司的发展和巨型企业的兴起是同步的，都是在适应第二次工业革命中涌现出来的新兴工业部门的需要而产生的，如：钢铁工业、石油工业、化学工业、电力工业等等都是需要巨额投资才能兴办的，因而独资企业的形式很难在这些部门有立足之地。同时新兴产业部门已不是生产单一产品的企业，他们往往在纵向上从原料到销售都纳入他们的经营范围；在横向上同时经营若干相关产品。独资企业要进行这种多样性的生产也是无能为力的，而股份公司却具有适应上述情况的优点和性能。

从某种意义上说，现代股份公司是巨型企业的最有效的一种组织形式。巨型企业并不是仅仅在规模上、人数上比以前的独资企业成倍地扩大，更为重要的是它的内涵，即企业内部的资本所有制形式、生产结构和管理模式所体现的现代性，远远超越了以前的独资企业的形式。

在资本所有形式上，独资企业的资本所有制为个人所有，股份公司则是若干股东的资本所有制，即由分散的私人资本变成集体资本家所有的股份制形式，从而使企业由个别私人资本家变成集体资本家（股东）所有制。这样就为吸收社会资金提供了便捷的途径，也为公司兼并其他企业提供了某种方便。而这种所有制形式的发展与证券市场的发育和运作密不可分。

生产结构上也发生明显变化。独资企业因受规模资金所限，以生产单一产品为特征，产品销售往往在地域上也有所局限。股份公司是巨型企业的组织形式，凭借其雄厚的资金和大规模的生产能力，或是一条龙经营，即从原料到加工、从成品到销售、从运输到商店经销都由企业自身来完成；或是生产多种产品,生产不同产品的企业由于不断的兼并联合,不仅使企业规模扩大,而且使产品的内容变得多样化。

生产管理上同样发生了显著的重大变化,即所有权和管理权的逐步分离。因为股份制巨型企业是集体资本家(包括股东)所有,在管理上就不可能按照独资企业那样进行家长式的个别资本家的管理模式;但是也不可能进行所谓的"集体"管理,让每一位股东参与企业管理和经营。同时企业为了扩大生产,添置设备需要发行新股票向投资者筹集资金,必然导致公司股权的进一步分散。因此股份公司需要有一批领取薪金的专门从事管理和经营的人员,他们受资本所有者的委托实施经营和管理。在实践中就形成了所谓经理式的公司管理模式。它的具体组织结构是:董事会是资本所有者的代表机构,下设总经理掌握经营和管理全权。它下面再按企业业务分设管理机构,由副总经理司其职,负责生产、销售、人事、研究与开发、财务等工作。这种管理体制是一种高度集权的体制。财团领袖人物可对所属企业实行单一的垂直领导,犹如天主教会和拿破仑政府一样实行有效的集权管理。著名黑幕揭发者、女记者阿依达·塔贝尔说:洛克菲勒的美孚石油公司的"管理集中化与天主教会或拿破仑政府一样不折不扣"。这些专业管理人员"他们每日聚会,把全部时间花在康采恩的管理和发展问题上。……石油界发生的任何事情都可能进入他们的视野,从美国东部的奥什克什市的油绳,到苏联石油在中国的竞争,无不是他们的论题"。而公司的创始人和主持人洛克菲勒完全是组织方面的"奇才",他绝对"精密地"操纵他自己设计的这架"机器","这架机器的思维所产生的影响,从纽约城的权力中枢到最卑微的输油管道巡察工都能感受到"[18]。在企业管理上,A.卡耐基堪称杰出人才。他的"抢占市场"的强烈意识是使他的钢铁公司兴旺发达的重要原因之一。卡耐基牢牢掌握市场信息,并不失时机地转换产品打入市场。他认为"占领市场越早越好"。90年代,他敏锐地察觉到对钢铁公司来说铁路市场行将结束,他带着特有的目光瞄向城市建筑市场,"卡耐基是第一个带着幻想看到城市中心成长的人,他认识到由于电梯发明使建造多层结构成为可能,钢铁公司可以如以前提供铁轨一样在未来提供钢梁服务。"为此"卡耐基不仅改变了产品结构而且改变市场资源",还将目光瞄准了国际市场。因而卡耐基在90年代结束时,"将他的公司由一个十分成功的企业建成一个工业王国"[19]。

总之,从美国第一次企业合并高潮到第一次世界大战期间,美国大企业已进入成熟期。美国的整个工业结构甚至经济结构都已具备了现代形态。也就是说,美国垄断资本主义最后确立的同时,美国现代企业已趋成熟。

关于托拉斯的争论

垄断资本主义的确立在美国历史上是一个前所未有的巨大变化,社会巨变必然引起人们认识上的差异和思想上的争论。对于出现于美国社会和经济领域中的垄断现象和具体组织,对于美国社会上发生的种种变化,美国社会各阶层人民持有不同看法,赞成者有之,反对者有之,观望者有之,议论纷纷,甚至情绪激奋。美国著名历史学家詹姆斯·T·亚当斯把美国垄断化的时代比喻为“恐龙时代”,他说:“(以古代恐龙时代出现的同样方式),在我们自己的时代,各种因素合并起来突然出现在我们的社会和经济世界中,从未想象过的大规模公司的巨型企业,犹如古代恐龙似乎是命中注定的要统治大地。他的躯体、力量和进攻武器表明他无敌于天下。”[20]当时正在美国访问的中国著名改革家、思想家梁启超目睹耳闻美国人对托拉斯的辩论后,他在他的《新大陆游记》中这样写道,在美国,人们视托拉斯为“怪物”“猛兽”,各阶层人民都关注其发展。托拉斯究竟何物?“政府之焦虑,学者之讨论,民间各团之所哗嚣调查,新闻纸上所研究争辩,举全国8千万之视线,无不束于此一点。”生动记载和描绘了美国上下对垄断的关注。关于托拉斯有人赞成,有人反对;有人肯定,有人否定。新闻报上辩论不断。梁启超又进一步将美国人之争论加以归纳:他们认为托拉斯的产生给美国带来12个“利”和10个“弊”。所谓“利”就是:1.可以利用最新最大最敏之机器而尽其所用;2.资本既合并,则创出之物其价也随而廉;3.以工场伙多之故,可以实行分业之学理,使日趋精密;4.能有余力利用废物,使无弃材;5.以全国本业皆合同故,能节制生产毋使有羡不足,因以免物价之涨落无定,而资本家无时常倒闭之患,劳力者也不至被牵涉而失其业;6.能经营附属事业,扩张外国销路;7.能淘汰冗员,节减薪费;8.凡一切竞争之冗费皆可节约;9.可节省运送费;10.信用日益坚实;11.以资本雄大故,不假借贷,无畏外界市场之恐慌;12.可交换智识,奖励技术。

托拉斯的弊端为:1.以全权诸一二人之专制,苟不得其人,则全局失败;

2.规模太大,难于统一监督;3.独占一业,竞争失去,技术改进中止;4.工人失业;5.使小资本家无法自存;6.以廉价勒买原料,高价售货损害产家和消费者的利益;7.日杂粗窳以欺市众;8.滥用保护关税之权,低价售到国外,高价售于国内;9.剥削工人更甚;10.垄断企业一有失败,则其证券搅乱市场。梁启超的概括虽不能说已经十分全面科学,但在客观上反映了当时美国民众对托拉斯利弊分析之大端。

梁启超的概括尚属旁观者之评述,美国人自己对托拉斯的评价,也许更贴切、更直接。1899 年 9 月在芝加哥曾召开了一次讨论有关托拉斯的专题会议,出席者中有中西部的几位州长,有劳工代表,有工厂主代表,有农民代表等等。代表们出自不同的地位、不同的利益、不同的视角围绕托拉斯问题各叙己见,一位农民代表说:“在过去的几年里……这些企业已经将许多在一个州或若干州的分散企业合并起来……使它们在统一管理之下。这些大型企业或大家都知道的托拉斯建立起更大的权力,这种权力促使它们推行已经侵犯个人权利的政策,或者已经使用他们的影响限制贸易,伤害劳动权利,摧毁其他财产的价值,以及剥夺他人利用他们的资本,他们的所作所为明显地反对公共政策,破坏共和国的最大利益。”他认为托拉斯的行为正将共和国带到一个危险境地。因此美国人民应该做的第一步就是推动国会通过一个经过深思熟虑的反托拉斯法,明确规定托拉斯的什么行为是伤害公共政策和损害私人企业等等。应该用法律来制止托拉斯利用州给予的特权破坏其他企业和剥夺其他公民使用他们的财产,制止它们利用它们的权力和影响限制贸易,制止它们利用大量钱财控制政党和议会。

一位编辑则持不同看法,他开门见山地说:“合作的权利如同比赛权利一样是毫无疑义的:比赛权包含了退出竞争的权利;合作常是一种竞争方法,从更开阔的视野看,竞争经常是合作的手段;两者均为合法有序的、无侵犯性的个人行为,两者都将在平等自由的社会法律指导下实施;任何个人或机构用立法行为或任何侵犯性力量企图去禁阻或限制合作或竞争,就这样的人和机构而言,他们将可能因他们的这种企图被公正地评价为自由的敌人、进步的敌人、社会的敌人和人类的敌人。”从此出发,他认为托拉斯如同其他各种工业联合一样,以联合的形式努力做着联合组织中每一个个人所应做的事情。托拉斯不是一个可以被控告的机构。有人用托拉斯否定竞争来攻讦和否定这种合作形式是荒谬的，说托拉斯否定了竞争等于说“竞争否定了竞争”。有人认为托拉斯靠生产和出售比在托拉斯外生产的产品更廉价的产品否定了竞争，如果这理由成立的话，那么每个成功的竞争者难道也都否定了竞争？

对托拉斯持反对态度的工会领导人约翰·W.海斯在发言中指出，托拉斯和联合问题已经超越了生产和价格等有关制造商的合法运作问题，它已被提升到政府政策的高度，包括人权问题、个人自由、公民地位、公民尊严、自卫权利，关于财富权利的限制问题、商业侵权问题，创建能够保卫我们自由、人格和独立的屏障问题。他认为“托拉斯”这个概念是如此不肯定、如此含糊和如此不确定，在没有它的核心内容和确定出处的清晰概念时已被多次使用着，我们必须对它作出可靠的界定。韦伯斯特将托拉斯定义为“控制生产和价格的一种联合”。这个定义提供了我们从法理上批判它们的充分理由，因为控制生产包括了我们与生俱来的权利，包括了我们公民的自由——实际上就是我们政府存在的形式。他的结论是“托拉斯的政策是一个反对社会最大利益和摧毁我们自由制度和大众政府的有组织的肆意侵犯”。

一位社会主义者认为为了处理托拉斯我们必须了解它们的起源。托拉斯不是怪物而是一种现象，它还会继续发展，在20世纪的某个时候所有工业将在托拉斯的控制之下，从大西洋到太平洋。我们无法停止他们的发展犹如企图在河上筑坝去停止浩浩荡荡的密西西比河一样。他认为一旦所有工业部门都建立托拉斯后，资本将会全面地改变它的性质。托拉斯机器完全准备交给民主社会的手中——大众控制。没有人能想象一个社会化的工业将会是被分裂为成千上万个的小企业。对于托拉斯，我们该做的第一件事是企望未来企业的公有和管理；第二件事是保护劳工反对托拉斯；第三件能够做的事是使一些私人企业实行公共控制，即建立所谓的公用事业，诸如城市所有的市政建设等等。

为托拉斯辩护的制造商们在会上也发表了他们的看法。一位代表这样说，在一些合理的有限联合企业内部能够减低生产成本。这样的联合企业能够使用最新的改进了的机器和使用的设备工具适应技术上的进步，这在资本缺乏和规模很小的企业里是难以实现的。联合对社会是安全的，资本的联合建设了铁路和降低了交通运输费用，美国钢铁生产正适应整个世界的需求甚至英国本身的需求。他还认为，在美国，除了国家特许的企业以外，真正的垄断是不可能的，工业领域内的联合也不会影响中间商的利益。[21]

上述资料表明,美国的农民、社会主义者和工会领袖对托拉斯采取了否定态度,他们严厉批判托拉斯,揭露它给美国人民和社会带来的祸害和弊端,指出托拉斯的存在违背了美国人民的价值观念;工厂主和编辑代表则站在相反的立场上,肯定托拉斯给美国社会带来的进步和利益,认为托拉斯的建立符合美国精神。

大企业家如何看待托拉斯呢?约翰·洛克菲勒1899年在美国工业委员会前作证时讲述了他的石油公司的起家历史,竭力维护托拉斯的合理性及其优越性,他说:"随着时间的推移和企业发展变得可能时,我们发现进一步集资是必要的,即获取和需求人员和资本,于是组成了100万美元资本的美孚石油公司。后来我们发现有更多的资金可获得,发现更多的投资者对企业有兴趣,我们的资金增长到了350万美元。因为企业增长发展和国内外市场的取得,更多的个人和资金投入我们的企业,新的公司代理处组织起来,但目标经常是相同的——用提供最优秀和最廉价的商品来扩展我们的事业。"在谈到石油公司成功之道时,他说:"(成功)在于他坚持这样的政策:通过优质廉价的产品极大地扩展他的企业。在于发现、获取和利用最优最省的生产方法而不惜工本。他寻求最优秀的管理人员和工人并为此支付高额薪金。他为了更好和更新的设备毫不犹豫地淘汰旧机器和旧工厂。他将工厂设在它们能以最低价格供应市场的地点。他不仅为主要产品也为所有可能的副产品寻求市场,为将它们打入市场不计工本。他毫不犹豫地投资数百万美元在减低储集和分配石油的方法上:即使用输油管、特种卡车、运油轮船和运油车。他在每一个重要的铁路车站修建汽油罐以减低储油和送油的成本。他不惜代价将产品打入世界市场,包括文明人的市场和不文明人的市场。他对美国石油充满信心并已投入数百万美元去实现他的目标,固守市场,同俄罗斯和所有产油国家和反对美国石油的竞争者进行竞争。"

他认为关于工业联合的讨论已经太晚了,工业联合是必要的。如果美国人在全美各州和国外都具有扩展他们企业的特权,那么它们必须是大规模的并且需要更多的企业代理。关于工业联合的优越性,他认为:1.是能调动必要的资本;2.企业范围的扩展;3.增加对事业感兴趣的人的数量;4.节约企业;5.企业因许多具有丰富经历的有关人员的知识获得改进和节省开支;6.授予公众的权力以更低价格改进产品从而使股东获利;7.给劳工以永久的职业和良好的薪金收入。

当问及托拉斯会对公众造成那些主要弊端或危险时，洛克菲勒回答说："危险就在于被联合企业所授予的权力可能被滥用；在于组成联合企业的目的不是为了扩大事业而是为了在证券市场上进行投机，因而价格会被暂时抬高而不是降低。这种滥用权力的事情在不同程度上在所有的大企业或小企业中都可能出现，因此这种反对联合的争论如同因蒸汽也许会爆炸而反对蒸汽一样。其实蒸汽是必要的而且也能使它做到相对的安全。联合是必要的，它的滥用权力也能够被限制到最低程度；要不然，我们的立法者们一定明白他们缺乏能力去处理最重要的工业工具。迄今为止，大多数立法企图不是努力去控制联合而是想摧毁它，因而他们是徒劳的。"[22]

上述议论不仅表明托拉斯在美国出现时给社会带来了极大的震动和影响，而且表明托拉斯垄断组织的形成给美国不同阶层的民众带来了不同的利弊。其实垄断组织的形成和出现，资本主义由自由竞争阶段发展为垄断阶段是一种必然的历史发展进程，是在工业革命的猛烈推动下，生产高度集中和资本高度集中的必然的逻辑发展。各种垄断组织（包括托拉斯在内）都是在垄断进程中涌现出来的事物，他们的产生不是以人类主观意志为转移的，他们的优劣、利弊也是客观存在的，不会因人们的反对而消失，反之亦然。但是20世纪初美国经济迅猛发展的事实说明，当时垄断的形成基本适应生产关系，容纳了生产力的发展，巨型企业适应了大生产的需要。总之，垄断的形成是一种生产力自然发展的产物，第二次工业革命带来的巨大生产力和大规模生产势必造成生产的集中，集中就会自然地趋向垄断。诚如列宁所说："集中发展到一定阶段，可以说就自然而然地走向了垄断。因为几十个大型企业彼此之间容易形成协定，另一方面，正是企业的规模巨大，造成竞争的困难，产生了垄断的趋势。"[23]同时，现代企业科学的管理方法符合高度发展的生产力的需求，一定程度上缓解了自由竞争中出现的某些弊端。因此从某种意义上说，这是资本主义经济制度在不触动根本制度（包括所有制和分配制度）的条件下，为适应生产力高度发展实行的一种内部机制的自我调节，但是托拉斯也给经济发展带来某些阻碍，追求高额利润驱使托拉斯产生各种弊端，特别是资本主义制度本身的根本矛盾并没有因为进入垄断阶段而解决或消失，因此经济危机还是周期性地出现，贫富不均成为难以克服的痼疾，竞争以更高的形式甚至更激烈的程度出现。但是,总体而言,托拉斯的出现和形成对当时美国的整个社会来说还是利大于弊,适应和促进生产力发展的正面效应胜于其负面效应;同时托拉斯的产生是工业发展势在必行的趋势,谁也无法加以制止。所以托拉斯刚在美国出现时,即使有人反对并主张禁止托拉斯,托拉斯还是发展起来,并且"日盛一日",迫使人们对它改变看法转变态度。对此,梁启超概括说,美国政府和美国舆论"幡然一变,知此物之发生,由于天演理势","于是禁遏之政策,一变为补救之政策"。梁的说法是符合当时美国实际的。1913 年以后,美国在托拉斯问题上已出现一种明确的倾向,"主张管理托拉斯而不是解散托拉斯。国会顺应这种情绪制定了联邦贸易委员会法"。[24]20 世纪初,美国垄断资本主义在全民的辩论声中最后确立起来。

注释:

①卡尔·N.德格勒:《经济革命时代 1876—1900》,斯各特出版公司,1977 年,第 17 页。

②转引自于尔根·库钦斯基:《生产力的四次革命:理论和对比》(中译本),商务印书馆,1984 年,第 121~122 页。

③《马克思恩格斯全集》第 35 卷,人民出版社,第 445~446 页。

④弗雷德里克·L·艾伦:《巨变》哈珀兄弟出版公司,1952 年,第 121 页。

⑤参见丹尼尔·J·布尔斯廷:《美国人:南北战争以来的经历》(中译本)谢延光译,上海译文出版社,1988 年,第 797、801 页。

⑥卡尔·N·德格勒:前引书,《经济革命的时代:1876—1900》,第 31 页。

⑦卡尔·N·德格勒:前引书,《经济革命时代:1876—1900》,第 36 页。

⑧约翰·加勒第:《新共和》,纽约,1968 年,第 96~97 页。

⑨保罗·巴兰保罗·斯威尔:《垄断资本》(中译本),商务印书馆,1977 年,第 53 页。

⑩哈里·马格多夫:《帝国主义时代》,商务印书馆,1975 年,第 26~27 页。

⑪卡尔·N·德格勒:前引书,《经济革命时代:1876—1900》,第 37 页。

⑫《列宁选集》第 2 卷,人民出版社,1972 年,第 740 页。

⑬《世界经济百科全书》,前引书,第 502 页。

⑭王锦塘、钟文范、李世洞:《美国现代大企业与美国社会》,武汉大学出

版社,1995年,第6页。

⑮引自王锦塘、钟文范、李世洞:前引书,第15页。

⑯罗伯特·索贝尔戴维·B.西西利亚:《企业家美国人的创业精神》,生活·读书·新知三联书店,1989年,第150页。

⑰同上书,第148页。

⑱引自詹姆斯·O·罗伯特:《美国神话美国现实》,中国社会科学出版社,1990年,第229~230页。

⑲约瑟夫·F·华尔:《安德鲁·卡耐基》,匹兹堡大学出版社,1989年,第586~587页。该书第一版于1970年牛津大学出版社出版。J.F.华尔教授是当代美国企业史学派的著名历史学家之一。该书被评价为“不仅是一个伟大王国缔造者和慈善家的高明研究,而且是美国巨型企业兴起的引人入胜的编年史”。

⑳詹姆斯·T·亚当斯:《美国史诗》,兰带图书出版社,纽约,1931年,第342~343页。

㉑有关1899年芝加哥的托拉斯研讨会的材料均来自前引书,《美国年鉴》,第12卷,第279~298页。

㉒《美国年鉴》,前引书,第12卷,第312~316页。

㉓《列宁选集》(第2卷),人民出版社,1972年版,第740页。

㉔德怀特·L·杜蒙德:《现代美国1896—1946》(中译本),商务印书馆,1984年,第194页。

(载《华东师范大学学报》1990年第2期,参见《美国通史(第四卷)》第一章)

美国历史上的“黑幕揭发者”

从上世纪末至本世纪初的数10年间,是美国历史上经济发展最快、社会变动最剧烈的阶段,也是腐败、丑闻层出不穷的时期。这是因为20世纪初,以八大财团为主的金融资本不仅支配了美国的经济,而且操纵政府、干预政务,它的触角伸向社会的每一个角落。自由资本主义迅速转化为垄断资本主义，社会向更高的形态转轨。

20 世纪初美国社会的黑幕

资本主义的迅猛发展在给人类带来巨大财富的同时，也使美国社会一度成为纸醉金迷的花花世界。当年本杰明·富兰克林所倡导的清教传统——“勤俭、诚实而又精明地谋利聚财”，被垄断资本的弱肉强食、获取暴利的恶行所取代，道德沦丧，社会风气江河日下。一位美国历史学家在谈到铁路系统的风气时说：“几乎无人重视诚实和信义。如果这些品质有碍于某人从‘生意中得到自己一份利润’的话，他就对此毫不容忍。这种狡黠诡谲、卑鄙堕落的精神渐渐渗透到整个系统。”这是当时美国社会的缩影。

美国政界也曾腐败成风，一些腐败分子趁社会转轨之际，既钻新体制不完善的空子，又借旧体制之弊端，新旧结合以售其奸。他们抓住这一搞腐败的大好时光，或以权谋私，权钱交易；或挪用公款，贪污盗窃；或处处设卡，敲诈勒索；或大造伪劣商品，谋取暴利，从谋求官职者、承包商、娼妓、赌棍，以及任何一个碰巧需要保护或支持的人那里来的金钱，源源不断地流入他们的腰包，甚至于推车小贩和拾垃圾的人都要向他们“纳贡”。据称，费城一个煤气托拉斯头头麦克梅内手上就握有 5630 个公职的任免权！这些任免权“一转手”变成“批条”，即可成美钞黄金。这类头头并非个别典型，因为当时“美国还不曾有过比这时期的党魁掌握更大权力的各种色彩的政客。”大城市如此，各州政界也毫不逊色，本世纪初，腐化和特权在许多州猖獗一时。其表现形式和活动目的，与大城市如出一辙。政府腐败与社会风气沦丧成了美国社会发展的桎梏。

揭露美国政界腐败与两极分化的勇士

由于美国社会是两个极端并存的文化体，既有制造黑幕的小人，也有揭露黑幕的勇士，一批正直的有正义感的新闻记者、作家面对黑幕，不怕权势与压力，毅然拿起他们唯一的武器——笔杆子，勇敢地投向黑幕，他们在报上连续发表揭黑文章，百姓额手称庆。当时的美国总统西奥多·罗斯福对此颇感不悦，1906 年 4 月 14 日，他在一篇演讲中，引用班扬《天路历程》中的一段话“手拿粪耙的人（Muckrakers）……他们的眼睛只能朝下看”。此后“Muckraker”就成为“黑幕揭发者”的专称。

在揭黑运动中，《麦克卢尔杂志》颇有影响，它是由爱尔兰人麦克卢尔创办的。1896 年，他让女记者艾达·M·塔贝尔小姐去写一部美孚石油公司的历史。塔贝尔花了整整 5 年时间，广搜材料和证据，最后写成《美孚石油公司外史》，从 1902 年 11 月起在该杂志上足足连载了 15 个月，轰动一时。在书中，塔贝尔尖锐地揭露了洛克菲勒及其同伙如何处心积虑地用卑劣手段挤垮小生产者，“大鱼吃小鱼”，最后建立石油垄断成为百万富翁的血腥发家史。早在塔贝尔前，有一位名叫亨利·劳埃德的美国新闻记者已在揭露工业垄断集团丑行方面颇有成绩。1887 年 3 月号的“大西洋月刊”上登载了他的揭露文章《大垄断集团的故事》，揭发了美孚石油公司和铁路公司狼狈勾结搞垮对手的内幕，文章一出，轰动全美。后来他将此类文章辑成《反共和国的财富》一书，于 1894 年出版，为新闻界揭黑树立了榜样。

黑幕揭发者还把锋芒指向政界的腐败现象上，《麦克卢尔杂志》编辑林肯·斯蒂芬斯在这方面成绩斐然。当时，美国圣路易斯市有一名为约瑟夫·W·福克的律师正在揭发该市民主党党魁的腐败行径。斯蒂芬斯闻讯后抓住机会进行“新闯追踪”。他在 1902—1903 年间走出编辑部，足迹遍及纽约、费城、芝加哥、匹兹堡、克利夫兰等城市。他惊奇地发现各大城市都存在骇人听闻的腐败现象：政客和企业界豪富结成联盟，操纵政坛，愚弄百姓。斯蒂芬斯将他调查到的材料在《麦克卢尔杂志》上曝光，后汇编成册，题为《城市的羞耻》，之后，他又研究州的状况，出版了《争取自治的斗争》再揭政界腐败现象，深受国人关注。在《城市的羞耻》中，他在揭露纽约地区腐败时尖锐指出，一个名为塔慕尼的有势力的政治团体是“腐败的具体体现”：这些人公开“为自己谋利”，“无论在私下或公开场合，塔慕尼的大小头目都一再声称他们竞选不是为了人民，而是为了他们自己，为了我和我的朋友，不是为了纽约市，而是为了塔慕尼”。他认为这种竞选集团的腐败植根于特殊利益集团。塔慕尼就是同特殊利益集团相勾结又是彻头彻尾的“地方势力”。

社会不公，贫富不均也是揭黑幕者关注的重点之一。垄断资本主义越发展，贫富差距就越大，摩天大楼与贫民窟形成鲜明对照。根据 1913 年成立的美国联邦工业关系专门委员会提供的报告,当时美国的富人占全国人口的2%,却拥有全国财富的60%,而穷人占全国人口的65%,只拥有全国财富的5%。针对这种畸形社会现象,美国一些现实主义文学家和黑幕揭露者以犀利的笔触狠揭社会的不合理现象。1899年,美国经济学家索尔斯坦·维布伦在他的名著《有闲阶级论》中,深刻批判美国社会中出现的一种"摆阔性消费",一些腰缠万贯的豪富不是将收益投入再生产,而是大肆挥霍,炫耀财富。如芝加哥的有闲阶级为显示他们的富有,特地住进让人一眼就能看清的透明的豪华宫殿里。沃德·麦卡利斯发表了《我所发现的社会》,对纽约400名自封社会名流的奢侈生活作了"亮相"。如一个叫布雷德利·马丁的名流单是在沃尔多夫饭店举办化装舞会就花去近37万美元,参加舞会的人也要为着装等耗资1万美元。在豪富们进行"摆阔消费"时,居住在贫民窟里的穷人却挣扎在饥饿线上。揭黑者们用活生生的证据向世人揭示出一幅幅悲惨的画面。1890年,新闻记者雅各布·里斯发表了他的名著《其他一半人是怎样生活的》,震惊了社会,唤起了美国人的良知。由于作者曾担任过警察局报道员,分管纽约的下东区,对那里贫民的窘状一目了然。他在书中揭露说纽约有一半人住在密如蜂窝的经济公寓里,那里臭气冲天,害虫猖獗,婴儿死亡率高达10%,惨不忍闻。

小说家厄普顿·辛克莱在1906年出版了《屠场》,描绘了芝加哥的家畜场和屠宰场剥削移民的黑幕,工人劳动条件之恶劣令人发指,他认为这一切都是资本家单纯追求利润所致。

黑幕揭发者见黑就揭,并一揭到底。E·马卡姆在《受奴役的儿童》中,抨击了资本家雇佣童工榨取利润的不道德行为。乔治·凯比·特纳在1909年著文大揭芝加哥警察和有组织卖淫相勾结的内幕。塞缪尔·霍普金斯·亚当斯发表系列文章,揭了专卖假药者的老底,揭穿广告宣传中弄虚作假的卑劣伎俩。一些"反叛"文学家也投入揭黑运动。如戴维·格雷厄姆在他的《天晓得的成功》和《第二代》中,以"金钱的腐蚀力"为题暴露了美国社会内在的痼疾。这一切沉重地打击了美国当局与腐败分子。

揭黑运动促进了美国社会的革新

揭黑运动在美国持续了近 10 年之久,作为一次“运动”在第一次世界大战前基本结束。揭黑运动是否取得了预期的社会效应,历史的答案是肯定的。首先,揭黑活动为美国当时的社会改革制造了舆论。他们的文章、新闻报道、书籍用大量确凿的事实与证据揭黑幕、曝丑闻,使人们认识到美国社会中存在着大量的腐败现象,从而激发起美国人民改革社会的热情。美国历史学家亚瑟·林克在他的《1990 年以来的美国历史》中这样说,通过揭露美国社会生活中的耻辱和腐败,黑幕揭发者激起中产阶级的义愤,有助于促进进步运动成为一场全国的起义,而不是一系列零散的战斗。

其次,揭黑活动在某种程度上反映了美国下层人民的呼声。当时美国正处在动荡的岁月,自由资本主义向垄断资本主义转轨,既有社会主义者对垄断资本主义制度的尖锐批判,也有崇尚理性社会的清教主义者对工业社会的咒骂;既有产业工人对垄断资本家的反抗斗争,也有中产阶级对社会地位不稳而发出的抱怨;既有知识分子对社会黑暗面的辛辣批判和嘲弄,也有穷人、黑人在贫民窟发生的痛苦呻吟和抗争。揭露黑幕者虽然只希望改革社会而不触动资本主义的根本制度,但他们所揭发出来的种种丑闻黑幕,毕竟讲出了下层人民想说而无法说的话,提出了他们渴求解决但无法解决的问题。这也正是揭黑运动能取得震动社会的原因之所在,他们所揭的问题是美国广大人民关心的热点;他们的揭发击中时弊,敢于碰硬,而不是隔靴搔痒。

最重要的历史作用是揭黑者们的活动直接促成了改革的成功,成为一些重大改革措施出台的直接动力,收到了立竿见影的效果。美国经济学家吉尔伯特·C·菲特评价说,“这批社会新闻记者所揭露的社会黑暗面大大有助于20 世纪初期进步和完成许多重大的政治改革和经济改革”。劳埃德的《大垄断集团的故事》发表后,“使公众痛感必须制订反托拉斯的法律”。当时美国政府制订的反托拉斯法就是在这种背景下出台的。厄普顿·辛克莱发表《屠场》,本意是揭露畜牧场和屠宰场的黑幕,唤起美国人民对屠宰工人的同情。著作发表以后却激起了人们对存在于肉类加工质量上种种弊端的极大愤怒,最终促使政府通过了《食品质量检查法》,使美国民众大受其惠。由小说家戴维·格雷厄姆·菲利普斯执笔写成的《参议院的背叛》,因其对参议院的指控,为美国立法机关通过宣传第十七条修正案增加了“强大的动力”,该修正案规定参议员由人民直接选举,即“著名的直接预选法”;斯蒂芬斯的《城市的羞耻》则大大推动了当时美国的市政改革,城市管理体制最终实现了由党魁统治向经理制的转化。塞缪尔·霍布金斯·亚当斯的《美国大骗案》对通过1906年净化食物及药品法案起了促进作用。有的揭黑著作对改革派人士还产生直接影响。当时正要入主白宫的老罗斯福看了《其他一半人是怎样生活的》深受感动,他对作者说:“我读了您的书,我来帮忙。”有些揭黑者本人就是改革派,揭黑就是为改革。如,B·惠特洛克是俄亥俄州托利多市的改革市长,他曾写过揭露黑幕、反对死刑的小说。

一些揭露黑幕的记者、作家正是因为他们敢于揭黑、善于揭黑才为美国宝贵的文库留下了他们的不朽之作。如斯蒂芬斯的《城市的羞耻》、塔贝尔的《美孚石油公司外史》、辛克莱的《屠场》等。他们的无畏精神也成为美国的一种敢于揭黑的传统,鼓励人们同黑幕进行斗争。1989年,美国作家乔治·科恩还编辑出版了《美国丑闻大全》,收录了美国政界、工商界、体育界、宗教界、艺术界、上流社会、影视界等发生的丑闻,时间从1620年到1988年,上至美国总统下至平头百姓。作者认为:“我们要想对这一特定时期内的真实准确的生活画面有一个适当的正确的理解,在研究历史时就要把丑陋的非法的、不道德和错误的行为揭震出来。”

勇敢的揭黑者通过他们的正义之举,促进了美国社会的革新,他们的历史功绩是不可磨灭的。

(载《探索与争鸣》1995年第1期)

谈谈美国西部开发的几个问题

一

一部美国历史就是一部美国人不断开发西部的历史:没有西部开发就没有美国,这样说毫不夸张。在美国历史上,西部的开发总是与声势浩大的“西进运动”联系在一起的,这是美国历史上最为精彩的篇章之一。西进运动是一个外来移民涌进美国,美国民众从东部奔向西部,外移与内移两股潮流汇合一起,形成了历史上一个罕见而壮观的大规模的人口迁徙运动。西部开发是一次群众性的拓殖运动,不断改变美国劳动力的分布,为劳动力与生产资料在更大范围内的结合提供了可能,它把大量人口从东部带到了西部。

西进运动不仅开发了西部,还在精神上提升了美利坚的民族精神。美利坚民族之所以被认为充满活力,不安于现状,追求自由,并不仅仅因为它是一个新兴年轻的民族(自它作为独立民族诞生以来才走过了200多年的历史);更重要的是,它的全部形成和发展过程,都是在不断的突破边界线向西开拓中前进的,而西部的开拓在其中占有重要地位,美国史学界的“边疆学派”就是强调边疆在美国历史上的重大意义。

美国西部开发与美国工业化密不可分。大西部的开拓为美国工业化奠定物质基础。因为西部的拓殖过程从根本上说,是为美国工业化提供原料的“基础资源范围”不断扩大的过程。所谓基础资源就是粮食、棉花、畜类、木材和煤铁等,既是实现工业化所必需的最基本的原料,又是开发时期西部向全国提供的主要产品。

一般来说,美国在18世纪开始第一次工业革命,19世纪开始第二次工业革命,20世纪初(第一次世界大战前后)实现工业化,初步实现城市化。1920年全国人口中城市人口超过农村人口,实现城市化。就西部开发而言,1890年,西部边界消失,西部开发完成于20世纪初。正是“向前推进的边疆与新兴的工业制度一起,确定了美国社会的节奏”。正因为如此,西部的社会及其变迁，既是整个美国社会变迁的一部分，又有其不同于东部的特色。用英国政治家洛德·布赖斯的话说，它是美国“最美国化的部分”。

二

向西部扩张与后来向全球扩张历来是美国总统们梦寐以求的目标。美国在独立战争后取得了相当殖民地时期一倍的领土后，从13个州一直扩张到现在的50个州，除阿拉斯加、夏威夷外，均在北美大陆上连接起来，从大西洋沿岸扩展到太平洋沿岸。可谓扩张不断，开拓不息。当然，扩张疆土与开发拓殖新领土是两个不同概念，前者主要是政府行为，后者是政府与民众的共同所为，特别是民众的作为，民众是开发西部的主体，在历史上被称为群众性的西进运动。领土扩张是开发拓殖的政治前提，用资本主义方式开发西部是拓殖的主要内容。以美国国家利益为己任的美国总统特别关注对新领土的扩张与开发（扩张内容后有专文详述，不在此赘言）。

年轻时曾在荒凉的西部（当时）测量过土地的美国第一任总统华盛顿对于开发老西部雄心勃勃并策划了西部开发计划。

美国总统杰斐逊对美国领土扩展更是功不可没。趁法国拿破仑危难之际，廉价购买了路易斯安那。任总统期间还派出科学家到西部探险，计划到达太平洋沿岸，收集各种地理自然资料。同时，多次提出解决土地问题的原则与政策，有利移民开发新土地。

美国总统林肯政府通过南北战争，在政治上维护了美国统一，并在法律上废除了黑人奴隶制度，堵塞了在美国西部建立黑奴制的可能，为开发美国新西部奠定了深厚的基础。在具体措施方面，林肯政府作出建造美国第一条横跨美国大陆铁道的决策具有重大意义，并且出台了关于修建铁路的优惠政策。国务卿西华德还提出了具有远见性的设想——建立“太平洋商业帝国”。

南北战争结束以后，美国经历了“镀金时代”“进步主义时代”，开展第二次工业革命，自由资本主义转化为垄断资本主义，实现国家的崛起，成为世界上最强大的工业国家。美国西部进入大开发时期。

第二次世界大战前，西部在工业化和城市化水平上还远远低于美国东部和中西部，西部对东部的依赖关系仍然很重。二战期间，为了应付战争，美国政府在西部投入巨资,在那里建立许多军事基地,创办军事工业;战后美国政府在西部投入巨额军事经费,促进了西部城市人口的增长,繁荣了西部的市场,把资本、技术和人力引入西部,引起西部大城市产业结构的调整,为西部进一步繁荣创造了极为有利的条件。国防工业逐渐成为西部地区的主导产业,国防工业吸引了相关的工业部门和企业西迁,一部分国防工业转为民用工业,使西部产业结构日趋合理和完善,逐渐形成独立的综合工业体系。

20 世纪 60 年代兴起的科技革命为西部发展注入新的动力。高科技产业和国防工业的密切结合成为西部经济的典型特征。1980 年西部和南部人口首次超过东部和北部;美国对太平洋地区的贸易额首次超过它对大西洋地区的贸易额。从此,美国外贸中心开始转向太平洋地区。20 世纪 80 年代出现外来移民新高潮,西海岸地区逐渐取代东海岸地区成为移民中心。

三

美国政府与人民在西部开发中积累了很多宝贵经验。现择要介绍如下:

(一)交通先行:成为两洋国家

内战结束后,大约经过 25 年,美国通过两种方式实现了国内市场的统一:一方面是大湖地区迅速被美国纳入美国工商业的核心区;另一方面是把基础资源的范围逐步扩大到太平洋沿岸。这是美国统一民族经济形成的重要标志,也是内战后美国社会经济发展的主要特点之一。而推动美国国内市场最后形成的决定性因素,就是铁路网在全国范围内的建立。

内战后,美国经济发展中的一个特点就是铁路走在整个经济发展的前头。据美国经济史记载,铁路发展呈现三个高潮:1868—1873;1879—1883;1886—1891。从 1860 年到 1890 年,全国铁路线从 31246 英里增加到 166703 英里,比 1890 年时整个欧洲的铁路线(139000 英里)还要长。1890 年,全国铁路运货 792 亿吨/英里,旅客 120 亿人次,分别为 1859 年的 30 倍和 8 倍。

1869 年美国第一条横贯东西大铁道修建成功。这里有我们华工的巨大贡献。被誉为“自从伊利运河建成以来美国史上运输工程的一项最高成就”。后又建成几条横贯大陆的铁路:北太平洋铁路(1867—1883);大北铁路(1878—1893);南太平洋铁路(1866—1883)。这些铁路不是为地区服务,而是为全美国经济作出贡献,意义重大。全国铁路网的建立根本改变了美国交通运输业的结构,到 1890 年全国铁路完成的运输量几乎等于其他运输形式(公路、内河、水路等)所完成的运输量的 2 倍,河道运输的重要性急剧下降。

从整个美国经济发展的全局看,铁路网的建立一方面加速了五大湖地区及整个中西部纳入东北部资本主义工业核心地区的步伐,当时地处密歇根湖畔的新城市芝加哥,1880 年已有人口 50 万人,有 7 条铁路线通往东部,6 条通往西部,3 条铁路线通往南部,成为连接美国东部、西部、南部的交通枢纽。关于铁路的魅力,诚如芒福德所言,区区的蒸汽火车头,百英呎以内连两英呎高的一个陡坡都不容易爬上去,却把新的工业中心集中到煤田和相连的山谷和河流……如"阿勒格尼—大湖地区和美国东部沿海平原"(《城市发展史》第 471 页)。另一方面,铁路网的建立把为工业化提供粮食和原料的基础资源扩大到了太平洋沿岸。

(二)建立地方经济区

城市经济的本质特征是集中,在它有限的地域内集中了大量人口、企业和资本,兼具生产和流通两大领域,因而城市具有强大的吸引力和辐射力。在组织地区经济的横向联系和商品流通方面起着中枢作用。这时太平洋沿岸地区形成了 3 个地方经济区:1.太平洋沿岸西北部,主要为哥伦比亚河和斯内克河流域,包括华盛顿、俄勒冈两州和爱达荷西部地区;2.加州北部,为萨克拉门托河和圣华金河流域;3.加州南部,包括洛杉矶和圣迭哥地区。旧金山、洛杉矶、西雅图分别成为地方经济区的中心。

(三)充分利用地区资源:"淘金热""畜牧王国"和"赌城"

1848 年,加州金矿的发现成了西进运动的直接结果。1849 年开始出现淘金热。全世界都受到影响。1849 年初,加利福尼亚大约有 26000 人,到年底人口猛增为 115000 人,外国移民 20000 人,旧金山成了发展最快的城市。淘金热造成衣食住等方面的供应陡然紧张,物价飞涨。房基地价格大涨,旧金山原 15 美元的地皮涨到 8000 美元。

由于西部的整个发展是以"淘金热"开始的,因而采矿业在西部开发史上具有不可估量的作用。首先,它带动了加利福尼亚工业发展;其次,带动农业和畜牧业的发展;再次,带动西部交通运输;最后,形成一个"东进"运动,从加利福尼亚向落基山地区扩展,在那里建立了 4 个矿区:科罗拉多的派克峰;爱达荷的克利尔沃特；蒙大拿的奥尔德峡谷；达科他的黑山。加利福尼亚地区的农业发展使加州成为美国的果园。

美国西部是一个天然大牧场，美国人充分利用这一优势，发展养牛、养羊业，南北战争结束到19世纪末的20余年里，这里曾经出现过一个声势赫赫的“畜牧王国”，资本家和土地投机者吸收了美国东部和欧洲的资本，建立起牧业公司，牧牛业一时间成了当时最吸引人和最赚钱的行业之一，畜牧王国的建立不仅促进了美国西部矿业和铁路的建设，而且催生了闻名国内外的“牛仔文化”。后因各种原因王国由兴而衰。（详见周钢《“畜牧王国”的兴衰》，人民出版社2006年）

“赌城”拉斯维加斯的开发颇具特色。它在内华达州东南部，是一座沙漠城市。拉斯维加斯为西班牙语，意为“丰美的草场”。犹太州的摩门教徒曾在这里居住过，1905年因铁路通车成为铁路市镇。1931年这里的赌博合法化（州议会通过赌博合法化的法令），加上诸如允许离婚需在该市居住6周、简便的结婚手续等等吸引人们前去。1936年建成的胡佛水坝最有决定意义，联邦政府在该市东南30英里的科罗拉多河上修建的胡佛水坝，吸引大批游客参观，旅游业勃然兴起，拉斯维加斯市区兴建豪华旅馆、开设赌场、修筑异域风情等。战后，他们建立“富有进取心的人基金”，利用大笔基金做广告宣传，将拉斯维加斯的形象由易于离婚而变成旅游中心而闻名。此后每年平均接待2000万国内外游客。1980年从赌业赚取利润14.4亿美元。1981年是拉斯维加斯赌业合法化50周年。后来美国政府在内华达试爆原子弹成功，他们又利用此一机会，把观看原子弹爆炸逐渐发展成一种体育运动项目。

（四）发展高科技产业和建立高科技园区

美国西部发展高科技产业和建立高科技园区是成功开发的值得总结的经验。所谓高科技产业包括信息产业、生物化学、生命科学、宇宙航天、新材料工程、基因研究等等。现在加州的飞机制造、导弹和宇宙飞船、计算机、通讯设施、电子仪表、医疗领域等大多数在美国领先。

位于洛杉矶的北美航空公司曾生产B-70轰炸机和X-15超音速飞机；道格拉斯飞机公司能制造先进的火箭助推器，弹道导弹、宇宙飞船的引擎，米达斯洲际弹道导弹。洛杉矶的宇航业发展迅速，市1.6万家工厂中有2000家属于宇航工业系统。飞机、导弹部件的制造居全国之首。道格拉斯飞机公司、洛克非勒飞机公司、休斯公司均在该市设立大工厂。西雅图的波音公司生产 B-52 轰炸机和“民兵式”导弹。

特别值得注意的是,在旧金山海湾区形成高科技产业园区——硅谷,它是以斯坦福大学为基地发展而成。何谓硅谷?是指位于旧金山市和圣何塞市之间的一块长 30 英里、宽 10 英里的狭长地带。1971 年《电子新闻》编辑D.霍夫勒首次使用“硅谷”的提法后,广为流传,成为高科技的代名词。硅谷北起斯坦福大学。该校设斯坦福研究园区,是惠普公司和其他数十家公司所在地。1951 年该校创立工业园区,迈出了科研和实际相结合的一大步。1960 年,园区内租用土地的公司已达 32 家,70 年代末增为 70 家,园区内 655 英亩土地全部被租罄。80 年代园内 90 家公司约有从事高科技工作的 2500 名员工。斯坦福大学教授 W.肖克利与合作者发明晶体管后在硅谷创办肖克利晶体管公司。8 位杰出的青年在他麾下创业,成为开创硅谷半导体工业的先驱。几年后,他们离开肖克利自行创业,建立快捷半导体公司、英特尔公司、雅奈可公司等,开创了硅谷公司的“变形虫式”的繁衍方式。1980 年仅快捷半导体公司就繁衍出至少 40 个公司。

这种创业模式很快吸引了美国著名公司和人才蜂拥而来。IBM、ZEROX、ITT 等在硅谷设立分部,聚集了 6000 多名博士,占加州博士总数的 1/6。加州成了全美获博士学位者最密集之地。创业是困难的,毋庸讳言,在硅谷也存在一支全美学历最高的无家可归者队伍。因为“在硅谷,经理和穷人仅一步之遥”。

(五)举办世界性博览会扩大影响:以圣迭哥、旧金山、西雅图、芝加哥为例

纵观美国西部开发进程,我们可以发现美国人非常注意利用国际博览会这个形式来推动西部的建设,值得我们关注。

圣迭哥:大量的军事设施和国防工业带动了圣迭哥的相应工业,而且出现了很多高科技公司和研究机构。又是国际贸易中心。1915 年举办“巴拿马—加利福尼亚国际博览会”,1935 年“加利福尼亚—太平洋国际博览会”;

旧金山:1906 年大火,1915 年就举办“巴拿马—太平洋国际博览会”;

芝加哥:1893 年世界博览会成功举办,1933 年,美国正处于经济危机的漩涡中,几乎到处都上演着因为失业而导致的惨剧。芝加哥又开始另一场世界博览会,即“一个世纪的进步”(Century of Progress)博览会,以“科技发现—工业应用—人类享用”主线，努力向世界各地的人们展示科学发现的成果和重要性、实现它们的方法及其在工业和生活中的变化，从而吸引了近2300万人次参与。展现了美国人民同经济危机作斗争的自信。

西雅图：1962年举办“21世纪世界博览会”。

（六）有利开发的联邦土地政策

按照列宁的说法，美国的土地问题是以对农民最有利的方式进行的。其主要表现在联邦政府的土地政策上。

1.土地出售的单位和价格

1862年林肯的《宅地法》，宅地者领取150英亩土地只需缴纳10美元手续费。1909年的《扩大宅地法》，允许在大多数西部州的宅地扩大为320英亩，并且移民只需把80英亩成功种5年就能取得所有权。法令实施第一年，就有98598人获得18326715英亩宅地。

1873年的《鼓励西部草原植树法案》规定，任何人只要在自己的地产上种植40英亩树并保持10年以上，就可取得160英亩土地。

1877年的《沙漠土地法》规定，如果移民在产权申请登记后在3年内灌溉了土地，即可按每亩25美分的价格购得640英亩土地。

2.土地授予和土地优惠政策：公路、运河、铁路

联邦对铁路的援助计划是：给铁路公司以土地赠与，以修建铁路的长度为单位计算，修筑的铁路越长所获赠地越多；给铁路公司的贷款数是根据铁路线穿越的条件考虑的，筑路难度越大所获贷款越多。

四

开发西部是需要付出代价的，美国西部开发过程中也有许多教训需要重视，不断总结。

（一）西部开发的前期，特别是西进运动完全是一种自发过程，因此对自然资源造成一定破坏，如：矿业资源的无计划开采；后期开发中生态环境恶化成为新问题。硅谷地区的水污染、空气污染，与老工业区相较，污染严重程度更高，原因是汽车多、生产芯片过程中溶媒也产生大量蒸汽，每天排放的有机废气达25吨左右。水污染更严重，南圣何塞快捷半导体公司发现他们启用仅

4年的化学储糟附近的井水中的三氯乙烷含量高达美国规定标准的29倍。

又如，美国西部曾出现的“畜牧王国”也因为牧业主在开放牧区采取“散放游牧”的掠夺式经营，导致牧草资源的枯竭，破坏生态平衡，并且与大草原的农民们争土地抢资源，农牧之争酿成纠纷冲突，甚至引发战争，最后“王国”衰败，畜产品丧失在国际上的竞争力，教训惨痛（参见周钢《“畜牧王国”的兴衰》）。

（二）印第安人是北美洲的原住地居民，他们为美洲开发贡献了力量，但在开发西部的初期，美国政府对印第安人采取残酷的驱赶政策，致使印第安人的西进迁徙之路成为“血泪之路”——“有的因疾病而死，有的因天气干旱而死，有的因气候炎热而死，有的则被太阳晒死”（见《美国人民的历史》）。19世纪末，为开发美国西部贡献巨大的华人也遭到不公正对待，1882年美国国会通过排华法案。1885年9月，怀俄明州的罗克斯普林斯这座小镇将该城仅有的500名华人矿工全部解雇，并以武力将他们逐出城市，在此过程中有11名华工死于非命，史称“罗克斯普林斯血案”。美国政府在开发西部历史进程中，对少数民族所犯下的错误与罪行已被永远钉在历史的耻辱柱上。

（三）很多矿业城镇和铁路城镇产业结构单一，缺乏持续发展的能力而难以自立，终致昙花一现。

（四）西部高科技园区建立后出现贫富不均的问题。如硅谷地区。该地区的南北两个地区间贫富差异悬殊。北部大部分为工程师、科学家、董事经理等高阶层。南部聚集着中下层收入者，人数为硅谷总人口的一半左右。1980年家庭收入的中间数在圣何塞城市年收入为22866美元，北区为48000美元。南区约有7%的家庭生活在贫困线以下。中下层主要为生产工人，大部分为西班牙裔、亚裔和黑人。妇女地位最低。他们的工资约为每小时4.5美元，几乎是美国政府规定的最低工资。硅谷工人基本都是外来人口。

上述教训有因经验缺乏所致，有因制度原因造成，也有政府政策上的错误，从本质而言，整个美国西部的开发是资本主义制度由东向西的横向发展的进程。

历史是一面镜子，从美国西部开发史这面镜子中我们是否可以得到某种有益和有用的启示？

（《美国史专题讲座》讲稿）

五、美国对外扩张

试论20世纪初的美国太平洋扩张战略

美国独立后短短一个世纪就从大西洋沿岸扩张到太平洋沿岸，成为地跨两洋、横贯北美大陆的泱泱大国。19世纪末20世纪初，美国由大陆扩张转向海洋扩张，由面向大西洋转为面向太平洋，显现出新的国际格局变动中后起之国强劲的扩张势头。本文拟就20世纪初美国太平洋扩张战略的目标、手段、特点与历史渊源作一剖析，以期有助于加深对美国霸权主义历史根源的认识。求教于同仁。

一、美国太平洋扩张战略的缘起与目标："太平洋是我们的海洋！"

19世纪、20世纪之交世界政治经济的发展不平衡，导致了国际关系和国际格局的剧烈分化与重组，新兴的美国正是在此过程中逐渐确立了面向太平洋的扩张战略。

早在19世纪中叶，美国就伙同欧洲列强挑起了侵略中国的两次鸦片战争，制造了打开日本门户的"黑船"事件以及企图敲开朝鲜门户的"谢尔曼号"商船事件。这些可被视为美国对亚洲推行系统的侵略与扩张政策的前奏，它的海上扩张总体上还处于尝试阶段，主要原因在于：其一，19世纪中叶的美国虽有扩张之心但无实施之力，尚未具备向太平洋地区全面扩张的经济和军事实力。其二，美国当时正处在内战前后，大陆扩张尚未最后完成，南北战争的爆发更令它自顾不暇。其三,美国国内孤立主义思潮的影响。因此,这时的美国在国际政治中往往只是跟随英国后面,充当它的“小伙伴”。

美国全面实施太平洋扩张战略是在美西战争之后。随着19、20世纪之交第二次工业革命的全面完成,工业化、城市化和垄断化的基本实现,美国由农业国变成工业国,由自由资本主义发展为以私人垄断为特征的垄断资本主义新阶段。它的综合国力大大增强,由一般资本主义国家一跃而为国际一流的经济军事强国。它在西半球的崛起,为其雄心勃勃地越过大洋向东半球扩张创造了物质条件。世纪之交,海外扩张成为美国政治生活中的主题之一,图谋取代旧霸主——英国并追求世界首强地位,从而为垄断资本开拓海外“新边疆”,成了美国统治者和财团大亨们梦寐以求的理想,也成为美国政府制订对外政策的指路星辰。

美西战争是人类历史上第一次帝国主义战争,战争的胜利使美国成为一个殖民帝国,为美国商人“进一步经济扩张提供了新的机会”。[①]以美西战争为转折点,美国由大陆扩张发展为海上扩张。美国的太平洋扩张战略由此出笼并全面推行。

美西战争爆发前后,美国政界、商界、知识界中逐渐形成了一个扩张主义集团,他们鼓吹海上实力论(又译海权论),叫嚣向太平洋进军。扩张主义者、共和党议员阿尔伯特·贝弗里奇露骨地说:“和英国一样,我们要在全世界设立贸易点,我们要使我们的商船遍及于各大洋,我们要建立与我们伟大国家相适应的海军;广大的殖民地将在我们的贸易站周围扩展开来;美国的法律、美国的秩序、美国的文明和美国的国旗将在迄今为止是血腥而黑暗的土地上树立起来。假如这是意味着将星条旗飘扬在巴拿马运河上空,在夏威夷上空,在古巴和南海上空,那就让我们欢欣鼓舞地面对那一含意而且实现它吧……”[②]美西战争的直接后果之一就是使得美国取代了西班牙在太平洋地区的势力,为其日后进一步向西扩而张之注入了强大动力。

向太平洋地区扩张,变太平洋为美国的“内海”,是美国扩张主义者的战略目标。1903年5月,T.罗斯福在太平洋东海岸的旧金山感慨地说道:“在我来到太平洋沿岸前我是一个扩张主义者,来到这里以后我无法理解任何人……除了是一个扩张主义者外还能是任何别的什么。”一语道破了美国觊觎太平洋的野心。美国参议员亨利·洛奇在国会发表演说,大谈获得菲律宾群岛对美国的“利益”，尤其强调此举对于进一步向中国扩张的“重要意义”，在于“杜威的胜利使我们在东方问题中处于优势地位。”[③]

其实，美国扩张主义早就对太平洋地区垂涎三尺。当人们以菲律宾不是美国比邻为由批评美国政府侵占它时，贝弗里奇声称：“我们的海军将使它们成为毗邻！”美西战争结束以后，他更是声嘶力竭地鼓吹向远东扩张，为此他特意去菲律宾旅行考察并使自己成为该地区问题的“专家”。1900年初，他在国会演讲时大放厥词：“菲律宾永远是‘属于我们美国的领土’，正如宪法所称。一出菲律宾就是中国的无限市场。我们将不会从那里任何一方撤退。我们将不会放弃在群岛海域的责任。我们将不会失去在东方的机会。我们将不会抛弃在上帝庇佑下我们的种族和作为托管人以及世界文明的使命的所属部分。我们不要像被鞭打的奴隶似地为他们的重负而抱憾，而应抱着为一个值得我们贡献力量的任务而高兴，以及对上帝——他已经将我们作为他的选民从此去领导世界复兴——的感恩之情推进我们自己的工作。”[④]太平洋是美国的“内海”，菲律宾是“美国领土的一部分”，中国成了美国的“比邻”。接着美国就可以像对待比邻墨西哥那样对待中国了。

这就是扩张主义者的逻辑。

在美国扩张主义者眼中，亚洲特别是中国将是他们未来的最大市场。贝弗里奇毫不掩饰地说道：“今后我们最大的贸易一定是在亚洲。太平洋是我们的海洋……中国是我们天然的消费者。较之现在和未来的商业强国：英国、德国和俄国，它与我们更靠近……菲律宾提供了我们在整个东方大门口的一个基地……有了菲律宾，那个强国现在是、将来永远是美利坚合众国……”[⑤]美国扩张主义者视太平洋为未来世界发展中起决定作用的地区，美国要成为未来世纪世界的主宰，就必须取得对太平洋的霸权。而中国是太平洋地区的大国之一。他们深知中国在20世纪里的分量，“太平洋是未来的商业海洋。将来大多数战争将为商业利益而争。因此统治太平洋的强国就是统治世界的强国”。

向太平洋地区和中国的扩张是美国争夺未来世界霸权的重要步骤。T.罗斯福在1905年说道：“我们未来的历史将更多地取决于我们在面临中国的太平洋上的地位，而不是取决于我们在面临欧洲的大西洋上的地位。”[⑥]马汉在1900年出版的《亚洲问题》一书中，分析了亚洲特别是中国作为未来世界列强必争之地的重要性，认为谁控制了中国，谁就掌握了未来；还进一步鼓吹美国应利用海上力量攫取中国的“心脏”——长江流域。美国历史学家布鲁克斯·亚当斯在同年出版的著作《美国经济霸权》中宣称，“中国命运的结局也许与下世纪的经济霸权紧密相连”，昔日英帝国对中国的责任已经落到了美国身上。

二、美国推行太平洋扩张战略的诸端手法

既然太平洋地区对于美国的扩张主义者具有如此重要的商业意义和战略价值，美国必欲将其置于股掌之中而后快。为了扩展在该地区的国家利益，美国采取了灵活多变的手法。

手段之一：构筑太平洋通道和连接两大洋（太平洋和大西洋）建立太平洋通道是美国实施太平洋扩张战略的手段之一。美国首先兼并夏威夷，取得了东太平洋海域的立足点。夏威夷素有“太平洋的十字路口”之称。1898 年即为美国所并吞，1900 年设立夏威夷地区。麦金莱后来曾对人说：“我们需要夏威夷就好像我们需要加利福尼亚一样强烈。”⑦在美西战争的直接推动下，美国国会迅速通过了关于归并夏威夷群岛的联合决议。从此，夏威夷群岛成为美国领土的一部分，成为美国太平洋航线上的一个中继站。

在西太平洋海域，美国取得了战略要地关岛。关岛位于夏威夷以西 500 公里处，根据美西巴黎和约作为对战争的赔偿由西班牙割让给美国。美国占领关岛对增强它的海上力量具有战略意义。曾访问过卡罗林群岛的美国舰队司令斯托克顿在描绘关岛的情势和重要性时说：“我越想起马里亚纳群岛，我就越想到它们在太平洋上作为停留地的价值。……如果我们在菲律宾确保并维持了一个加煤港，我们就可以从旧金山或巴拿马地峡运河去夏威夷，从夏威夷去关岛，再从关岛到菲律宾，这就是凭借美国的停留地越过太平洋去加煤港的全部旅程了。”1899 年 2 月麦金莱总统在国会演说时称：“夏威夷岛和关岛成为美国领土，形成越洋途中的便利的停留地。”同时，这些海岛也为美国铺设横贯太平洋的海底电缆提供了必要的中继站。1911 年关岛总督玻恩（E.G. Born）写道：“从西班牙手中接管关岛的目标，当时的计划基本上是为保证贯通太平洋电缆登陆地的安全。”曾在关岛服役的海军军官 J.S.麦肯从美国海军

战略高度论及夏威夷和关岛重要性:“夏威夷和关岛是整个太平洋上的两个战略中心;关岛是太平洋海域西部的中心,夏威夷是东部中心。如果关岛建成美国一流海军基地,将能够保护和威慑从海参崴到新加坡的所有战略地区,保护和威慑从澳大利亚、新西兰到埃斯硅莫尔特交通线侧叶的战略要地。”[⑧]

1899 年底,美国又伙同德、英签订瓜分萨摩亚群岛的协定。美国取得土土伊拉岛和帕果—帕果港,在太平洋上攫取又一个重要的海军基地。此外,还取得了战略要地威克岛。由此为美国构筑了一条自东往西的通向太平洋彼岸的海上通道。这些战略要地,在日后美国的太平洋军事活动(包括第二次世界大战期间)中发挥了重要作用。

构建太平洋通道和修筑巴拿马运河的设想几乎是同时提出的。为了实现太平洋扩张战略,美国垄断资本迫切要求将大西洋与太平洋连接起来。纽约商人在 1898 年全国制造商协会年会上力主打通地峡开辟新航线,说:“假如我们要在太平洋国家贸易中占有合理地位的话,开通这条航路,对我们整个民族来说都是必要的。……这条运河必须修筑,而且必须由美国人来修筑,由美国人来控制。”[⑨]美国的太平洋扩张战略成为它迫切开凿巴拿马运河的强大推动力。美国最终依靠“不太高明”的手段不遗余力地建成了运河,加快了它向太平洋扩张的步伐。

手段之二:“经营”菲律宾“跳板”。在美国的太平洋扩张战略中,菲律宾占有特殊的战略意义。它既是美国在太平洋上的一个最大、最好的立足点,又是一块通向亚洲大陆特别是中国的跳板。

美国扩张主义者早就确定“菲律宾是我们远东的立足点。”[⑩]极力主张向远东扩张的美国政客、前美国驻中国公使查尔斯·邓比认为,太平洋命中注定比大西洋具有更大的商机。1898 年 11 月,他发表文章公然宣扬:“我们有权作为占领者取得菲律宾。我们有权占领它们以作为对战争的部分补偿。如果我们放弃菲律宾,我们将丢失在远东坚持我们影响的良机。”他又说:“菲律宾是我们在远东的立足点。占领它们能给予我们地位与影响,也带给我们富有价值的进出口贸易。”他认为现在的美国已经不是华盛顿总统时代的美国,它的对外政策应该改变,他说:“我知道根据华盛顿告别演说的教导存在着一种反对占领外国领土的国家意识,但是世界前进了,环境变化了。我们已经成为一个伟大的民族,我们有巨大的商业需要照顾。我们与世界商业国家竞争那遥远的市场。是商业而不是政治成了国王。是制造业主和商人主宰外交和控制选举。”[11]在美国扩张主义者的眼中，无论是从军事、经济还是政治等方面考虑，菲律宾在美国向远东的“进军”中都具有非同寻常的战略意义。

为了使菲律宾成为通向中国的“跳板”以稳固它的殖民统治，美国不惜花费了较之美西战争更多的钱财和牺牲了更多的生命发动战争。[12]美军兵力最多时高达7.4万人。美国政府侵略菲律宾的政策受到国内舆论的再次猛烈批评，麦金莱总统在1899年11月21日发表谈话为自己的政策辩护，毫不掩饰地鼓吹美国占领菲律宾有理论，宣称美国唯一能做的就是取得全部菲律宾群岛，然后对菲律宾人民晓以基督教理想，使其“文明”。夺取菲律宾，意在侵占中国。查尔斯·邓比在谈到美国占领菲律宾的意义时，特别提到占领菲律宾有利于对中国的扩张。他说：“全世界都视中国为我们国内产品——我们的木材，我们的机车，我们的煤油，我们的铁轨，我们的布匹，我们的采矿设备，以及其他大量物品——的一个最辉煌的市场。除了日本，我们比任何其他商业国家更接近中国。在我们面前有一个将使太平洋比大西洋对我们更为重要的无限前景。旧金山、西雅图和塔科马还处在它们的幼年期，但是它们命中注定将要与纽约、芝加哥和费城一比高低。”[13]

手段之三：炮制“门户开放”政策，全面打开中国门户。美国太平洋扩张战略的最终目标之一是取得世界上无与伦比的商品市场和原料产地——中国。他们认为谁取得了中国这个大市场，谁就能成为世界贸易大国，成为世界第一流强国，“谁控制了中国谁就掌握了未来”。19世纪末，列强掀起瓜分中国的狂潮，美西战争一结束，美国便以新殖民主义作为策略原则，通过1899年和1900年两个“照会”，炮制出独立的对华政策，即所谓“门户开放”。

美国的“门户开放”政策是它推行太平洋扩张战略的一种手段。面对列强瓜分中国的严峻形势，美国不能听之任之坐视列强把中国全部瓜分，它要尽最大的努力企求以最小代价获取在华的最大利益。门户开放是当时美国推行扩张战略的最聪明最有利可图的选择。门户开放政策既可获保全中国领土、行政完整之美名，又可坐收其他列强在华所取得的同样之实利。诚如有的美国学者所言：“在某种意义上，美国采取反对欧洲殖民主义的立场是为了占领欧洲市场在中国的份额而已。”[14]“保全中国的领土和行政完整”是美国针对当时列强无视美国利益瓜分中国的危急形势，维护美国在华利益的一种手段和措施，是为了阻止由一个或若干列强把美国排除在外主宰中国、独占中国利益的企图。[15]有的美国学者认为美国政府提出的门户开放政策，在“拯救微弱中国”的背后，有着美国出口商和制造商同4亿中国人进行贸易的渴求。[16]因为中国对美国在经济上越来越显示出他的重要性，T.罗斯福一语中的，说：“由于我们的势力和我们在太平洋的利益的急速增长，不管中国发生什么事情，对我们来说，都必定是最深切的利害攸关的国家大事……我们主张‘门户开放’以及这个政策所包含的一切；不仅要在沿海一带取得扩大的商业机会，而且还要从水道进入内地……”美国企图在中国的门户洞开后，迅速进入中国内地，占领中国市场。[17]海约翰在提出门户开放政策、宣布确认中国领土与行政“完整”原则仅5个月后，就秘密指令美国驻北京公使设法在福建省的三沙湾为美国获得一个海军加煤站。而当日本察觉俄国加快侵占中国满洲的步伐时询问美国是否准备用武力捍卫美国宣布的原则、维护中国行政完整时，美国竟答复说：“目前并不准备单独或同其他国家合作，试图通过任何可能与其他国家为敌的示威行动在东方强制推行这些观点。”[18]可见，美国政府所谓维护中国行政完整等等只不过是一个幌子而已。

实际上，美国占领菲律宾的重要目标就是为了今后美国的在华利益。美国在战争中不仅显示了战胜老牌帝国的荣耀和成就，而且为美国打“门户开放”这张牌奠定了基础。美国参议员洛奇在1900年3月7日向参议院发表演说：“菲律宾的占领使我们成为东方的强国，不但有了发言权，而且同样重要的是，有力量支持这种发言权。国务卿海先生要求欧洲列强保证我们在中国的一切条约权利和维护门户开放的政策，已获得他们的同意。我无意于抹杀我们立国百年来的这一最重要和最辉煌的外交成就，但是我要说：列强对美国的建议之所以同意，因为它们是面对着马尼拉的主人。若是3年以前，它们或许会对我们耸耸肩，一笑置之吧。可是对一个占据了马尼拉湾，并且有舰队游弋其间的强国，它们不得不作出客气的答复。马尼拉和宏伟的马尼拉湾是东方的宝藏和珍珠。如在我们手里，它将变为最大的集散地之一和世界最富的商埠之一。……将保持中国市场对我们的开放，并使美国企业得以在东方的整个贸易中独占鳌头。”[19]

在门户开放的旗号下，美国全面地对中国进行经济、政治、文化的扩张和渗透。塔夫脱继任美国总统以后，利用经济手段进一步推行门户开放政策。

1909年春,美国政府为确保它在中国事务中拥有一定的发言权,决定鼓励美国银行家对华投资。同年6月欧洲银行家签订协议资助中国修建中南线铁路,美国乘机向英、日、俄、法、德、中提出所谓"诺克斯计划",谋求中国东北铁路的中立化。虽然诺克斯计划最后在日俄的反对下流产了,但是美国在经济上侵占中国的目的昭然若揭。[20]威尔逊入主白宫后,鉴于美国没有在6国银行团中占据领导地位,乃于1913年3月18日签署公开声明宣布退出6国银行集团。对此威尔逊向国会作了说明:"如果我们与其他列强一起参加这笔贷款,我们除了仅仅影响中国之外将一无所获,我们将失去海约翰国务卿主张门户开放而使美国取得的骄傲地位。"[21]此后美国加紧了对中国的投资,财团们纷纷抢滩中国市场,1914年美国对华投资近6000万美元。

美国政府在推行太平洋扩张战略时,十分注重在思想政治文化领域进行潜移默化。早期来华的著名传教士丁韪良,1898—1900年间任中国京师大学堂总教习。义和团起义时,他力主各国划定势力范围,为帝国主义张目。1913年美国大学教授古德诺被袁世凯聘为总统府顾问,1915年他在《亚细亚日报》上发表"共和与君主论",诬陷中国"民智低下",为袁世凯称帝制造舆论。美国传教士李佳白则于1913年出版《尊孔》一书,鼓吹"孔教"与"基督教"应该相互结合,支持袁世凯复辟帝制。1914年美国来华的传教士达2500人,美国在华全部教会和文化方面的财产约为1000万美元。美国威斯康星大学政治学教授、1913年任美国驻华公使的芮恩施经常以政治学专家和学者的身份在华鼓吹和传播美国的民主政治理论和制度,并积极推行美国偏袒日本出卖中国利益的蓝辛-石井协定,后来又出任中国北洋军阀政府的法律顾问。

手段之四:推行均势策略,控制日本,以日制华牵俄。以日制华是美国推行太平洋扩张战略的重要而阴险的政治策略。早在1905年,T.罗斯福就分析过美日在中国满洲地区的利害关系以及美国对日政策,他说:"关于满洲,我们采取的任何行动都不应无缘无故地使日本人感到我们是与他们为敌,或感到是对他们的利益的一种威胁——不论是多么轻微的威胁……如果日本人决意遵循一种我们所反对的行动路线,我们是不能制止的,除非我们准备打仗,而要打赢一场满洲争端的战争就需要一支像英国那样优良的舰队,再加上一支像德国那样优良的陆军。"[22]在调停日俄战争以后,美国总统进一步对日本又打又拉,以对抗俄国和实施其对华的门户开放政策。1907年美国和日本签订君子协定解决了因加利福尼亚对日本移民的歧视性立法所造成的不良后果，以此来安抚日本。同时他恩威并施，1907 年 12 月，罗斯福主要是为了向日本显示美国的海军实力派出了一支由 16 艘战列舰组成的美国舰队——“白色大舰队”，开始了历时 1 年余的全球航行，1908 年，舰队特地安排去日本东京访问。随后美国国务卿伊莱休·鲁特“不失时机”地在华盛顿同日本驻美大使高平小五郎进行会谈，并于 11 月 30 日签订了所谓“鲁特-高平协定”，其主要内容是美日两国愿意保持太平洋地区的现状，维护门户开放政策和维护中国的行政独立和完整。美国承认日本兼并朝鲜的权利和它在中国东北地区所享有的特殊地位。美日妥协以牺牲中国利益为代价。

美国对日本的妥协政策，助长了日本的侵华势头。1915 年 1 月日本驻华公使日置益向袁世凯提出严重侵犯中国主权的秘密条款，即臭名昭著的“二十一条”。同年 2 月日本正式向各国驻华使节通报了条约内容（第 5 部分未公开，后被中国报刊揭露）。美国在 3 月 13 日的照会中提请日本政府注意美国在中国所享有的权利和特权，还通过美国驻日大使要求美国能够得到在中国福建沿海参加港口建设的权利。事实上美国在事件开始时“准备承认日本对满洲和山东省的最高利益，讨论怎样利用这样的承认作为处理加利福尼亚问题的讨价还价的武器”㉓。这种态度和立场鼓励了日本的野心。后因受到美国舆论批评，美国总统威尔逊遂决定采取强硬态度。4 月 27 日，国务卿布赖恩通过驻华公使说，国务院不再拒绝公开他们的立场，因为这种沉默已经被解释成对日本要求的默许。其后他又在美国报刊上发表有关声明。㉔在袁世凯正式签约前，布赖恩又给中、日政府发出照会指出：“美国政府谨通知日本政府：美国对于日本和中国已经缔结或行将缔结的任何协定或约定，凡有损美国及其在华公民的条约权利或中华民国之政治或领土完整或通称为门户开放政策的国际对华政策者，一概不能予以承认。”㉕美国迫不及待地把维护本国利益放在首位，而且还对中国施加压力以满足日本的主要要求，损害中国人民的利益。美国在臭名昭著的 21 条的第 5 部分问题上还企图寻求与日本妥协。5 月 6 日，美国国务院要求美国驻华大使保尔·里斯奇告诉被侵略方的中国政府要以“忍耐和友好”的精神与侵略方日本政府谈判，向袁世凯施加压力。㉖

三、美国太平洋扩张战略的历史渊源:传统扩张主义和帝国主义扩张的结合

美国太平洋扩张战略的提出与实施,有其深刻的历史根源。美国虽然历史短暂,但扩张主义传统源远流长,一直可以追溯到欧洲。著名史家斯塔夫里阿诺斯指出:“欧洲的扩张在某种程度上可用欧洲基督教的扩张主义来解释。与欧洲其他宗教完全不同,基督教浸透了普济主义、改变异端信仰的热情和好战精神。从一开始,基督教就强调四海一家,宣称自己是世界宗教。”[27]美国殖民地时期,移民始祖们作为上帝的“选民”肩负基督教使命来到新世界建立“山巅之城”,这本身就意味着对新世界的扩张。美国从大西洋沿岸向太平洋沿岸大陆扩张的过程中,19 世纪 40 年代中期,“一个名称新颖的扩张主义形式”——天定命运论脱颖而出,它意味着由上苍预先安排的向尚未清楚界定的地区进行扩张。“为了完成未来伟大美利坚国家的构架,一个世纪也许是必要的。”[28]在这种思潮的鼓舞下,美国统治者残酷驱赶印第安人,血腥发动了与墨西哥的战争。

19 世纪末 20 世纪初美国的太平洋扩张战略是美国垄断资本主义时代的新扩张主义,它继承了基督教使命感和“天定命运”论的传统扩张主义思想,在垄断资本利益的直接驱动下,以特别嚣张的姿态出现在国际舞台上。它是一种在新的历史条件下发展起来的扩展欲望和思潮。[29]马汉和扩张主义者美国参议员贝弗里奇、洛奇等是其理论代表和鼓吹者,美国总统麦金莱、T.罗斯福、塔夫脱和威尔逊则是其最忠实的推行者,其中尤以 T.罗斯福为最。他于 1897 年 6 月 2 日在纽波特海军学院发表演讲,鼓吹建立强大的海军和不惜战争的决心:“如果我们拥有一支令人畏惧的海军,那么,为了坚持门罗主义而被拖入一场战争的机会实在是很少的。如果我们没有这样一支海军,战争可以在任何时候降临到我们头上……没有以武力为后盾的外交是全然无用的;外交家是军人的仆从而不是军人的主人。”[30]传统扩张主义主要适应美国的大陆扩张的需要,主要武器还是枪炮和政治说讹诈;新扩张主义适应海外扩张,即要越过国界线远渡重洋,主要依赖于海军实力和国际外交策略。

其实,新扩张主义与传统扩张主义一脉相承,其理论依据是盎格鲁—撒克

逊的种族优越论。贝弗里奇这样说:“我们是盎格鲁—撒克逊人,必须尊重我们的血统来占有新市场和新土地,假如新土地是必须的话。(这是)盎格鲁—撒克逊人的缔造帝国的本能。”[31]20世纪初,他们又凭着缔造帝国的“本能”向着海外占领“新市场和新土地”。1898年9月16日,贝弗里奇在国会发表演说,认为美国人是上帝的选民,美国的政府形式是世界上最优秀的,因此美国人应将它们推广到全世界。他认为对外扩张不仅是商业和政治方面,而且还有美国人的道德优越性都应该向美国以外的世界各地传播。[32]T.罗斯福早在1897年就写道:“讲英语的种族应该统治南非”,“美国……应该统治西半球”。诚如美国史家霍华德·比尔所言:“T.罗斯福和他的朋友们坚信讲英语民族的扩张意味着世界和平的取得和文明的扩展,这个信念主导了他对外交政策的观察。”[33]

美国帝国主义扩张虽然是传统扩张主义的发展,但其特点很值得研究。第一,它以海外国家和地域为扩张目标,扩张范围已经超越任何空间界限。在他们的眼中,除了美国外,地球上不存在任何地域界限,只要符合美国利益,世界上任何地方他们都可以干涉甚至占领。贝弗里奇在1898年9月16日赤裸裸地对国会说:“距离和海洋无可争议。我们祖辈购买的和占领的全部领土都属毗邻是不争的事实。1819年佛罗里达与纽约的距离比今天波多黎各与芝加哥的更远;1845年得克萨斯与华盛顿的距离比1898年夏威夷与波士顿的更远;1847年的加利福尼亚比如今的菲律宾更难进入。直布罗陀与伦敦的距离比哈瓦那与华盛顿更远;墨尔本与利物浦的距离比马尼拉与旧金山更远。海洋无法将我们和责任与期望之地分离……”[34]

第二,以武力特别是海军实力作为后盾。进行海外扩张必须具备越洋的手段和实力,同时又必然与其他列强在海上相遇相争,因而海军实力的大小最后决定着较量的最终结果。麦金莱上台以后积极奉行马汉的大海军主义,1897年他在国会咨文中提出了扩建海军的计划,写道:“近年来进行的大力增强海军,已有国防上的要求证明是完全正确的。”T.罗斯福入主白宫后要求国会拨款建立一支有世界影响力的海军舰队。1908年,美国已建成由29艘新型战列舰组成的总吨位达61.1万吨的庞大舰队。

第三,以商人、传教士和士兵三位一体的全方位扩张为主要方式。20世纪初的美国太平洋扩张战略以开拓投资场所为主要内容,以大棒为后盾,用金元开路,以使命感为基础,继续以基督教教义的神圣使命和传播文明作为对外扩张的美丽外衣,采用文化手段向海外国家输出基督教文明和帝国主义文化。T.罗斯福上台前不久就说过:“在文明世界里没有,也不能有野蛮。对生活在野蛮中的人民我们的责任就是关注他们从锁链中争得自由,我们只有用摧毁野蛮本身才能使他们获得自由。传教士、商人和士兵在这场建设中也许都有各自的作用要发挥”。[35]军事占领、经济扩张和文化侵略三管齐下,三者交互使用。

但是,美国政府的太平洋扩张战略遭到了美国人民的激烈反对,19、20世纪之交,美国国会内外展开了多次关于扩张主义、帝国主义的辩论。一批正直的政治家、学者与广大人民对帝国主义大加挞伐,他们尖锐地指出,扩张战略严重违背了美国《独立宣言》所确立的原则,是为少数垄断寡头服务的错误政策。“反帝国主义同盟”更似雨后春笋遍布全国。在国外,它更是遇到了太平洋地区国家人民的反抗斗争,反美怒潮在太平洋沿岸此起彼伏。历史表明:太平洋是太平洋地区各国人民的海洋,是全人类的海洋,而不是美国的内湖。

注释:

①西德尼·芬尼、拉尔德编:《美国历史》第2卷,纽约,1961年,第7页。

②③⑨⑮⑲㉚㉛杨生茂、冯承柏、李元良编:《美西战争资料选辑》,上海人民出版社,1981年,第66、286、47~48、287、287、50~51、66页。

④⑤⑪⑬㉜㉞不列颠大百科出版公司:《美国年鉴》第12卷,芝加哥,1968年,第336、337、234~235、235、198、200页。

⑥⑩㉝霍华德·比尔:《西奥多·罗斯福和美国世界强权的兴起》,纽约,1967年,第161、159、45~46页。

⑦欧内斯特·R.梅:《帝国民主:美国作为强国崛起》,哈珀和罗出版公司,纽约,1961年,第244页。

⑧E.S.波默罗伊:《太平洋前哨:美国在关岛和密克罗尼西亚的战略》,纽约,1970年,第9、8、7、36页。

⑫⑭法兰克·N·马吉尔:《历史大事记:美国卷》第2卷,新泽西,1975年,第1292、1298页。

⑯G.K.哈纳斯和J·S·沃克编:《美国外交关系史学评论编纂史》,格林伍德出版社,1981年,第96页。

⑰周一良、吴于廑主编:《世界通史资料选辑》,近代部分,下册,商务印书馆,1964年,第118页。

⑱㉒乔治·凯南:《美国外交》,蔡阳等译,世界知识出版社,1989年,第28、35页。

⑳详见余伟:"美日在中国东北的一场激烈争夺",见汪熙主编:《中美关系史论丛》,复旦大学出版社,1985年。

㉑㉓㉔阿瑟·S·林克:《伍德罗·威尔逊和进步时代1910—1917》,哈珀和罗出版公司,1963年,第84、88、89页。

㉕《美国外交文件》,1915年,第146页。转引自(苏)纳罗奇尼茨基等:《远东国际关系史》,第一册,商务印书馆,1976年,第366页。

㉖引自邓初川:"威尔逊与中国",见杨生茂等编:《美国史论文选》,第396页。

㉗斯塔夫里阿诺斯:《全球通史——1500年以后的世界》,吴象婴等译,上海社会科学院出版社,1998年,第11页。

㉘F·默克:《美国历史上的天定命运和使命感》,纽约,1966年,第24页。

㉙美国历史学家F.默克在他的《美国历史上的天定命运和使命》中指出:"19世纪90年代的帝国主义被一些历史学家认为仅仅是19世纪40年代的天定命运论的变种而已。这是一种错误。它是天定命运论的反题。天定命运是大陆主义。它意味北美洲的吸纳。它在州权中找到鼓舞。……1899年的扩张主义是褊狭的帝国主义的,它受到同类的国家主义的鼓舞。"(第256~257页)他还认为大陆主义和扩张主义的教义从未真实反映美国的民族精神,"较为真实反映民族精神的是使命感"(第261页)。默克将美国历史上的使命感、天定命运和扩张主义完全对立起来加以考察评价。其实,美国历史上的基督教使命感、天定命运论和19世纪90年代的扩张主义间虽然存在某种差异,但无法否认它们之间有着内在的诸如种族优越论、文明优越论的思想联系和共同点。

㉚见阿尔伯特·K·温伯格:《天定命运》,四方院子图书出版公司,1963年,第429~430页。

(载《华东师范大学学报》2001年第6期)

20世纪上半叶美国历史发展的曲折性初探
——从强国到超级大国的曲折路径

文章提要:20世纪上半叶,全球视野中的美国正处于从强国到超级大国的转化进程,历史发展呈现曲折性特点。国际上,美国经历了两次世界大战,从战争到和平再到战争;经济上,经受了繁荣到大萧条再繁荣;政治上,由民主党到共和党再到民主党轮流执政;治国理念上,出现了从威尔逊的"新自由"到哈定、柯立芝、胡佛的"自由放任"再到罗斯福"新政"的交替;文化上,美利坚文化历练了"合众为一",从成熟定型到引领西方思想潮流的过程。曲折性的形成取决于世界格局的演变,取决于美国历史发展的自身逻辑,取决于美国资本主义体制的内在矛盾和移民文化的内涵。

美国历史很短,但每一发展阶段都有特点可寻,如殖民地时期、独立战争、南北战争、重建时期、镀金时代、进步主义时期等。如果说18、19世纪的历史是美国立国、建国、统一、崛起、强国的进程,那么20世纪上半叶的短短50年间,全球视野中的美国正处于从强国到超级大国的转化。其发展特点是曲折性:大起大落,跌宕起伏,曲折多变,耐人寻味。期间,美国究竟发生了哪些曲折变化?至少在如下五方面值得关注。

一

历史学要有全球视野,美国历史变迁更是与全球息息相关,放眼世界,20世纪上半叶的美国在全球处于什么地位?美国正处在从一个资本主义强国向超级大国转化的历史进程中,他正在雄心勃勃地走向世界中心的路上,他已经离不开世界,世界也离不开美国。保罗·肯尼迪在他的《大国的兴衰》中认为,1900年后的50年是全球"两极世界的形成时期。"[①]即美国与前苏联两极形成的时期,作为"一极"的美国是如何形成的?美国由强变超的巨变离不开两次世界大战,世界大战是美国实现这个重大转变的契机,一战打出了一个美利坚强国，二战造就了美利坚成为超级大国。

美国历史离不开战争，美国本土在历史上大战争不多，小战争不少。18世纪下半叶爆发了独立战争；19世纪上半叶爆发了第二次英美战争，下半叶发生了被称为第二次革命的南北战争；但在20世纪上半叶，美国却史无前例地参与和经历了两次世界大战。二战后，美国更是参战不断，根据美国前总统卡特的判断，美国成了全球发动与参与战争最多的一个国家。

战争是政治的继续，帝国主义是现代战争的根源。一战期间，西方就有学者说过："战争乃国家生机勃发之象征。"[②]1897年，西奥多·罗斯福说过："说心里话……我几乎欢迎任何战争，因为这个国家需要战争。"[③]所以一战前的1898年，正在崛起的美国与老牌列强西班牙爆发了全球历史上第一次帝国主义战争。

一战后，美国成为跻身于世界列强之林的强国。战争中英法德俄等国两败俱伤，美国开始取代英国地位成为头号经济强国，从债务国变成债权国，华尔街取代伦敦成为世界金融中心。"通过第一次大战英国越来越成为美国商品和付息贷款的市场。"[④]威尔逊总统自豪统地说："金融领导地位将属于我们，工业首要地位将属于我们，工业首要地位将属于我们，贸易优势将属于我们，世界上其他国家期望我们给予领导和指引。"一战后，威尔逊总统提出"十四点计划"企求为战后的世界提出政治"蓝图"，美国还积极参与提出在战后建立"国联"的建议，但国联正式建立后美国因国会反对却没有参加国联。

当人们还在思考一战爆发原因时，经过短暂的和平新的世界大战又爆发了。"从某种意义上说，第二次世界大战是美国参加过的最受民众支持的一场战争了。"[⑤]战后美国登上资本主义世界霸主宝座，为世界资本主义列强之首。由于战时国家垄断资本主义得到全面发展，战后初期，美国无论在经济、军事、政治方面都处于绝对优势。经济上，美国占有资本主义世界工业生产量的2/3，外贸出口额的1/3，黄金储备的3/4，拥有全世界民用飞机的84%，冰箱和洗衣机的85%，[⑥]后来又确立了美元霸权地位；军事上，美国空军在世界上独占鳌头，海军吨位远远超过英国，几乎占领了世界上的所有海域，军事科学在世界上更处于无人匹敌的地位，在政治上，美国积极推动联合国的筹建，企图操纵联合国使之成为它谋求世界霸权的政治工具。1945年6月，美国总统杜鲁门在各国签署《联合国宪章》后发表演讲说：宪章的签署"实现了30年前那个伟大政治家——伍德罗·威尔逊的理想。”

20世纪上半叶美国历史坐标上形成了战争——和平——战争的“马蹄”形曲线。可见战争对美国历史发生的影响有多么巨大！世界大战不仅提升了美国在全球的地位，而且对他的国内经济产生重大推动作用。

二

经济是美国实现转化的基础，也是美国取得二战胜利的保证。战争离不开经济，美国经济的发展同样离不开世界大战。如同战争——和平——战争“马蹄”形曲线一样，20世纪上半叶，美国经济在从强国向超级大国的转化进程中也呈现出一条起伏涨落的相似曲线，即繁荣——大萧条——繁荣。

1.一战后的繁荣。第一次世界大战后美国经济迎来了一个繁荣时期。20年代美国最显著的特征之一就是经济的迅速增长。据统计，美国的国民生产总值，1920年大约只有862亿美元，到1929年已增加到1044亿美元。[7]国民总收入，1921年时仅为594亿美元，到1929年增长到872亿美元，8年内增长了31.9%。就人均收入而言，1900年时仅480美元，到1929年已增加到681美元，增长了28.9%。1929年，美国工业产值占全世界工业总产值的48.5%，超过了当时世界3个主要工业国英、法、德的总和。

原因是(1)19世纪末20世纪初，世界历史上第一次全球化高潮给美国带来了巨大发展机遇，随后第一次世界大战在欧洲爆发，对美国不仅是灾难而且也提供了一个千载难逢的发展机遇。战争期间，美国的经济逐步由民用转向战争体制，总产出的20%从民用转为军用，战后又从军用转为民用。这种体制转换有利于提高生产效率。美国在战争中积累了巨量财富很快转化为战后发展工业所需要的资金。(2)工业管理革命和技术革命。美国在20世纪20年代发生了一场意义深远的工业管理革命和技术革命。如：泰罗的科学管理思想，“大规模生产”的使用。它是指采用机器进行批量工业品生产。这主要以1913年由亨利·福特首创“传送带生产线”即“流水装配线”为标志。在管理体制上，企业的资本所有形式日益股份化，股份公司的形式已相当普遍地渗入每个产业部门。在企业组织结构上，美国大企业的管理体制和组织结构又发生了一次重大的变革，即从集权化的管理体制走向分权化的管理体制——

“分权的事业部制”（或“部门化结构”）。(3)商品流通和销售方式的变革。如果说管理革命与技术革命是生产领域的变化，那么在商品流通领域的一系列变革也成了美国经济繁荣的不可忽略的因素。商品流通领域的变化包括销售方式的变化，其中分期付款就是明显的改进。分期付款销货额中最大的是汽车。在20年代，“先享受，后付款”几乎成了所有广告的通用口号。广告业在一战后发展成为一个大的行业，如美国烟草公司因反对糖果制造商而大做其“宁要一包幸福牌烟，不要一块糖”广告，家喻户晓，流行全美。零售五美分或十美分的小商品、药品、食品、杂货和服装的联号商店更是生意兴隆。邮购商店生意也很兴旺。美国在20年代有了大规模的国内贸易市场。[8](4)企业合并高潮。20年代美国就出现了兼并浪潮，被兼并企业达12000家，涉及公用事业、银行、制造业和采矿业。其中在1928—1929年高峰期间，被兼并公司达2300家。企业合并高潮产生的结果是企业规模更加扩大，垄断程度也空前提高，大金融资本与大工业资本融合的趋势有增无减。200个最大的非金融公司的资产，在1909年为260亿美元，1919年为437.18亿美元，1929年为810.74亿美元。到1929年，这200个公司控制着所有公司财富的49%，获得公司收益的43%。[9]但有的美国学者认为这个繁荣只是一场“玫瑰梦魇”，有的断言在繁荣背后潜存着旧秩序的危机。[10]

2.1929—1933大萧条。正当美国人沉浸在繁荣美好的富裕日子里，繁荣表象下久已潜伏着的危机因素暗流涌动，最终转化为现实危机，1929—1933年大萧条犹如潘多拉魔盒被打开而出逃的魔鬼一般在美国骤然出现，肆行无忌，很快蔓延全球，形成世界性经济危机。

据美国历史记载，1929年中期美国一些主要产品的产量开始下降，同年秋，证券价格也趋向下跌。到10月末，证券市场混乱。在著名的“黑色星期四”，即10月24日，证券交易额达1300万股，证券市场一天之内蒙受的损失开创了历史最高纪录。10月28日星期一，纽约股票交易所的全部股票平均下跌50点，一跌不可收拾，这就是历史上著名的“黑色星期一”。1929年10月的股票市场崩溃，标志着现代历史上最为严重而持久的经济萧条的开始。美国经济处于濒临崩溃的艰难困境：一般工商业活动水平下降到正常营业的60%以下；1/4以上的民用劳动力陷于失业困境；出口下降到接近20世纪30年代以来的最低水平；商品价格大幅度下跌，尤其是经济危机交织着极端严重的货币金融危机,使银行体系陷入崩溃。1929年经济大萧条发生后,胡佛总统还乐观地认为:美国制度虽然基本上是健康的,但由于主要是来自国外的各种偶然的或意外的影响,暂时陷于困境。[11]1929年的10月23日在股价已发生暴跌的情况下,他依然声称美国经济的形势“基本上是好的”。

1930年5月,胡佛还预言,到秋季,工商业将恢复正常。联邦政府和工商业巨头也多次宣称:国家经济是在“一个健康和繁荣的基础上”。1930年危机进一步恶化,有1352家银行倒闭,失业人数有增无减。1930年5月,胡佛却满怀希望地宣布:“现在我们已经渡过最艰难的时光……经济很快便会复苏。”但是1931年和1932年之交美国经济形势继续恶化。1932年工业生产水平比1930年下降51%,失业人数剧增约1100万,先后有2294家银行倒闭。

事实上,大萧条出现的根本原因是资本主义制度的内在矛盾。这是一场全球性的过剩危机,当然胡佛政府推行的经济政策也是造成危机的重要因素。胡佛认为美国的主要企业“是建立在健全和繁荣的基础之上的,其经济体制和结构总的来看始终运转很好,没有必要对它们进行根本性的改革和调整。”他应对萧条的错误做法加速和加深经济危机的爆发与蔓延。特别是他为了美国一己之私利,推行高关税政策大打贸易战,对世界经济危害极大。1930年6月17日,国会通过霍利—斯穆特关税法,规定提高的75种农产品和925种制造品的关税率,遭到美国上千名经济学家的反对,认为这是经济上的极端民族主义,最后会导致对美国的不利,但胡佛认为这样做符合美国民族最高利益,一意孤行。结果引起世界各国的反制报复,从1931年9月到1932年7月,就有48个主权国家增加关税,26个国家实行定额入口和公开禁运,1933年二战策源地之一的德国实施闭关自守计划,危害世界经济。[12]此外美联储错误地为了刺破股市泡沫,而无视工业生产已经开始下降的事实,在1928年和1929年两次提高贴现率,这些做法都使经济萧条更严重。[13]

3.二战的爆发为美国经济提供了发展机遇,1933年,民主党富兰克林·罗斯福上台,改辕易辙,推行“新政”,美国经济出现复苏走出谷底,二战爆发最终让美国走出大萧条的谷底,恢复到世纪初的繁荣。美国经济学家吉尔伯特·菲特在他编的《美国经济史》中认为:“美国经济,直到因扩军备战而增加军费开支以及第二次世界大战爆发后,才算最终排除了大萧条的最后影响而逐渐走向繁荣。”战后美国重新出现并一直继续了20世纪“二十年代和三十年代的经济发展趋势。”回到了“繁荣”的起点。

三

两党轮流执政本是美国政坛一大特色，20 世纪上半叶，美国两党轮流执政也出现了相似的一条曲线，具有独特的典型性。由共和党西奥多·罗斯福（1901—1909）与塔夫脱（1909—1913）执政到民主党（威尔逊执政 8 年），再“回复”到共和党哈定（1921—1923）、柯立芝（1923—1929）、胡佛（1929—1933）的共和党执政（12 年），最后又“回到”民主党（F.D.罗斯福（1933—1945）杜鲁门（1945—1953）执政 20 年。恰巧是从共和党的西奥多·罗斯福到民主党的富兰克林·罗斯福。

1.共和党连续执政 16 年后，1912 年是选举年，共和党内部发生分裂，为民主党提供了有利时机，1912 年 7 月，民主党代表大会上，“精神世界保守、但却有进步名声”的伍德罗·威尔逊被提名为总统候选人。1913 年 3 月初，当选总统威尔逊是托马斯·杰斐逊和詹姆斯·麦迪逊之后白宫主人中的第一位知识分子，是美国著名的历史学家和教育家，也是美国历史上第一个有博士头衔的白宫主人。他一生留下许多著述，1902 年出版的 5 卷本《美国人民史》便是其代表作之一。民主党人从共和党人手中夺回长达 16 年无缘问津的总统宝座。威尔逊执政了 8 年。

2.1920 年，美国迎来了一战结束后的第一次大选。经历了第一次世界大战烽火以后，美国结束了民主党 8 年的统治，开始了共和党统治的哈定—柯立芝—胡佛时代。在整个 20 年代的时间里，共和党不仅占据了总统宝座，而且控制了参众两院。

经历了一战和战后初期的社会冲突及种族纷争，美国人需要的是“常态”的回归。最后他们选择了俄亥俄州参议员沃伦·G·哈定为共和党的总统候选人。他们认为“哈定这个人不是会引起世界变化的人，但他却是那群人中最合适的一个。”[14]哈定拥有典型的美国人的经历。有人认为他是个性格讨人喜欢，虽然才智不算出众，但在仕途上却一路平稳向前。哈定入主白宫，一人得道，鸡犬升天，一支后来丑闻百出的“俄亥俄帮”开进了华盛顿。1923 年以后政府腐败丑闻接连不断。当年 6 月，哈定在旅途中突发重病，于 8 月 2 日在旧金山病逝。

副总统柯立芝成为美国历史上第 30 任总统，并在 1924 年的大选中以绝对优势战胜对手，获得连任。有人认为，“柯立芝的平民风度乃是出于习惯，并非来自思想信仰；他的节俭并不表明厌弃财富；他的沉默寡言并非哲学修养所造成的宁谧恬静；他的朴素单纯并无内在的深度。”[15]1920 年大选，他被共和党选中作为哈定的竞选伙伴。在目睹了哈定时期的丑闻之后，“只有一点是明显的，那就是这个国家需要的是一个能够唤起道德尊崇的领袖”。[16] 1924 年大选中柯立芝获胜成为总统后，首先解除了内阁中哈定的牌朋酒友们，其中有的被送进了监狱，政府作风由贪污腐败转变为廉洁。

1928 年，柯立芝总统任期临近结束，商务部长胡佛在共和党代表大会的第一轮投票中便获得了提名。对选民来说，胡佛让他们看到了希望与需要，这个艾奥瓦州一个农场主的儿子，在担任商务部长期间，他为创造美国的商业繁荣立下了汗马功劳。“胡佛正是这个时代所需要的人”。胡佛虽然入主白宫，但运气不佳，他刚上任后不久，曾被美国人认为是“永恒的繁荣”不再繁荣，何来永恒？美国学者风趣地说：“胡佛本人的一生是从穷小子变成富翁；而在他执政期间，国家却由富翁变成穷小子。”

3.“三十年河东，三十年河西”。1929 年 10 月 29 日成为了美国人心中永远的痛，一场出乎人们意料的“大萧条”从天而降。在美国由“富翁”变成“穷小子”的惨淡背景下，民主党再次登台（1932—1953）。民主党富兰克林.D.罗斯福上台，成为美国第 32 任总统（1933—1945），也是美国历史上唯一一位连任 3 次的总统。因为自开国元勋华盛顿、托马斯・杰斐逊始，美国总统只能连任一次已成为美国的不成文的惯例。罗斯福成了美国历史上任期最长的一位总统，他的执政时期被历史学家称为“富兰克林.D.罗斯福时代”。20 世纪伊始共和党人老罗斯福入主白宫；30 年后风水轮流转，民主党人小罗斯福又登上总统宝座。沧海桑田，耐人寻味。

四

历史确有惊人的相似之处。两党轮流执政带来了治国理念上的变化，在美国历史上,自由放任与国家干预一直是政府执政的两种不同的指导性理念与经济学说。如果说伍德罗·威尔逊的时代是国家干预对美国历史上自由放任传统的一次重大突破,那么进入20世纪20年代后,随着共和党的重新执政,对前者的国家干预理念作了一次否定,"自由放任"政策再次成了政府执政的"指路星辰",并且取得了短暂的繁荣,可是最后却导致了美国经济大萧条。30年代初,民主党在竞选中获胜复出,富兰克林·罗斯福推行"新政"则是与英国经济学家凯恩斯主义的国家干预理论不谋而合,是对哈定、柯立芝到胡佛的自由放任经济学说的一次否定,仿佛是对西奥多·罗斯福和伍德罗·威尔逊时代的进步主义国家干预理论的一种"回归"。

从威尔逊的进步主义的"新自由"到哈定、柯立芝、胡佛的"放任",再到罗斯福"新政",是一个肯定——否定——肯定的螺旋式上升的变化。

1.民主党总统威尔逊上台后,抛出了不同于共和党人的施政纲领——"新自由"。威尔逊入主白宫后,将关税改革视为一项主要目标。最终通过的"安德伍德—西蒙斯关税法",降低了900多种,提高了36种货物的关税,307种税率未变,平均税率下降了11个百分点。[17]新税法提高了美国没有或者不能生产的商品的税率,而"所有能够证明美国产品在世界贸易中占统治地位的商品的进口关税却被削减了"。[18]

1913年夏秋,威尔逊促使国会着手处理另一棘手的难题——银行体制的改革。20世纪初年,独立银行有3万多家。[19]这些独立银行互相倾轧,操纵了国计民生。金融是经济的心脏,但在这方面,私人的控制却不受抑制,为所欲为。威尔逊提出的银行改革方案,核心是建立联邦储备体制。联邦储备体制将提供一种可变通的通货储备以应付不时之需,同时它也将负责纸币的发行。这就赋予了联邦储备体系控制货币流通量的潜在权力,从而抑制通货膨胀或者缓解通货紧缩。通货并非完全基于黄金或者某种形式的联邦债券之上,而是以企业和工业体制自身的收益为基础,这是有史以来第一次。由于这一规定,使得通货流通的总量得以根据商业活动的情况相应地做出增加或者减少的调整。更重要的是,联邦储备体制的分权化(建立了12个储备银行),有助于减轻华尔街的垄断。

1913年9月,银行改革方案在众议院获得通过。联邦储备委员会和地区储备银行的建立,使得美国自杰克逊时代以来第一次有了富有效率的银行系统。建立了一个全国性的协调机构——联邦储备委员会,增强了整个金融体系防范、化解金融危机风险的能力。联邦储备体制的确立,也在一定程度上削弱了私人大银行对美国经济命脉的控制。美国历史学家布鲁姆等则更明确地指出,“如果不建立这个新系统(指联邦储备体制),国家将无法应付第一次世界大战带来的财政重负。”[20]美国历史学教授罗伯特·凯莱所评价:“毕竟一项新的、灵活的通货已经创立,一个具有巨大潜能的公共管理体制也已应运而生。开端已经作出,在现情形之下,一个如此根本的变革,本身就是一项非凡的成就。”[21]

托拉斯问题牵涉到的实质是对整个美国企业进行改组。威尔逊承认了托拉斯作为一个经济实体的存在是合理的。他意识到建筑在大规模合作基础上的企业的互相联合,是我们时代的特征,是随着现代文明的自然发展而来的……我们永远不可能回到个人竞争的旧秩序中去。对此,历史学家霍夫施塔特指出:到了威尔逊执政的年代,禁止任何垄断的企图已经不可能实现了。威尔逊试图采取的举措,其意图正在于加强对工业的全面管理和调节,进一步抑止托拉斯经营中的弊端,尽可能地创造一个相对公平有序的竞争环境。1914年秋,在威尔逊总统的要求下,参众两院通过了“克莱顿反托拉斯法”和“联邦贸易委员会法”。政府管理的范围就由原来单纯控制公司的垄断行为,扩展到规范企业活动、制约企业间的竞争方式等广大领域。“联邦贸易委员会法”的另一职责是保护消费者权益,委员会下设的总顾问处和竞争事务局拥有数百名职员和律师。1916年,威尔逊又促使国会制订出了“到当时为止美国历史上最有影响最有意义的进步主义立法”。[22]1916年大选,威尔逊继续当选,这是自从安德鲁·杰克逊时代以来民主党在职总统的首次连选连任。

总之,19世纪末20世纪初的美国处在由自由资本主义向垄断资本主义过渡的时期,也是“自由放任”和“扩大政府管理职能”两种治国理政理念冲突变革的时代。从西奥多·罗斯福到伍德罗·威尔逊之间的历届联邦政府,通过一系列立法、司法和行政实践,初步确立了对于转变时期美国经济关系和社会关系的直接干预,加强了政府的社会管理和调节职能,为国家垄断资本主义的发展奠定了基础。对于美国资本主义的未来发展产生了深远影响。后来,富兰克林·罗斯福时代的“新政”思想渊源之一也可以追溯到进步主义时代的改革。英国教授拉斯基曾明确指出,罗斯福“新政”是威尔逊“新自由”政策的逻辑发展。[23]可是历史的发展不以人们的意志为转移，很快将美国引入了另一间“房间”。一战结束，国家干预经济思想很快被哈定、柯立芝、胡佛的“自由放任”政策否定与取代。

2.哈定—柯立芝—胡佛的执政信条。

自由放任首先反映在哈定的“恢复常态”上。对于经历了一战磨难和动荡的美国人来说，1920 年最需要的是回复到过去的状态中。在参加竞选时，哈定便指出，“美国当前需要的不是豪情壮志，而是休养生息；不是济事妙策，而是正常状态；不是革命，而是复原；不是激烈震荡，而是轻微调整；不是手术，而是静养；不是激情，而是冷静；不是试验，而是均势；不是沉湎于国际理想，而是维持国家的优势地位”[24]。所谓的“常态”就是对威尔逊时期的那种强大国家的否定，就是在国际事务中放弃前任的理想主义，在国内则放弃对企业行为的管理等。哈定为了实现“常态”的回复，“凡是在有可能的地方，哈定及其同僚无不使进步运动所取得的成就倒退回去。”[25]从威尔逊到哈定，不仅是两个政党间简单的交替，而且意味着进步主义在美国的衰落，美国人再次从激进的进步主义理想回到了现实，哈定的“恢复常态”意味着自由放任的再次兴起。

柯立芝上台后遵循哈定的原则——联邦政府服务企业最好的办法，政府能做的最大贡献就是将其规模、活动和支出压缩到最低程度。当一名参议员指责总统，要求他做点什么的时候，柯立芝两脚翘在书桌上回答道，“难道你不知道，如果我们只是坐在那里、保持安静，那么我们现在所遇到的麻烦中有五分之四是可以避免的吗？”[26]他崇拜财富和拥有财富的人，认为富人之所以富是因为努力工作，而穷人之所以穷是因为懒惰。他的这种观点代表了当时普遍存在的一种价值观，即世间财产是上帝进行选择的明证，“一个人的价值是同他所能赚的工资相称的”[27]，政府不应该向高尚的富人征税，以援助卑贱的穷人，富人最了解他们利益所在，政府不应该干预他们经营的企业，而应该促进企业 。他认为企业不仅仅是企业，而是一种信仰，“建造工厂的人实际建了一座教堂……工作在那里的人实际在那里做礼拜”。[28]这个时期美国政府的格言是“美国人的事业就是做生意”，认为美国需要的“只是一个权力有限的政府”，“政府无权征收一元钱也无权开销一元钱”，“即使联邦政府不再存在，在相当长的时间内，普通老百姓也不会察觉到有什么两样。”

胡佛出任总统后，继承前任柯立芝衣钵，一如既往，坚持自由放任与有限政府理论。他认为,政府经营商业不仅将损害政治平等,增加而不是减少滥用职权、贪污贿赂现象;它还将扼杀主动性、创造性使人民智力愚钝,萎靡不振,压制平等的机会,摧残自由和进步的精神。他认为联邦政府的责任是引导和指导,而不是在一个庞大的官僚制度之下实施管理。

历任哈定、柯立芝和胡佛三届政府的财政部长安德鲁·梅隆认为:降低税率可以增加"工业企业的资本,刺激企业扩大生产,使企业更有把握提供较多的年收入五千美元的就业机会。"经过七年先后四次制订的有利于工商界的税收法规后,工商业和高收入阶层的纳税负担减轻,收入为100万美元的人所需缴纳的所得税,在1921年为66.3万美元,1928年则锐减为不足20万美元。[29]

一言以蔽之,哈定、柯立芝、胡佛三届政府对控制和管制大公司的要求置之不理。"反托拉斯法"在20年代实际上得不到执行。限制放弃取消国家干预,全赖"看不见的手"主宰国家经济,最终使美国经济从繁荣走向全面危机,濒临崩溃边缘。

3.面临共和党人留下的烂摊子,美国将往何处去?富兰克林·罗斯福上台后如何挽救美国?他果断地抛弃了共和党的自由放任理念,大力推进以国家干预为指导的"新政"。根据我国六卷本《美国通史》主编美国史研究前辈专家刘绪贻先生研究,第一期新政(1933—1935年)以复兴为主,第二期(1935—1939年)以改革立法为主,救济贯穿其中。罗斯福根据在纽约州的政治实践和吸取进步主义的思想营养,面临美国经济崩溃的现实,用实用主义的哲学,采用国家干预的手段挽救美国的命运。"新政"所体现的原则与英国经济学家凯恩斯提出的经济理论不谋而合或者说殊途同归,两者相互影响。新政利用国家的力量,通过立法,如在1935年通过《社会保障法》《全国劳工关系法》《1935年银行法》《公用事业控股公司法》《1935年税收法》等等,加强了对金融体制的管理与控制,在国家干预下开展农业救济与工业复兴,建立联邦救济体制等等。通过"新政"逐步恢复了陷入危机的美国经济,救济了广大的失业者与贫民,革除了资本主义制度中的某些弊端,调整了资本主义生产关系中的某些部分。

当然罗斯福"新政"的指导思想是国家干预与西奥多·罗斯福、威尔逊的进步主义可以认为是"一脉相承"的,但两者绝不是简单重复。在理论内涵上，两者的“国家干预”相较，后者更全面、更丰富、更深刻；在实施过程中，后者推行得更彻底，更成熟；前者的改革最后导致美国社会由自由资本主义向一般垄断资本主义转化，后者则导致美国进入国家垄断资本主义的新阶段。

五

美国政治精英熟谙西方列强兴衰称霸史，为适应由强变超的变化，强国不仅需要物质上的综合国力，更需要精神上的综合国力。他们知道美国要成为超级大国，不仅需要扎实的经济基础、强大的军事力量、高科技的领先地位，而且需要巨大的精神力量的支撑，需要文化上的自信力与创造力。

美国文化本质上是移民文化，移民祖籍国的传统是移民文化的直接渊源之一，移民与新环境的互动与开拓新世界的过程就是新文化创建的过程，期间不同文化背景的种族、民族、族裔群体因文化差异对美利坚文化的形成有重大影响。

美利坚文化经历了“合众为一”的过程，自 19 世纪 60 年代的南北战争结束以后，随着西进运动的推进和工业革命的发展，美国人在经济领域很快成为制造大国，而且在精神领域取得重大成果，他们在与新环境作斗争中形成了边疆民主理念与求实精神，最后酿成了实用主义的哲学，成为美利坚民族自身的哲学思想，美国自己的历史学也在此时建立起来。

同时美国的大众文化也成为世人瞩目的文化特征，20 世纪的美国电影、好莱坞、迪斯尼乐园等等成为美国文化象征，风靡全球。纽约不仅成为世界金融中心，也成了美国文化的代表，纽约百老汇成为全球戏剧表演的代名词，成为电影首映之地和绝食音乐的首都。纽约成为吸引世界文化精英“朝圣”的西方文化中心，成为全球最大的世界文化博览会。20 世纪初，美国“大熔炉”里熔铸成了以盎格鲁—撒克逊文化为主流，以欧洲移民为主体的北美文化——美利坚文化。他源于欧洲但别于欧洲文化，在当时世界上完全是一种新的文化。美利坚文化，从成熟定型向多元文化转变，迅速走向世界。

他们还深知一个国家的精神支持离不开对民族英雄的崇尚。富兰克林·罗斯福上台后，恰逢美国国父华盛顿诞生两百周年，1932 年，美国举行了长达

9个多月的纪念活动，声势浩大，史无前例。最后还出版了5大卷纪念专集，前4卷为《乔治·华盛顿诞生200周年纪念史》，第5卷《美国纪念乔治·华盛顿诞生200周年委员会报告》。报告集的扉页上发表了罗斯福总统给委员会主席布鲁姆的信件。其实，纪念华盛顿的目的很明显，当时美国经济萧条，国运维艰，美国政府希望利用开国元勋的英名维系人民对国家的信赖，借助国父的精神帮助人民树立信心渡过难关。从长远分析，崇尚美国英雄，纪念美国国父的精神力量是美国从强国转变为超级大国的历史进程中不可或缺的措施，纪念委员会主席布鲁姆在报告集上明确指出，在充满暴政与压迫的当今世界，华盛顿作为自由政治理论的主要倡导者出现。在华盛顿所计划的政府已经运转一个半世纪以后，即在1932年考虑"他对当今世界之影响似是适合时宜之举。"向全世界输出美国的政治理念——自由政治理论，这是美国走向世界的必由之路。根据报告，1932年，纪念活动遍及世界81个国家和259个城市，其中包括我国的广州、上海、杭州、哈尔滨等。

他们懂得列强向超级大国转化时，人才是决定性因素。美国在二战期间，发挥移民文化的优势，大量吸收欧洲的一流科技人才到美国开展研究，占据世界科学研究前沿的制高点，诺贝尔奖金获得者的数量居世界首位，人文学科艺术文化领域，流派林立，新论迭出，引领着西方世界的学术文化潮流，美国高校成为全球青年向往深造的圣地。曾几何时，美国作为一个以弘扬多元文化为特点的移民国家，成为世界上不同种族、民族、族裔的人们向往的希望之地与梦想家园。据美国学者研究，二战结束时，美国人的自信达到了历史上从未有过的高度，"作为一个美国人，就意味着高踞于世界之上。"[30]一位英国驻美国大使在所写的密件中提醒政府要注意"华盛顿的唯我独尊、傲视一切的情绪，一种无处不在的美国第一的情绪！"[31]随着美国代表的民主力量击败法西斯的伟大胜利，美国政治精英们相信"罗马在古代世界中的地位，大不列颠一直在现代世界中的地位，就是美国在明天世界中的地位。"[32]

美国20世纪上半叶历史发展的曲折性耐人寻味，时空坐标上醒目的"马蹄"形曲线说明，美国从强国走向超级大国的历史过程中，充满着曲折；曲折性的成因首先是全球历史与世界格局的变化造成的。美国历史发展与世界演进相遇在一个历史交叉点上，尽管世界大战的爆发并非取决于美国，而是在世界历史发展进程中，大国平衡与世界政治经济演进的结果，但是美国参与了战争，战争改变了美国，一战打出了一个美利坚强国，二战打出了一个美利坚超级大国。

其次，曲折性取决于美国历史发展的内在逻辑。美国的昨天、今天与明天之间存在着一条因果链，形成“来龙去脉”“前因后果”。第一次世界大战结束，人们向往和平，恢复常态的大众心理，为共和党上台提供了条件，因而“自由放任”政策得以贯彻，此政策的实施最终又导致了大萧条的出现，经济危机的出现使民主党入主白宫势在必得，国家干预理念得以大行其道，“新政”见效，经过二战的洗礼，经济再现繁荣。历史不正是如此一环扣一环因果相连，前因后果地往前行进么？

再次，取决于美国社会的经济、政治、文化、思想，社会习俗等等横向上存在交叉渗透的联系，密切的因果关系，一些表面上互不相关的事物却存在着内在联系，互为因果，相互交替，你中有我，我中有你，相互渗透，此领域的果可能就是彼领域的因，反之亦然。所以在一定条件下，甚至会产生如自然界那样的“蝴蝶效应”。

最后，美国从强国到超级大国的转化是继承了全球西方列强的兴衰轨迹，步他们的后尘，强而必霸。20 世纪上半叶的美国历史发展的曲折性，耐人寻味：宁静美丽的和平与血流成河的战争交替出现，买房购车的繁荣与民不聊生的萧条轮番相继，民主党与共和党轮流上台，国家干预与自由放任理念互换更迭，真可谓肯定——否定——肯定。历史在曲折中前行，螺旋式发展。总之，这是美国从出生以来所拥有的资本主义的经济制度、政治制度所决定的。

历史之所以妙不可言，就在于耐人寻味，它往往是历史学的魅力所在，人们总会被它所吸引，究因探源，企图去接近历史真相。

然而历史总是进行时没有完成时；地球在转动，生活在同一星球上的人类历史在继续。具有全球视野的《全球通史》是这样描绘这段历史的——“20 世纪上半叶在一片恐惧和希望中落下了帷幕。两次世界大战、大屠杀和核武器总共夺走了大约 7500 万人的生命。两次世界大战之间发生的经济萧条也影响了世界上的大多数地区，当这一切都尘埃落定时，冷战又接踵而来，由两个新崛起的超级大国发动的冷战将整个世界笼罩在核毁灭的阴影下，威胁着地球上所有人的安全。”[33]言之凿凿，耐人寻味。

注释：

①保罗·肯尼迪:《大国的兴衰》,王保存等译,求实出版社 1988 年版,第 5 页。

②③霍华德·津恩:《美国人民的历史》,许先春、蒲国良等译,上海人民出版社 2000 年版,第 302 页。

④霍华德·津恩:《美国人民的历史》,许先春、蒲国良等译,上海人民出版社 2000 年版,第 250 页。

⑤霍华德·津恩:《美国人民的历史》,许先春、蒲国良等译,上海人民出版社 2000 年版,第 344 页。

⑥刘绪贻:《美国通史》第 6 卷,《战后美国史》,人民出版社 2002 年版,第 12 页。

⑦余志森主编《美国通史》第 4 卷,《崛起和扩张的年代》,人民出版社 2002 年版,第 461 页。

⑧吉尔伯特·C·菲特,吉姆·E·里斯:《美国经济史》,司徒淳、方秉铸译,辽宁人民出版社 1981 年版,第 697 页。

⑨阿瑟·林克、威廉·卡顿:《一九 00 年以来的美国史》(上),刘绪贻等译,中国社会科学出版社 1983 年 6 月第 1 版 ,第 308 页。

⑩陆甦颖:《经济衰退的历史答案——1920 年代美国经济的多维研究与启示》,上海三联书店 2009 年版,第 1 页。本书从历史变动、社会转型、政策摇摆、经济周期等四个视角对美国 1920 年代的经济变动做了较为深入的分析。关于关税问题,作者认为美国政府当时提高关税大打贸易战导致了世界性的关税大战,脆弱的世界经济立刻受到影响,转而又加深了美国的萧条,美国成为大萧条最早爆发也是遭受最大打击的国家,美国是搬起石头砸自己的脚,自咽苦果。作者认为 1920—1933 年共和党执政的三位总统都是“放任—干预兼容性”的总统,其中哈定和柯立芝更多倾向于放任,胡佛偏向于干预。

⑪霍夫施塔特:《美国政治传统及其缔造者》,崔永、王忠和译,商务印书馆 1994 年 7 月版,第 297 页。

⑫刘绪贻 李存训著:《美国通史》第 5 卷,《富兰克林·罗斯福时代》,人民出版社 2002 年版,第 35~36 页。

⑬胡鞍钢,吴群刚等著:《中国挑战通货紧缩》,中国计划出版社 2001 年 9

月第1版,第108页。

⑭威廉·E·洛希腾贝格:《繁荣中的危机:1914—1932》,芝加哥大学出版社1958年版,第85页。⑮塞缪尔·E·莫里森等,《美利坚共和国的成长》下卷,中译本,天津人民出版社1991年版,第545页。

⑯阿瑟·M·小施莱辛格:《旧秩序的危机:1919—1933年》,豪顿米福林公司1957年版,第54页。

⑰阿瑟·林克:《伍德罗·威尔逊与进步主义时代,1910—1917》,纽约1963年,第38。

⑱D·L·杜蒙特:《现代美国,1896—1946》,宋岳亭等译,商务印书馆1984年版,第186页。

⑲祖波克:《美国史纲》,三联书店,庚声译,1972年,第317页。

⑳J·布鲁姆等:《美国的历程》(下),张国标等译,商务印书馆1988年版,第244页。

㉑罗伯特·凯利:《塑造美国的过去》,第2卷,新泽西,普兰帝斯—霍尔公司,第499~500页。

㉒罗伯特·凯利:《塑造美国的过去》,第2卷,新泽西,普兰帝斯—霍尔公司,第500页。

㉓哈罗德·拉斯基:《美国总统制》,何子恒译,上海人民出社1959年版,第250页。

㉔丹尼尔·斯诺曼:《1920年以来的美国》,海内曼教育图书公司1978年版,第1页。

㉕J·布鲁姆等:《美国的历程》(下),张国标等译,商务印书馆1988年版,第308页。

㉖J·布鲁姆等:《美国的历程》(下),张国标等译,商务印书馆1988年版,第58页

㉗㉘J·布鲁姆等:《美国的历程》(下),张国标等译,商务印书馆1988年版,第315页。

㉙杰里米·阿塔克,彼得·帕塞尔:《新美国经济史》(下)罗涛等译,中国社会科学出版社2000年9月第1版,第563页。

㉚弗雷德里克·西格尔 :《多难的旅程》,刘绪贻等译,商务印书馆1990

年版,第 27 页。

㉛弗雷德里克·西格尔:《多难的旅程》,刘绪贻等译,商务印书馆 1990 年版,第 28 页。

㉜弗雷德里克·西格尔:《多难的旅程》,刘绪贻等译,商务印书馆,1990 年版,第 27~28 页。

㉝霍华德·斯波德克著,陈德民等译《全球通史》,上海社会科学院出版社 2018 年 12 月版,第 752 页。

(载《历史教学问题》2019 年第 4 期)

扩张的美国及其“太平洋战略”

美国总统奥巴马曾发表过“要做一位名至实归的太平洋总统,未来时期是美国的太平洋时期”的言论,国务卿希拉里也曾说“21 世纪是美国的太平洋世纪”。近一段时间以来,美国对太平洋海域的系列行径,诸如:倾力在太平洋部署航母;美菲在我国南海附近实施军演,美日夺岛军演等,促使我们对美国的“太平洋战略”给以更多的关注。事实上,百年前(19—20 世纪之交)的美国就已对太平洋垂涎欲滴并展开了角逐。为此,我们可以从四个角度加以考证分析:第一,从美国扩张历史分析;第二,从资本主义制度的本性分析;第三,从国际政治角度分析;第四,从思想文化角度分析。

一、从美国扩张历史分析——从大西洋沿岸 13 个州扩张成为两洋国家

美国国徽的正面图案有象征美国的白头海雕。白头海雕叼着的绶带上,写着拉丁文格言“合众为一”(E Pluribus Unum)。在白头海雕上方象征拥有主权的新生国家“光环”的蓝色背景里,镶着象征美国最初 13 个州的 13 颗五角星。那么,原本只有大西洋沿岸 13 块殖民地的美国是怎样一步步扩张,进而走到太平洋沿岸的呢?

(一)新大陆的移民及“殖民地时期”的美国领土

上万年前,美洲大陆已有土著人定居。他们分布在不同地区,组织成为不同的部落集团和国家。哥伦布于1492年发现新大陆后,欧洲人逐渐来到美洲大陆,并在此展开角逐。17世纪开始,英国人在北美洲东海岸进行殖民活动,并逐步占据统治地位。

1607年,为了躲避宗教迫害,史密斯船长率领100多名英国朝圣者,横渡大西洋,抵达弗吉尼亚大西洋沿岸的莽莽原野定居,建立美洲大陆上欧洲白种人的第一个定居点。他们以英国国王名字将此命名为“詹姆斯城”。自此直至1776年,前后约160多年,美国历史书称之为“殖民地时期”。1607年至1733年,英国在北美洲从大西洋沿岸至阿巴拉契亚山脉之间的土地上建立了13个殖民地,即弗吉尼亚、马萨诸塞、马里兰、罗得岛、康涅狄格、北卡罗来纳、纽约、新泽西、南卡罗来纳、新罕布什尔、宾夕法尼亚、特拉华和佐治亚,总面积32万平方公里。至美国独立战争前夕,这13个殖民地已发展到300多万人口。

殖民地享受的高度政治上的自治,经济上自成一体自然导致这些英格兰人逐渐和英国疏远。他们渐渐变成美洲人,形成美利坚民族,而不是英格兰人。同时,其他国家的移民和文化也源源不断地来到美洲,与原居民和文化混合在一起,更加速了这种倾向的发展。1782年,法国农学家克莱弗果在他的著作中详述了这件事的发展过程,以及它是如何为一个新国家奠定基础的。他在《美国农民来信》一文中写道:“这个新人,美国人,到底是怎样一种人?他要不是欧洲人,就是欧洲人的后裔。因此那种惊人的混血情况,在别的国家是见不到的……我可以给你指出一个家庭,祖父是英国人,他的妻子是荷兰人,儿子和法国女人结婚,生了四个孩子,这四个孩子娶的是国籍不同的妻子。这就是美国人,这个人把他的古老的偏见和习惯遗留了下来,又从他所接受的新的生活方式里,和他所服从的新政府里,以及他所保持的新地位里接受了新的偏见和习惯……”

(二)美国的独立及其领土构成

过去,作为欧洲两大强国的英国和法国,一直在为争夺欧洲和世界霸权征战不已。1763年,英国在7年战争中最终取得了对法国的胜利,法国被迫将整个加拿大让给了英国,并从印度撤出,只保留了5个市镇。英国从此成为殖民霸主,逐渐迈向了日不落帝国。但是英国将这次战争的战费转嫁到了北美殖民地人民的身上,由此引发了当地居民的不满。此后,1773 年发生的“波士顿倾茶事件”,成为美国独立战争爆发的导火线,也是导致美国建国的主要事件之一。接着,1775 年 4 月 19 日凌晨,波士顿人民在北美莱克星顿打响了独立战争的第一枪。

起初,美国独立战争并不是一场目标明确的战争,是潘恩的《常识》首先喊出了“美国独立”的声音。潘恩本是英国人,因为在英国受到排挤,到北美殖民地寻找新的生活,为此还请当时在英国的富兰克林写了一封介绍信。潘恩的《常识》,在美国独立战争中影响很大,极大地鼓舞了北美民众的独立情绪。在美国学者伯纳德・施瓦茨著的《美国法律史》中可以看到,美国独立战争前,“伦敦愿意通过放弃强行征税的做法,如取消印花税法,对这些殖民地做出让步,但它对于殖民地立法权,这一宪法权利,却不愿放弃”。因此,单单看到北美独立战争是为争取经济权利而战显然是片面的。可能更符合历史的是,北美人民当时渴求全面的民主。潘恩敏锐地认识到了这一点,首先喊出了独立的声音。美国第二任总统约翰・亚当斯(John Adams)说:“如果没有《常识》作者这支笔,华盛顿所举起的剑,将是徒然无功。……历史将会把美国的革命归功于托马斯.潘恩。”

在莱克星顿枪声打响的一个月后,1775 年 5 月 10 日,北美 13 个殖民地的代表在费城召开了第二届大陆会议。这次大陆会议的首要行动就是授权组建一支大陆军。这支部队宣誓效忠于大陆议会,而不是像过去民兵部队那样忠于个别的州政府。为了避免出现像英国议会那样,在克伦威尔打败查理一世国王之后清洗议会做了新独裁者的可能,会议要求这支军队的领导者必须可靠。于是,提名了有着丰富军事经验,并且对议会来说比较可靠的议员乔治・华盛顿担任大陆军的指挥官。1775 年 7 月 3 日就任大陆军总司令的华盛顿不负众望,把一支组织松散、训练不足、装备落后、给养匮乏,主要由地方民军组成的队伍,整编和训练成为了一支能与英军正面抗衡的正规军。

战争初期,美英双方力量对比悬殊。英国是世界上最强大的殖民国家,拥有世界第一流的海军。事实上,北美独立战争是一场弱国对强国、小国对大国的持久战。1778 年,法国与美国建立了法美同盟。法国军队参加独立战争,分散了英国的兵力,大大减轻了美国的压力。法国的参战,尤其是法国海军的介入，为美国独立战争的胜利起到了关键的助推作用。

1776 年 7 月 4 日，13 个殖民地代表在费城签署《独立宣言》，宣告美利坚合众国诞生。此时，美国领土北起加拿大边界，南至佛罗里达半岛北界，由大西洋海岸向内陆伸展约 600 多公里，全部在阿巴拉契山脉以东，仅相当于现在领土的 1/10。

经过北美人民的艰苦抗争，在 1783 年迫使英国承认美国独立。并于 1783 年 9 月 23 日同英国签订《大不列颠和美国最后和平条约》，又称《巴黎和约》。根据这一条约：第一，英国承认美国为“自由、自主和独立的国家”，放弃对 13 个州的“统治、礼节和领土主权的一切要求”；第二，北美由英国、西班牙和美国 3 个国家分占：英国占有加拿大，西班牙拥有密西西比河以西与北纬 31 度以南大部分地区，其余为美国领土；第三，美国领土东起大西洋沿岸，西至密西西比河，北到大湖区与圣劳伦斯河，南到北纬 31 度线，与西班牙殖民地佛罗里达交界。据此，美国领土由原来独立前的 90 多万平方公里扩大到 230 多万平方公里，版图增加近 1.5 倍，相当于现领土的 1/4。此外，这一条约还确认了美国公民在英属北美纽芬兰和其他领土海岸外领海的捕鱼权。

在美国的立国过程中还有一个非常关键的问题，这 13 个刚刚独立的殖民地要构建一个包容自由制、奴隶制，北方、南方不同文化背景的国家，由此就需要制定一部宪法。因此 1787 年 5 月 25 日召开了由乔治·华盛顿主持的长达 116 天的制宪会议。美国制宪会议的框架就是保留至今的美国宪法的第一至第七条，包括有“三权分立”制度，建立联邦制等，这些基本原则都延续了下来。既然这部宪法不能修改，那情况变化了怎么办？由此就产生了美国宪法修正案。这样既维护了宪法的权威性，又避免了死人统治活人的现象。第一届政府建立以后，美国就适时地开始了扩张。

（三）建国后美国的领土扩张

第一，和平扩张。

野心勃勃的杰斐逊本想花一千万美金买下新奥尔良，以此打通密西西比河通道。1803 年 1 月 11 日，杰斐逊派门罗作为特使前往法国交涉。此时，正值法国海地殖民地爆发黑人起义，拿破仑（Napoleon Bonaparte）派兵镇压，遭到惨败。在失去海地后，拿破仑对于继续保持 1800 年 10 月 1 日通过《圣阿尔德丰索密约》从西班牙收回的路易斯安娜殖民地不再感兴趣。美国大使到巴黎跟法国外交部长谈判购买新奥尔良的时候,法国外交部部长问他,路易斯安娜要不要?杰斐逊收到信息,考虑之后问拿破仑,需要多少钱可以购得整个路易斯安娜?拿破仑开价 1500 万美金。那么一大片土地,1500 万美金,而且这片土地连边界线在哪都不知道,可以无限扩大。1803 年 4 月 30 日,法国同美国签订《转让路易斯安娜条约》,美国以每英亩 3 美分的价格,买下整个路易斯安娜 82.8 万平方英里的土地。美国从法国购买的路易斯安娜,南临墨西哥湾,北达加拿大,东起密西西比河,西至洛基山脉。获得路易斯安娜使当时美国的领土面积几乎增加一倍,为美国后来进一步向西扩张奠定了基础。

那么,拿破仑为什么如此廉价地拱手出让了路易斯安娜?对此,拿破仑如是说:“进入这片领土可使美国的地位永远屹立不倒,而我则为英国创造了一个迟早会挫其锋芒的海上对手。”

第二,借势推进。

《转让路易斯安娜条约》签订后,由于条约未明确规定路易斯安娜的边界线,美国于 1804 年 2 月 24 日通过“摩尔比法案”,在密西西比河流域建立一个行政区,称“密西西比地区单独关税区”,将佛罗里达纳入行政范围。美国并以此为据,向西班牙提出对西佛罗里达的领土要求。美国这一要求被西班牙拒绝。

因此,美国在佛罗里达搞策反,制造东佛罗里达与西佛罗里达的矛盾。1810 年,美国乘西班牙美洲殖民地发生革命之际,在东西佛罗里达策划美国农场主进行一系列叛乱活动,1811 年初,美国派军队占领西佛罗里达。

1812 年至 1814 年爆发美英战争。战争期间,美国战胜西班牙,侵占阿拉巴马 2/3 的土地、东西佛罗里达及其毗邻地区,并将西佛罗里达并入美国密西西比地区。此外,美国还摧毁印第安人的部落联盟,逐渐霸占印第安人在密执安湖一带的土地。

至 1819 年,美国利用西班牙美洲殖民地起义风起云涌的形势,通过向西班牙支付 500 万美元,实现了对东、西佛罗里达 10 多万平方公里土地的占领和兼并合法化,使美国领土面积达到 460 多万平方公里,相当于现领土面积一半以上。

第三,向北向西扩张。

1818 年,美英举行西北边界谈判,就位于洛基山脉与太平洋之间的俄勒冈，即北纬 42 度至 54 度 40 分之间（包括现今美国华盛顿州、俄勒冈州、爱达荷州、蒙大拿州和怀俄明州的一部分以及加拿大不列颠哥伦比亚的一半）的争议地区归属问题，达成一项折中协议：从伍兹湖到洛基山顶端，以北纬 49 度线为界，位于洛基山脉以西的俄勒冈在 10 年内由英美共管，对两国公民与臣民自由开放。1827 年，美国和英国达成协议，延长对俄勒冈地区的共管。但是，此后双方争议不断。

至 19 世纪 40 年代初，美国要求将这块共管土地全部划归美国，遭到英国拒绝。美英双方剑拔弩张。1846 年，由于得克萨斯问题，美国与墨西哥关系紧张，美墨战争迫在眉睫。为避免腹背受敌，美国决定与英国妥协。1846 年 6 月 15 日，美国和英国签订《俄勒冈条约》，双方同意结束对俄勒冈地区的共管，以北纬 49 度线将俄勒冈一分为二，此线向西一直延长到普杰特湾，再从那里经胡安·德富卡海峡入海。此后，双方对边界线在胡安·德富卡海峡中的准确位置和走向以及圣胡安岛归属问题又发生争议，并于 19 世纪 70 年代将这一争议提交仲裁，将圣胡安岛划归于美国。这样，美国获得 70 多万平方公里的土地，并将领土范围扩展至太平洋海岸。

1842 年 8 月 9 日，美国和英国在华盛顿签订《韦伯斯特—阿什伯顿条约》，将争议土地中靠近北部的 5000 平方英里划归加拿大，靠近南部的 7000 平方英里划归美国；美英两国公民与臣民均可在圣约翰河自由航行；以北纬 45 度线为纽约和佛蒙特州的北部边界；美国获得了康涅狄格河源头附近约 200 平方英里的土地。此外，条约还划定了从苏必利尔湖到伍兹湖之间的边界线，美国获得了约 6500 平方英里的争议土地。至此，伍兹湖以东的美加边界全部划定。

第四，向西向南扩张。

1821 年以前，现美国西南部，自墨西哥湾沿岸得克萨斯州到太平洋沿岸加利福尼亚州的广大地区是西班牙殖民地。1821 年，墨西哥从西班牙殖民统治下获得独立，上述地区即成为墨西哥领土。此后，美国人开始移居得克萨斯。1835 年，美国移居墨西哥得克萨斯省的移民发动武装叛乱，于次年 3 月驱逐墨西哥军队，成立得克萨斯共和国，又称“孤星国”。1836 年 5 月 14 日，墨西哥军队镇压得克萨斯叛乱失败，被迫签署承认《得克萨斯独立条约》。1845 年 12 月 29 日，美国正式将得克萨斯并入美国，使之成为美国第 28 个州。

墨西哥对美国合并得克萨斯非常愤怒,断绝了与美国的关系。1846年,美国总统波尔克派军队进入两国边境有争议地区。墨方提出强烈抗议。4月24日,墨西哥军队与美军发生小规模冲突,打死3名美国人。这一事件正好给了美国借口。5月13日,美国对墨西哥宣战,美墨战争爆发。美国派出5万军队从陆地和海上侵入墨西哥。7月至8月份,美国相继占领墨西哥的一些重要城镇,并宣布新墨西哥和加利福尼亚为美国领土。9月14日,美国攻占墨西哥首都墨西哥城。

1848年2月2日,美国和墨西哥签订《瓜达卢普·伊达尔戈条约》:墨西哥被迫正式把得克萨斯、新墨西哥和加利福尼亚割让给美国,并承认格兰德河为美国和墨西哥的边界。美国由此获取的土地包括现今得克萨斯、新墨西哥、亚利桑那、犹他、内华达、加利福尼亚6个州和怀俄明与科罗拉多州的一部分。

1853年12月30日,美国以修建通往加利福尼亚铁路为由,以1000万美元从墨西哥手中购得亚利桑那南部基拉河以南的约45535平方英里的希拉河流域。

美国利用军事征服、政治外交和购买等手段,先后夺取了墨西哥原国土面积约55%230多万平方公里的土地。

第五,海外扩张。

1853年,俄国正忙于和英国打克里米亚战争,这是一场争夺巴尔干半岛控制权的战争,也是一场打通通往黑海咽喉要道的战役。战争一直持续到1856年,以俄国的失败而告终。从而引发了俄国国内的革命。失败的俄国唯恐阿拉斯加殖民地被英国夺走,于是主动问及美国要不要阿拉斯加。时任美国国务卿西华德,以每公亩2分钱、总价720万美元的价格向俄国购买到阿拉斯加。这桩买卖当时遭到许多美国人诟病,把阿拉斯加讥讽为"Seward的冰盒""Seward的愚行"。西华德回应道,现在买下阿拉斯加,也许多少年以后,我们的子孙因为买到这块地而得到好处。1867年10月18日美国星条旗第一次在阿拉斯加飘扬起来。据估计,阿拉斯加地下埋藏着5.7万亿立方米的天然气和300亿桶原油,现价值超过2万亿美元。另外,西德华认为,阿拉斯加的购买是美国向太平洋伸出的一只手。

1867年10月24日,美国与丹麦签订条约,美国以750万美元购买了丹属维尔京群岛中的圣托马斯与圣约翰2个岛屿。

1898年,美国发动美西战争,打败了西班牙,从西班牙手中夺取了古巴、波多黎各、关岛和菲律宾。古巴和菲律宾先后于1902年和1946年取得独立,而波多黎各和关岛至今仍在美国统治下。

美国还于1898年将夏威夷变成自己的殖民地。此前,1842年8月,英、法、美三国曾签署一项声明,承认夏威夷为一个具有主权的国家。但是,在打败西班牙后,美国就吞并了这个在太平洋中的独立岛国。

除了上述各岛以外,美国于1899年还占领了太平洋上的一些岛屿,如东萨摩亚、中途岛及威克岛等。1903年,美国取得巴拿马运河的开凿权和运河区的特权。1917年,美国以2500万美元的出让费,从丹麦手中得到全部维尔京群岛。

在上述领土中,阿拉斯加和夏威夷分别成为美国第49和第50个州。在100多年中,美国只用了8700万美元的所谓"补偿金",夺取了他国近700多万平方公里的土地,成为世界大国之一。领土扩张对美国资本主义的发展起了重大的作用,也奠定了美国作为世界超级大国的物质基础。

(四)西进运动中的领土扩张

杰斐逊总统最早提出了"美国西进扩张"的概念。可以说整个美国历史就是向西运动的历史,直至成为"两洋(大西洋、太平洋)国家"。美国一位著名的历史学家特纳,在一篇名为《边疆在美国历史上的重要性》的论文中提出,美国人的民族、文化就是在边疆不断拓宽的过程中形成的。肯尼迪也提出过"新边疆"的政策。

只是一味地扩张版图不去开发,好多土地就荒在那里。后来马里维斯·刘易斯和威廉·克拉克受杰斐逊总统派遣,率领30多人的远征队,从圣路易斯出发,历时2年的时间,考察了现今大半个美国的地域。这是美国政府第一次踏足密西西比河西岸。因为这次考察,美国人知道了密西西比河以西有广袤的土地、丰富的资源,新大陆由此一直延伸到太平洋。从此有了从19世纪中叶到20世纪初期的西部大迁徙和大开发。

西部拓荒运动的驱动力主要来自三个方面:土地投机家、普通的贫困者和奴隶主。西部大量的土地让希望通过投机而谋利的投机商们垂涎欲滴;对那些想要得到土地、解决债务和生计问题的穷人同样有吸引力。此外,南方种植园的兼并和西进也对西部拓荒进程起到了一定的推动作用。需要特别指出的是,华人移民在西进运动中发挥的作用。他们历经千辛万苦,漂洋过海,同其他各国移民一起开拓美国太平洋沿岸地区，为美国实现由“大西洋时代”到“太平洋时代”的大转折作出了不可磨灭的贡献。

1869 年 5 月 10 日，美国近代工业化历史上具有划时代意义的第一条横贯北美大陆的中央太平洋铁路和联合太平洋铁路建成通车。这条铁路全长 3000 多公里，穿越整个北美大陆，它为美国太平洋的扩张奠定了基础。在这条铁路的修建中，华工出了非常大的力。这条铁路是从两个方向对着修建。其中由西到东路最难修。当时太平洋公司要招工，招不到，白人来做了几天就跑掉了，后来招募到一批华工。外国人看着拖着长长的辫子、戴着帽子、吃咸鱼、瘦骨伶仃的华人，对于他们是否能够修好铁路有些怀疑。然而就是这批华人坚持了下来。1866 年，华工们开始挑战工程中最大的拦路虎——塞拉岭通道，被称为合恩角的花岗岩石墙是这里最难攻克的险关，它的下部是垂直光滑、深达 1000 英尺（约合 304.8 米）的悬崖峭壁。为了从笔直的山崖上劈出一条双轨宽的路基，华工把自己拴在吊篮里，从山顶上用绳索吊下去，在半空中凿壁填塞火药，点火后再往上拉，那里的岩石之硬，常使得火药从炮眼里直接迸出，伤及华工；因为火药性能不稳或者绳索磨断而葬身崖底的华工不计其数。《美洲华侨史话》记：“在修筑 100 英里的塞拉山脉地段的铁路时，华工的死亡率高达 10%以上。”在开凿长达 1600 英尺的唐纳隧道时，连续两年遇上美国历史上罕见的严冬，很多从中国南方来的从未见过冰雪的华工被活活冻死在帐篷里。几个月后发现他们的尸体时，有的还握着铁铲或洋镐。当时，就有数百名死难的筑路华工的尸骨被送回中国埋葬。当然，葬身崖底的华工是不包括在里面的。唐纳隧道曾是世界上最长的铁路隧道，也是中央太平洋铁路最艰难的一关。在一个多世纪之后，这条隧道仍然保护着穿越隧道的火车，阻挡着风雪。1868 年，工程延伸到内华达山——今天的美国人把这段铁路称为“内华达山上的中国长城”，约有 1000 名华工死在这里。1970 年，人们从当地沙漠中挖出 2000 磅（约合 907.2 公斤）的华工尸骨。广为流传的“每根枕木下面都有一具华工的尸骨”，说明了中国人为修建这条铁路付出了多么大的代价！

在西进运动过程中，出现三次巨大的移民潮。第一次移民潮出现在 18 世纪末和 19 世纪初期，那时由于美国政府颁布一系列的土地法令并从法国购买了路易斯安娜广大地区，移民们感到拓殖活动有了一定的保证，纷纷拥向西部，开拓俄亥俄、肯塔基和田纳西等地区，为后来日益扩大的中西部产粮区奠定了基础。第二次移民潮出现在1815年以后，两股移民朝着两个方向移动。一股是来自沿海地带和德国的移民，他们汇合起来，朝向大湖平原区迁徙，逐步开拓了俄亥俄河以北的整个地区，建立了美国谷物生产和牧畜业的基地。另一股是来自东南部的移民，他们进入了濒临墨西哥湾介于佐治亚南部与路易斯安娜之间的平原地区。在这个地区，起初是一批又一批的小农和小生产者开拓这片肥沃的土地，接着逐渐建立起以生产和销售棉花为主的大种植园，从而扩大了南部奴隶制经济。第三次移民潮是伴随着19世纪中叶美国领土扩张和兼并到来的。当时，美国的领土扩张朝着两个方向继续推进：在西南方，它于1845年兼并得克萨斯；在1848年美墨战争中，夺取墨西哥领土的一半；在西北方，经过与英国长期谈判，于1846年取得俄勒冈大片土地。最后，这两方面的扩张在加利福尼亚汇合，完成对整个西部的占领。与此同时，由于加利福尼亚发现金矿，激起拥向西部采掘黄金的移民浪潮。后来，一部分淘金人转而务农或开设店铺，成为加州的永久定居者；另一部分则从加州前往西北部地区勘查矿藏。在19世纪50—60年代，由于小农大量移入进行粮食生产和洛基山脉以西地区被划分为一些州和准州，开采矿藏的营寨发展成为永久性居住区。

总之，美国通过西进运动，在二百多年中开发了数百万平方公里的土地，并在这些土地上建立起现代化的农业、畜牧业、工业，这对美国成长为世界上头号经济强国产生了决定性影响。可以说，没有西进运动，就没有今天的美国。

二、从资本主义制度的本性分析——美国资本主义发展带来了强大而疯狂的太平洋扩张动力

美国独立以后，它的北方就开始了第一次工业革命。“南北战争”以后，美国掀起了第二次工业革命。统一以后的美国以经济建设为中心，地域不分南北，人民不分黑白，力争要把经济搞上去。时至今日，美国第二次工业革命时期的产物，诸如：电灯泡、钢铁工业、电器发明，对我们仍有影响。

当时美国经济由自由资本主义发展到垄断资本主义，垄断资本主义发展到国际垄断资本主义。出现了八大财团，包括有摩根、库恩—洛布、洛克菲勒、

芝加哥、梅隆、杜邦、波士顿和克利夫兰。这些财团的发家史都有着对中小企业不公平的压迫。在美国经济迅猛发展的过程中,超越了英国、法国、西班牙、俄国。到19世纪末20世纪初,美国大城市的崛起,进一步为美国的太平洋扩张奠定了基础。

1915年,旧金山为了庆祝连接大西洋和太平洋的巴拿马运河的竣工,和显示1906年大地震重建的面貌,于1915年2月20日在旧金山市举行了巴拿马太平洋世博会,旨在庆祝巴拿马运河通航和旧金山市建立。博览会展期长达9个半月,总参观人数超过1800万人,开创了世界历史上博览会历时最长、参观人数最多的先河。

19世纪末20世纪初,随着石油的发现,洛杉矶开始崛起,迅速发展成美国西部最大的城市。第二次世界大战后,现代工业的崛起,商业、金融业和旅游业繁荣,移民激增,城区不断向四周扩展,洛杉矶成为美国的特大城市。

19世纪末的淘金热为西雅图带来了一个短暂的小小的发展。20世纪初的造船业也为西雅图带来了繁荣。

20世纪初,中西部已是美国最大的谷物、肉和乳制品产区,五大湖地区煤、铁资源等的开发,使芝加哥迅速成为中西部地区最大的城市和交通、工业中心,商业和金融业也日趋繁荣。芝加哥在国际工人运动中有着光荣历史,是国际“五一”劳动节(1886)的发源地。这恰恰也反映了当时美国普通劳动者为维护自身权益,向资本家进行的激烈抗争。

三、从国际政治角度分析——美西战争成为世界帝国主义重新分割世界的开始,同时,也成为美国太平洋扩张最重要的一场战争

航海家麦哲伦从西班牙越过大西洋迈过南美洲到太平洋,一路上暴风骤雨,骇浪滔天。探险队死了好多人,里面的士兵曾发生骚动,但被镇压下去。经过很多风浪,到了关岛,过了关岛到了菲律宾以后突然风平浪静,因此这个地方就被称之为太平洋。这个时候太平洋还鲜为人知。太平洋面积达到一亿八千多万平方公里,它是世界上最大、最深的海洋,也是冰原、岛屿最多的海洋。太平洋生长的动、植物,无论是浮游植物或海底植物以及鱼类和其他动物,都比其他大洋丰富,并且太平洋矿藏丰富。另外,太平洋还是重要的交通

枢纽。

西方的文明是海洋文明。两千多年以前，罗马的哲学家就认为，谁控制了海洋谁就控制了世界。几百年以后，葡萄牙、西班牙、荷兰、英国到美国，他们的称霸基本上都是以海军力量维持的。

美国人对太平洋的关注最早是在美国的第三任总统杰斐逊。西华德则是美国太平洋帝国设想的积极鼓吹者和实践者，他奠定了美利坚太平洋帝国的基础。美国实施“太平洋战略”的步骤和手段：一是发动美西战争；二是构筑太平洋通道；三是建造“菲律宾跳板”；四是修筑“巴拿马运河”，连接太平洋和大西洋；五是控制日本，以日制华牵俄。

19 世纪 90 年代末，随着美国国力上升，其对外扩张野心也急剧膨胀，梦想重新瓜分世界。不过，鉴于当时自身实力，美国还不敢打英法等老牌资本主义强国的主意，只好把目光投向那些日薄西山的老朽帝国，并决定从西班牙手中夺取觊觎已久的古巴和菲律宾。被誉为“加勒比海明珠”的古巴，与美国在地理上仅仅相距 92 海里，美国人曾长期把它视为自己“版图上的应有之物”。为了吞并古巴，美国当局曾用尽各种手段，但始终没有得逞。物产丰富的菲律宾，也早在美国人的扩张视野之内。如果占领了菲律宾，美国整个海洋运输的航道将会有很大突破。美国人正是想通过夺取古巴和菲律宾等战略要地，建立稳定的扩张基地，逐步实现称霸世界的野心。但日益没落的西班牙殖民者也不甘就此让出地盘，一场争夺战一触即发。

对西班牙宣战后，早有准备的美国立即派北大西洋舰队封锁了古巴北海岸。1898 年 5 月 14 日，美国内战时期的英雄谢夫特将军指挥的 6000 名美军登陆部队从美国南端佛罗里达群岛的基韦斯特出发，于 20 日到达古巴圣地亚哥港，并在海军掩护下登陆。仓促作战的西班牙军队根本招架不住谢夫特的进攻，美军在仅仅损失 5 匹战马的情况下登陆成功并发起了连续攻击。经过一些小规模的战斗，6 月 24 日，西班牙守军放弃了从代基里到圣地亚哥之间的一个重要防御阵地——拉斯瓜西马斯。7 月 3 日，强大的美国舰队攻占了圣地亚哥港，西班牙舰队仓皇逃跑，可是，舰队却开进了一条极为狭窄的水道，彻底失去了抵抗能力，被美舰一一击沉。11 日，美军终于完成了对圣地亚哥的包围。17 日，2.5 万走投无路的西班牙军队全部投降。美军顺利进占圣地亚哥，这标志着古巴战事结束。

在攻占古巴的同时,4 月 27 日,美国亚洲分舰队司令乔治·杜威便率领舰队悄悄驶往菲律宾,并于 5 月 1 日拂晓前到达马尼拉港外。驻守该地的西班牙军舰趁美军立足未稳,率先发动攻击,但由于西舰破旧不堪,对美舰并没有造成多大杀伤力。精明的杜威观察到西班牙舰船甲板上堆满了烧锅炉用的木柴、煤等易燃物,遂果断下令对准这些引火材料射击。很快,柴草引发的熊熊烈火吞噬了西班牙舰艇。中午时分,7 艘西舰全被击沉,西军伤亡 381 人,美方仅轻伤 8 人,无 1 人死亡。第二天,美海军又占领了甲米地和科雷希多岛。6 月 21 日,又占领了关岛。8 月 13 日,美军攻下马尼拉。至此,历时 3 个多月的美西战争以美国实现其扩张计划而告终。

1898 年 10 月 1 日,美国以胜利者的姿态和西班牙政府进行谈判。12 月 10 日,经过一番讨价还价,在古巴人民和菲律宾人民完全被蒙蔽的情况下,美国同西班牙签订了重新分割殖民地的《巴黎和约》。合约规定:“第一条:西班牙放弃对古巴主权的一切要求和权利。第二条:西班牙将其管辖的波多黎各岛、西印度群岛中的其他岛屿以及马里亚纳群岛中的关岛让给美国。第三条:西班牙把菲律宾群岛让给美国……美国付给西班牙二千万美元。”就这样,帝国主义阵营的“后起之秀”美国硬是从老牌殖民帝国西班牙手中分取了众多的肥肉,但是,这场战争作为帝国主义战争的一篇,作为殖民者践踏弱小国家利益的范例而遭到百般非议。就连美国大文豪马克·吐温也愤慨地说:美国国旗上的“白条应当涂成黑色,旗上的星条应当改为骷髅头和交叉骨”。

四、从思想文化角度分析——从“天定命运论”到“海上实力论”成为美国最终完成了从大陆扩张到海洋扩张的文化支点

一个国家、一个民族,如果只有物质,没有文化,这个民族是没有前途的。美国在 19 世纪末 20 世纪初出现过对美国主流价值观的冲击,金钱完全是放在第一位的东西。到后来,美国诺贝尔奖获得者居全球第一。原因在于,美国一边鼓励大家去赚钱,一边鼓励人们埋头追求知识、追逐学问。有那么多“傻乎乎”的人在图书馆、在实验室夜以继日地工作,他们追求知识,研究文化。美国大学的图书馆完全是开放书库。就此,我跟美国的老师讨论,书库开放,丢掉书怎么办?回答是,宁可被偷掉书,我们得到的东西比偷掉的东西要多得

多。美国国会图书馆馆长讲到,国会图书馆给人提供的书看得越多越好,把书看烂了,表明我们的图书馆办成功了。美国现在的实力尤其是科技方面,处于世界领先,根本原因在于它的教育走在前面。为什么现在国内有很多人要到美国或者是英国去读大学,主要原因是要追求教育方面的最高学府。事实上,美国在每个历史发展阶段都有其指导思想。美国从大陆扩张到海洋扩张的最终完成亦是如此。

(一)美利坚民族的文化特点

第一,移民精神。美国最大的特点在于,它是世界上最典型、最发达的移民国家,而且到现在还不断地移民,这是研究美国历史的关键。

1620 年 9 月,乘“五月花号”轮船去到美国的共 102 人,是在英国被排斥的清教徒。他们经过两个多月的艰苦航行,在马萨诸塞的普利茅斯登陆上岸,从此定居下来。这些清教徒到了北美洲之后,在自由的空气中建立他们的教会及家园。他们以民主的形式管理教会,日后美国的民主政治,便是由此奠下基础的。除了民主政治外,他们生活的各方面都带着浓厚的信仰色彩;他们的信仰对于日后美国文化的孕育与发展,亦有很大的关系。第一批清教徒就把英国的文化带到了美国的土地上,一方面在美国的土地上生根发芽;另一方面在新的环境斗争当中又产生了新的精神力量。

除了一批批怀揣好奇与梦想的清教徒陆续来到北美大陆,还有许多来自其他欧洲国家不同阶层、不同信仰的冒险者和从非洲贩卖来的黑人奴隶。新大陆渐渐地热闹起来。在北美阿巴拉契亚山脉东侧的大西洋沿岸,相继出现了属于大英帝国的 13 个殖民地。在理论上,他们还是英国的子民,承认英皇统治,可实际上是天高皇帝远,谁也管不了他们。所以他们必须自己组织起来,互相帮助,慢慢形成一套管理的方式,在人与人之间建立起契约的关系,共同奋斗。因此美利坚民族具有突出的追求自由、民主的特点。又因为来到美国的清教徒是被英国赶出来的,因此,又具有一种反叛的心理,特别是对教会。再有,对美国而言永远不存在一个固定的界限。这种精神用到科技、文化的发展,具有积极的意义。

第二,求实精神。对于移民美国的人来讲,在英国得到的什么爵位,或者哪一级别教授,在新的土地上都是不起作用的。在美国大学里面工作的都被称为 Professor,美国人的求实精神就在这里。无论你有文化,还是没文化,能带领大家在这里生存下去，那就是有本事。作为移民社会的美国，能够解决实际问题的人，就能取得发言权，而不是靠爵位、靠血统来维持。

第三，基督教使命感。有人认为，美国有来自四面八方的华裔、拉丁裔、西欧裔、东欧裔、南欧裔，它的文化是多元的，像一盘色拉，将其调和一下就行了。我认为美国有自己的国学，那就是清教基督教文化，在美国90%是信仰基督教的。这批到美国的清教徒认为，自己是上帝的选民，带着上帝的使命，要到这片新的土地上建立起新的生活，甚至要为这个使命贡献出自己的生命。基督教对于维系美国的文化纽带、凝聚思想，起到了巨大的作用，也在美国整个的大陆扩张中发挥了强大的作用。美国这种基督教的使命感发展到西进运动的时候，在19世纪四五十年代的美国文化中出现了“天定命运论”。根据一些美国历史学家的解释，它意味着向上帝预先安排那些尚未明白确定的地方扩展美国的共和主义、宗教自由、州权和自由贸易等制度和价值观。有的历史学家指出，“天定命运论”确切地说是带有种族歧视的理论，认为非白人一无是处……只能不可避免衰退，被驱逐或最后被消灭。“天定命运论”的出笼极大地刺激了美国的扩张主义浪潮。美国人在历尽艰险西进的过程中，使得原来的土著居民——印第安人遭到了驱逐赶杀。这条给美国人带来疯狂自由的西进之路，同时成为了印第安人的血泪之路。

到19世纪末，美国思想界又出现了“社会达尔文主义”思潮，把研究自然界的规律延伸到了社会领域。它认为美国社会里面的穷人不适应社会，富人是适应社会的。受“社会达尔文主义”思潮的深刻影响，美国社会崇拜强者，但不同情弱者。所以美国的社会保障体系在西方世界里是比较弱的。第二次世界大战以后，富兰克林·罗斯福新政的时候，感觉到美国对穷人的社会保障体系滞后，于是进行了调整。罗斯福新政挽救了美国的现代资本主义，并带来了当代资本主义的新发展。

（二）美国的扩张思想学派

第一，边疆学派。1893年，美国历史学家特纳在国际学术会议上发表了题为《边疆在美国历史上的重要性》的文章。文章提出的观点是，美国人的性格主要是在边疆不断突破的过程中形成的。传统的观点是，美国的性格主要是英国的，或者是欧洲的。由于特纳强调边疆在美国历史发展中的决定性作用，强调边疆生活在美利坚民族性格形成中的影响，从而开创了美国民族史学发展的新阶段。

肯尼迪在1960年参加美国总统竞选时提出“新边疆”的口号,即今天的新边疆是未知的科学与空间领域,未解决的和平与战争问题,尚未征服的无知与偏见的孤立地带。他担任总统后,大力发展空间技术。“新边疆”主义的根本目的是确保美国的世界霸权。

第二,马汉“海权论”。马汉是美国著名的军事理论家,他提出了“海权”的概念。“海权即凭借海洋或者通过海洋能够使一个民族成为伟大民族的一切东西”。马汉的海权论认为,以贸易(指商品输出)立国的国家,必须控制海洋。夺取并保持制海权,特别是与国家利益和海外贸易有关的主要交通线上的制海权,是国家强盛和繁荣的主要因素。

1901年,西奥多·罗斯福成为美国总统,将马汉连同他的海权理论一起请进白宫。马汉被任命为这位美国总统的海军顾问,他的海权论也成了这个合众国以海强国的根本指导思想。马汉曾提出这样一个观点:“自身利益是国家政策不仅合理而且根本的缘由所在,对此不用做什么虚伪的遮掩。按自身利益行事作为一个原则,一般不需要任何证明,虽然针对具体事例或许需要如此。”现在,这也是美国任何一届政府协调和处理国际事务始终不变的原则。

马汉在1900年出版的一本名为《亚洲的问题》的书中预言,美国、英国、德国、日本等四个国家将会形成联盟,共同对中国和俄国实施制约。还在美西战争期间,美国刚刚将其触角伸进西太平洋,马汉立即将目光投向中国,找准美国在中国的利益坐标。马汉毫不含糊地告诉美国执政者,“当前的主要利益焦点是中国”。他分析说:这个国家幅员广大又处于动荡之中,而在中国四周还有其他陆上的或海上的富庶地区,构成了从爪哇到日本的东亚世界的中心。他进而鼓吹说:所有海上强国都需要在中国海岸拥有地盘。

马汉对中国的精密盘算,为美国当年逼迫清朝政府“门户开放”提供了具体的行动指南。美西战争之后,美国发现,短短几年之内,列强在中国的“势力范围”已经基本成型,长城以北落入俄国之手,山东成为德国的势力圈,长江流域基本为英国所控制,云南、广西、广东为法国人掌握,福建、台湾处于日本的占领和控制下。美国作为迟到者,立即按照马汉的思想,向列强提出“利益焦点”的“利益均沾”。美国主动承认西方列强在中国的既得利益,表态不干涉任何一个依照条约开放的通商口岸，尊重列强在华的“势力范围”或租借地。美国同时也提出自己的利益要求，该国船只进入上述通商口岸，列强不得征收比对本国船只更高的港口税；美国商品进入列强在中国任何一处的“势力范围”，列强也不得利用其所修建、控制及管理的铁路，在同等里程内，抽收比本国同类货物更高的运费。马汉既要求自己的政府在列强面前放下身段，也让美国准备好足够的硬实力，应对有可能出现的利益纠纷，将其归结成一句话：“以海军为工具，可以要求他人听从自己的意见。”

应当说，这个美国人无论怎样算计，都不可怕，怕也没用。可怕的是在马汉这样精细而又直白的算计面前，大清国保持了惊人的沉默。如果说，魏源的《海国图志》曾为日本的明治维新启了蒙，那么马汉的“海权论”则为日本称霸东亚与吞并邻国指了路。马汉的海权著作刚一问世，很快就被翻译成了日文，在日本朝野上下广为传播。人们形容“海权论”之于日本，“好比一个正准备亡命的武士，突然捡到一把快刀”。“珍珠港事件”就是日本对太平洋霸权的一个挑战。美国人通过太平洋战争，彻底地击垮了日本。二战以后，美国走向全球扩张。20 世纪 90 年代末，西方大国用于海军建设的开支占整个国防开支的比例很大，美国占 30%，英国、日本占 23%，法国占 14%，意大利占 13%，德国占 12%。

地球上的一切生命活力都来自水。海洋无疑也是这个世界所有生命活力的源泉。一个国家、一个民族向海而兴，背海而衰！

（讲稿经该书编辑整理修改载《智慧的宣讲：2012〈大讲堂〉精选集》，中国人民大学出版社 2012 年）

六、美国多元文化

试论美国文化多元性的成因与特征

有一位学者这样说过:“美国民族的形成实乃整个人类历史上的一大奇观。”[①]美国文化可说是世界文化殿堂中的一个迷宫,它的迷人之处就在于它的色彩斑斓的多元性,学者们对此见仁见智,众说纷纭。笔者试从美国文化的创造主体——移民及其特性对美国文化多元性作出思考。

美国文化可以称之为是一种“移民文化”。广义上,美利坚文化都可以被认为是移民及其后裔们所创造的,自殖民地时期形成的美利坚民族文化直至当代文化都可归结为移民文化这个范畴。美国著名历史学家汉德林曾说:“当我想写美国移民史时,我发现移民就是美国历史。”[②]由于美国文化的创造主体不是单一的而是来自世界不同种族、民族、族群的移民,它的多源性铸造了这种文化的多元性,多种不同文化混杂形成了多元杂交文化。狭义上,它特指美国历史上所有的第一代“移民”的文化,不包括移民后裔的历史文化内容。本文试从广义上探索美利坚文化多元性的成因、构建这种文化的主要因素及其形成发展的历史进程和对美国社会发展的影响,以为引玉之砖。

一、创造移民文化的主体——多源移民群体

综观全球许多移民国家,但多源性却是美国移民的一个重要特点。不同历史时期来美国的移民群体是很不同的。移民始祖基本上是西欧人,特别是

盎格鲁—撒克逊人，后来北欧人、中欧人、东欧人、南欧人大量涌入美国，同时非洲人也被迫作为奴隶迁居美国，进而亚洲人、拉丁美洲人纷至沓来。美国移民的动机也因“多源”呈现多样。有因经济危机而到新世界谋生，有革命失败而流亡移美，有向往美国优裕的生活条件，有慕自由民主美名的，有追求美国高度发达科学技术的，有受政治或宗教迫害被迫迁居的，也有为摆脱个人不幸命运的，不一而足。随着时间的推移美国移民的结构逐渐发生变化，移民的文化程度与经济状况有了很大不同。

与多源性相关的是美国移民迁徙的连续性。移民潮不但没有随着美利坚民族形成与国家建立而结束，反而因美国的发展与崛起而不断高涨，移民源源不断，潮流浩浩荡荡；移民们吸取欧洲文化，也吸收了许多亚洲、非洲、地理大发现前的美洲和近来的拉丁美洲的文化，形成了被广泛接受的价值观、观念和信条[3]，即移民文化。它犹如美国的“河流之父”多源头的密西西比河一样，来自科迪勒拉山系的源头形成了河流的主流，但同时密苏里河和俄亥俄河等数十条支流的河水依然不断流入大河；主流文化基本形成后，支流文化或亚文化不仅没有消失反而呈现高涨趋势，形成了蔚为壮观的庞大河系；随着支流增多和水量增加河水的成分也会发生某种变化一样，移民文化蓬勃发展呈现一派斑斓绚丽的多元特色。

人类历史上，迁徙、移居是一种与生俱来的历史现象，移民是一种具有特殊性格的人类群体。移居的艰难经历与开拓新环境的特殊遭遇造就了他们的独特性格与秉性。他们往往具有追求新生活的强烈愿望与进取心。移居动机虽各不相同但他们都是为了改变处境，寻求新的更好的生存环境而离开自己熟悉的故土，较其他安于现状的人群具有更大的勇气，更强的进取性，更浓烈的追求新生活的精神。移民群体还往往具有不畏逆境的勇敢精神。他们无论从事何种职业，具有何种社会地位，作为移民都会经历一种或长或短的包括海上或陆上的相似的移居过程，一生中都会有一段特别的迁徙与“历险”“创业”的经验。移居前，他们要经历一番“去”与“留”的抉择，在心理上会留下深深的印记；启程时，他们都要经历一番难以忘怀的离开故乡辞别亲人的场面；旅途中，移民的心理、感情、理念等都会经历一种刻骨铭心的体验甚至是转变，他们往往会组成一个新的社会群体，在生死考验中变得格外互助团结和提高民主意识。迁徙过程在某种意义上是一个残酷而严峻的自然选择过程：优胜劣汰。到达新世界以后,移民群体在艰苦环境中求生存与发展,同死亡、疾病作斗争,白手创业。著名历史学家汤因比认为,“逆境”是一种历史动力,移民在逆境中奋发图强,砥砺意志,最大限度地发挥人类的智能,战胜困难,创造奇迹。

经受跨文化的熏陶也是移民群体的共同特征。作为移民他们在祖籍国接受过一定的文化熏陶,来到新环境后又身处另外一种不同的甚至是相反的文化氛围。因而他们在新世界为新生活奋斗时大都会经历一种“文化震荡”[④],因介于若干不同文化如东西方文化的边缘感受“边缘人”的甘苦。移民群体中的知识分子因为具备这种跨文化优势,能采用不同的文化视角观察社会与生活,吸取多文化的养分而产生灵感迸发思想火花。

美国移民不同于人类史上的古代移民,他们是在人类现代文明的曙光照耀下离开他们先进的祖籍国向荒芜的美洲迁徙,作为现代文明载体的他们起了传播新文明的进步作用。马克思、恩格斯认为来美国的移民是一些“最进步的个人”。“例如北美,这种发展是异常迅速的。在这些国家里,除了移居到那里去的个人而外,没有任何其他的自发地形成的前提,而这些个人之所以迁移到那里去,是因为他们的需要与古老国家现存的交往形式不相适应。因此,这些国家在开始发展的时候就拥有古老国家最进步的个人,因而也就拥有与这些个人相适应的人,在古老的国家里还没有能够确立的最发达的交往方式。”[⑤]就是这些具有特殊秉性的移民群体沿着移民始祖的足迹,在不同时期从不同国家、不同地区来到美洲(后来的美国),世代奋斗共创灿烂的美利坚文明、“密西西比河文明”[⑥],绘制了美国短暂而绚丽的历史画卷。

二、构建美国移民文化的三个主要层面

美国历史学家说过:“美国人在 250 年间经历了其他民族很少经历过的艰难险阻,形成了自己的性格和自己的哲学。这种性格几乎没有人描绘过,他们的哲学也未曾加以阐明,但两者确实存在。”[⑦]美国人的性格与哲学究竟是怎样形成的?

如果对美国移民文化的成因加以进一步考察,至少有三个层次的问题需要研究。首先是移民祖籍国的文化传统成了移民文化形成的最重要的历史渊

源之一;其次是移民在同新环境作斗争中不断创造着崭新的物质文明和精神文明,这种伟大实践活动是它得以形成的根本动力,也构成了移民文化的主要内容;再次,在创建新文化的过程中,不同文化背景的移民群体间的相互融合构成了它的另一个重要侧面,其中包括欧洲移民的文化与印第安文化间的关系,盎格鲁—撒克逊人与其他族裔的文化关系,其他少数族裔间的文化关系等等,其中最主要的是白人族裔与非白人族裔间的文化关系。这三个层面虽有区别但相互影响构成合力推进移民文化的生成发展。

人类历史发展表明,文化发展首先依赖于人类适应环境与改造环境的综合能力以及将这种经验与知识继承与传递下去的能力。美国移民在继承祖籍国祖先的知识与经验的基础上在新环境中进行开拓,为他们生活的时代积累新的经验与知识,增添新的内容,创造新的文化成果;同时他们又与其他族裔的移民群体在开拓进程中接触并接受吸纳他们带来的"外来"经验与知识。纵向继承、横向开拓与相互吸收构成移民文化生成的一个完整过程,前者是文化渊源的继续,后者是同环境作斗争与吸收外来文化的创新开拓。

第一层面:移民祖籍国文化传统的重大影响。

移民祖籍国的文化传统是移民文化的直接渊源之一。在旧世界中成长的移民总是带着特定的文化传统来到新世界,他们自觉或不自觉地将自己的价值观念、宗教信仰、文化习俗甚至生活习惯一起"移居"到新土地上,而且总是企图按照自己的生存方式去创造新生活。

移民文化形成的早期阶段,祖籍国文化传统的影响显得特别巨大,甚至是决定性的。英属北美殖民地时期,移民始祖不仅"带"来甚至是直接从欧洲(特别是英国)"搬"来了文化,他们读欧洲带来的书,用欧洲人的思维方式思考问题,用祖籍国的建筑样式建造房屋等等,英国文化与欧洲文化传统对美利坚文化无疑是一种最有影响力的历史因素,甚至是构成美国文化的"基因"具有潜在的长久的影响力。

但是随着移民数量的不断增加和美国移民"源头"的不断扩展,影响美国文化的因素与力度不断增加,美国文化所继承的传统也不断扩大,以致发展到今天,美国文化几乎继承了全球的多数重要文化传统。美国著名历史学家康马杰说:"从继承而论,美国不仅继承了英国的传统,也继承了欧洲的传统;不仅继承了17、18世纪的传统,也继承了两千年的传统。美国是英国的产物,这一点谁都不会否认;美国的文化和制度的渊源可以追溯到希腊、罗马和巴勒斯坦,这一点却被遗忘了;美国人所保持的国家、教会和家庭的基本制度以及他们所珍惜的基本价值观念都表明了这种悠久的来源和关联。”[⑧]如果把美利坚文化仅仅理解为它的主流文化,上述分析是符合实际的;但是如果把美利坚文化看成是它的主流文化与支流文化或亚文化的综合体,那么美利坚文化恐怕不仅继承了欧洲的传统,而且也吸收了地球上其他不同文化的传统,不仅继承了两千年甚至也许是四五千年的文化传统。

二次世界大战以后,由于拉丁裔、亚裔及其他非欧国家移民数量剧增,欧洲移民剧减,来自非欧移民祖籍国的文化传统对美国文化的影响也就迅速增强。

第二层面:移民与新环境的互动作用。

在美利坚文化的形成进程中,移民与新环境的互动作用有着决定性的意义。这个过程就是移民对新世界的开拓过程,是群众性的伟大社会实践,也是新移民不断移居美国的渐进过程。美国历史上,这种移居活动包含外移和内移两个相互依存的过程,海外不同国家和地区的移民从外部不断蜂拥移入美国;同时美国的“老移民”及其后裔浩浩荡荡从东海岸移向西海岸,两个过程交叉进行,展现了一幅壮丽的历史画面:一边是美国人从大西洋沿岸翻过阿巴拉契亚山,越过密西西比河,跨过大平原,翻过落基山,直达太平洋沿岸;一边是外来移民源源不断漂洋过海,从太平洋、大西洋、墨西哥湾的不同沿岸来到美国,出现一种东西互动、南北交叉的大流动。美国的西进运动“形成了一座从旧世界不仅向西推进到北美洲西海岸而且是通向亚洲泛太平洋地区的桥梁”,“这种包括物质与精神的跨越,不单是美国向西推进:当美国跨越到亚洲时,亚洲人也来到了美国”。[⑨]随着工业化、城市化的开展,大量美国人又从广袤的农村土地上迁移到城市。在迁徙过程中美国精神和美国人的特殊性格慢慢形成了。

移民与环境的斗争因采用不同的生产方式形成了不同的社会内容,显现出历史的阶段性。如果说早期移民是为创建新世界开天辟地,筚路蓝缕,在大西洋沿岸形成了新的民族和建立起新的国家,构筑起美国政治、经济、文化、教育等构架,形成了他们民族性格的雏形;那么他们的后继者则在声势浩大的西进运动中开拓疆域,掀起了美国的第一次与第二次工业革命,创造了美国的工业文明，实现了社会的转型，使美国一跃而为世界强国。美国特有的标志性的里程碑式的文化已经在世界上脱颖而出，美国文化的特性最后形成并得到世界的首肯；二战以后美国开展了第三次科学技术革命，大量非欧新移民的拥入为美国注入了新鲜血液和蓬勃的活力，他们不仅在传统工业而且也在高科技和信息产业中发挥重要作用，美国历史进入了新的发展阶段。

移民与环境的斗争在美国又表现为边疆的不断开拓与扩展。美国历史学家雷·艾伦·比林顿在他的《向西部扩张》中提出："边疆留给后世的是什么呢？在大陆定居化的三个世纪中，这毗连辽阔的地理区域持续不断地更新的文明怎样影响拓荒者及其子孙的特性和社会制度呢？美国人的性格被认为有别于今日世界上其他民族的性格，能够从他们的独特的历史经历中找到根源吧？"其实在边疆不断被突破的历史表象下，更深层次的变化发生了：多族裔移民的融合。

第三层面：不同文化背景的移民群体间的融合。

不同文化传统背景的种族、民族、族裔群体在与新环境作斗争中，因文化差异会有不同的社会经历与体验，他们积累的经验与知识也各不相同，保留取舍自己文化传统的程度也因"族"而异，吸收外来文化的力度由于各自的目光不同而各有千秋，因此在美国多源的异质文化间呈现复杂关系，有的较为接近，有的相当疏远，有的甚至对立。在不同的历史时期或历史阶段，因为移民结构与人口结构的不同，上述异质文化间的交融、吸收甚至冲撞表现为不同的内容与方式。如：20 世纪初的美国人口结构、族裔结构较殖民地时期有了巨大差异；21 世纪的美国更是变化惊人。移民祖籍国从开始时的英国转向欧洲，又从欧洲转向亚洲、拉丁美洲。多源的移民结构对美利坚文化的形成与发展带来重大影响。

多族裔的关系与相互作用，借用自然科学的术语可以分为"化学"反应与"物理"反应。各种异质文化在移居与开拓过程中融合，形成了移民文化的核心部分，即我们今天所指的主流文化，这个过程在美利坚民族形成时期和 19 世纪末 20 世纪的"大熔炉"时期表现最激烈、最快速，取得的成果也最显著；但与此同时一种类似物理反应的混合现象同时存在，即各种不同文化中的独特因素混合存在于同一个社会中，形成一种类似拼盘式的文化。"融合"与"混合"同时存在，因而形成了主流文化与支流文化（亚文化）的关系；欧洲移民与非欧洲移民的关系；非欧移民之间，如亚裔与非裔之间，亚裔与拉丁裔移民间的关系；不同宗教信仰的移民间的关系，以及同种、同族而不同代的移民间的关系。其中的少数族裔总是兼具外来移民和少数族裔成员的双重身份，“美国亚裔的历史只有当我们把他们视为既是移民又是非白人的少数群体时才能被充分理解。”[10]

上述三个层面的互动、演进历经三个多世纪的潮涨潮落，美国移民不仅创建了美国文明而且在创建过程中也改变与发展了自身，形成了美国人自己的性格。“美国不是属于一个种族或一个群体……美国人从第一次触及弗吉尼亚海岸的一刻起一直在重新界定他们的民族特性。”[11]

三、美国移民文化的形成与发展阶段

美国移民文化并非一蹴而就，它经历了一个形成发展过程，在时间上大致可分为：初步形成、定型与多元发展阶段；在内容上经历了一个多元—“一”—多元的变化过程；在地域与发展空间上，经历了在北美洲中部从大西洋沿岸到太平洋沿岸的扩展。[12]

初步形成阶段：美利坚文明初步形成阶段是指 1607 年到 1783 年的近两个世纪。这是第一个“多元合一”的过程。1607 年的英国探险者在弗吉尼亚詹姆斯顿登陆。1619 年，一条荷兰船带来 20 名黑人来到弗吉尼亚；1620 年，“五月花”号运载英国移民来到波士顿湾的普利茅斯建立定居点。往前可追溯到西班牙殖民者在北美洲的探索活动，早在 1565 年，一支西班牙军队赶走了那里的法国人，在美洲佛罗里达的圣·奥古斯丁建立了一个欧洲人的永久居民点。1598 年，西班牙人在新墨西哥州的 San Gabriel 建立了一个殖民地首府。[13]此后英国与西欧其他国家的移民越过大西洋蜂拥来到他们憧憬的新世界。

据统计，1700—1776 年，共有 45 万欧洲移民来到美洲。1625 年，英属北美殖民地人口为 1080 人；1641 年，为 5 万人，1688 年为 20 万人，1715 年为 434600 人，1754 年为 1485634 人，人口翻了 3 倍；20 年后，1774 年人口又翻了 1 倍，高达 260 万；1790 年，美国第一次进行人口统计，全国共有 3929625 人。[14]按种族、民族成分分析，英格兰人占 60.14%，苏格兰人占 8.1%，爱尔兰人占

9.5%，德国人占8.6%，荷兰人占3.1%，法国人占2.3%，瑞典人占0.7%，西班牙人占0.8%，不明身份者占6.8%。显然，这种移民结构已显示出多源的特点。

18世纪中期，移民们在新土地上既相对集中又分散杂居。威尔士人和德国人大多定居在宾夕法尼亚和卡罗来纳；法国人则在南卡罗来纳和新英格兰的主要城镇建立家园；瑞典人和芬兰人定居在特拉华；纽约是荷兰人的据点；来自葡萄牙和荷兰的西班牙犹太人在罗得岛定居。当时美国教育制度呈现多样化：新英格兰实行共同学校制度，南部盛行家庭教育，开设私人学校是主要教育模式，中部则兼而有之。宗教的多元格局格外显著。天主教先在弗吉尼亚生根，继而向中部殖民地甚至新英格兰传播；德国移民带到北美的宗教集团中最强大的是改革派和路德教，贵格派则在宾夕法尼亚建立自己的优势，费城成了殖民地中最强大的浸礼会中心；长老会派在18世纪发展成为一个强有力的宗教组织，由于教徒广泛，在独立战争前各殖民地都建立了长老会组织。

这些不同民族、族裔、具有不同宗教信仰的居民生活在共同的土地上，由于经济发展统一市场的形成，英语逐渐成为大家共同使用的语言，他们在开辟新环境的斗争中加强联系，形成了共同的利益与追求目标，初步形成了一种新的民族与文化，即美利坚民族及其文化。因为在殖民地时期，英国的文化模式和知识一直影响着它的北美殖民地，许多殖民地的领导者和学者都在英格兰受过教育，不断来到美洲的移民也成为传播英国文化的“载体”；新移民在美洲也尽量模仿英国的样式创造他们的新生活。著名美国政治科学历史学家克林顿·罗斯塔说：“他必须赞许用形容词‘英国美国人’而不是‘美国人’来描绘占统治地位的文化，甚至一直延续到1765年。”他认为：“殖民地时期的思想是大量被衍生的，经常是全面的模仿。”[15]移民文化的初步形成时期往往是一种双重意识，移民们“一方面意识到旧世界的流风余韵，另一方面也意识到新世界的希望。昨天已成过去，但也值得留恋；明天已经在望，但也令人生畏”[16]。

美利坚民族认同感是在移民们共同开发新环境的斗争中形成的，他们逐渐认识到“我们是美利坚人”的真理，感受到民族意识民族情绪的升腾。在独立革命前这种民族意识已经初步形成。马克斯·萨弗尔说：“在1650—1750的一个世纪里……一场知识革命已在北美洲的英属殖民地发生……他们已经创造了一种新文化;他们懂得它,他们为此而骄傲。”[17]也诚如斯蒂格(Clarence L.Yer.Steeg)所言:“总之,行省时期的作家们虽然他们的背景有很大的不同,但是他们在兴趣、秉性、住所方面都有一个共同特点。因此,凡是直接关系他们经验的事情都是美利坚的。”[18]同时,他又认为“显然,在行省时期没有一种美国思想,而只是一种美国人思想的复合物”。美国著名历史学家丹尼尔·布尔斯廷同样认为,在美国革命以前“一种新文明的大致轮廓已被勾画出来”[19]。尽管英国文化在殖民地占着某种主导地位,但因为移民群体还来自西欧其他国家而形成多元格局,来自不同欧洲国家的白人在相互融合的同时,白人文化也吸收了印第安人的文化,不仅吸取印第安人的农业技术和社会习俗,甚至美国的开国元勋在制定宪法时都参考过印第安易洛魁人的政治经验。诚如美国学者所说:“如果没有欧洲人与印第安人之间的互动,今天的美国和欧洲社会,将别是一番景象。”[20]

独立战争成了新文化的熔炉与催化剂,在战争中,“殖民地人民的思想中,文字和概念已被给予新的形式,以不同的方向快速地更新着,得出他们自己也难以理解的结论”。[21]战争进程本身促使殖民地人民形成“我们是美利坚人”的共识,这是美利坚文化同一性的表现。1782 年,克雷夫科尔在他的《一个美国农民的信》中说过:“这时,所有民族的个人融合为一个新的人种,他们的劳动和子孙后代总有一天会引起世界的巨大变化。”《独立宣言》与《美国宪法》的制定在理论上成为美利坚文化初步形成的标志,集中体现了这种文化的价值观念与政治文化。尽管它尚属于欧美模式的文明,一种以英国文化为主、美国文化为辅的文化,但新文明的轮廓毕竟已经初见,日后发展壮大的美国文化的基础与核心已经形成。

定型阶段:美利坚合众国建立至第二次世界大战可以被认为是美利坚文化的定型时期,所谓定型,就是指美国文化脱离欧洲的“母胎”,从内容到形式以全新的面貌并带有明显美国特征出现在世界上。美国建国以后的一个世纪里发生了对美利坚文明成长具有决定意义的重大事件,波澜壮阔的西进运动与两次新的移民高潮,两次产业革命和一场政治革命——南北战争。

西进运动是一场全面开发美国西部的运动,也是美利坚民族融合的大熔炉,更是一场全面的美利坚文明的创建运动。它不仅使在大西洋沿岸初步形成的美利坚文明的轮廓和雏形得以充实与提高,最后扩展到太平洋沿岸;而且在移民开拓广袤土地与推进边疆线的进程中，铸就了美国人的性格特点，形成堪称世界上的另一种文明——“密西西比河文明”[22]。西进运动首先是移民创造西部物质文明的伟大实践；与此同时，国外的移民又从不同方向（如华工从西到东来到美国），不断加入这支移民洪流。这种内部移民拓荒与海外移民来美的结合，移民们从东部到西部的推进和由西部到东部进发的并举，海移与陆移的交叉构成了美国历史上最为壮丽的开发运动的图画。

西进运动与第一次产业革命几乎同时开展。西进运动创造了美国中部、西南部的农业基地、畜牧业基地和远西部的矿业基地；随着荒地的开拓，居民点的形成，小镇的出现，工业的发展，城市犹如雨后春笋在北美洲土地上拔地而起；交通事业的发展促进了西进，西进又促进了交通事业，横贯全国连接大西洋与太平洋的铁路应运而生，铁路的修筑说明工业革命是完成西部开发的决定性因素之一。研究美国边疆史专家比林顿认为美国大平原的开发“不是由冒险的开辟赶牛小道的人们打开的，而是由操劳制图的发明家、在开动的机器旁流汗操作的工人以及复杂的装配线劳神费心的工厂经理打开的；正是他们用工业革命的技术去解决美国最后一个边疆的独特问题，而他们的成功才使扩张成为可能”[23]。他的见解符合美国历史的实际。

美国文明的创建过程总与移民潮的高涨相伴随，作为创造主体的新老移民功勋卓著。如：19 世纪中叶爱尔兰农民不堪国内的悲惨境遇离别亲友越过大西洋来到美国。1841—1850 年，爱尔兰移民占外来移民总数的 49%。仅 1850 年的统计，爱尔兰移民近 100 万人，不久又激增了 50 万人；其次，占当时移民总数的 39%的德国移民在 1848 年革命失败后蜂拥移美，1853—1854 年高峰年间，连续两年，每年有 356955 人来美。[24]此外还有不少来自斯堪的那维亚各国的移民。据美国历史教授卡尔·德格勒的研究，爱尔兰移民多从事修建运河和铁路，德国移民在一些城市中建立聚居处，甚至建立一个德国化的密尔沃基市。19 世纪 40—50 年代，德国移民在纽约市的家具制造和钢琴制造业占有举足轻重的地位。农业州艾奥瓦的德国移民比例较高。1865 年后，美国玻璃业骨干是由比利时的技术工人充任的。1870 年，构成全国人口 1/7 的外国出生的人完成了美国全部工作的 1/5 还多；1880 年，外国出生的工人构成了全美劳力的 1/3，尽管移民仅占总人口的 13.3%。在农业中同样如此，1860 年以前明尼苏达州的移民构成了 64 个县中 49 个县的居民的 20%。威斯康星州的农业主要受惠于外来移民。[25]北达科他的富裕境地更是外来移民创造的产物。外来移民最主要的是充当了美国劳动力市场中的普通劳动者，成为最廉价的劳动力。1855 年，纽约州的 2 万名普通劳动者中 98%是外来移民。

19 世纪末 20 世纪初来美国的移民又出现一个新高潮，这批移民被称为“新移民”。1890—1913 年期间，来到美国的移民总数达 17991486 人，其中来自西北欧的共 3637000 人占总数 20.2%；来自东欧的 3328000 人，占 18.5%；来自南欧的 4369000 人，占 24.3%；来自中欧的 4879000 人，占 27.1%；来自加拿大和纽芬兰的 744000 人，占 4.14%；来自中南美的共 15000 人，占 0.08%；来自亚洲的 468000 人，占 2.6%；来自太平洋区域岛屿的共 3500 人，占 0.02%。来自东欧、中欧和南欧的移民共 12576000 人，占移民总数的 70%。移民结构发生了重大变化。移民潮适应了美国第二次工业革命的需要。据统计，1910 年外国出生的人只有 14%在农林区；43.5%从事制造业。在基础工业方面，如：钢铁工业、煤矿、建筑业、铜矿和炼油等领域，外国出生的劳动力占总劳动力的 60%；棉纺织业一向是美国当地农村妇女的领域，20 世纪初外国出生的劳力已高达 70%~75%。[25]第二次工业革命奠定了现代美国文明的基础，新移民们为此作出了巨大贡献。

罗素曾在他的《西方哲学史》中说：“人们生活的环境在决定他们的哲学上起着很大的作用，然而反过来他们的哲学又在决定他们的环境上起着很大的作用。”西进运动与工业革命不仅是物质革命，也是一场新老移民创造美利坚精神文明的运动。首先是移民在与新的西部环境的斗争中形成了一种新的文化，即边疆民主的出现与美利坚的民主传统的继续发展；美国人的求实精神在西部开发中，获取了新的实践经验并汲取了世界优秀的哲学成果，升华到哲学高度，实用主义的诞生标志着美利坚民族创造了自身的哲学；《美国宪法》通过修正案的形式肯定了美国废奴革命的成果，《独立宣言》的原则得到全面发扬，印第安人、黑人先后被视为美国公民而享有早该享有的与生俱来的“生命、自由与追求幸福的权利”；美国大众文化也形成了令世人瞩目的显著特色，20 世纪早期的电影、迪斯尼乐园、好莱坞等的出现构成了美国式的文化，美国的摩天大楼建筑群不仅远远高于欧洲的古典建筑而且显现了在世界上独树一帜的美利坚独特的艺术风格。

其次是不同族裔的新老移民间的融合。当时欧洲移民占主导地位,其中包括西欧、北欧、中欧、东南欧的移民群体,虽然他们有不同的国别与族裔,但文化背景大都为西方文明,融合较为容易,美国政府强化推行"美国化"与同化政策,促使外来移民接受美国业已形成的价值观,增强美国意识,学习英语,促使同化,让他们的"心"也都完全美国化,最后在美国这个"大熔炉"里熔铸成了以盎格罗—撒克逊文化为主流,以欧洲移民为主体的北美新文化——美利坚文化。它源于欧洲文化,但又别于欧洲文化,它是一种新的创造物;这种文明虽然有着欧洲文明的印记但绝不是它的翻版,而是一种崭新的美国文明,完全有着他们本身的新的"质地"。曾经有学者认为美利坚文明只是欧洲文明的种子在北美生根开花结果而已,阳光底下没有新事物。美国著名历史学家弗雷德里克·杰克逊·特纳提出了富有创造力的"边疆"说,他认为:"边疆不断地向西推进就意味着逐渐离开欧洲的影响,逐渐增强美国独有的特点。""受到边疆残酷考验的移民都美国化了,获得自由、融合成为一个混杂的种族,这个种族既没有英国的民族性,也没有英国的特点。"[26]1970年美国出版的《荒野传统探索》写道:"在我们的先辈迎接荒野的挑战并征服荒野的过程中,荒野造就了我们的国民性。"[27]历史事实告诉我们,这种文明经过工业革命的进一步扩张,两次世界战争的洗礼,经济的巨大发展,文化的繁荣,在世界上显示了强大的吸引力,成为走在全球前列的一种新文明。

文化多元发展的新阶段:第二次世界大战结束至今,美国式的多元文化发展到新阶段。西进运动的结束与边疆的消失并不意味着美国文明的结束,经过20世纪上半叶的历史洗礼,它进入了一个新的发展阶段。其间,影响美利坚文化继续发展的因素增多了,不仅有原来的欧洲传统,而且有美国自身的新文化传统;同时随着源源不断来美国的非欧裔新移民的到来,非欧文化传统对它的影响力倍增;移民面临的环境也由以前的"荒野"变成了工业化的新美国,高速公路与航空事业的发达、信息革命的勃兴导致地球村的出现。在全球化的背景下,美国文化的多元性达到新的高度。

四、移民文化的主要特征:多元性与同一性的统一

文化特征的产生离不开它的创造主体,移民群体的多源性决定了这种文

化的多元性，多元性已成为美国社会与文化的本质特征之一。二次世界大战以后，新的移民潮流汹涌澎湃，移民人数剧增。据统计，1960—1970 年间，移民占美国总人口增长的 11%；1970—1980 年，占 33%；1980—1990 年，已占 39%，也即美国每年新增加的人口中 100 人中就有 39 人。更值得注意的是移民内部构成发生变化，来自拉丁美洲与亚洲的移民取代欧洲人成为多数。如：1971—1991 年的 20 年间，移民中的 35.2%来自亚洲，来自墨西哥的为 23.7%，加勒比海湾国为 13.1%，中南美洲 11.1%，加拿大 1.8%，欧洲 2%，其他各地为 3.1%。1940 年来自欧洲的移民占移民总数的 70%，1992 年欧洲移民仅占 15%，32%来自亚洲，44%来自拉美和加勒比海海湾国家。[28]1993 年美国移民共 904292 人，来自墨西哥 126561，中国大陆 65578，菲律宾 63457，越南 59614，前苏联地区 58571，多米尼加 45420，印度 40121，英国 18783，萨尔瓦多 26818，韩国 18026，牙买加 17241，中国台湾 14329，古巴 13666，爱尔兰 13590。[29]外来人口比例提高导致居民中一半是外国人出生的城市增加。佛罗里达 Miami 有 60%的居民是外国出生的，加利福尼亚的 Huntington Park59%人口是外国出生的，新泽西的 Union City 是 55%，加利福尼亚的 Santa Ana51%等等。这种变化直接影响美利坚文化向更多元的方向转化。

移民结构的变化直接影响了美国的人口构成。1990 年美国人口的 76%是盎格鲁—撒克逊人，12%是黑人，拉丁美洲人是 9%，亚洲人是 3%。2000 年的人口结构发生了变化：美国少数民族的人数在不断壮大。据最新统计，美国现有人口 2.8 亿，其中白人仍占大多数，有 1.8 亿，约占美国总人口的 63%。其余族裔被称为“少数民族”，他们的排名因人口变动而有所变化，西班牙裔是指那些从古巴、墨西哥、中南美洲迁移而来的人及他们的后裔，约有 3500 万，超过非洲裔美国人成为最大的少数民族。其次是黑人，有 3400 多万人。亚裔是“第三大少数民族”，有 1000 万。他们多是从中国、印度、日本、朝鲜半岛、越南迁移而来。印第安人与阿拉斯加原住民有 250 万，占美国总人口的 0.9%。大多数的印第安人仍生活在保留地里，主要从事旅游业。夏威夷土著与其他太平洋岛民的人口不到 40 万。战后不同族裔的通婚比例呈增高趋势，“从来没有一个国家正在产生如此众多的混合血统的人”[30]。

随着现代化与全球化进程的加速，国际间的交通与媒体发展迅速，人们之间不仅地理上的距离日益缩短而且信息交流的频繁使全球各个角落息息相通，“现代通讯——电台、电视、电话和印刷媒介——不仅是一度被认为的同化力量，而且成了人们在外部环境中保持他们自己特性的工具。”[31]“地球村”的形成使人类移居变得如此便捷，致使移民与祖籍国的距离消失，“使（美国的）少数文化的成员能不管地理上的分离而相互保持联系，使移民同他们祖籍国的文化保持联络，因而现在少数族群能更好地抵制同化和动员更多公众支持承认他们的文化”[32]。

虽然人口结构的变化成了战后美国多元文化发展的基本因素，但它仅仅提供了一种发展的可能，将可能变成现实还需美国人民特别是各少数族群民众的实践行动。20世纪60—70年代民权运动的高涨，高等教育领域广大师生要求教育多元化的改革呼声，多元文化主义思潮的兴起，美国政府面对现实在继续维护主流文化的同时也灵活地推行多元政策，如提出了肯定性计划，从政策与体制上保护少数族裔的民众受教育与就业的机会与利益，修改移民政策等等，推动了文化多元化的历史进程。国际上民族主义运动的高涨成了美国多元文化发展的主要外部条件。

美国高等学校始终是领导美国文化新思潮的发源地，教育领域的文化多元性表现最为突出。20世纪90年代，美国高校首先吹响多元文化主义的号角向主流文化挑战。高校社会学科的课程改革彰显了美国多元文化教育的发展趋势；同时为了适应美国多元社会的需要，美国教育的培养目标与教育手段也作了改革，加强了多元文化素养的培养。教育成为帮助学生了解与适应多元社会的重要途径。在批判、破除欧洲中心主义的过程中，社会学科课程的多元文化特色在日益增强，少数族裔的文化历史传统与优秀思想成果得到重视和发扬，同时西方文明也重新受到关注。美国大学历来人才济济、思潮涌动，过去曾经为建设美国主流文化作出过贡献，现在它们又成了宣传多元文化主义的发祥地，自觉推动美国文化的多元化进程。加利福尼亚大学柏克莱分校在20世纪60年代是全美学生运动策源地之一的著名“反叛中心”，90年代，这里又兴起了向主流文化发起挑战的多元文化主义。

美国的宗教领域多元化根深蒂固。从殖民地时代开始，美国宗教就呈现多元态势并成为美国文化多元性的主要历史根源之一。多元文化的扩展促使原先的主流宗教影响力出现衰势，美国存在甚久的“犹太—基督共识”正在式微。少数族裔的宗教包括东方的宗教信仰在美国开始扩张并显现一定规模。

如:伊斯兰教目前已成为美国第八大宗教派别。美国信仰伊斯兰教的人数在1988年已超过400万。印度教徒到1990年也已达75万人。宗教裂变不仅表现为新教、天主教和犹太教徒之间在世界观和社会经济方面仍然存在很大差异;而且也在同一信仰内部发生,如进步派逐渐主导了美国天主教,主张改革的犹太教进步派也开始控制该教的大局。

美国语言的多样性反映了移民文化的特点,据统计,现在美国仍有150多万美国人讲意大利语、德语和法语,60多万人讲汉语,26.5万人讲日语,19多万人讲韩国语,15.7万人讲越南语。3100万人在家里不讲英语,其中一半人讲西班牙语。[33]1980—1990年间,在39个州中西班牙语成为最流行的第二语言,法语在路易斯安那、缅因、新罕布什尔和佛蒙特等地流行,德语则在蒙大拿、明尼苏达、北达科他和南达科他最通行。新闻传媒的多语化也是一种新现象。1936年,美国只有67家西班牙无线电台,现有311家,外加3家西班牙语的电视网,还有350家西班牙语的报纸。即使是美国英语也因其吸收了其他语言,包括从印第安人那里借用一些词汇而与英国英语相区别。现代美国英语因地域与种族不同分为"费城方言""芝加哥方言""黑人英语"等。美国英语分成四大类:"美国人创造的新词""被美国人赋予了新含义的英语旧词""已被英国人淘汰的美国常用词""来自印第安语和其他非英国移民语言的外来词"。[34]从中也可窥见美国语言"融合"现象之一斑。

思想文化学术界的多元性则因为多源移民带来不同祖籍国的文化而显现为组织上的流派林立,学风上的自由争论,鼓励标新立异等。如哲学上,欧洲的奥地利学派迁徙美国后发展了美国的分析哲学;史学上,研究美国社会少数族裔、妇女等的社会史著作不断涌现,从内容到方法都呈现多样化趋势;文学上,出现的"寻根"现象与"黑人文学""犹太文学"心理学流派数不胜数,等等,都是移民文化所特有的现象。人们经常发现世界其他地区绽开的学术之花往往会在美国结果。文化交融在多元文化的氛围下进行得更加有声有色,非西方文化受到从未有过的重视。有美国学者主张,面临多元文化主义的挑战,应该捍卫一种在性质上是世俗的,能在西方与非西方文化广泛相互比较演进中存在的道德观,认为非西方文化至少在如下三方面对形成这样的道德观作出贡献:"一是非西方道德观念能很有意义地矫正或解释我们西方的道德观念。二能帮助我们认清我们的重要义务,这些义务源于我们的道德观,我们以前没有认识的或已经完全认识了的。三能帮助我们懂得如何最好地,特别是跨文化地去实施我们自己的道德观念。”[35]

美国社会的多元族裔结构对美国的政治文化与外交政策的影响也日益彰显,冷战结束后,出现的“多元文化外交政策”和美国政界人物少数族裔的比例不断增高就是明显例证。1970 年,阿拉巴马州被选举担任政府公职的黑人仅占 2%,1982 年增为 24.5%。1986 年,非裔美国人的选票成为 4 名南方民主党参议员的关键性投票,非裔美国人担任市长的为数不少,包括洛杉矶、西雅图、明尼阿波利斯、纽黑文等黑人占少数的城市。[36]今天鲍威尔成了美国历史上第一位黑人国务卿等。经济领域的文化多元性也有充分的展现,不仅企业成员的族裔多元化,企业的运销随着全球化显示多元特征,而且企业管理也从以前的泰勒制向调整人际关系、营造多元的企业文化方向发展。美国经济学家开展“多元文化美国梦”(MCAD)多项指数的调查研究,他们发现 1985—1996 期间美国少数族裔消费者的收入、购物、教育等方面的增长率是白人的 2~3倍。如何根据多元文化的思路发展美国经济逐渐成为商界的热门话题。[37]

综上所述,美国多元文化已经渗透到社会的各个领域,美国的地名五花八门,美国人的姓名无奇不有,美国人的建筑千姿百态,等等。诚如美国学者所言,“我们正在改变的人口结构”是美国社会出现的一个“新趋势”,“从全世界各个角落来的移民以及曾引以为骄傲的‘大熔炉’的失宠,已经明显地重新塑造了我们。那些认同和珍视美国作为一个移民国家传统的人明白,这一新的文化多样性使我们更加丰富。但我认为我们还应该明白,当我们寻求认同民主的共同立场时,它也带来了挑战”[38]。有美国学者概括多元文化的表现是,“现代社会的文化多元性采取许多形式,其中有三种是最普遍的,一是虽然他们的成员都享有一个广泛的共同文化,但他们中的一些人或保留着不同信念和相关的特殊生活领域的不同实践,或发展他们自己相对独特的生活方式。二是社会中一些成员高度批评一些中心原则或优势文化的价值观,寻求按照适当路线重建这种文化。三是大多数现代社会也包含了若干自觉和多少是组织好的、以他们的不同信念和实践体系维系和生存的社区”[39]。

美国文化的多元性是一种客观存在,但“文化多元论”“多元文化主义”与“熔炉说”却属于社会思潮与理论。一位美国学者在诠释他的书名《来自不同的海岸——美国种族与族裔解释》时说,“来自不同的海岸”有两层含义,一是涉及我们美国人的多元起源——我们的根如何能够被追溯到欧洲、非洲、拉丁美洲、亚洲和北美洲本身；二是描绘学者们对种族和族群体验所作的解释和理解的不同的和有争议的方式——他们是如何站在不同的海岸提出他们的观点。[39]区分多元文化的客观事实与多元文化的各种“主义”不仅需要而且必要。多元文化主义即使作为一种理论，也有学者认为它“既不能被看作一种带有实用主义内容的政治教条，也不是作为一种人与世界的哲学，而是对人类生活的一种透视而已”[40]。多元文化主义（multiculturalism）在20世纪70年代在加拿大等国出现。据统计，它在美国被报纸的采用率呈直线上升的趋势。这个术语于1988年出现在美国主要报纸上，1989年出现33次，1990年100多次，此后被广泛使用，1991年达600余次，1992年900余次，1993年1200余次，1994年达到顶峰1500余次。[41]它与20世纪初年的文化多元论一脉相承，既反映了美国文化多元性的本质，也推动人们去承认和认识这种多元性的事实，强调美国少数族裔的个性与历史性，加强了美国社会中的这种多元意识。从20世纪初曾经出现的“文化多元论”到90年代“多元文化主义”的广泛传播，表明美国的主流文化不断受到冲击，美国文化的多元特点为越来越多的美国人所接受。当然作为一种理论它并不完备，并且有明显的局限性。[42]在美国批评、反对它的大有人在，甚至有人将它看成是对美国构成“威胁”专门在内部实施破坏的特洛伊木马。[44]

长期以来美国学界对于美国文化是单一的“熔炉”还是多元的“拼盘”争论不休，各执一词。综观美国历史的发展，多元化并非以损害美国一致性为前提，作为历史客观进程，多元化与同一性两者是相互渗透、互为依存而不可分割的“统一体”。在多元文化发展进程中，既有不同种族与族裔文化的交融，也保留有不同质的文化的某些特性。因为异质文化之间，有其相容性与非相容性的两个部分存在，相容性导致交流、吸纳与融合，非相容性引起冲撞、排斥与抵拒。经过“熔炉”的融合，异质文化的相容部分融合吸收形成美国文化的核心，体现了美国的民族精神和文化特质。如果没有这种融合与吸收，美国就会成为来自不同国家地区的移民的一盘散沙。美国拓殖时期移民们往往称他们自己是西班牙人、荷兰人、法国人、英格兰人等，后又自称弗吉尼亚人、马萨诸塞人、宾夕法尼亚人等，经过独立战争与西部开发运动的“熔炼”，他们都变成了美国人。最近美国学者对波士顿北端地区的意大利族裔社区进行历史考察，发现那里的意大利族群已经被同化而融入了主流社会，但同时还依然保存着他们自己文化的某些方面，1993年意裔美国人被选为波士顿市长。据此他得出结论："依然保持着多元文化的某些方面而融入美国生活，对于美国移民是十分可能的。"[45]

同时，美国移民群体的居住有别于其他移民国家，他们往往相对集中杂居多处并非全部聚居一州，加上移民来美国的时间不一，这有利于不同族裔的移民相互接触与交流，而不至于造成某些聚居一州一市的族群经常"闹"独立。聚居性很强的华裔也散居在美国各大城市，几乎到处可见"中国城"。美国大都市也都呈现多族裔的多元文化结构，市内到处可以发现诸如中国城、小东京、意大利镇等少数族裔聚居点；州内也多有如日耳曼镇、荷兰城等等少数族裔的聚居地，保留了少数族裔的传统文化有的已成为旅游胜地。这也许应归功于开国元勋华盛顿的"移民应杂居"的政策。此外异族联姻在民族融合中使得移民的第二代、第三代已分不清自己是哪一族的人，混血儿的大量出现使得"少数民族"的划分变得模糊起来，美国人血统中的"纯"分消失。美籍华人经过若干代成了黄皮白心的"香蕉"，黑人成为棕色白心的"巧克力"等，不胜枚举。由此可见，美利坚民族是由来自世界各地的移民及其后裔组成的，没有共同的血缘关系和文化纽带。尽管近年来美国的多元文化盛行，却并没有使美国社会解体，没有使他们的价值观根本发生改变，因为多元化在根本精神上符合美国"人人生而平等"的价值观。多元化与融合的两个过程始终是同步存在与发展的，只不过有时多元化显得突出，有时融合成为主流，两者交替而行；多元化中有融合，融合中保留多元性。

移民的多源性与移民文化的共创性还决定了美国文化的杂交性。单一种族或民族的移民无法创造出多元的杂交文化，多族裔移民相互隔绝互不来往同样创造不出杂交文化。美国的移民不仅多样而且共创他们的新文明，因此造就了美国文化的多元杂交性，它表现为同质化与混合化两种形态，前者是质的变化，形成美国文化的主流与核心；后者是量的变化，构成美国文化的多种亚文化。同质化与混合化两者相互渗透与影响，同质化过程中含有混合化的成分，混合化过程中包含同质化的内容。说美国是"大熔炉"，这是事实，但这是部分的事实；说美国是大拼盘，也是事实，但也是部分的事实；说美国既是"大熔炉"又是"大拼盘"才是较为全面的看法。

纽约就是典型的移民城市与移民文化。它从印第安人的一个居民点成为荷兰人的新阿姆斯特丹，再发展到今天美国的世界大都市，创造者是谁？来自不同国家、地区有着完全不同命运的外来移民怀着“美国梦”在这片土地上历尽艰辛白手起家，建造起现代摩天大楼建筑群，展现了他们如何从套用欧洲古典式样到创造美国特点的艺术语言的轨迹。20世纪初年，纽约不仅成了世界金融中心而且成为美国文化的象征，纽约百老汇成为戏剧表演的代名词，纽约变成电影新作的首映之地和爵士音乐的首都，这里的高等学府吸引全球的莘莘学子前往深造，市内的大都会博物馆展现了世界各种悠久文明的优秀成果，纽约成为吸引世界文化精英“朝圣”的当代西方文化艺术中心，成为全球最大的世界文化博览会。纽约多元文化的繁荣致使人们难以区分主流文化与支流文化的界限，终于令那些视美国为毫无文化品位的“暴发户”的欧洲人刮目相看。但是为多元性与同一性的实现，美国人民付出了巨大的代价。

综上所述，美利坚文明经历了偏于北美洲大西洋沿岸的留有浓重祖籍国印记的初步形成阶段，逐渐从欧洲传统特别是英国传统中“独立”而出；后经蓬勃的西进开发运动与工业革命，新文明在地域上由北美洲东部扩展到西部，在内容上已脱离欧洲文明而独立存在，在物质与精神两方面都创造了美国特色。二战以后，美国文明获得了新发展，多元化成为它的主要特征之一。美利坚文明经历了一个“合众为一”的进程，即异质异种在新世界形成一种新质新种的新文明；然后这种文明在定型以后经过新移民的不断创造发展又呈现出多元的特点，似乎回到了多元的起点，“由一为众”。整个美国文化的形成经历了“合众为众”的轨迹。

五、移民文化对美国社会历史发展的双重影响

没有移民就没有美国，没有移民文化，就没有美国文化，更没有密西西比河文明。

英国哲学家罗素1922年在《中西文化比较》一文中说：“不同文化之间的交流过去已被多次证明是人类文明发展的里程碑。”多元的美国文化因它的广泛交流而具有“海纳百川”的包容性，集世界之精华和全球之人才共同开发美国；吸收世界上各种文明创造的优秀成果充实自己，提高自身。美国不是一

个国家而是一个“世界”,因为它不仅具有世界上的各种种族、民族、族裔的民众,而且具有各种文明的思想文化成果,诚如美国的建筑是展现世界建筑的万国博物馆一样,它的文化是世界文化的万花筒。生物学告诉人们,杂交在某种条件下可以形成一种更为优越的新品种,社会文化亦然,凡是善于吸收其他文明的文明总是较为先进的,有生命力的。当一种文明拒绝接受其他文明的时候,它就走入了死胡同。美国多元文化的杂交性使它在世界上占有重要地位,在许多领域内显示了跨文化的优越性。如:美国人吸收近代欧洲思想家的智慧建立起美国的思想价值体系,涌现了富兰克林、杰弗逊、麦迪逊、爱默生、梭罗等思想家;非裔美国人在体育、音乐等领域显示了优秀品质,创建了美国特色的爵士音乐等;法国、中国、意大利的烹饪充实了美国的饮食业;美国政论家潘恩、第一任财政部长汉密尔顿、大企业家卡耐基、比尔·盖茨都是外来移民;二战后受德国法西斯迫害而来到美国的知识分子成为美国科学文化界的泰斗……美国有一大批经受多种文化熏陶的学者得以在科学技术发明方面,在学术上能不断创新,走在世界潮流的前列。但是“种族和文化的多样性在给美国社会注入活力的同时,还带来前所未有的挑战”[46]。

但是,多元文化给美国社会带来巨大优势的同时也成了产生某种社会疾病的因素。因为移民大潮总难免鱼龙混杂,泥沙俱下,外来移民既会带来祖籍国的优秀文化遗产,也会夹携文化中之糟粕;多源的移民结构如果内部族裔间关系处理不当就会酿成种族事端,国际犯罪团伙也总会利用美国是移民国家这个特点不断进行“渗透”。因此美国社会存在的某些黑暗面也可从移民文化中找到一些存在的原因。如种族歧视意识依然存在,来自欧洲的白人至上主义成了美国种族骚乱的主要根源,种族问题一直是美国社会中难以治愈的痼疾。美国的一些社会犯罪活动如意大利黑手党在美国的猖獗。美国政府根深蒂固的扩张主义政策也可以追溯到欧洲移民的基督教使命感甚至是更早的北欧的海盗传统,等等。

值得人们关注的是正在美国硝烟弥漫的所谓“文化战争”。由于多元文化的发展,不同族裔的美国人和持不同观点的人们从自身的文化视角出发,利用各种媒体上甚至各种能发表看法的场合对美国社会中的所有问题,从同性恋、司法舞弊、反恐斗争、经济舞弊等发表意见,展开激烈争论,形成一场所谓的文化论战。“‘文化战争’反映了许多事情,但当它成为黑人和其他人分裂的时候，它们却反映了我们中没有一个人想要的一个严重现实，虽然所有人都希望看到它的消失，但是我们中没有一个人知道如何去克服它。"[47]有人更担心美国多元文化的继续发展将会破坏美国文化的一致性，出现"巴尔干化""拉丁化"，最终导致美国在某一时刻陷入"国将不国""主流不流"的危险境地。近年来有美国学者提出了"后族裔美国"的设想，他批评20世纪的"美国化"的主张者与"文化多元论"的提出者在相反方向上都犯了错误。他们企图用不是"一"就是"众"的片面观点解决美国历史上的"老"问题，而"后族裔"的分析则愿意与这些问题共存，并把它们视为机会而不是逃避它。[48]

其实人类文明的发展总是多元的，它不是一种单一的文明而是多种文化的百花争艳，具有各自发展轨迹与特点的希腊文明、中国文明、印度文明、埃及文明、希伯来文明、伊斯兰文明、玛雅文明等构成，丰富与充实了整个人类文明。同时文明的多元性又成了人类文明发展的推动力。有的文化发展到今天之所以还有强大的生命力正是因为它能不断吸收不同文化的养分丰富自己，不断在与环境互动中更新自身。正是不同文明与文化的差异构成了一个熠熠生辉的人类文化宝库，美国的移民文化是这个宝库中一朵璀璨的奇葩，放射出人类多种文化的奇异光芒。

注释：

①[美]托马斯·索威尔：《美国种族简史》，沈宗美译，南京大学出版社，1992，第2页。

②Oscar.Handlin: The Uprooted: the Epic Story of the Great Migrations that Made the American People, New York, 1952。但在这里作者的"移民"主要指欧洲移民。

③参见 John D. Buenker and Lorman A. Ratner Edited: Multiculturalism in the United States : A Comparative Guide to Acculturation and Ethnicity, Greenwood Press, New York, 1992, p.1。

④即"Culture shock"，为美国历史学家 Oscar Handlin 所提出。

⑤马克思、恩格斯：《德意志意识形态》第一卷第一章，见《马克思恩格斯选集》，第一卷，人民出版社，1972，第80页。

⑥查尔斯·比尔德，玛丽·比尔德：《美国文明的兴起》第一卷，商务印书

馆,1991 年,第 495 页。

⑦H.S.康马杰:《美国精神》(中译本)光明日报出版社,1988 年,第 3 页。

⑧同上,第 4 页。

⑨David Palumbo-Liu: *Asian American Historical Crossings of a Racial Frontier*, Stanford University Press, Stanford, 1999, p.2。

⑩Sucheng Chan: *Asian Americans :An Interpretive History*, Twayn Publishers, Boston, 1991, p.187。

⑪Ronald Takaki: A Different Mirror A History of Multicultural America, Little, Brown and Company, Boston, 1993, p.17。

⑫参见 James Stuart Olson: *The Ethnic Dimension in American History*, ST. Martin's Press, NewYork, 1994。美国学者对此有多种不同的分期。奥尔森在他的著作《美国历史中的族裔》中提出三阶段:一、早期美国的红、白、黑;二、族裔美国的转变(1890—1945);三、族裔美国的变化与连续(1945 年至今)。查尔斯·比尔德认为美国文明是农业时代向工业时代的演进。丹尼尔·布尔斯廷的三部《美国人》的分期:殖民地时期、国家时期和民主的体验。美国学者麦克尔·林德在他的著作中将美国文化的演进分成三个阶段:盎格鲁文化时期(1789—1861),欧洲文化时期(1875—1951),多元文化时期(1972 年至今)。笔者仅从美国移民文化形成与发展的视角尝试提出看法。

⑬Allan S. Kullen: *the Peopleing of America: A Timeline of Events that Helped Shape Our Nation*, the Portfolio Project, Inc., Beltsville, 1992, pp.60~61。

⑭查尔斯·比尔德,玛丽·比尔德:《美国文明的兴起》第一卷,商务印书馆,1991 年,第 50 页。

⑮Clarence L.Yer Steeg: *The Formative Years* 1607—1763, Hill and Wang, New York, 1964, p.230。

⑯马库斯·坎利夫:《美国的文学》,今日世界出版社,1975 年,第 5 页。

⑰Clarence L.Yer Steeg: The Formative Years 1607—1763, Hill and Wang, New York, 1964, p.230。

⑱Clarence L.Yer Steeg: The Formative Years 1607—1763, Hill and Wang, New York, 1964, p.236。

⑲丹尼尔·布尔斯廷:《美国人:殖民地的经历》,上海译文出版社,1989

年,第 2 页。

⑳参见并转引自李剑鸣:《文化的边疆:美国印地安人与白人文化关系史论》,天津人民出版社,1994 年,第 42 页。

㉑Bernard Bailyn: The Ideological Origins of American Revolution, Harvard University Press, p.161。

㉒见查尔斯·比尔德,玛丽·比尔德:《美国文明的兴起》第一卷,商务印书馆,1991 年。

㉓雷·艾伦·比林顿:《向西部扩张》(下册),商务印书馆,1991 年,第 355 页。

㉔Richard B.Morris edited: Encyclopaedia of American History, Happer and Raw, 6th ,1982,p.653。

㉕见 Carl N. Degle: Out of Our Past, Happer & Row, New York,1957, p.280~283。

㉖杨生茂等编:《美国历史学家特纳及其学派》,商务印书馆,第 5、24 页。

㉗转引自詹姆斯@ O.罗伯逊:《美国神话 美国现实》,中国社会科学出版社,1989 年,第 145 页。

㉘见 MULTICULTURAL EDUCATION,95/96, p.28~29。

㉙见滕藤主编:《世界各国商务指南》北美卷,中国社会科学出版社,第 196~198 页。

㉚David A. Hollinger :Postethnic America,BasicBooks,New York ,1995, p.165。

㉛Klaus J.Milich and Jeffrey M.Peck: Multiculturalism in Transit: A German—American Exchange, Berbabn Books New York,1998, Foreword。

㉜Ross Poole:Nation and Identity,Routledge,New York,1999,p.114。

㉝见滕藤主编:《世界各国商务指南》北美卷,中国社会科学出版社,第 200 页。

㉞见滕藤主编:《世界各国商务指南》北美卷,中国社会科学出版社,第 200~201 页。

㉟James P.Sterba:Three Challenges to Ethics Environmentalism,Feminism, and Muticulturalism,Oxford University Press,2001,p.102~103。

㊱Craufort Young：The Accommodation of Cultural Diversity——Case Studies，Macmillan Press Ltd，New York，1999，p.188。

㊲Alefred L.Schereiber with Barry Lenson ：*Multicultural Marketing*，NTC，Contemporary publishing group，Chicago，2001，p.3。

㊳《交流》，2002 年第二期，第 64 页。

㊴Bhikhu Parekh：Rethinking Multiculturalism Cultural Diversity and Political Theory，Macmillan Press Ltd，2000，p.3。

㊵Ronald Takaki：From Different Shores Perspectives On Race and Ethnicity in America，Oxford University Press，New York，1994，p.8。

㊶Bhikhu Parekh：Rethinking Multiculturalism Cultural Diversity and Political Theory，Macmillan Press Ltd，2000，p.336。

㊷ Nathan Glazer：We Are All Multiculturalists Now，Harvard University Press，1997，pp.7～8。

㊸见余志森、包秋：《浅论美国多元文化主义》，华东师范大学学报，1995 年，第 6 期。

㊹Alvin J.Schmidt：The Menace of Multiculturalism：Trojan Horse in America，Praeger，Westport，Connecticut，1997.作者在他的书中把多元文化主义说成是一种“左派政治思想”大加挞伐。

㊺Elebieta H. Oleksy edite：American Cultures：Assimilation and Multiculturalism，International Scholars Publications，Bethesda，MD，1996，p.47。

㊻邓蜀生：《世代悲欢“美国梦”——美国的移民历程及种族矛盾（1607—2000）》，中国社会科学出版社，2001，第 468 页。

㊼ Nathan Glazer：We Are All Multiculturalists Now，Harvard University Press，1997，pp.160～161。

㊽David A. Hollinger ：Postethnic America，BasicBooks，New York ，1995，p.161～162。

（载《华东师范大学学报》2002 年第 5 期）

美国多元文化成因再探索

历史的演进有赖于历史主体的能动作用得以实现。二战以来，美国多元文化形成了一种和而不同的格局，色彩斑斓，兼容并蓄，主流文化发扬光大，非主流文化得到承认与发展。究其成因，移民多源性提供了多元文化发展的可能，但离开历史主体美国各种族、各族裔人民争取平等权的长期争斗，要跨越多元文化发展可能性的门槛也似无可能。

一

美国历史上的主体移民不仅多源多种而且具有极大的不平衡性，他们因各种不同的原因来到美国生存发展，也就是说他们并非在同一时间，以同样方式同等数量，作为单一文明在相同地区居住的。相反，他们是处于一种非常不平衡的状态之下发展的：在时间上，来自不同祖籍国的移民在不同时代先后陆续来到北美，有的在北美初创时期筚路蓝缕，有的在美国工业化时代蜂拥而至，有的在二战以后纷至沓来；在文明方面，他们不仅代表了完全不同的文明而且在文明发展程度差异巨大，有欧洲文明，有东方文明，有非洲文明，有印第安文明；移民方式有志愿的，有被迫的；移居动机则是千差万别，有经济的，有政治的，有宗教的，有思想的，有私人的；他们在“新世界”有的集中在城市，有的分散于乡村，有聚居东部，有散住西部；他们的社会地位更是高下悬殊，有处在社会上层，有沦为奴隶，有中产阶级；在数量上有的占美国人口的多数，有的是微弱少数；各族移民群体在美国经历着各自不同的荣辱盛衰、此消彼长。历史发展不是单线而是网络式的，横向与纵向交叉，动态与静态结合，形成了犹如经线与纬线交织的美国社会文化互动的网络。这种不平衡导致了美国文化中的主流与非主流文化的生成，形成了两者的区别及其复杂关系，在主流文化发挥主导作用的同时，非主流文化也在十分困难的条件下争取生存与壮大。种族关系成为影响美国社会的重大问题，实现种族平等是多样文化得以共存共荣的关键。

美国多元文化是美国人民共同争取自由权与平等权的成果，在历史演进中呈现渐进与激进态势，独立革命、南北战争及20世纪60年代民权运动激进变化之三大步。

独立战争既是殖民地人民共同一致向英国当局争取生存权也是人民内部争取平等权的斗争，这场斗争的胜利奠定了美国多元文化的政治基础。

在争取独立的斗争中，美利坚人曾经把自由作为他们追求的崇高理想，"不自由毋宁死"。"正是自由，正是为他们自己、为我们和我们的后代争取自由的希望征服了所有的挫折、危险和考验。"[①]殖民地人民向英国当局要求独立就是要解除与英国的政治联系，取得天赋的"独立与平等"的地位；但是在殖民地内部他们对待不同种族、族裔与下层的居民并没有贯彻平等原则。因为美利坚人用以讨伐英国殖民者的思想武器是直接从他们的母国思想库中拿来"以其人之道还治其人之身"。《独立宣言》所坚持的"人人生而平等"，生命权、自由权和追求幸福权是"人人生而具有的不可转让的权利"的观念，深受英国宪政思想与天赋人权思想，还有基督教的人权思想等等的影响。[②]远的甚至可以追溯到希腊柏拉图的"实现民众管理和个人权威的平衡"的国家理念。这种平等观既带有一定进步性，也存在某些不平等的因素，主要是基于财产权与精英政治的理念。19世纪三十年代在美国考察的法国作家托克维尔指出："自由所赋予的本性与平等所造成的倾向之间有一定的冲突。"他认为在美国人那里，自由是早已就存在了的，而平等则是比较晚近的。[③]

当时美利坚人在白人群体内部所持的平等观念较欧洲人为强，但对不同种族的北美居民和贫困白人却缺乏平等态度。因此早在殖民地时期黑人、印第安人和贫困白人就为争取自己的自由与平等权而斗争。黑人从自残、逃亡、怠工、报复等方式发展为要求立法争取生存权与自由权。1773年1月，马萨诸塞一群奴隶向立法机关要求解放，悲愤呼吁："我们没有财产！我们没有妻子！我们没有孩子！我们没有城市！我们没有农村！"[④]次年5月25日，该殖民地一群奴隶向总督托马斯·盖奇提出申诉："这个国家的法律并不认为奴隶制是正当的而且谴责奴隶制，可我们却不能从这些法律中得到同等的利益……恳请大人阁下，对于我们的申述予以重视和考虑。您可据此使一项法案通过，以使我们获得天赋的自由权利，我们的孩子也可在21岁时获得自由。"[⑤]情之切切，言之凿凿。

印第安人为保存自身的文化、生活方式和宗教，很早就开展了印第安人本土化运动。他们同白人不断发生流血冲突。1774 年，住在俄亥俄河流域的印第安人与白人之间发生了一系列流血事件，印第安人首领洛根于被弗吉尼亚民团击败拒绝投降，他给弗吉尼亚皇家总督邓莫尔带去一篇表示决不屈服的哀辞被发表在当地报纸上，后来杰斐逊在《弗吉尼亚记事》中赞扬了这篇讲话。[6]争取平等的斗争同样也出现在下层贫苦白人中，他们从“占地”斗争发展成颇具规模的起义。种族压迫与阶级压迫造成的相似的悲惨处境促使贫困白人、黑人与印第安人联合起来反对英国殖民当局。黑人经常逃亡到印第安人的村落里寻求他们的帮助，贫困白人与黑人的联合更使白人种植园主们“惶恐不安”，白人契约奴与黑人奴隶的联手反抗更是频频发生。1730 年，波士顿发生了一场“由水手、契约奴、黑奴和其他一些卑贱之人组织的暴乱活动”，迫使总督落荒而逃。18 世纪五十年代卡罗莱纳的白人（2.5 万人）远远少于黑人奴隶（4 万人）和印第安人（6 万人），殖民当局非常害怕黑人与印第安人联合起来，因此采用各个击破的策略，“以免本来人数就占优势的那些家伙们给我们造成巨大的威胁”[7]。

独立战争前，“在热爱自由和追求权利的基础上，北美居民形成了共同的价值观念。”[8]他们凭借着这种价值观念毅然发动独立革命向英国宣战，讨回殖民地人民的生存权与独立权。早在殖民地时期，美利坚各阶层人民就共同反抗殖民当局的暴政，抗击英国的“印花税法”，发动“倾茶事件”，从个别殖民地发展成以“大陆”为单位的“联合殖民地”的斗争，出现了大陆会议、大陆军等联合机构，“美利坚人”成了他们的共同称谓。独立战争初期，为了争得自由，黑人冲破重重阻力参加战争，屡建奇功，历史记载：“1775 与 1781 年间，几乎没有一次战争行动是没有黑人参加的。”[9]大陆会议和大陆军领导认识到黑人的力量，也为了抵制英国当局招募黑人参军的阴谋，改变初期拒绝黑人奴隶参军的政策。1779 年 3 月，大陆会议要求南卡罗莱纳和佐治亚州征集数千黑人组成军队投入战争，大陆军总司令华盛顿向该州发去专函[10]说服他们允许黑人参军。

人民斗争推动了美国的立法。1786 年的谢司起义，认为独立革命的胜利是美利坚人共同取得的，但是为什么成果却没有为大家所有？在起义队伍中也有不少“因财产减少而丧失选举权的不满分子”。[11]这场起义推动了 1787 年宪法的制定。在批准宪法的过程中,民主派作出重大努力遂使美国国会通过了宪法修正案前十条,规定人民有宗教、言论、出版、和平集会之自由和请愿的权利等等。但是独立以后美国并没有实现人民内部的平等,没有立即在美国禁止奴隶买卖。1787 年美国宪法关于众议员名额分配时,竟规定"各州人口数,按自由人总数加上所有其他人口的五分之三予以确定"。1787 年美国宪法承认印第安人部落作为政治关系:第一条第二款,排除了"未被征税的印第安人"成为众议员;第一条第八款,国会有权管制同外国的……和同印第安部落的商业。视印第安人为外人。[12]1795 年,美国政府利用格林维尔条约取得印第安人的大片土地,1830 年又制定印第安人迁移法,让印第安人迁移到密西西比河以西的地区去。印第安人为复兴自己的文化传统与生存权,掀起了特库姆塞印第安复兴运动。诚如美国历史学家所言,美国宪法并没有建立种族之间的均衡,"事实上,除了愿意保持统治势力内部的权力均衡之外,他们并不愿意在奴隶与奴隶主之间、无产者和富有者之间、印第安人和白人之间建立什么均衡的关系"[13]。

独立战争胜利后,美利坚人发动了文化领域的独立"革命",逐步取得了美利坚民族的文化权。虽然这种新独立的文化在当时的历史条件下还是无法完全摆脱欧洲文化的胎记,但它毕竟是美国文化了。当然要真正完成美国文化的独立,除了必须摆脱英国和旧世界对美国文化的控制,彰显美国文化与旧大陆文化的区别以外,还要显示这种文化的内聚力与美国人的一致性。"为文化独立的斗争包含两条战线的斗争,既要证明(美国)与旧世界的区别又要证明美国人之间的统一。"[14]但是当时美国的少数种族、族裔还没有取得平等权与公民权,这与美国人创建独立文化的要求形成了一种失衡状态,因此要取得美国文化上的真正的完全的独立,必须面对美国人口的复杂性与多样性,考虑移民文化的多元性。

二

美国独立后一个世纪,疆域从大西洋沿海扩展到太平洋沿岸,美利坚民族因新移民的蜂拥到来发生结构性的变化,社会经济发生前所未有的变革。巨大的变化引发了美国新一轮的社会冲突与风暴,美国"第二次革命"——南北战争爆发，它是独立战争的继续与发展，也是美国各族人民共同争取黑人生存权与自由权的革命。

事实上，立国后美国人一直在思索美国人的定义是什么？但是“最终都同美国白人对待黑人的态度密切相关”。[15]在独立战争中，革命所释放的强大能量曾冲击了黑奴制度，战争期间或战后不久，“部分因为人道主义或道德原因，主要因为经济上的不利”[16]，北方各州逐步废除黑人奴隶制度。南方弗吉尼亚议会也在1782年通过法律规定黑人奴隶在主人死后或通过主人的遗嘱可以获得自由。如同自然界的涨潮过后随之而来是退潮一样，这种冲击很快被倒退所取代。该州在1806年通过法案限制奴隶主解放自己奴隶的权力，并规定凡在弗吉尼亚获得自由的黑人必须在一年内离开该州，不然重新沦为奴隶。“在表面上它不是一个引人注目的措施，但实际上它是在一个关键州所采取的一个关键性的步骤，它比任何其他事件都更表明革命中已经确立的强大潮流已经倒退。这一步导致南方走上了后来在阿波马托克斯和其他地方向北方投降的滑坡。”[17]那些维护奴隶制的人背叛与攻讦《独立宣言》的原则，声称“不要同我们讲原则，这些原则已经被我们中间存在着的奴隶制所消灭了”[18]。

南北战争前美国人围绕奴隶制的存废问题展开过激烈辩论，焦点之一就是黑人奴隶究竟应该被视作为“人”还是“财产”？美国黑人奴隶完全是被剥夺了生存权与自由权的财产和工具。十七世纪四十年代弗吉尼亚等殖民地实施限制黑人的所谓“奴隶法令”。1672年，弗吉尼亚议会颁布杀死拒捕逃奴的法律。1857年3月6日，美国联邦最高法院对该案作出裁决，竟然宣称德雷德·斯科特作为一名奴隶，不是合众国公民，无权向联邦法院提出申诉，宣称奴隶是作为奴隶主的财产而存在，国会无权剥夺奴隶主的财产！它立即遭到废奴派和反对黑奴制的广大美国人民的反对与谴责。目睹奴隶主灭绝人性的血腥暴行和无数黑奴在奴隶主残酷压迫下的凄惨生活，许多有正义感的白人感到羞耻，斯托夫人奋笔疾书写出了被誉为“制造了”许多废奴派的名著《汤姆叔叔的小屋》，约翰·布朗发动白人黑人共同参加的废除黑奴制度的武装起义，以北方白人为主体的废奴派为在美国立即消灭黑奴制进行了可歌可泣的斗争。

群众斗争推动林肯毅然决然领导了南北战争，并且把维护国家统一反对分离与叛乱的“宪法战争”转化为废除奴隶制度的革命。由于北方战局不利，人民严重不满，北方出现革命形势，林肯总统决定打出最后一张牌，不失时机的签署《解放黑人奴隶宣言》与《宅地法》，使统一战争转化为争取黑人奴隶自由权与平等权的斗争，直至最后胜利。1864 年夏，40 万美国民众联名上书国会，要求制定废除奴隶制度的法律。[19]4 月，参议院正式通过了美国宪法第 13 条修正案。次年 1 月，众议院批准法案。修正案第 13 条规定：“在合众国境内受合众国管辖的任何地方，奴隶制和强制劳役都不得存在。”第 14 条规定：“所有在合众国出生或归化合众国并受其管辖的人，都是合众国和他们居住州的公民。”第 15 条规定：“合众国公民的选举权，不得因种族、肤色或以前是奴隶而被合众国或任何一州加以拒绝或限制。”[20]修正案通过后，改革者与黑人欢呼说：“我们已经洗涤了宪法上的色斑。”[21]1875 年的“民权法案”第一次给予黑人在学校之外一切公用设施的公平使用权。

第二次革命风暴也促进了其他弱势群体的斗争。由于第 13 和第 15 条修正案所涉及的选举权仅仅是男性公民，并没有取消“性别”差异，依然不包括女性的选举权。所以美国妇女把争取选举权作为妇女运动的主要目标，从争取妇女权利走向妇女选举权。[22]斗争终于取得成效。1918 年 1 月 10 日赋予美国妇女选举权的第 19 条修正案在众议院获得通过，1920 年 8 月 26 日正式生效，美国妇女经过长期斗争终于取得了选举权。20 世纪初印第安人虽然被认为结束了武装反抗，但他们的抗争从未停止，因为即使生活在保留地，“他们的生存权也无法得到保障”。[23]直到 1924 年，美国政府才允许土著美国人成为公民。[24]

尽管在法律上解放黑奴具有极其伟大的历史意义，但它没有解决美国社会与经济上的不平等问题。因此黑人获得的权益一直没有受到普遍的尊重，这在美国南方尤为严重。种族主义、白人至上主义的思潮依然猖獗，三 K 党恐怖活动频仍不绝，黑人与白人在思想文化上的差异更是根深蒂固。1896 年，美国最高联邦法院在普莱西诉弗格森案的裁定中引出了“隔离但平等”的原则，为日后的种族歧视与隔离提供了法律依据。黑人要实现宪法规定的自由权与公民权必须继续反对种族歧视与隔离。“19 世纪后期，黑人从内战中获得自由以后，整个 20 世纪非洲裔美国人一直在为反对将他们从整个美国生活中分离出去的企图作斗争。”[25]争取种族平等斗争的道路依然漫长。

三

说也巧，解放黑人宣言发表一百年祭之日竟是20世纪六十年代风起云涌的美国民权运动最高涨之时。此前美国经历了第二次世界大战的洗礼。“正当黑人与白人开始寻求（南北战争）战后美国自由与安全之间的完美平衡时，民主面临着一场新的考验。”[26]

二战期间，美国人民不仅在国际上参加反法西斯主义的流血战争，而且在国内展开了另一场荡涤国内种族歧视的深重污垢的“战争”。有美国学者认为：“第二次世界大战代表了多元文化美国形成的一个交叉点。带着雅利安种族至高无上思想的德国纳粹迫使美国人批判地看待他们自己社会内的种族主义。”[27]1942年，英裔美国人类学家阿什利·蒙塔古在他的著作《人类最危险的神话：种族的谬论》中，把战争构建为是“纳粹种族主义精神”与“民主精神”之间的斗争。美国民众对瑞典经济学家、社会学家和诺贝尔奖获得者甘那·默达尔著作《美国难题：黑人问题与现代民主》中所揭示出来的美国国内的种族主义痛加批判。[28]

政府对土著印第安人的政策也得到了某种程度的改善。1934年，受命于罗斯福总统在新政期间任印第安人事务专员的约翰·科利尔提出了“印第安人重新组织法”。[29]鼓励印第安人建立自己的政府，终止分配保留地，“停止说服或强迫印第安人放弃传统文化和宗教的政策”。[30]主张文化多元论的他认为“如果印第安人的生活是一种良好的生活，那么我们应该以有这种不同的生活和土著文化在我们周边存在而骄傲，而高兴……美国正在理解这些，懂得在帮助印第安人拯救他们自己的时候，我们正在帮助拯救对于我们和印第安人同样珍贵的一些东西”。他还坚持，政府政策的目标应该是让印第安人在他们自己的公共土地上保留印第安人文化。建立自治政府和保留“印第安文明”，包括他们的艺术、工艺和传统。[31]战争结束时，又在约翰·科利尔的极力主张下组成全美国印第安人会议（NCAI）。若干年后它成了“印第安人主流舆论的代表”[32]。

二战期间，黑人展开反对种族歧视争取平等的斗争也取得明显成效。1941年，在黑人领袖菲立普·伦道夫的努力下罗斯福总统签署了8892号行政命令,要求在参加防务企业中不得因种族、信仰、肤色或祖籍国不同而实行歧视政策。1943 年 5 月,总统在黑人斗争的压力下禁止在承包政府军工生产合同的任何工业部门实行种族歧视。同年 12 月,美国国会应罗斯福总统要求通过法案废除了 1882—1913 年间制订的系列排华法案,消除了美国历史上的一个巨大污点。1944 年 1 月,罗斯福总统发表了关于经济权利法案的声明,提出不论地位、种族或信仰的所有美国人都可享有的权利等。[33]

扫除历史污垢需要多次暴风骤雨的涤荡。在林肯颁布具有划时代意义的解放黑人奴隶宣言的一百年后,著名黑人民权领袖马丁·路德·金发表了"我有一个梦"的著名演讲,他悲愤地指出:"我们不能不面对这一悲剧性的事实,即黑人仍未获得自由。一百年后的今天,黑人的生命仍惨遭种族隔离桎梏和种族歧视枷锁的束缚。一百年后的今天,黑人仍生活在物质繁荣的汪洋大海所包围的贫穷孤岛上。一百年后的今天,黑人仍蜷缩在美国社会的偏僻角落,感到自己是自己国家里的流放者。"[34]一些参加过二战的美国黑人也十分愤慨:这个国家正在其他土地上为争取民主而战,而在本国却尚未实现。[35]

种族歧视的存在必然引发反对种族歧视的斗争。在"全国有色人种协进会"的努力下,1954 年 5 月 17 日,联邦最高法院作了一个历史性的堪萨斯州托皮卡的"布朗对教育署"案,判定黑白分离的学校会造成教育机会的不平等,是不符合宪法的,民权运动的序幕就此揭开。1955 年,黑人妇女罗莎·帕克斯因在公车上拒绝让座给一位白人乘客而遭逮捕,引起黑人强烈抗议。马丁·路德·金把自发性的、局部性的种族抗议行动成功地转化成了一个大规模的社会正义的抗争。1960 年,北卡罗来纳的"学生非暴力团队"抗议学生食堂隔离政策的示威运动很快推向全国。1963 年 8 月,美国民众在华盛顿举行二十万群众的盛大示威,马丁·路德·金发表了震撼全国的演说:"我有一个梦",民权运动达到了最高潮。

群众斗争推动了政府决策。在民权运动的高潮中,实行种族隔离最严重的伯明翰市连续发生黑人的反抗斗争。1963 年 4 月 12 日被捕的马丁·路德·金被保释后,5 月 2 日,伯明翰市黑人儿童走上街头参加非暴力行动;次日,伯明翰市警察局长组织大量警力甚至动用装甲车镇压黑人运动。"黑人运动的这种蓬勃发展,终于促使肯尼迪改变行政部门行动战略,在民权立法上开始采取新的步骤。"[36]6 月 19 日,肯尼迪总统向国会提出具有更广泛实质性内容的新民权法案。此法案“也是肯尼迪政府在群众斗争的推动下改变策略的产物。”[37]虽然它未能在国会获得通过,后又因肯尼迪被刺遇害未果。但是美国参众两院在1964年7月2日以压倒性多数通过了“民权法案”,由约翰逊总统签字生效。法案规定消除因种族、肤色、宗教和国籍背景所产生的一切歧视,保障了平等投票的权利,消除了长久以来加在黑人身上不合理的限制,禁止所有跨州企业与设施的隔离措施,禁止所有跨州企业或与联邦经商的公司、工会、学校和机构对少数民族求职的歧视。条款也包含禁止对妇女的歧视,禁止所有公立学校的任何歧视,增加了民权委员会的权限。规定所有接受联邦补助的机构不得有任何歧视行为,等等。1965年8月6日,又一部重要的民权立法——“投票权法”由约翰逊总统签署生效。在民权运动获得重大胜利的基础上,美国政府又采取了“肯定性行动”。约翰逊总统于1965年9月颁布了11246号行政命令,即“肯定性行动”。据美国斯坦福哲学百科全书(2001年版)的解释,“肯定性行动”意味着为增加妇女、少数民族在历史上曾被排除的就业、教育和商业等领域的名额所采取的肯定性步骤。

对于“肯定性行动”美国学者见仁见智。法学教授保罗·巴特勒认为:“肯定性行动的目标是创造一个多样化的环境。在美国,我们至少在口头上把它称作是值得向往的东西,因为我们知道,多样化是我们力量的源泉。”[38]哈佛大学教授内森·格拉泽主张,不再受歧视的少数种族能够仿效欧洲移民及其后代的道路,作为个体融入美国社会的主流。作为个人而非某群体的一员对待之,根据该人的德行评判每个人。“法律保证每个人的美国希望:机会平等。”[39]罗纳德·塔卡基教授则宣称1964年的法律是走向实现“条件的平等”的第一步。他怀疑禁止种族歧视的足够性,因为对于个人而言的“机会平等”不像不平等群体在社会里所发生的那样。“不平等的结构诸如贫困、低教育、职业分层和旧城区贫民需要政府肯定性行动和在群体权利的基础上为少数种族提供机会。”[40]

事实上,民权法案的通过与“肯定性行动”直接推动了美国社会多元文化主义思潮的兴起,美国教育界首当其冲。民权法案通过后,社会学家詹姆斯·S.科尔曼根据广泛调查于1966年发表了《教育机会均等》的报告。1968年,卡耐基高等教育委员会提出《质量与平等:联邦高等教育责任的新高度》,揭示了教育领域存在的不平等现象以及改革建议。随着种族歧视的逐步消除,美国少数族裔的社会地位不断提高,多元文化得到迅速发展。黑人奴隶对美国文化的贡献也得到应有的肯定,有美国学者认为“奴隶对于黑人文化和黑人的民族意识以及作为整体的美国民族性的发展作出了不可或缺的贡献”[41]。

四

美国人民共同争取自由权和平等权,创建多元文化的历史给我们以深刻的启示。

第一,美利坚人民取得殖民地人民的生存权与国家独立权后不久又取得文化上的独立权,为美国多元文化奠定了政治基础。没有国家独立何谈多元文化?没有政治独立何谈文化独立?南北战争在法律上解决了美国少数族裔的公民权问题,20世纪六十年代的民权运动进一步从消除种族隔离入手,促使政府在经济、教育、社会等广泛领域为实现种族平等制定法律采取措施。从殖民地人民争取独立权、生存权,到少数族裔争取公民权与选举权,进而实现文化上的平等权,这是一条何等曲折漫长的道路!历史表明少数族裔争取自身权利的斗争总是得到其他族裔人民的支持,而且只有得到他们的支持才有可能取得最后胜利。美国白人中的民主派人士十分关心黑人问题,提出多种解放方案。南北战争前后美国成千上万的白人参加了废奴运动;民权运动同样得到白人及其他族裔人民的大力支持,他们的功绩彪炳千秋。多元文化是美国人民的斗争成果,是主流文化与非主流文化相互尊重、进一步融合的过程。这种共同斗争的传统成了美国凝聚力的源泉,铸成了美国文化中伟大的容忍精神,成为美国一致性的基本因素。

第二,美国各种族人民的共同斗争还体现在自下而上与自上而下的结合,上下互动的过程中。《独立宣言》、《美国宪法》的有关修正案、《解放黑人奴隶宣言》、《民权法案》、“肯定性行动”等历史性文件都是自上而下地肯定了人民争取生存权、公民权、文化权等成果;文件的产生都是自下而上的群众斗争与抗争的成果,民权运动直接导致民权法案的诞生,两者互为因果,相辅相成。美国人民善于用立法的手段及时巩固斗争成果是很有成效的,美国宪法的修正条款从法律的层面镌刻着美国人民争取自由与平等权的历史足迹。历史也显示了美国宪法设计者们为防止“死人统治活人”而精心设计的宪法修正体制的正面效应。一些有作为的美国政治家与民主派作出顺应历史潮流、符合民心的决策,为美国的民主传统作出贡献。此外,在斗争手段上表现为暴力与非暴力的结合,政治手段与军事手段的结合等等。黑人运动内部的不同斗争策略与战略也在历史上起着各自的不同作用。

第三,美国多元文化还有广阔的国际背景。狭义上,美国人民争取自由与平等权的斗争一直得到国际有志之士的广泛支持。独立战争期间法国、普鲁士、波兰等国的有志之士纷纷来到北美;南北战争与当时俄国的农奴制改革成为世界上最为重要的两件大事,受到欧洲革命者的全力支持;20 世纪六十年代又是一个十分值得注意的年代,美国掀起民权运动高潮时,大西洋彼岸的法国涌现了高涨的学生运动,民族解放运动成为浩浩荡荡的世界潮流,成为美国民权运动的有力支持。

广义上,独立战争、南北战争与民权运动差不多是一百年来一次。它们与全球文明多样化的进程有着内在联系。美国本身就是世界不同文明交流的产物,自十五世纪欧洲人发现新大陆起,他们对印第安文明尚处于初识阶段,他们凭借从他们欧洲带来的自由平等价值观念立法建国,向欧洲殖民者讨回公道,但他们并不对黑人与印第安人实施同样的原则。19 世纪中后期,世界逐步形成了资本主义经济体系而“联成一起”,地球上的不同文明都被卷入其中,然而在总体上是欧洲文明凭借着它的工业革命所带来的优势向全球其他地区迅速扩张,资本主义制度战胜黑人奴隶制度的南北战争就是发生在这样的大背景之下。美国人在独立以后的一个世纪的时间里不断寻求处理国内少数族裔的政策与方法。美国的黑人、印第安人以及新来乍到的新移民们也逐渐明白争取自身权利的重要性与必要性。黑人从奴隶到获得自由,妇女取得选举权,印第安人归化为美国公民等等都是这一时期取得的民权成果。

一个世纪后,地球上的不同文明间的关系发生了重要变化,美国文明崛起使欧洲文明独家扩张的局面遭遇挑战,东方觉醒提高了亚裔美国人的地位,非洲的新生唤起非裔美国人“寻根”的激情,拉丁美洲的民族解放引起拉丁裔美国人对昔日辉煌的追思,也为本族裔群体日益壮大和“拉丁化”而自豪。跨国公司向全球扩张使得多文明、多文化深入接触已成不可抗拒之势,第三产业勃兴和世界旅游业的兴盛为各国保存多种文化提供了良机。总之,全球的多元文化、多元文明构筑了美国多元文化的国际背景。作为“小地球”的美国,随着“地球村”的形成,共存于美国社会中的不同种族、族裔的文化似将盛持不衰。

注释:

①戴安娜·拉维奇编:《美国读本》上册,林本椿等译,生活、读书、新知三联书店,1995年,第32页。

②李世安:《论清教思想和英国理性主义对美国早期人权政策的影响》,《世界历史》,2000年第1期。

③托克维尔:《论美国的民主》,下卷,董果良译,商务印书馆,1988年,第848~849页。

④Benjamin Quarles: the Negro in the Making of America, M , London, Collier-Macmillan LTD.1969, p.45。

⑤戴安娜·拉维奇编:《美国读本》上册M,林本椿等译,生活、读书、新知三联书店,1995年,第41页。

⑥杰斐逊:《杰斐逊集》(上),刘祚昌等译,生活、读书、新知三联书店,1993年,第202页。

⑦霍华德·津恩:《美国人民的历史》,上海人民出版社,许先春等译,2000年,第45~47页。

⑧刘绪贻、杨生茂主编,李剑鸣著:《美国通史》第一卷,人民出版社,2002年,第518页。

⑨John Hope Franklin: From Slavery to Freedom A History of Negro Americans, M Fourth Edition, Alfred A. Knopf, Inc. New York,1974, p.94。

⑩John Hope Franklin: From Slavery to Freedom A History of Negro Americans, M Fourth Edition, Alfred A. Knopf, Inc. New York,1974, p.93。

⑪刘绪贻、李世洞主编:《美国研究词典》,中国社会科学出版社,2002年,第956页。

⑫Ronald Takaki Edited: From Different Shores Perspectives on Race and Ethnicity in America second EditionM New York, Oxford University Press , 1994, p.28。

⑬霍华德·津恩:《美国人民的历史》,上海人民出版社,许先春等译,

2000 年，第 88 页。

⑭Winthrop D. Jordan：White Over Black——American Attitudes Toward the Negro 1550—1812 MBaltimore，Pengguin Books inc. 1969，p.334。

⑮Winthrop D. Jordan：White Over Black—American Attitudes Toward the Negro 1550—1812 MBaltimore，Pengguin Books inc. 1969，p.335。

⑯Thomas H. Johnson：The Oxford Companion to American History，M New York，Oxford University Press，1966，p.4。

⑰Winthrop D. Jordan：The White Man' s Burden，MNew York，Oxford University Press，1974，p.218~219。

⑱Winthrop D. Jordan：The White Man' s Burden，MNew York，Oxford University Press，1974，p.220。

⑲霍华德・津恩:《美国人民的历史》,上海人民出版社,许先春等译,2000 年,第 165 页。

⑳詹姆斯・M.伯恩斯等:《美国式民主》,谭君久等译,北京:中国社会科学出版社,1993 年,第 1172~1173 页。

㉑Benjamin Quarles：the Negro in the Making of America，M，London，Collier-Macmillan LTD.1969，p.138。

㉒王恩铭:《20 世纪美国妇女研究》,上海外语教育出版社,2002 年,第 37 页。

㉓刘绪贻、杨生茂主编,余志森等著:《美国通史》第四卷,人民出版社,2002 年,第 232 页。

㉔Ronald Takaki Edited：From Different Shores Perspectives on Race and Ethnicity in America second EditionM New York，Oxford University Press，1994，p.27。

㉕Cynthia Griggs Fleming，African-Americans，ASee Multiculturalism in the United States：A Comparative Guide to Acculturation and Ethnicity，M Edited by John D.Buenker and Lorman A. Ratner Westport，Connecticut，Greenwood Press，1992，p.10。

㉖John Hope Franklin：From Slavery to Freedom A History of Negro Americans，M Fourth Edition，Alfred A. Knopf，Inc. New York，1974，p.235。

㉗Ronald Takaki：A Different Mirror：A History of Multicultural America，M New York，Little,brown and company，1994，p.373。

㉘Ronald Takaki：A Different Mirror：A History of Multicultural America，M New York，Little,brown and company，1994，p.373。

㉙Ronald Takaki：A Different Mirror：A History of Multicultural America，M New York，Little,brown and company，1994，p.283。

㉚刘绪贻、李世洞主编:《美国研究词典》,中国社会科学出版社,2002年,第1045页。

㉛Ronald Takaki：A Different Mirror：A History of Multicultural America，M New York，Little,brown and company，1994，p.239。

㉜Vine Deloria，Jr.：American Indians，ASee：Multiculturalism in the United States：A Comparative Guide to Acculturation and Ethnicity，MEdited by John D. Buenker and Lorman A. Ratner Westport，Connecticut，Greenwood Press，1992，p.44。

㉝刘绪贻、杨生茂主编,刘绪贻、李存训著:《美国通史》第五卷,人民出版社,2002年，第360页。

㉞戴安娜·拉维奇编:《美国读本》上册,林本椿等译,生活、读书、新知三联书店,1995年，第770页。

㉟Benjamin Quarles：the Negro in the Making of America，M ，London，Collier-Macmillan LTD.1969，p.287～288。

㊱刘绪贻、杨生茂主编,刘绪贻、韩铁、李存训著:《美国通史》第六卷,人民出版社,2002年，第230页。

㊲刘绪贻、杨生茂主编,刘绪贻、韩铁、李存训著:《美国通史》第六卷,人民出版社,2002年，第232～233页。

㊳《交流》C,2000年,第三期。本文原载于Washington Times Corporation发行的The World & I杂志1998年9月一期上。

㊴Ronald Takaki Edited：From Different Shores Perspectives on Race and Ethnicity in America second EditionM New York，Oxford University Press ，1994，p.9。

㊵Ronald Takaki Edited：From Different Shores Perspectives on Race and

Ethnicity in America second EditionM New York, Oxford University Press , 1994, p.9。

㊶Eugen D. Genovese: Roll, Jordan, Roll—the World the Slaves Made, MNew York, Random House Inc., 1974, preface。

（载《华东师范大学学报》2003 年第 5 期）

美国多元文化若干问题研究

美国多元文化是来自全球各地移民筚路蓝缕开拓“新世界”所创造的成果,美国学者曾经对多元文化的存在与发展经历了长期的思考与激烈的辩论,形成了所谓“熔炉说”与“拼盘说”的争论,出现了文化多元主义(Cultural Pluralism)与多元文化主义(multiculturalism)等有影响的学术思想。深入了解与研究美国多元文化的起源、特点与表现,有利于理解美国社会历史的本质;同时它所表现出来的多样性与一致性,多种文化的融合与冲突,一体与多元的统一,均不同程度带有世界多元文化的基本特征,因而这种研究也有利于理解世界文化多元性的特点。此外,美国多元文化又是一个具有现实意义的课题,不同文化背景的种族、民族、族裔群体如何学会相互学习与取长补短,求同存异,已经成为当前各国政府十分关注的重要决策之一,在全球化进程迅速推进的今天,这种研究更显必要与迫切。

我国美国史研究界对美国多元文化进行了长期研究,成果累累,就专著而论邓蜀生先生的《世代悲欢美国梦》、李剑鸣先生《文化的边疆》、陈致远先生的《多元文化的现代美国》、黄兆群先生的《熔炉下的火焰——美国的移民、民族和种族》等堪称开拓之作。邓蜀生先生是我国研究美国族裔关系与多元文化问题的开拓者。早在 1990 年他就出版了专著《美国与移民》(1990),在书中他专门有一个标题“WASP 文化与多元文化——‘大熔炼’与‘马赛克’”(第 406 页),可见他把白人文化与多元文化是分开的。《世代悲欢“美国梦”——美国的移民历程及种族矛盾》(2001)中指出:“美国主流文化作为美国凝聚力的中心地位在可以预见的将来还不至于衰败,种族和文化的多样性在给美国

社会注入活力的同时,还带来前所未有的挑战。"(第 468 页)

李剑鸣先生《文化的边疆——美国印第安人与白人文化关系史论》(1994)是一本研究美国主流文化与非主流文化关系的专门著作。作者在书中对美国多元文化格局的分析,特别是对美国多元文化的共存与共同发展的趋势的意见是十分中肯的。他指出:"在现今美国的文化格局和种族关系当中,同化正日益失去实质性的意义,由于移民拥入和人口结构的变化美国社会日益具备多元特征。"(第 354~355 页)"盎格鲁白人文化的主流地位也就随之发生变化。多种文化并存和共同发展似已成为趋势……坚持盎格鲁白人文化的主流地位,同时容许其他亚文化存在和发展乃是当今白种美国人在文化上采取的基本策略。"(第 355 页)"尼克松就任总统后,更是大力提倡文化多元主义,承认美国社会不同种族文化的价值,不主张用主流文化的标准去衡量其他文化,强调种族及其文化的平等,放弃以同化解决种族问题的做法。"(第 310 页)《印第安人宗教自由法》在 1978 年获国会通过,同年美国政府通过确立印第安人部落地位的原则和程序,完全废止了对印第安人的同化政策,文化征服画上句号。文化多元主义对同化的取代,标志着新型的印、白文化关系已经确立。(第 311 页)

陈致远在《多元文化的现代美国》(2003)中说:"是历史,造就了这个多民族、多种族、多元文化的美利坚合众国。在全世界 100 多个国家中,没有哪个国家有那么丰富多样的文化。"(第 4~5 页)"笔者力图从人类学的角度解释美国文化及其多元性特征,同时试图从理论上分析美国特有的种族主义及其根源。""在世界走向多元化,人类的经济、政治、社会、文化走向全球化的今天,美国如果不能起到各民族共存、共融和共荣的表率作用,世界各国和各个民族在全球化的过程中也会走向分崩离析。"

王恩铭先生在他的《当代美国社会和文化》中对美国文化从地域角度加以分析,他认为因为美国是一个移民国家,"所以来自各民族不同的语言和迥异的习俗构成了美国文化之绚丽多姿的色彩。这种地理自然环境、社会经济发展和民族语言习俗的不同为美国各地区形成其鲜明独特的文化特性奠定了基础,不同的文化区域也就在此基础上产生和'成型'"。根据他的研究,现代美国可以分成 9 个文化区域:纽约大都市文化、新西兰文化、宾夕法尼亚文化、南部地区文化、中西部地区文化、摩门地区文化、落基山脉地区文化、太平洋地区文化和西南部内陆地区文化。（第 163 页）黄兆群先生的《熔炉下的火焰——美国的移民、民族和种族》是一本研究美国族裔关系和多元文化的开山之作。此外，朱世达的《当代美国文化与社会》、庄锡昌的《多维视野中的文化理论》均为学术力作。

就论文方面，沈宗美先生的《对美国主流文化的挑战》、高鉴国先生的《试论美国民族多样性和文化多元主义》，特别是王希先生的《多元文化主义的起源、实践和局限性》，李剑鸣先生《关于 20 世纪美国史学的思考》，潘小松《1990 年以后美国文化研究在中国》、《美国"文化战争"与移民潮的关系》等等都是有影响的学术论文。在众多论文中，王希先生的《多元文化主义的起源、实践和局限性》对美国多元文化主义的分析堪称最深刻、最全面。美国学者的研究成果更是不胜枚举。就资料而言，沈宗美先生 1993 年翻译出版的托马斯·索威尔的《美国种族简史》、美国学者斯蒂芬·希恩斯托姆主编的《哈佛美国族裔群体百科全书》和苏珊（Susan Auerbach）所编的《多元文化主义百科全书（Encyclopedia of Multiculturalism）1994》均是有价值的工具书。

我们承担国家课题《美国多元文化研究》后，在校、系领导的关心下组成了由华东师范大学历史系教授、副教授、博士、博士生与硕士生 30 余人的课题组。课题启动伊始曾组织了一系列专题学术讲座，多次邀请美国来华专家（如塞缪尔·皮尔逊教授等）作学术报告，并多次参与上海美国领事馆组织的直接与太平洋彼岸的美国知名学者讨论美国多元文化的电视学术会议；全体成员在国内外广泛收集大量有关资料与信息，并在此基础上就研究专题的学术价值与可行性进行反复论证，拟定了目前研究专题集的总体构架，要求收入集中的每篇专题研究成果既是独具研究视角的单篇又是研究专题集的有机组成部分。课题组全体成员历经数载，深入专题，切磋磨砺，提出学术观点。期间，专门邀请对美国多元文化素有研究的美国 Shippengsburg 大学包秋教授进行审阅并提出修改意见。2007 年，课题组在认真吸收评审专家宝贵意见的基础上，经过修改、调整、重审推出研究专题论集。2008—2009 年，我们又根据专家的评审意见对研究专题论集再次进行修改，现在奉上的第三稿就是最新的论稿。

本书稿是一本有关美国多元文化的综合性与专题性兼备的研究之作，在充分吸收中外学者研究成果的基础上以历史唯物主义为指导，以美国多元文化为研究对象，借助历史学、社会学、民族学等学科的有关原理，在广泛收集第一手资料的基础上，吸取了国内外有关的最新学术成果，采用点面结合、宏观与微观结合的方法，对美国的多元文化试图进行纵向与横向的考察。在纵向上希望重点抓住美国多元文化的形成与主要特点这一线索，从多元文化的视角研究美国文化经历了一个由多元(众)合为一，再由一变为多元(众)的过程，即“众——一——众”的发展，也即对多元文化的发展与形成的历史进程进行了考察；在历史进程的分析中抓住美国主流文化与亚文化之间的关系，特别关注美国少数族裔文化对丰富与补充美国文化的贡献，探索各类文化之间的冲撞与融合、“一体”与“多元”的依存关系以及它们之间的辩证发展的历史进程。

主要内容是在横向上企求对美国社会的族裔、教育、宗教、社会、外交与政治和经济等主要领域的多元文化的表现展开较为全面的考察，探索美国多元文化(20 世纪 60—90 年代)在上述诸层面上的影响、发展及存在的问题，力求用较为丰富的事实展现美国多元文化的基本面貌，探究成因，评价得失。

所辑研究专题对美国多元文化成因与特征作了论述。提出了美国“移民文化”的概念，认为美国移民的多源性是造成文化多元性的原因之一，美国移民过程的阶段性与连续性导致美国主流文化与非主流文化的形成；指出多元文化也是美国各种族、各民族共同斗争取得的成果。对美国多元文化主义产生的背景作出分析，对论战中的保守主义进行客观评述。

专题研究论集试图运用美国多元文化的研究成果说明不同文化背景的种族、民族和族裔不仅可以共存于一个地区、一个社会、一个国家，而且可以融合生成新的文化形态。说明地球上的不同文明与文化不仅会产生冲撞，更可以相互融合共存，因为它们具有寓于各自特点与个性中的某种共性，即文明的普遍性，这是他们相互依存的基本条件。期望透过美国多元文化的视角对世界多元文化的探索提供某种启发与借鉴，在多元文化层面上对人类历史与人类社会展开较为深入的思索，对中国的美国史研究有所裨益。专题研究论集对以下问题加以重点关注。

一

关于多元文化的提法。有专家认为拉丁文 cultura 是“文化”一词的最接近的词源。英文与法文的“文化”一词均为 culture。1869 年,英国诗人马肃·阿诺尔德(Matthew Arnold)出版了他的《文化与混乱》。文化人类学创始人、最杰出的英国人类学家 E.B.泰勒在 1871 年出版了《原始文化》,提出“文化或文明是一个复杂的整体,它包括知识、信仰、艺术、伦理道德、法律、风俗和作为一个社会成员的人通过学习而获得的任何其他能力和习惯。”20 世纪 30 年代英国人类学家 B.K.马林诺夫斯基出版了《文化论》,将文化分为物质与精神两部分。英国人类学家 A.R.拉德克里夫·布朗认为文化是一定的社会群体或社会阶级与他人的接触交往中习得的思想、感觉和活动方式。法国人类学家 C·列维·斯特劳斯认为文化是一种行为模式。美国著名文化人类学家 A.L.克罗伯在 1945 年发表文化巨著《文化发展的结构》,1952 年他和 K.科拉克洪出版了《文化:一个概念定义的考评》,考察了 164 种文化定义后提出了他们自己的定义。如此纷繁复杂的内容,导致了对文化一词的多种界定方式。1980 年版的韦氏辞典对文化的定义认为:1)文化表现在思维、语言、行为、实际事物之中,并取决于人借助工具、语言和抽象思维系统掌握并向后代传授知识能力的人类活动成果的总和;2)文化是组成种族、宗教和社会集团综合传统特征的通行观点、社会形式和物质财富的集合;3)文化是某种集团、活动方式、职业、性别、年龄、阶级本质上具有的典型行为种类或标准的社会特征总和。这些定义获得了多数学者的认可。美国多元文化教育专家尼托认为,“文化可以被理解为一系列综合因素——如共同的历史、地理位置、语言、社会阶级和宗教等——结合在一起的人口集团创造并赞同的不断变化的价值取向、传统、社会和政治态度、世界观”。[①]总之,文化的定义有广义与狭义两种不同的解释。本论文集中所使用的文化概念基本上是从广义的角度出发的。

关于多元文化或文化的多样性,Susan Auerbach 在 1994 年主编的《Encyclopedia of Multiculturalism》中是这样解释的,“多元文化的”一词是用来形容由许多文化构成的社会群体,如同当一个国家的公民表现出民族与社会认同的多元特性时,即是如此。根据这一定义,许多现代民族国家都具有多元文化的特性。一直以移民国家自居的美国,显然就是一个具有多元文化特性的国家。在强调其多元特性时,美国人承认创造性智慧和奋斗的多源性。美国的铭言“合众为一”即含有混杂所具有的活力和对民主格外宽容的意义(见第4卷,第1179页)。

美国是一个典型的文化多样性国度,其表现形态反映在以下几方面:第一,多种文化并存,美国多元文化中的组成部分不仅内涵各不相同而且其发展也极不平衡。第二,不同文化在同一时空中不断互动,相互影响甚至互相渗透吸收。美国是个移民的国度,人口流动性极强,与此过程相伴而生的方式往往可能是民族的融合,同一个地域具有不同文化身份者为适应环境而不断地变化自身的生活方式,多种文化的融合与相互吸收促进新文化类型的形成与发展。第三,并存的多种文化因历史条件的差异而形成相互依存的主流文化与非主流文化。第四,不同文化在接触过程中会因不同文化间存在文化差异而常常会诱发各种冲突。这种冲突往往表现为主流文化与非主流文化间的抗衡。我国学者在使用“美国多元文化”时有狭义与广义之分,广义者认为它包含美国的所有文化,其中包括主流文化与非主流文化;狭义者在谈到美国多元文化时往往特指非主流的亚文化,如华人文化、黑人文化、拉丁裔文化等等,两种提法有时会交叉使用。本专题研究论集多采用广义的说法,因为主流文化也属于美国多元文化内的一种,尽管在地位与作用上,它在美国多元文化中起着主导作用。美国的多元文化是一种客观存在,是美国文化的一种特征。

研究美国“多元文化”当然离不开对“多元文化主义”的考察,这是两个既有联系又有区别的概念。前者是对多种文化共存共荣于一个社会(或一个国家)的客观存在的表述,后者是认为社会内部的不同文化应该相互依存、平等相待,并肯定这种共存会带来积极社会效应的一种思潮与社会运动(对美国多元文化研究有很深造诣的旅美学者王希教授认为它包含四种意义)。

与美国多元文化相联系,并反映多元文化这样一个特点的理论就是文化多元主义(Cultural Pluralism)与多元文化主义(multiculturalism)。

早在1924年,卡伦首次使用了文化多元主义(Cultural Pluralism)一词,认为个人与其民族群体的关系是非自愿选择、不可分离的,民族群体认同和参与性活动对个性满足和发展有特别重要的意义;把民族和种族等少数群体的态度、信仰、风俗、语言以及文化成就吸纳进主流社会,将会使主流社会的文化变得更加丰富多彩;不同文化之间的差异也将逐步被人们容忍、接纳与吸收。卡伦提出的“文化多元主义”不仅忽略了经济、政治和教育体制对文化一元化的巨大作用,因而也低估了东南欧洲移民后代“融入”主流文化的能力和速度;而且他的“文化多元主义”思想并没有包括有色人种的文明。埃斯品(D.N. Aspin)提出文化拼盘说(cultural mosaic),认为美国社会和文化就像管弦乐,是由不同地域、种族、职业、宗教和社区构成的联合体。

较之文化多元主义,兴起于20世纪60年代的多元文化主义(multiculturalism)具有更完备的理论形态与新的时代特点,它不仅是一种理论、一种观点、一种解释,甚至也是一种社会运动。罗伯特·斯泰姆和埃拉·索哈特曾这样认为:多元文化主义是从团体之间的权利关系上解构了原有的代表性文化,它包含了……对权利关系的种族批判,通过集体诉求的方式将其转换为广泛的、互惠互利的交流模式。此外多元文化主义……还号召在文化群体间进行深入的重新建构与重新界定。拒绝只研究少数民族话语,它将少数群体紧密联系在一起,向将不同社会文化群体分成“主要”“次要”和“标准”的等级制发起了挑战。从某种意义上说,多元文化主义是一种多中心的无等级差别的社会观点。它检验各种不同民族、不同阶级和不同族裔的观点,研究这些不同集团的相互关系和各自的不同贡献,试图去把握美国多元文化传统的复杂性。在美国,这个“主义”作为向主流文化进行挑战的思想武器与社会运动的产生绝非偶然,有其深刻的社会、思想及国际背景。1987年芝加哥大学艾伦·布鲁姆教授出版《走向封闭的美国心灵》开始对“多元文化主义”进行批判,反对者与拥护者展开激烈辩论,后来逐步形成了所谓没有硝烟的、内容极为广泛(还涉及同性恋、堕胎等等)的“文化战争”。论战中,主流文化受到一定冲击,“多元文化主义”也显露了自身的局限。美国人再次深刻地反思了自己的文化与历史,重新定义“美国”与“美国人”。关于文化的概念可以参见王恩铭的《美国反正统文化运动——嬉皮士文化研究》(北京大学出版社,2008年)中的有关内容。

二

一体与多元的关系。美国是一个“由许多民族组合而成的民族”(美国诗人惠特曼语)，是一个“合众为一”和“一体多元”的国家。

“一体”，一般指美利坚民族是一个统一的民族，初步形成于美国殖民地时期，脱颖于独立战争，它的成员无论来自世界上何种宗族、民族、族裔都归属于美利坚民族；所谓“一体”也指美国这个主权与领土不可分割的统一国家，它的成员无论是属于哪个州，属于何种利益集团、何种阶层与族裔，信仰何种宗教，均要遵守与效忠美国宪法，应该具有一种体现于主流文化中的共同价值观念与国家利益。在精神层面上，“一体”表现为美国的核心价值观。

“多元”，指美国的文化呈多元形态。美国是一个移民国家，它的成员是来自世界各国各种族、民族、族裔的居民。他们在形成一个民族共同体的过程中，在统一国家的前提下，保留与承继了自身的民族文化传统，久而久之使美利坚文化形成一种葵花型的状态，内核是主流文化，花瓣是各种亚文化，两者构成了完整意义上的美利坚文化，即“共同文化”。即使美国在政治上是一体的，但其政治文化(包括政治制度、体制、思想)也呈多元形态，其中包括三权分立的体制、联邦与州的两元结构、政治理念的多元等等(见论集外交栏)。

“一体”与“多元”在美国是一个不可分割的整体。没有一体，国将不国，族将不族，何谈美国多元文化？没有多元文化，美国就失去了“合众为一”的特点，美国也不成其为“美国”了。

美国有没有国学？最近我国学界在讨论“国学”问题时，有人认为美国是一个多元文化的国家因而不存在国学。这是值得商榷的。美国确实是一个多元文化国家，但这并不意味着美国的各种文化都在社会上占有领导地位而不存在一种核心价值观念，美国的国学实际上从移民文化开始形成时就逐步发展起来，因为一个国家的文化特征总是与创立这个国家和文化的人的特质紧密相连的。美国文化从某种意义上说，就是蜂拥而至美国的移民及其后裔所创造的移民文化，它的多元特性首先来自美国移民的多源性。移民祖籍国的文化传统对美国文化是第一个影响因素；移民在“新大陆”开发过程中产生的新文化对美国文化起着决定性作用；来自不同国家地区的移民在开发过程中融合所产生的“杂交”文化构成了美国文化的另一绚丽风景线。

两个多世纪以来，迁徙美国的大批移民有一个先来后到、逐步扩展的过程，移民祖籍国不断从英国扩展到欧洲，再扩展到非欧的亚洲、非洲(指后来的自由迁徙)、拉丁美洲等广阔地区的阶段性特点。最早来自英国与西欧为主的移民在北美形成了美利坚民族，在有着英国文化传统的13个殖民地的基础上建立起了美利坚合众国，开国元勋们选择了祖籍国先进的欧洲文化与思想，并依此为指导确定了建国原则，起草与通过了一系列经典性文件，在创建国家的同时也构建了一个精神上的美利坚合众国；建国以后美国移民及其后裔在开拓新世界的历程中创建了自己的独特文化，极大地补充了业已形成的价值观。随着不同文化背景的非欧新移民的不断涌入，在主流文化的内涵与外延得到巨大发展的同时，少数族裔的文化地位与价值观得到承认，文化传统得以保存甚至发展。移民群体在试图融入美国社会的同时，也在不断丰富与发展美国文化。当然，多元文化的形成并非救世主的恩赐，而是美国各种族、民族的人民长期共同斗争不断取得自身文化权益的成果。

多元文化得以形成与存在还有深刻的思想渊源。宗教是一个重要方面。美国是一个基督教国家，占主导地位的基督教对美国多元文化的影响非常深远，从基督教的"博爱"与"宽容"到清教主义的"使命"感都成了滋养多元文化的精神食粮。美国又是一个政教分离的国家，给予非主流宗教的自由与活动空间远远超过当时的欧洲，从殖民地时期开始，宗教不仅本身具有多元化的特点，而且不同种族、民族、族裔的宗教在维护与传承本族群的传统文化方面起了非常巨大的作用。诚如法国作家、学者托克维尔在《论美国的民主》中所言：与欧洲相反，在美国他发现"宗教精神"和"自由精神"两者紧密配合，"共同统治着同一国家的"（我国董小川先生的诸多论著如《20世纪美国宗教与政治》等对此均有深入的论述）。

"美国精神"是多元文化得以生存的土壤。知名美国教授康马杰曾对它作过全面系统的分析。美国精神中的宽容与妥协更是多元文化形成发展的直接思想条件。从移民始祖宣布"自愿结为一民众自治团体"的"五月花号"公约，到"一个美国农民的信"断言："在这里，来自世界各国的人融合成一个新的民族。"从美国的政治经典"独立宣言"宣布"人人生而平等"，到制宪会议主席、后来的第一任总统华盛顿在提交宪法草案文本时强调：如此不同的美国13个州能制定出大家均能接受的文件，最终使美国"合众为一"的原因就是美国人的"容忍"与"妥协"精神。有容乃大，纳百川者始成汪洋大海，容万民者方为泱泱大国。

综观美国历史，每次重大的带有全国性的思想论战都曾给美国社会的发展带来了正面效应，如：18 世纪 80 年代，关于联邦主义和是否批准美国宪法的论战最终导致 1787 年美国宪法的通过与后来的修正（前十条修正案）；19 世纪上半叶美国社会关于联邦统一与分离、关于黑人奴隶制存废的一系列论战，奠定了美国第二次革命（南北战争）的思想基础，最终废除了奴隶制，捍卫了联邦的统一；19—20 世纪之交关于“美国化”与“文化多元主义”的辩论推动了美国多元文化的历史进程，等等。那么发生在 20 世纪下半叶延续至今的关于多元文化主义的这场文化战争将会给美国带来什么？值得我们深思。

三

主流文化与非主流文化的关系。美国著名历史学家小施莱辛格曾批评多元文化主义强调美国种族、民族、族裔的差异是一种分裂美国的“族裔崇拜”，把美国人的所有差异都归结为族裔当然绝对化与简单化了，也不符合美国的社会实际，但美国多元文化主要表现为各种族、各民族与族裔文化的多样性，这是作为移民国家的美国社会的一个不争的基本事实。

美国的多元文化并不是等量、平等意义上的多元。历史原因造成了美国主流文化与非主流的亚文化之间的差异，并且在经历了一段曲折道路后形成了“和而不同”的多元文化格局。这种关系表现在美利坚立国、兴国、扩张的全部历史进程中。

其实，美国主流文化本身也有一个不断形成、发展、扩充的过程。即使是欧洲移民，他们在创建、融入主流文化的过程中也同样经历了“同化”与“存异”（保存自身文化传统与特点），经历了“调适”与“认同”的过程。如：德意志人与盎格鲁—撒克逊人都源于日耳曼这个欧洲的古老民族，他们有着相似的民族特征和文化传统。从生理和文化角度看，德裔都较容易被同化。即使如此，德意志移民还是既“不愿丢弃”他们的传统文化，也“不愿忽视”美国的环境及其文化需求，他们在两者折中的过程中变成了美国人，成为美国主流社会的成员。

对爱尔兰移民、意大利移民、犹太移民和德意志移民同化进程的研究表明，他们在融合同化过程中都经历了一个“殊途同归”的相似过程。虽然他们最终都或先或后“同归”（融入）了主流社会，但都经历了各不相同的“殊途”，在同化进程中也程度不同地保存了他们的文化传统与特征。如:犹太移民在比较彻底地“融入”美国主流社会的同时,却并没有被“连根拔起”,而是保留了极其鲜明的民族特色——犹太性。凡此种种,构成了美国多元文化的一道风景线。

事实上,美国社会的主流文化的某些内容与特征也会随着时代的变迁而有所改变,这是值得重视的一个课题。最初作为美国主流文化核心的“清教文化”是同美国前工业化时代相适应的,但是在19—20世纪之交工业化、城市化大潮的猛烈冲击下,“传统美国文化”逐渐被现代美国文化所取代,美国人价值观念中对物质、欲念的崇拜越来越超过以前那种对精神、使命、勤奋的敬仰。因此当时一些传统的美国人就大声疾呼:美国基督教文化的核心已经遭受到工业化物欲主义的“侵袭”,认为“纯洁美国”已经“终结”。二战以后的当代美国文化更是被深深打上了商业社会的烙印,一切曾被视为高尚、神圣的文化成果被看成是“文化工业”成批生产与销售的商品而已,人的个性一方面被完全抹杀,另一方面又被畸形地张扬到吓人的地步。这就是美国青年为什么在二战后掀起“反文化”运动,美国高校于20世纪60年代兴起多元文化主义思潮与改革,向主流文化挑战的历史文化背景之一。

美国主流文化与非主流文化的关系中还有一个重要的方面就是现代化问题。主流社会与主流文化往往是美国现代化进程的主体与先行者,非主流文化与少数族裔则常常成为美国现代化进程中的响应者与后来者。一方面,大量的外来移民为美国现代化提供了劳动力与技术资源,立下了汗马功劳;另一方面,他们的文化传统又不可避免地会在现代化进程中遭遇由主流文化所体现的现代性的挑战,产生矛盾与摩擦。如何解决少数族裔传统文化所遇到的新问题?在美国社会内部不仅要靠现代化的新科学、新技术、新观念,还要靠以宽容为特征的多元文化政策。在某种意义上说,多元文化也是美国社会现代性的一种重要表现。

随着历史的推移与美国政府移民政策的改变,连续不断涌入美国的移民在地区结构上发生了重大变化,二次世界大战后非欧移民在数量上远远超过了欧洲移民。美国人口中拉丁裔与其他非欧裔的人数激增,与欧洲移民相比,他们无论在生理与心理,肤色、语言、文化传统上都与主流社会有更大的差异,因而融入主流社会的进程更为曲折、更为复杂。使美国政府历来执行的同化政策遭遇困难,熔炉说遭质疑。

早于欧洲人居住在北美的印第安人和被强迫从非洲贩卖到北美为奴的最早非欧移民——非裔移民,长期被排除在主流社会之外。经过长期斗争,他们终于取得了美国公民的权利。可见,少数族裔是在经历了争取生存权与公民权的斗争后才成为美国"一体"内的名正言顺的"多元"中的成员。但是这并不意味着他们的"美国梦"已经实现。第二次世界大战以后,特别是20世纪60年代非裔美国人掀起声势浩大的民权运动后,美国少数族裔争取社会平等与文化权利的斗争日益高涨。

美国政府顺应民意明智地采取多元文化政策,致使少数族裔的文化权益逐步得到承认与肯定,拉丁裔、印第安裔、非裔、亚裔美国人的文化传统得到应有的尊重与发扬。如:非裔美国人在不同程度上获得了美国政府多元文化政策的实惠;具有历史悠久的玛雅文明及伊比利亚文明传统的墨裔(拉丁裔)美国人凭借其美国邻邦的地理优势,积极在美国传播墨西哥文化,并促使墨裔美国人的亚文化意识逐渐增强,导致其"根"意识兴起。华人社区经历了"首先是经济上的融入,然后是政治上的参与,最后是文化上的变迁"的过程,逐步融入主流社会。多元文化呈现繁荣的局面。

多元文化的兴起打破了过去"一元"独霸天下的局面,在思想领域批评了欧洲中心主义,争取到其他"多元"应有的地位与尊严,但决非用"少数族裔文化"取代"主流文化",或企图用另一个中心取代欧洲中心,也不是使两者处于相互对立、相互排斥的地位。主流文化在多元中占有的主导地位是历史形成的,理应受到尊重;非主流文化在多元中的平等地位同样是历史发展的必然,理应受到相应的待遇,两者应该是相互依存、共同繁荣、相得益彰的和谐关系。处理好两者的关系对于一个社会的安定与发展至关重要。真理向前跨越一步往往会成为谬误。不适当地强调主流文化易造成对少数族裔文化的忽视,而过分强调"多元"易造成美国社会的"碎化"。

其实,美国的多元文化从建国开始就逐步被纳入以《独立宣言》《美国宪法》等历史文件所体现的民主自由为特征的核心价值观和以国家利益为根本利益的原则,并且牢牢地凝结在以"三权分立"与"民治、民享、民有"为特征的美国法规制度体系之中。因而"熔炉说"与"拼盘说"在美国历史发展的长河中不断显示其局限与片面性而被美国"多元文化说"取代,而这种"多元文化说”是在确认核心价值观与法制体系的前提下的多元,即一体中的多元。

研究美国多元文化,在美国族裔问题上我们不是笼统地介绍不同种族、民族、族群的配置、生存特点,而是在各种不同文化共存发展的进程中抓住同化与“存异”这一条主线,分析他们在美国文化的融合过程中既与主流文化融合又保持自身特色的过程。“和而不同”与“同而不和”均出自孔子《论语》。“和而不同”意谓世界上的人和事虽各不相同但共存互补,和睦相处却不盲从苟同;“同而不和”意谓世界上的事虽相同,却不能相互容忍而争吵不谐。总体而言,美国多元文化的发展在世界上不仅典型而且令人鼓舞。20 世纪 60 年代以来多元文化经历了历史上最为丰富多彩的阶段,较之过去强行推动“美国化”的时代,在某种程度上已经呈现出“和而不同”的局面,但从深层次上分析它远没有达到“和而不同”的境界与目标,美国社会与文化仍然存在着它的另一面——“同而不和”。美国的痼疾——种族歧视根深蒂固,多种文化的冲突与矛盾经常发生,种族主义尚有较大的生存空间。美国是一个“和而不同”和“同而不和”并存、文化融合与文化“战争”同在的国家。

美国历史告诉我们,歧视少数族裔文化的种族主义与白人至上主义曾经是、现在仍然是破坏美国团结、制造分离的元凶,多元文化因其本身具有的开放性与包容性不仅不会封闭美国的心灵,而且能使美国人的心灵提升到更加开放、更加丰富、更加博大的新境界。

四

研究美国多元文化不研究美国高等教育就将成为一句空话。由于教育与文化是一个不可分割的共同体,美国多元文化教育本身是美国多元文化的最重要组成部分之一;美国高校不仅是多元文化主义思潮的策源地,也是多元文化遭遇强劲挑战的主要场所。此外,美国多元文化教育得失兴衰的轨迹也似乎可以折射出美国多元文化未来的某些发展趋势与前景。

美国高校兴起多元文化主义思潮及由此进行的教育改革至今已有半个世纪之久,经历了从改革高潮到理性反思的过程。20 世纪 60—90 年代初,美国多元文化教育发展进入改革高潮,90 年代以后至今,进入发展的理性反思期。

除客观原因外,多元文化主义作为一种教育理论有其自身的局限性。如在教育理念上，它忽视了美国高校的传统原则——教育中立，而过于强调“政治正确”。在道德教育层面上，它倡导的文化相对主义过于泛化，致使道德虚无主义得以蔓延。在实践层面上，其操作颇具难度，涉及高校的培养目标、课程设置、教学计划、教师聘用、学生来源等等，因此要达到多元文化教育的成功彼岸只能是“摸着石头过河”，不断探索前进。现在就对美国多元文化教育的得失下最后结论未免为时过早。

其实，美国历来就是一个试验地，从第一批清教徒肩负基督教使命第一次踏上北美土地期望建立“山巅之城”时起，美国就成为民主政治的实验场所。美国第一任总统华盛顿在就职演说中称，上帝将维护神圣的自由火炬和共和政体命运的希望寄托于美国民众所进行的这一“实验”上。

自 20 世纪下半叶开始的美国多元文化教育的实践是否也可看作一场规模巨大的实验？

多元文化教育的基本理念完全符合美国的民主平等原则，即国家不仅要保证生活在“一体”内的所有族群都能享有平等的教育权利，而且也要保证各种不同的“多元”文化得到足够尊重，得以长足发扬。因此它有利于美国社会民主制度的健康运行，有利于学生在一个多元化的民主社会中更好地参与和发挥作用。正是多元文化教育理念的这种合理性，奠定了其可行性和取得成功的基础。

但是一种合理性的理念要转化为实践是需要付出巨大代价的，也需要一定的时间进行检验。也可能因为理念本身的缺陷，也可能因为实现理念的某些条件不完全具备，也可能因为实践者因缺少经验而产生行动上的失误，等等，均可导致实验的不成功，这是为历史事实屡屡证明了的。

既然是一种尚未得到最后检验的实验，它就会遭遇成功与失败两种截然不同的命运，在实践进程中往往会遭受种种非难，这是可以理解的。因此作为一种新型的、还有待完善的多元文化教育理念，它不可避免地会走上在争论中发展、在批判中完善的曲折征程。

既然是实验，实践者需要的不仅是满怀的热诚，更需要冷静的思索与理性的考察。我们用期待的目光关注着太平洋彼岸美国高校中发生的这场多元文化教育的宏大实验。

五

在美国多元文化主义的论战中,有的学者提出了“后族裔”的观点,认为美国社会是以“个人”而非“族裔”组成的,应该采用超越族裔关系的其他视角分析美国的多元文化。这是有一定道理的,因为我们所论述的是美国多元的“文化”,而非多元的“族裔”,而文化的含义是十分广泛的,当然族裔文化也包含其中。

美国社会犹如一个万花筒,用不同视角看美国社会,多元文化色彩斑斓,见仁见智。如:从宗教视角看美国,美国宗教及教会如同美国的各色教堂一样林立全国,千姿百态;从地区视角看,美国有50个州,就会有50个不同的州文化,从地方特性研究,就会有南方特性、北方特性、东部特性和西部特性等;从城市视角看,有纽约文化、芝加哥文化、旧金山文化等等,不一而足;从城市建筑看,美国大城市都可以说是“万国建筑博物馆”。此外还有性别、家庭、婚姻等等领域,不胜枚举。本栏因篇幅关系,就宗教多元、纽约文化、南方特性、城市建筑、异族婚姻等加以考察。

但是细究之,我们发现不同视角观察美国社会多元文化的最后结果都或多或少与美国的族群有关,如:宗教的传入与发展与移民有关,基督教、天主教、犹太教、伊斯兰教、东正教、佛教等等无不与不同的族群联系在一起。美国宗教既是多元文化生存的精神土壤,它本身也经历了多元的旅程,从新教一统下的宗教多元,到犹太—基督传统下的多元,再到突破主流宗教界限的多元,越来越多的宗教新元素充实着美国宗教,丰富着美国文化。

地区文化也离不开各地区的人口构成和族群的文化传统,南方特性离不开对黑人的研究,作为美国黑人家乡的南方,黑人在这里将非洲带来的文化遗产与当地文化融合,创造了一种独特的美国黑人文化,对黑人文化的挖掘和重新解读,促使人们重新看待南方。西部特性离不开新移民与西班牙文化传统的探求,等等。

城市文化更是与外来移民的迁徙息息相关,纽约就是典型的移民城市。从历史上看,纽约移民在同化的过程中,既继承母国的文化传统,又创造了新的城市文化。不同文化背景的移民在纽约融会,形成了丰富多彩的“杂交”文化。美国其他大城市都与纽约有相类似的文化。

城市建筑的多样性恰恰反映了美国移民文化的特点——多元文化。芝加哥的城市建筑与其他历史文物一样，甚至比它们更直观地记录了社会发展和文明进化的轨迹，因而理所当然地成为城市演进的里程碑。芝加哥如此，其他美国大城市呢？

研究美国社会的通婚现象是社会学的题中之意，但研究成果显示不同族群间的婚姻成了其中最重要的内容。因为异族通婚是社会互动、种族融合的直接反映，也是测量社会民主平等程度的试剂。异族通婚不断冲破种族、民族界限向前进展的时候，也是美国社会逐渐接近“人人生而平等”的理想境界之日。

人类历史发展的轨迹是否可以看成她的社会成员不断冲破阶级、阶层、族裔的藩篱，逐渐走向平等，个性得到解放，文化走向多元，文明走向多样，世界实现“和而不同”呢？

六

近年来，中外学者用文化视角研究诠释美国外交是人们感兴趣的新视野，因为任何国家的外交政策制定者都植根于特定的文化背景之中，所以在制定和实施外交政策的过程中都自觉或不自觉地会受到这种文化价值观念的影响。有学者将美国的文化传统与外交表现放到一定的历史条件下结合起来考察，分析美国外交政策的历史文化渊源，探求两者的必然联系，不仅述其然，而且究其所以然，成果斐然。诚如一位美国学者所说：“当美国作为一个主权实体开始发展与外部的关系时，文化因素便在美国对外关系中发挥着非常重要的作用，给美国对外关系打上了带有明显的本民族文化特征的烙印。”

在用文化视角进行观察的基础上，进而运用美国多元文化的特定角度对美国外交政策进行审视探究，我们提出了“美国多元文化外交政策”的新概念，揭示了族裔关系与美国外交政策的制定与执行之间的内在联系。这是有益的尝试，需要学者的创新意识与求新的勇气。

美国社会的多民族多种族的社会结构以及由这些多源族裔群体所创造的美国多元文化对美国外交政策的制订及其推行的过程定然会产生某种或大或

小、时隐时现的影响，特别是在多元文化发展较为充分的时期，这种特点会更加显著与凸显。众多的族裔群体构成了美国多元文化社会的基础，而族裔群体所保持的双重文化认同则是美国社会多元文化特性不断发展的主要动因。虽然美国的主流政治文化在制订外交政策的过程中起着重要的主导作用，但我们不能因此而忽略美国多元文化这一特点对政府制订外交政策的影响。

族裔群体在美国外交政策上的政治诉求始终是美国政治、外交和文化发展史上的一个重要现象，是特殊的建国历程、民族种族结构的变化和多元族裔关系的调整以及各种文化相互碰撞和交融的必然产物。多民族、多种族的多元文化社会以及开放民主的社会体制是美国这一独有政治文化现象的基础。"多元文化外交政策"一词可以用来对美国建国以来整个历史时期族裔群体在外交政策上的表现进行研究，并将此界定为反映美国族裔群体为了其祖籍国、祖籍民族或者具有象征意义的同族群体（民族、种族或宗教）的利益而试图通过美国合法的政治程序来影响和参与美国外交政策的制定过程，从而推动美国政府制定和实施反映其政治诉求的外交政策。

美国政府制定外交政策的指路星辰是美国的最高国家利益，这是他们所遵循的不可动摇的金科玉律，然而国内族裔群体在外交政策上的政治诉求也会影响美国政府的决策进程。这种政治诉求通过美国政体与决策程序最终能起到何种程度的影响力或取得何种效果，完全取决于这种诉求与美国国家利益的关系（如果两者一致可取得最好效果），取决于诉求主体在美国社会中的社会经济地位与话语权，也取决于该诉求主体的祖籍国在国际社会中的实力与影响力。

这种新角度是对传统研究方法的锦上添花的补充而不是否定与替代，它的研究成果可以使读者对美国制定外交政策的全过程认识更充分、更完满，对它的复杂性有更深的理解。

七

人类生存的最基本活动就是经济生活，经济是一个国家的基础，发达成熟的市场经济是美国特色之一。短短三个世纪，美国从若干英国殖民地发展到今天成了世界上经济最发达的一个国家。这完全是美国人民的忘我开发而成就的，是来自各地源源不断的移民创造了美国、开拓了美国、改变了美国，在美国建成了世界上最发达的市场经济体系。今天，美国政府正积极将其推向世界各地，期求实现经济全球化的“使命”。

美国人在发展市场经济与开展商业活动的时候，也都带着移民祖籍国的经商理念、手段，谋略、风格等等，如美国的犹太商人、意大利商人、俄罗斯商人等都有各自不同的商业理念与风格，他们所承载的不同背景和传统的商业文化也在此共同经商中碰撞、交融，从而形成了美国独特的商业文化，其多元特性随着美国移民的结构变化与商业本身的历史发展而不断深入。

美国学者对美国商业与跨国公司的多元文化从宏观与微观两方面进行了有开拓意义的探索，取得了不少值得借鉴的研究成果。其实，研究商业与跨国公司的多元文化在学术上很有价值，特别是经济全球化的今天，全球化与本土化之间的关系如何？全球经济一体化会不会导致世界文化上的“一元化”——“全球文化”的建立？跨国公司在资本扩张与传播西方先进科学技术的同时，是否会吞噬非西方国家与民族的传统文化？美国多元文化兴起与发展的历史经验表明，全球经济一体化不但不会“消灭”传统文化，反而会推动世界多元文化的发展，高科技并不是地球上某单一文化的专利品，而是人类的共同财富，它是为世界上各种文化与文明提供发展空间与推动力的历史因素。

这种研究在实践层面上更有应用性意义。如：美国人是非常实用的，他们有些人一方面在理论上反对多元文化主义，一方面却在经济实践中充分利用国内自身多元文化的得天独厚的资源，用富有特色的少数族裔文化传统吸引世界游客的眼球，推销旅游产品，形成独特的旅游文化，创造了不少经济利润，在客观上起到了促进多元文化的保护与开发的作用。

又如：美国政府在经济领域贯彻多元文化政策，在就业、待遇、收入方面考虑少数族裔与妇女等弱势群体的利益，尽量做到与白人同工同酬，缓解了国内矛盾，维护了稳定。

又如：跨国公司的决策者与员工们在全球化的今天必然会遇到“跨国”过程中的诸如语言、习俗、传统等文化问题；在不同族裔的员工们聚集在一起时，建立多元文化特征的企业文化就显得刻不容缓；为贯彻“母”公司的营销战略，许多“子公司”的决策者迫不及待地学习所在地居民的文化。许多美国学者已经注意对“跨文化”问题的研究。《美国文化模式——跨文化视野中的分析》(百花文艺出版社,2000年版)的作者斯图尔特与贝内特认为,从事国际交流的美国人应该学会"跨文化互动",在理解美国文化价值观的基础上,应该很好地理解东道国的文化价值观,然后发现两者的差异。"具备了明智的判断力,就不会视文化差异为交际和合作的障碍。相反,文化间的差异看成跨文化合作中对双方都有益的资源。"

值得注意的是,美国经济学界中专门出现了一个被称为"族裔经济"的概念,已引起学者的广泛关注。族裔经济包括任何一个族裔或移民集团的个体经营者,雇主以及同裔雇员。广义而言,它不仅包括面向族裔消费市场的少数族裔聚居区经济,还包括与主流市场相联系的族裔控制经济。美国虽然不允许"国中国"民族自治区的建立,但却存在许多不同族裔相对集中居住的诸如"中国城""小东京""德意志城""小意大利""荷兰村""小波兰""犹太人居住区"等区域,因而就形成了专门为这些族裔服务(包括提供食品、服饰、书籍、传统文化用品等)的"聚居区经济"。研究表明,20世纪60年代以来,随着多元文化的发展,美国少数族裔面对所处的社会经济状况做出了种种调适,不断发展族裔经济,韩裔经济的壮大就是其中的典型个案,它既是美国社会文化多元性的产物,又不断强化着美国社会的这一特点。移民的多源性不仅使美国文化呈现出多元色彩,同样也使他们在经济领域的调适方式上各有特色。

专题研究论集对美国的韩裔经济作了微观研究,探索了少数族裔经济与美国主流经济的关系,揭示了少数族裔在经济领域对主流经济的调适与发展,也分析了族裔经济带来的某些社会问题。

总之,多元文化在经济领域给美国带来的裨益多于问题,经验多于教训,它促使美国人认识到为了开拓世界市场,实现其全球经济一体化的宏大目标,必须具备多元文化与跨国文化的素质。

八

关于美国政府的多元文化政策无疑是本课题的一个研究重点。因为美国不像加拿大、澳大利亚政府那样明确宣布执行多元文化主义政策,加上历史与现实的原因,美国的多元族裔与多元文化的结构比加、澳更为复杂纷繁,有关多元文化主义的争论也更为广泛激烈,美国当政者面临的国内"文化冲突"更为普遍与尖锐。美国政府究竟有没有推行多元文化政策？如有，它有哪些内容？执行情况又如何？该如何评价它的得失利弊？这就成了本课题研究需要回答的问题。

我们的答案是肯定的。“美国多元文化政策述评”对美国政府的多元文化政策进行较为系统的梳理，论文认为自20世纪60年代起，在强大的民权运动的推动下，美国肯尼迪及后来历届政府均对少数种族的平等权利予以较多的关注，他们采取多种措施，努力消除种族隔离现象，提高弱势群体的地位。其中的“肯定性行动计划”是他们多元文化政策中最重要的举措，其目的是尽可能帮助提高少数族裔与妇女等弱势群体的社会与经济地位；帮助社会成员克服参与美国社会的种种文化障碍；促进不同族裔与不同文化之间的接触与沟通。为推行此政策，联邦政府还设有相应的机构来执行与促进。

这种政策在内容上几乎涉及美国社会生活的各个领域，从经济就业到文化教育，从消除种族隔离到教育内容与方法的改革，从政治参与到社区生活，从承认少数族裔的传统文化到实行双语教育，从联邦到各州的政治生活等等。

论文对美国政府近半个世纪推行多元文化政策的社会效果作出了充分肯定，也指出其存在的诸多不足，评价公允，中肯实在。美国政府的多元文化政策还处在一个实践过程中，对其作最后评价的时机未到，然其发展趋势大致可料。尽管当前美国政府正面临有关多元文化主义的论战，对其所推行多元文化政策进行反思与调整，但是报告以乐观的态度断言：美国政府与有识之士认识到“要使美国长盛不衰，实施多元文化政策是其必然与正确的选择。”

“美国多元文化政策述评”认为政府的多元文化政策在取得明显成就的同时，也存在诸多不足。美国政府的多元文化政策主要缺点表现在以下几个方面：首先，政府态度游移不定，受到政党政治、利益集团的极大影响，且政府执行机构资金不足，效率不高。其次，美国政府内部的立场不一，尤其是联邦政府与地方政府之间经常处于对立状态。再者，政府的多元文化政策也存在许多悖论。例如肯定性行动计划有一定的强制性和照顾性，它的实行是对美国强调民主、自由、独立的传统价值观的一种背离。而且多元文化政策也常常流于形式，接受政府这种政策的机构，尤其是商业机构，更多地从经济利益出发而非真正支持政府的多元文化政策。

专题研究认为，尽管在美国消除种族偏见实现各族裔的平等发展依然路途遥远,多元文化本身的理论和政策实践也有待进一步完善和发展,但美国国内的有识之士和美国政府已经意识到了美国社会多元文化的客观现实存在及其强大的生命力。要使美国长盛不衰,实施多元文化政策是其必然与正确的选择。

课题修改时恰逢2008年的美国大选,此次大选在美国总统选举史上具有划时代的意义,最终产生了美国历史上第一位黑人总统,实现了黑人总统的"零"的突破。在选举过程中,另一位民主党候选人也为争取成为美国历史上首位女总统而竭尽全力,美国多元文化在此次选举中得到了最充分的生动展示,形成本次大选的一大特点,为此,我们对大选进行实时评论,企图从美国历史文化的层面上对它作出评价,作为我们研究美国多元文化的一个部分。

当然,美国的多元文化是一个发展的动态过程,是美国学中一个扑朔迷离的谜团,值得人们不断去上下求索。尽管我们自问在研究中历经数载尽职尽力,修改中虚心接受专家们的意见而不遗余力,希望能写出我们中国学者对美国多元文化的认识,但是限于水平我们清楚地知道专题研究论集只是一块引玉之砖而已。恳望专家同行们不吝赐教。

(《美国多元文化研究——主流与非主流文化关系探索》导论,华东师范大学出版社,2012年)

"熔炉""拼盘"还是"葵花"
——对美国多元文化的再思考

一

美国多元文化犹如一座深邃无比的学术"迷宫",无论是内容还是形式都引人入胜,令人深思,在美国社会各个领域中产生着它显著的影响力,如:在教育领域形成了多元文化教育的崭新阶段,成为美国现代教育的一大特色;在族裔领域更是表现为美国多种族、多族裔、多族群的不同文化的融合与冲突;在经济领域则出现独特的“少数族裔经济”的概念，每个少数族裔都有一部分人通过某种方式直接进入美国主流经济，同时又有一部分人以有族裔特色的族裔经济形式作为经济调适方式，这充分体现了少数族裔经济调适的“一体多元”特征；美国宗教的多样性同样既是多元文化的一个不可分割的部分也是它的一个生动写照；在政治外交领域一体多元的政治格局与“多元文化外交政策”的概念无不是文化多元性的深刻表现，“族裔群体在美国外交政策上的政治诉求始终是美国政治、外交和文化发展史上的一个重要现象，是特殊的建国历程、民族种族结构的变化和多元族裔关系的调整以及各种文化相互碰撞和交融的必然产物”；在社会生活领域它的表现更是淋漓尽致，无所不在：大都市奇特的移民文化，城市建筑中的万国博览群，婚姻生活中的不同种族、宗教、族群间的通婚，美国地方特性包括南方特性的存在与发展，等等，不一而足。

然而，在万花筒似的丰富内容中存在着一个万变不离其宗的核心，那就是多种不同文化间的冲突、调适与融合，由于移民先来后到的历史进程不同，美国多种文化的地位并不相同，其中主流与非主流文化的关系又成了制约其他各种文化关系的关键，抓住了这个关键就能较好理解其他文化间的关系，触类旁通，以此类推。说到美国主流文化，必然与清教相关，美国人往往将清教看成是美国文明的“源头”。诚如张孟媛博士在她的《佩里·米勒的清教研究》(2011年出版，中国社会科学出版社)中所言，美国“清教研究之父”佩里·米勒认为：“它(清教)在美国思想中的角色几乎一直是主导性的，因为清教徒的后代们至少把先辈们的思维习惯贯彻到各式各样的追求之中，把影响扩大到整个范围之内并在许多活动中起着主要作用。”美国的移民始祖——英国的清教徒把清教带入北美洲，他们不但创建了物质的美利坚合众国还奠定了美国精神世界的基地，构建了美国人的价值观的内核，影响了一代又一代的美国人，渗入进美国社会的各个方面，对美国建国、立国、扩张与崛起产生了不容忽视的影响。对许多美国人而言，清教不但是一种宗教信仰理念，而且是一种人生哲学和生活方式。正是它铸就了美国主流社会文化价值观和美利坚基本民族性格的特点。研究美国精神的康马杰认为：“虽然清教神学思想的重要性在18—19世纪的漫长岁月里逐渐消失，但其许多道德和政治思想还在继续发挥作用。两个世纪的沧桑变化并没有使我们失去对这些遗产的继承。”

由于美国是一个典型的移民国家,经过三次声势浩大的移民高潮,来自世界各大洲的移民都先后汇聚到这片新大陆上(包括原居住者印第安人在内),在主流文化的基础上又形成了由其他各种族、民族、族群带来的非主流文化。美国主流文化在其发展过程中与非主流文化构成了一个互相依存的统一体,没有主流文化也无所谓非主流文化,反之亦然。

二

美国主流与非主流文化的关系,包含冲突与融合两个主要侧面,关于文化融合尤以同化为主题,美国学者的研究硕果累累。根据美国学者密尔顿·戈登的研究,关于美国主流族群同化异族人群,主流与非主流文化的同化的历史进程及其理论表现主要有“盎格鲁认同(Anglo-conformity)”与“熔炉论(the melting pot)”,以及多元论有文化多元主义(后又有多元文化主义及其派生的多种论说)。

关于同化,笔者认为首先要区分同化现象与同化政策两个不同的概念。前者是美国社会中种族关系与文化关系中所呈现的客观的“自然”过程,不以人们的主观愿望而改变的过程,“同化”根据不列颠百科全书的解释:“民族传统不同的个人或群体被融入社会上占支配地位的文化的过程。通常他们是移民或者至今还是孤立的少数民族。”后者是美国政府制定并加以自上而下推行的主观过程,是一种有意识有目标的行为;两者有区别有联系,推行同化政策可以促进同化或者阻止同化,而没有同化政策不同文化间同样会出现“自然”的同化过程。

根据戈登的理论,“盎格鲁认同(Anglo-conformity)”主要是指从英国开始向美洲移民到19世纪初,是美国族群同化的第一阶段,由于这一时期的英国移民凭借自己的优势地位和种族优越性对其他移民采取了同化政策,要求少数族裔顺应盎格鲁文化,WASP(即白人、盎格鲁—撒克逊人、新教徒)包括使用英语、适应盎格鲁文化的社会规范、习俗等。它以“欧洲文明的种族优越论”为基础,认为盎格鲁人是社会竞争中的优秀种族,而其他民族都在其下其次。后来社会达尔文主义更是把这一理念上升到人类文明等级的顶点,鼓吹盎格鲁文化应该成为美国社会的文化主流,而其他民族则要放弃他们自己的族群文化而顺应认同盎格鲁文化。

从 19 世纪初至 20 世纪中期是美国族群同化的第二阶段。随着大批来自东欧、南欧、北欧新移民的不断涌入美国，美国人口结构发生重大变化，盎格鲁的种族优势不复存在。1908 年，犹太剧作家赞格威尔的剧作《熔炉》在百老汇上演并引起巨大反响，“美利坚是上帝的坩埚炉，一个伟大的熔炉，欧洲各个种族得到冶炼和重铸。德国人和法国人，爱尔兰人和英吉利人，犹太人和俄国人——都来投入上帝的坩埚炉吧！”于是“熔炉”成为美国族群同化的代名词。

其实，“熔炉论（the melting pot）”最早可以追溯到 1782 年，其时法裔美国学者克雷夫科尔在欧洲正式出版了题为《一个美国农民的信》的书，认为美利坚民族是各民族的合成，美国人是多民族混杂而成的“新人”，不同于其他任何民族的新民族，在书中他这样说：“那么美国人——这个新的人到底是什么人？他们或是欧洲人，或是欧洲人的后裔，因此他们是你在任何其他国家都找不到的混血人。我可以向你指出一个家庭，其祖父是英国人，其妻是荷兰人，其子娶一个法国女人，而他们现在的四个儿子娶了四个不同民族的妻子。”

后来，美国思想家爱默生也将美国比喻为：“就如科林斯神庙的焚毁一样，熔化了庙内的金、银及其他金属，结果生成了比以上所有金属都要珍贵的‘科林斯金’”。这个大陆上由各种族、民族、族群融合而成的新民族、新宗教、新国家、新文学等等都超越于原先的各个组成部分，源于斯而高于斯。19 世纪 30 年代，《论美国的民主》作者法国作家托克维尔预测未来的美国将“住上 1.5 亿人口。他们彼此平等，同属于一个大家庭，处于同一来源，具有同样的文明、同样的语言、同样的宗教、同样的习惯、同样的民情、同样的思想方法和同样的肤色”。

美国历史学边疆学派创始人特纳从美国不断开拓边疆的视角解释美国历史，认为美国人在波澜壮阔的西进运动中各民族融合一起，形成了一个大坩埚，把所有移民都美国化了，创造了一种不同于欧洲的新型民主，批评了过去那种将美国文化仅仅看成是英国与欧洲“种子”在新大陆开花结果的“种子”论。

熔炉说的要点一是认为美国是一座同化的大熔炉，每个从欧洲来到新世界的人不分种族不分民族不分族群都可以在这个大熔炉里面去粗存精，冶炼融化；二是经过熔炉的冶炼最终创造出一种全新的美国文化和全新的美利坚人;三是欧洲不同民族的移民的文化特征都在熔炉中被融化而荡然无存。

当然,在学术研究中对任何社会现象做形象性的比喻都不可能是完美无缺的,人们也不能对此加以苛求。“熔炉说”从一个侧面反映了美国文化统一性的本质特点不仅贴切也十分形象,但随着美国移民结构的变化,特别是非欧移民的大量涌入导致美国人口结构产生巨大变化,随着非主流文化的迅速发展,随着少数族裔对自身权利的强烈诉求并取得巨大成功,“熔炉说”显露了它自身的不足与弱点,它已经无法确切反映与解释美国文化多元性的特性。

就在“熔炉说”诞生后不久,美国思想界就有不同声音出现了,它就是多元论。

三

随着移民源源不断的到来,异质文化随之蜂拥而入美国,美国人对自己的认识也“与时俱进”。

对“熔炉论”率先进行批驳的是美国犹太籍哲学教授霍勒斯·卡伦(Horace Kallen)。他将其称为“美国化的癔症”。1915 年,他在《民族》杂志上发表《民主与熔炉的对抗》,认为:“美国正处于成为联邦国家的进程之中,它不仅是纯粹的地域或行政单位的联邦,而是作为文化多样性的一种合作,作为全国文化的联邦或共和国。”指出人们可以选择或改变自己的服饰、政治信仰、伴侣、宗教和哲学等,但无法选择和改变自己的祖父母(即自己出生的文化背景),强制一个犹太人放弃犹太文化,等于要求他停止生存。卡伦提出,强制性的一元文化(即让所有美国人都统一在盎格鲁—撒克逊的传统之下),只能离间非盎格鲁—撒克逊传统移民对美国的感情。卡伦提出,“美国化”运动等于将非盎格鲁—撒克逊的欧洲移民看成是低等民族,不配享有同等的权利,这种做法是违背《独立宣言》所宣示的平等精神的。他认为真正的美国精神应该是“所有民族间的民主”,而不是某一民族对其他民族的绝对统治。1916 年,约翰·杜威在全美教育协会上发表演说,也特别强调美国文化的多元性。

1924 年,卡伦在论文《美国文化和民主》中首次使用了文化多元主义(Cultural Pluralism)一词,认为文化是多元的,不同文化之间的差异将逐步被人们容忍、接纳与吸收。美国应该为自己民族和文化的多元感到光荣,而不应试图约束、压制这种多元化;对差异的容忍本身是“美国思想”的一部分。美国过去是,而且也应该永远是,一个“不同民族的联邦”;把民族和种族等少数群体的态度、信仰、风俗、语言以及文化成就吸纳进主流社会,将会使主流社会的文化变得更加丰富多彩;不同群体一方面保留自己不同的特征,另一方面以公民的身份相互合作,朝一个共同的目标奋进。路易斯·布兰代斯也如同凯伦认为,“真正的崇美主义”所要求的不是强制性的同化,而是“每个种族或民族,如同每个人一样”应该能够享受到不受限制地发展自身的权利。但卡伦的“文化多元主义”低估了东南欧洲移民后代“融入”主流文化的能力和速度;而且没有包括有色人种的文明。

自卡伦和杜威提出多元理论后,出现了许多翻版,如埃斯品(D.N.Aspin)提出了文化拼盘说(cultural mosaic),认为美国社会和文化犹如管弦乐,是由不同地域、种族、职业、宗教和社区构成的联合体。20 世纪 60 年代出现了文化生成理论(the theory of cultural generation)、70 年代的多元文化主义(multi-culturalism)、撞击—融合论(the theory of impact-integration)、双重或多重认同论(dual-or multi-identity)等,从不同侧面和不同程度修正和完善了文化多元主义。文化生成论认为两种文化接触,相互影响生成具有两种文化特质的新文化。双重或多重认同论主张美国非主流文化一方面认同主流文化,另一方面认同本民族的传统文化;主流文化对非主流文化的认可,形成双向认同的互动作用。撞击—融合论强调不同文化的撞击和融合。(见蔡永亮《语言教育同化》,中国社会科学出版社,2003 年)。美国历史学家德格勒认为美国文明从来就是不统一、不一致的,犹如“色拉拼盘”:色拉是一个整体但其中的莴苣依然不同于菊苣,番茄不同于卷心菜。

文化多元主义的核心是多元,承认美国文化这一整体中多元的存在,并尊重多元的存在,强调每个民族群体在美国这个民主社会中都有权保持自身固有的文化特征和民族性,每一种文化均为美国社会作出了独特的、富有价值的贡献。所以,美国文化只是多元文化的组合,出现了形象化的诸如“沙拉拼盘”“百衲衣”“马赛克”“彩虹”“鸡尾酒”等比喻。虽然提出文化多元主义的思想家并不一定来自美国社会的非主流文化,但在很大程度上代表了美国社会的非主流文化,他们的提出就是对主流文化的挑战,他们的出发点是维护美国社会非主流文化的生存与发展,承认非主流文化的存在,肯定他们的作用和功能。

当然多元文化主义特别是后来的多元文化主义(multiculturalism)的出现与迅速传播是有其非常深刻的历史背景的。特别是20世纪60年代美国的民权运动的蓬勃开展,诚如李庆余所言"60年代是美国民权运动与反主流文化运动高涨的年代。实际上这是美国各族裔探索在一块共同的国土上如何共存与共处的运动。它预示了一个多元文化时代即将来临。在60年代民权运动以后,印第安人加强了维护自己的生存权与语言、文化传统的斗争,以便成为美国多元文化中的一部分"(见蔡永亮上书,序,2003年)。

在主流与非主流文化的关系上,美国政府的政策起着至关重要的作用,美国历史上曾经出现过的种族优越论及其政策:强制其他种族、民族放弃他们自己的族群文化,适应盎格鲁文化,独尊白人文化;在西进运动中对印第安人的野蛮驱赶杀戮政策,还有后来几乎与熔炉说相一致的"美国化"运动,强制少数族裔民众的"整个心肠与思想"实行"美国化",造成了对非主流文化的伤害与摧残。

在多元论的抨击批评下,随着少数族裔人民维权斗争的不断推动,美国政府逐步放弃了强制美国化,而采取了较为开明的多元文化政策,如20世纪30年代的科利安印第安新政、60年代的肯定性行动计划,在语言政策上60年代以后的双语教育和印第安语言与文化的挽救,说明美国政府放弃利用自己的强势语言——英语去消灭与替代印第安语,从而达到同化印第安人的目的的政策,1990年美国国会为挽救印第安语通过的《美国土著语言法》,是两个文明发生接触以来,联邦政府一项关于印第安人的最开明的立法。"它标志着联邦政府对印第安语政策的转变,即从消灭印第安语的政策转变为维护印第安语的政策。"美国终于结束了"国家对于印第安人的政策一直摇摆于自治与同化这两个目标之间"的动荡。这些政策的变化都是由消灭其他文化为手段的同化转变为容忍不同文化、强调文化多元性为特征的。纵观世界文明史可以发现,文明的冲突是人类经历过的一个阶段,一些强势文明曾以"优秀种族"之名试图用强制性(包括用杀戮)同化等手段使相对弱势的文明接受其文明。李庆余认为"文明间的交往是历史发展的产物与要求,当我们谴责错误的交往方式时,不要否定交往与融合本身;当我们对历史上弱势文明表示同情时,不要对其落后的、封闭的生活方式加以辩护"(见蔡永亮上书,序,2003

年）。

“多元文化说”全面反映美国文化多样化特征，但往往容易忽略对统一性的必要阐发。其实多元文化与国家认同、民族认同并不是对立而是一致的。多元文化是在美国国家与美利坚民族界限内的多元，而不是超越国家与民族的多元，这样一种处理族群和国家认同问题的原则与方式使得美国尽管存在各式各样的族群冲突，却很少出现严重的民族分离主义。

四

其实，美国多元文化的统一性与多元性如鸟之两翼、车之两轮，是不可分割的两个方面，否认了统一性也就丢弃了多元性，片面强调多元同样也会丢弃统一性。在较长时间的团队课题研究基础上，笔者首次提出“葵花”说，认为“葵花”似能较好地反映美国多元文化统一性与多样性的特征，葵花的花盘可以看作美国文化的核心，主流文化的核心价值观，不同文化背景不同血统的人种、族裔、族群经过长期的融合同化，即各种不同文化经过文化整合的“化学”反应而生成的新质文化，包括他们的共同观念，心理素质，即同质体，这种核心价值观已经熔铸于美国国家的政治、制度、法规、道德规范等方面。虽然花盘所代表的核心价值观仍以清教传统为基础，但完全不是原来那种排斥其他文化的“独尊”盎格鲁文化“一枝独秀”的“盎格鲁认同（Anglo-conformity）”，也不是将非欧民族、种族排除在外的欧洲移民的“大熔炉”，而是容纳了所有美国少数族裔文明（包括非洲、亚洲、拉丁美洲裔的美国人）的共同体与同质体。

葵花的花瓣部分表示美国各种族、民族、族裔在与主流文化融合形成葵花盘时保留的本族裔文化的传统与特色，或是无法融进共同体去的多种文化异质体，即包括不同种族、民族、族群所特有的文化特征，可以理解成多种文化在融合过程中发生的文化“物理”反应，包容与混合了各种无法融入核心的或是有意保留的异质物，形成了色彩斑斓的花瓣，整个花盘与花瓣构成一朵五彩缤纷的向日葵。

从微观分析，葵花的花盘是一个相对完美的整体，是一种崭新的民族文化，是爱默生所喻的“科林斯金”；但这个花盘依然由各个自成一体的葵花籽组成，最大限度地保留了个体的自由与权利，这样一种新族群的构成原则被认为是建立在个人自由基础之上的政治体制,大多数人意见的一致是它的核心。

移民的多源与移民文化的共创产生了葵花型美国文化的杂交特点。单一种族或民族的移民无法创造出多元的"杂交"文化,多族裔移民如果"鸡犬之声相闻,而老死不相往来",同样创造不出"杂交"文化。美国的移民不仅多样而且共创他们的新文明,它表现为同质化与混合化两种形态,前者是质的变化,形成为美国文化的主流与核心;后者是量的变化,构成美国文化的多种亚文化。同质化与混合化两者相互渗透与影响,同质化过程中含有混合化的成分,混合化过程中包含同质化的内容。多元文化的兴起打破了美国过去欧洲中心主义的"一元"独霸天下的局面,争取到其他"多元"应有的地位与尊严,但决非用"少数族裔文化"取代"主流文化",或企图用另一个中心取代欧洲中心,也不是使两者处于相互对立、相互排斥的地位。主流文化在多元中占有的主导地位是历史形成的,理应受到尊重;非主流文化在多元中的平等地位同样是历史发展的必然,理应受到相应的待遇,两者应该是相互依存、共同繁荣、相得益彰的和谐关系。葵花型的解释既强调了美国多元文化的多样性也肯定了多元文化的一体性。

多元文化的冲突与融合是存在于人类社会中的一个普遍现象,自人类产生以来,世界上就逐步形成与存在各种不同的文明与文化,他们通过相互调适与融合而发展,相互依存而持续。爱德华·萨义德在他的《东方学》(1997)后记中分析认为,每一种文化的发展与维护都需要一种与其相异质与其相竞争的另一个"自我"的存在。自我身份的建构牵涉到与自己相反的"他者"身份的建构。每一个时代和社会都重新创造自己的"他者",因此,自我身份或"他者"身份决非静止的东西。这就是文化上的一种"相反相成"的普遍关系。在美国没有主流也就无所谓非主流文化,没有非主流也就不存在主流文化,两者的冲突与融合构成了美国文化发展异常丰富的内涵,纵观美国历史与美国社会,具有不同背景、不同文化传统与不同特点的西欧文化、东欧文化、南欧文化、非洲黑人文化、拉丁文化、亚裔文化等在轰轰烈烈地开拓美国的长期历史进程中,相互冲击、相互碰撞,最后吸收融合形成了美国的主流文化与非主流文化。

美国多种不同文化间的融合吸收的事例比比皆是,不胜枚举,即使是反主流文化与主流文化之间同样存在着这种"同化"现象。王恩铭在《美国反正统文化运动——嬉皮士文化研究》(北京大学出版社,2008 年)中认为美国主流文化最终"吸纳""同化""收编"了反正统文化运动所产生的文化观念和生活方式。它们最终都成了主流文化的一部分,失去其原先的反正统文化的性质和特性。通过融合吸收,美国主流文化变得更为丰富,如:留长发:本是嬉皮士的"另类生活方式",现在成了超越"年龄、性别、种族、阶层和职业"的普遍时尚;又如:蓝布牛仔裤(blue jeans)本为提倡平等自由消除人为等级,对抗正统文化的穿着严肃性和拘谨性,现在下至平民上至总统都穿蓝布牛仔裤,且已成了主流文化的一部分,失去原来意义;再如 20 世纪 60 年代在美国出现的与主流文化格格不入的摇滚乐,现在被主流文化收编进去,改造成主流文化的一部分,使"早先的反正统文化的利器"变成"正统社会资本集团赚钱赢利的'摇钱树'"。

反正统文化的"文化"尚且能被"吸纳""同化""收编"而融入主流文化,那么其他并没有明显"反对""对立""对抗"色彩的非主流文化与主流文化的融合更是可以想见的。以黑人文化为例,19 世纪 20—30 年代美国爵士乐的诞生就是黑人民歌和欧洲白人音乐传统融合的结果,爵士乐这一由美国黑人创作的音乐形式,已成为那个时代美国的象征。

又如墨西哥文化,1968 年爆发的奇卡诺运动引起了美国"拉裔文化研究热",80 年代以后,该运动再次复苏,催生了一大批奇卡诺文化学术研究机构。1980 年加利福尼亚大学(洛杉矶分校)成立了奇卡诺研究中心,后来斯坦福大学、奥斯汀大学、得克萨斯州立大学以及加州大学伯克利、奥斯汀和圣迭戈分校相继成立了各种奇卡诺文化研究机构。其二,出现了一大批研究奇卡诺文化的著名学者及论述奇卡诺文化的著作,这对奇卡诺文化进入"学术殿堂"起了决定性作用。数以百计的研究或介绍奇卡诺文化的书籍和杂志竞相问世,主要有诗歌、民歌、小说、剧本等。在众多的奇卡诺研究专著中,关于奇卡诺女性的研究也令人瞩目。在饮食文化方面,墨西哥烹调法已"融化"进美国千家万户的厨房中,墨西哥菜被誉为世界名菜,与法国菜和中国菜并驾齐驱。墨裔美国人在音乐方面极具创新能力。得克萨斯南部的流行音乐——"得克斯—墨克斯"便是奇卡诺人的杰作。这种融合就形成了上述所谓的葵花花盘。

但是各种非主流文化在融入主流文化时还是会尽力保持自己的文化传统与特性,墨裔美国人在社会生活方面还长期保留自身的特色,明显处于"隔都化”(Ghettoized)与“边缘化”(Marginalized)的状态。“隔都”一词源自于希伯来语“ghet”(隔都),现在该词多用来表示那些贫穷、教育背景苍白的移民聚居在一起,并尽量避免与主流社会接触的移民社区。即便是与美国主流文化比较接近的爱尔兰、意大利移民同样“带着根深蒂固的地区或地方特征来到美国”的,他们在融入主流过程中同样“顽强”地保留了他们的文化特征。

与盎格鲁—撒克逊人同源却具有鲜明文化特色的德裔在美国同化过程中,为在美国保留民族语言、传统文化、风情习俗以及生活习惯作出了极大努力,但最终不得不对自己固守传统文化和族群特色的立场作出让步,对美国主流社会的同化要求妥协,以折中的方式融入以盎格鲁—撒克逊新教文化为主流的美国社会。德国后裔曾用语言为武器抵制同化,从未完全放弃继续保持德意志传统文化的努力。就连德裔成功同化的典型——卡尔·舒尔茨也曾说:“作为美国公民,我们完全有必要成为美国人。我一直赞赏做一个有理性的美国人,这并不意味放弃德意志文化传统。我们要将德意志优秀遗产在美国继续发扬光大。”

同样引人深思的是,连“模范少数民族”的犹太裔美国人,在似乎比较彻底“融入”美国主流社会的同时,也并没有被“连根拔起”,而是保留了极鲜明的民族特色——犹太性。诸如此类的民族特征与传统构成了葵花型美国文化的花瓣。所以萨义德认为对美国的最好描述是:“由不同种族和文化组成的、除了一个至今仍无法定论的充满殖民征服和种族灭绝——当然也包括文化上和政治上的重大成就——的共同历史之外没有什么其他共同之处的巨大混合物。”

五

20 世纪初,熔炉说遭到多元论挑战,半个世纪后,即 60 年代开始,美国主流文化又受到多元文化主义的极大冲击。

一些代表美国主流文化的权威学者曾对多元文化主义提出尖锐批评,如历史学家小阿瑟·施莱辛格在他的《美国在解体——一个多元社会的写照》(1991)中坚决反对多元文化主义推行的“族裔崇拜”,认为这种做法只会夸大种族差别,激化种族间的敌对情绪,导致种族分离历史的重演。作为历史学家,他反对将美国史解释为分离的种族史的集合体,坚持认为英国和欧洲文明是美国发展的基础,美国人对一些政治观念(如自由、平等、民主、优裕的生活条件)的追求是共同的,不同种族和族裔之间在这方面并没有完全对立的意识形态和文化冲突。《纽约时报》记者理查德·伯恩斯坦声称当前的美国历史讲的都是压迫与痛苦,让人认为美国历史就是一部"除白人之外的所有其他人都始终在受苦受难的历史",这种治史的方法无异于"刻意的宣传鼓动"。宾夕法尼亚大学教授沃尔德·麦克杜格尔则把多元文化主义斥为冷战后西方马克思主义的一种变异。2004年,亨廷顿出版了他生前最后一本著作《我们是谁?》质疑多元文化对美国国家特性的挑战。认为大量亚文化的存在严重削弱了美国国家的凝聚力,而这样一个缺少"核心文化"的国家是不可能长期存在下去的。

允许不同意见存在,鼓励异见辩论是美国文化的一个显著特征,符合"兼听则明"的真理。有关主流与非主流文化关系的争论中,主流文化往往强调国家认同与民族认同,即美国文化中的统一性的一面,而非主流文化常常强调文化的多元、多样性,诉求个人的自然权利。通过辩论一可避免对立意见走向极端,二可达到思想观点上的平衡、妥协,甚至可以寻求到最佳结合点而取得理论上的互补。在此次辩论中,持保守态度的极端意见得不到支持,多元文化主义的某些极端主张也行不通,两者相互修正而出现趋同迹象。

值得注意的是,有一些美国学者根据国内多元文化变化发展的趋势,依据美国当代移民同化的大量事实,提出"重塑美国主流"的呼吁。理查德·阿尔巴和维克托·尼在《重塑美国主流——同化与当代移民》(哈佛大学出版社,2003年)(Richard Alba and Victor Nee:"Remaking the American mainstream——Assimilation and Contemporary Immigration" Harvard University Press, 2003.)中考量了新老同化理论并以当代移民的大量同化事实为依据,证明同化并非是特殊历史条件下的偶然事件,主流也是不断变化的。他们认为美国主流出现了继续包含少数种族和族群的趋势。他们期望重塑的主流是包含被他们开始界定为少数族裔和族群的群体,或者至少是他们中的一部分。通过同化,主流中的族裔起源变得多元,主导主流人口的多数种族集团已经重建。也就是说他们重塑的主流是包含非主流的少数族裔和族群的群体,已经不是原来意义上的WASP(即白人、盎格鲁—撒克逊人、新教徒)主流了。

该书作者认为随着多元文化的进展,美国社会中族裔、族群的界限变得模糊起来。从19世纪和20世纪初欧洲和亚洲移民后代的社会同化中,或许可以得出一个最重要的结论:族裔与族群的界限可以模糊、延伸和移动。主流文化包容少数文化的因素可以带来种族与族群的界限的模糊,这个过程已经发生在整个美国历史上的同化,因为文化适应减少了两者的外部差异。界限的模糊也可以作为通婚的一种结果,从而产生了种族与族裔的混合。早期中国和日本后代的同化表明:种族的认知不是不可避免地与无法逾越的社会界限。近2/3的日裔美国儿童已经有了一个欧裔祖先的事实,证明一个曾经被认为突出的种族界限是能被模糊的。至今,同化已意味着种族大多数扩展到包含以前被歧视的群体,诸如"黑皮肤"的南意大利人等等。由于包含了这些因认定为不是完全"白人"的群体,它已经不再选择以种族特征作为区分主流与非主流的标志。

六

要实现"重塑美国主流"的目标,关键是同化与跨族通婚问题,它既是移民同化的标志,也是同化的最重要途径。根据戈登的同化理论,通婚是衡量族群关系七个变量中的第三个,事实上这个变量应该是衡量族群关系最重要的综合性的变量,因为血缘之间的融合最终标志两个族群作为整体在相互交往中已经融合。在美国历史上异族间的通婚从来没有中断过。赫尔曼·美尔维尔(Herman Melville)说:"不溢出一滴混合了全世界人的血就溢不出一滴美国人的血。"

20世纪40年代中期,社会学家鲁比·乔·利佛斯·肯尼迪(Ruby Jo Reeves Kennedy)女士对康涅狄格州纽黑文地区从1870年到1940年的异族通婚趋势进行了调查研究,提出了著名的"三熔炉"理论(the triple-melting-pot theory),认为当时美国移民间的异族通婚已突破了族裔界限,但没有突破新教、天主教和犹太教三大宗教的界限。她的研究报告指出,从1870年到20世纪40年代,族内通婚依然是美国移民的主要婚姻模式。早在18世纪,盎格鲁—撒克逊美国人曾利用他们的先居优势和数量优势,用白人主流社会价值观作河界,实施"顺我者吸,逆我者斥",以维持自己的生存空间。

其实多元文化就是一个大海,让所有美国人——不同民族、族裔、性别和性别取向的群体，真正平等地生活其中。这大海是一种对群体差别的欣赏，一种超越种族肤色的胸襟。令人惊讶的是，一些因多元文化澎湃兴起而对美国主流文化能否继续心存忧虑的权威学者却没有看到多元文化的发展为美国的跨族通婚提供了更为广阔的空间，它的发展从根本上冲破了种族、民族、族群的重重藩篱，为跨族异族通婚打开了紧闭的大门，而跨族通婚的大幅增加将会使美国更快走上融合的道路。小施莱辛格在《美国在解体——一个多元社会的写照》中也认识到这一点，他在论及没有民主传统的亚裔移民将威胁美国民主进程时说："不同肤色和信条的人们之间的性和爱可能有望抑制美国的解体。"看来，跨族通婚还成为解决亚裔和美国民主之间和谐的间接途径。

从历史上看，当移民被同化之后，也就无所谓通婚的"异族""跨族"性了。自从1967年美国最高法院宣布所谓反混血法律不符合美国宪法以后（此前美国有许多州有禁止异族通婚的法律），"异族""跨族"婚姻率在全国大增，从1970年的0.7%到1980年的1.3%到1992年的2.2%。这个数字从全美国看是微不足道的，但从少数族裔视角分析它的意义是不可小觑的。1970年代，对洛杉矶亚裔集团异族婚姻的研究表明，1975年日本移民非族内婚姻达到55%，1979年为61%；若干年以后，其中11%的日本异族婚姻家庭同其他亚裔移民结婚。1979年，不算亚裔内部通婚，中国人的异族通婚率为30%，日本人为50%，韩国人为19%。异族通婚在第二、三代移民中更为普遍，有一半的第二代中国移民是异族通婚，日本第三代移民的异族通婚率更是名列前茅。1980年，夏威夷因其拥有多数亚裔美国人口所以异族通婚率依然高涨，中国人为76%，日本人为59%，菲律宾人为65%，韩国人为83%。形成了一种"泛亚裔异族通婚"模式，被看成是美国出生的亚裔美国人的同化过程的一部分，由族裔隔阂而生的社会隔阂被淡化成超越族裔集团的社会关系，此模式不同于欧洲所谓教内、族内通婚的"三个熔炉"的模式。理查德·阿尔巴和维克托·尼在《重塑美国主流——同化与当代移民》（哈佛大学出版社，2003年）中专门有一章"当代同化的证据"，从文化适应和语言同化、社会经济成就（包括族裔经济中的移民，公开劳务市场中的移民，第二代移民的教育成就，第二代移民在劳务市场的地位）、空间的模式、社会关系等方面进行论证，得出结论是："同化依然是移民集团进入美国的重要进口的模式，他们犹如前人所做的那样：以新的形式建立美国社会未来的族裔轮廓。"

经过同化，到20世纪的70和80年代，美国白人之间的族裔划分已失去意义，因为绝大多数的白人都是欧洲移民间异族通婚的后代，其中东南欧移民经过大概2~3代的时间，经过改善社会经济地位与转换语言，最终在通婚方面取得明显成效，到了20世纪80、90年代融入了主流社会，使当年被认为是“不可同化”的他们融入了主流。可以说，“欧洲移民的美国化终于在时间的力量加上异族通婚方式的结合中基本完成了”。其实，欧洲移民间的异族裔通婚今天还在发生，只是它的“你中有我，我中有你”使异族成了同族，从而也使异族裔通婚成了普通的婚姻模式。那么，发生在欧洲老移民身上的事可能发生在新移民身上吗？新移民与老移民的差异表现在文化基因、生物基因乃至对社会现实和美国民主的认识上。其中生物基因是最顽固的，米尔顿·戈登曾提出的移民三种同化模式（文化同化、婚姻同化、结构同化）中婚姻同化模式难度最大。

根据有关资料，美国跨族婚姻从1970年的30万宗发展到2000年310万宗，主要分布在移民集中的地区，40%在西部，占当地已婚夫妻数的10%，东北部是3.8%，中西部是3.6%，南部是4.7%。跨族通婚的发展导致美国种族关系的变化，在1990年的人口普查时，有130万的美国白人实在理不清他们的族裔血脉以致无法确切登记，干脆就填“美利坚族裔”。2000年，跨族婚姻产生了700万“多种族人”，种族、民族、族群界限模糊将引发美国社会种族分类定义的改变。由此可见，美国多元文化不但不会破坏美国的一致性，而且它可因加快异族、跨族通婚而促进美国各族裔的融合同化，从而增强国家认同与民族认同，由花盘与花瓣构建成的葵花型的美国多元文化将显示其活力。

综上所述，色彩斑斓的美国多元文化是浩瀚的海洋，主流与非主流文化交汇、冲突、融合最终都奔流入海，河流海浪波涛滚滚尤为精彩：一体多元，求同存异，寻根溯源；不同种族、民族、族裔的共存、同化、通婚进程更是充满神奇与浪漫。但是无论“熔炉”，还是“拼盘”，抑或“葵花”的比喻，在鲜活的现实面前总是暗淡逊色的，而多元文化的生命之树却常青不衰。

（载《历史教学问题》2013年第5期）

多元文化视野下的美国总统选举

2008年美国大选特点不少,其中两党人选呈现的多元化是美国总统选举史上最为瞩目的:民主党有黑人奥巴马,有女性希拉里,共和党有70出头的白人麦凯恩,有摩门教徒罗姆尼,有浸信会牧师赫卡比,等等。

确实,从第一届总统华盛顿到今天的小布什,美国共产生出43位总统,他们都是白人男性,没有女性,没有少数族裔,总统选举也同样如此,只在近年才出现了女性或少数族裔的参选人或候选人,可见美国总统选举正在经历一个从单一性走向多元化的过程。美国是一个多种族多民族构成的国家。美国学者索威尔说:"美国民族的形成实乃整个人类历史上的一大奇观。"1492年以来,来自世界各大洲的各种族与民族、各种肤色和宗教的、讲着不同语言的约4500万之众越洋过海来到美洲,经过两个多世纪的风云变幻,从开国元勋基于18世纪欧洲先进政治理念在北美大陆创立"合众为一"的美国开始,至今它已成为目前世界上多元文化发展最丰富、最发达,多元性与整体性相统一的"一体多元"的现代化国家。

然而,多元化并非美国开国元勋们一开始就抱有的理想,"而是互不相容所造成的惨重牺牲迫使他们彼此相安共处的结果"(索威尔)。此言有理有据。长期以来黑人、印第安人、妇女与其他少数族裔的人民并没有享受到美国1776年《独立宣言》所宣称的"人人生而平等"的权利,美国总统选举只是白人男子的"专利"。美国人民经过长期同种族歧视、性别歧视进行斗争,才逐步取得了包括选举权在内的许多权利,期间充满了曲折,1863年林肯总统签署了解放黑人奴隶宣言,但一个世纪后的1963年,"黑人仍未获得自由","黑人的生命仍惨遭种族隔离桎梏和种族歧视的束缚",黑人仍生活在"贫穷孤岛上","蜷缩在美国社会的偏僻角落"(小马丁·路德·金)。

20世纪60年代始,黑人领袖小马丁·路德·金领导了规模宏大、意义深远的"民权运动",随之而来的多元文化主义思潮的广泛流行,民权运动取得积极成效,少数民族、族裔民众取得应有的各项权利,他们的文化与文化传统得到尊重,非主流文化取得了自己应有的地位,多元文化的格局在美国逐步形成。政治舞台上也显现出多元文化的色彩。1931 年美国选出第一位女参议员。1984 年众议员杰罗丁·费拉罗女士被提名为民主党副总统候选人。克林顿总统时期诞生了第一位女国务卿马德琳·奥尔布赖特。2007 年 1 月,第一位女众议院议长南希·佩洛西就职。1989 年布朗成为担任民主党全国委员会主席的第一位黑人。鲍威尔在老布什任内成了第一位黑人国务卿,赖斯在小布什任上成了第一位黑人女国务卿。一批才华出众的少数族裔人士也先后被推选为州长、参议员与众议员。20 世纪 60—70 年代以来,印第安人、土著美国人“越来越变成一支明显的力量”。

多元文化涵盖极广,不同群体有不同文化。但由于美国是一个多种族多民族的移民国家,所以关乎美国政治稳定的最为敏感的种族与民族关系成了它的基本内容之一,理所当然地成了美国政治家治国方略中重中之重的内容。长期以来,美国人一直在争论不休:美国究竟是“大熔炉”还是“大拼盘”“马赛克”? 上世纪晚期关于“多元文化主义”的辩论更是唇枪舌剑,互不相让。早在 19—20 世纪之交,威尔逊总统曾经强制推行“美国化”运动,但没有成功。随着第二次世界大战后美国新移民高潮的推动,多元文化发展的历史潮流汹涌磅礴,美国总统开始认识到多元文化的重要性,在总统竞选中,竞选人为争取少数族裔民众的选票,特别强调多元文化与种族平等,约翰·肯尼迪在 1960 年 7 月 10 日专门发表了“使美国成为没有种族歧视的国家”为题的演说,强调“我们共同拥有这个国度,共属一个民族。我们虽然血统各异,但抱负相同,目标一致”。美国社会不应有任何人为的区分和人为的障碍。每个公民都能得到各种权利。

1976 年 7 月 15 日,吉米·卡特在接受民主党总统提名时发表演说:“我们能够拥有这样的美国,它支持我们的种族多样性、宗教多样性、文化多样性,并引以为自豪,因为它知道,使我们成为伟大国家并继续保持这种地位的那些力量、朝气和创造性就来源于这种多元传统。”1980 年 9 月 16 日,他竞选连任时在演讲中强调其在缓和种族关系改善黑人境遇方面的成就,突出马丁·路德·金在他当上总统中的作用,他说:“要不是老金和他可爱的妻子,我是不可能当上总统的;要不是因为他们有马丁·路德·金这么个儿子,我是不可能当上总统的……”

同样,今年总统预选中,希拉里与奥巴马在显示他们“政策魅力”时十分关注多元文化问题，奥巴马作为白人家庭长大的黑人孩子，一身融合了非裔、亚裔和白人家庭的“多元文化背景”，他自己也说：“许多价值观都融合在了我身上。”这为他团结不同人群，适应多元文化的需求提供了优越条件，致使他在弗吉尼亚和马里兰州初选时打破了希拉里的得票“格局”，赢得了“原来都是属于希拉里”的选票。希拉里也不甘示弱，2月21日晚在德州的辩论中，保证她如当选上任，一百天内，一定提出全面移民改革法案，她主张非法移民必须有合法化的途径，强调不应歧视不会说英语的人。早在2000年，希拉里竞选纽约参议员获胜演讲中就强调纽约州的多元文化特征，她说：“能生活在我国多元文化最丰富多彩、最生气勃勃、最美丽的一个州，我们是多么的幸运。”

多元文化的迅速发展并不意味着美国已经实现了“和而不同”的理想境界，“种族歧视”并未根除。3月11日，希拉里财务委员会成员费拉罗拿“种族”说事，引起奥巴马阵营的强烈不满。次日，希拉里出席由全美200多家黑人社区报纸组成的美国国家报纸出版协会赞助的论坛大会，她公开向黑人选民表示歉意，说：“我不接受费拉罗的说法，我非常遗憾她这样说。她不代表我的竞选阵营，这也不是我的观点。她现在已经从我的财务委员会辞职。”

无独有偶。最近奥巴马也遭遇同样的尴尬，他的“心灵导师”黑人牧师赖特在布道时也拿种族说事，说：“希拉里不曾被叫过黑鬼，她从来不知道一个人不被当人看的感觉。”等等。在社会上引起极大争议。3月18日，奥巴马明确表态说：“我相信种族问题是美国现在无法忽视的问题。如果我们把种族问题简单化、归纳化，把它的负面影响扩大化以至于扭曲了现实，如果那样的话，我们就犯了和赖特牧师一样的错误。”但赖特的话已经造成奥巴马民调指数的突然下跌而被希拉里反超。

据《华盛顿邮报》报道，有人利用奥巴马与希拉里竞选说事，主张取消在民权运动中为维护少数族裔与妇女权利的“肯定性行动计划”。这些人在密歇根要求取消肯定性行动计划以后又将它推进到其他5个州去，蓄意扩大事态。他们的代表人物沃德·康纳里认为，奥巴马的成功说明没有必要继续实施“肯定性行动计划”。赞成“肯定性行动计划”者的代表韦德·亨德森批评说，“沃德·康纳里在密歇根对机会平等的攻击已经扩散。但我们知道大多数美国人是支持机会平等的。他们知道多样化对商业有利，对学校有利，最终对国家有利。”

虽然今年美国总统预选充满变数，民主党内希拉里与奥巴马的竞选处于胶着状态，但不同肤色、不同信仰、不同性别、不同党派的美国人问鼎白宫的多元化特点反映了美国社会多元文化发展的趋势与前景，如果今年大选实现了黑人总统或女总统的“零的突破”，人们有理由预见，若干年后，美国政坛上最耀眼的明星——总统将如同美国运动场上的球星、好莱坞的影星、歌坛上的歌星、拳击台上的拳王那样，闪耀着多元文化的斑斓色彩。同时，多元化这一特点也是美国社会整体性与一致性的写照，不同肤色、信仰、性别、党派的美国人基于对《独立宣言》基本精神与价值观念的认同，在《美国宪法》所确立的政治体制与选举制度中勇敢参与，花钱出力，竞争上“台”，体现了美利坚民族融合团结的整体性。前总统克林顿认为，今年大选最具多元化的原因是马丁·路德·金提倡的“社区友爱”。这种友爱就是我们常说的美国人民的宽容精神，它不仅是多元文化的核心思想，也是实现美利坚民族一体性的思想基础。

（载《和谐》第 2 辑，2008 年 4 月）

七、美国史学

略论当代美国史学研究之演变(上)

美国史学虽然源不远,流不长,1884年成立美国历史协会,才标志着美国史学作为一门专门学科的确立。但是,美国史学流派之多,变化之迅速却令人瞠目。从20世纪以来,美国史坛曾经出现过几大流派更迭的现象。

本世纪初,以查尔斯·比尔德、弗农·帕尔顿为首的"进步学派"一度占据美国史坛。他们强调经济的决定作用,运用阶段斗争的观点分析美国历史,在工业集团和小农相互对立、冲突的过程中展现美国历史的发展。第二次世界大战以后,"新保守派"崛起,他们对"进步学派"的历史解释从各个方面作了针锋相对的批判,强调美国历史进程的内在和谐,"利益一致"(Consensus),其代表是小亚瑟·施莱辛格、丹尼尔·布尔斯廷及约翰·海厄姆等人。60年代以来,以约翰·威廉斯为首的"新左派"史学又开始取代"新保守派",并且向新保守派的史学观点进行挑战,但同时又反对"进步学派"的理论。

20世纪70年代以来,"新左派"史学开始衰落。目前,美国史坛没有居领导地位的史学流派,至少没有一种以全新观点解释美国历史,并且得到多数人首肯的史学流派。相反,在最近十年中,史学家往往乐意对史学研究从理论和方法上进行探讨,而不是像以往那样直接地探究美国历史的命运。[①]因此,可以这样说,在当今美国史坛,传统史学派别已不再占据主导地位,而以独特的史学观念、新颖的史学方法和广泛的研究范围为标志的现代史学则后来居上。无怪乎哈佛大学历史教授伯纳德·贝林在1981年出任美国历史协会主席时,他的就职演说是以“现代史学的挑战”为题。[②]

20 世纪 60 年代以来的美国史学发生了哪些变化？本文试就几个主要方面，作一简略的论述。

一、面向下层，探索“潜在事件”的社会史成为时尚

近十年来，美国史学在研究内容和范围方面的变化是出人意料的。史学研究的内容宏观上趋向总体化，微观上趋向细密化；“纯粹”史学的界限正被其他学科“侵蚀”“交融”，各种交叉研究和边缘学科层出不穷。如果说，上世纪八十年代美国历史专业从其他学科中脱颖而出，独成一门；那么当代美国史学似乎有一种“回归”到其他学科，与他们融合、渗透的倾向：由一门单一的专业变为综合性的学科。诚如 E・布雷沙赫所说：美国史学界“近来存在着关于知识领域里的学科地位的广泛忧虑”，历史学家们与社会科学家和心理学家相比，不免“相形见绌”。[③]其实，这种现象在本世纪五十年代已见端倪，因此，历史学研究范围的扩展势在必行。

首先，研究社会史成了史学界的一股不可阻挡的新潮流。七十年代开始，美国史学出现了一个重要分支——“新社会史”。这门新学科把史学研究的范围扩大到以前传统史家不屑一顾的社会结构、社会流动、家庭结构、监狱、医院甚至性别等问题上。一句话，一切社会机构都属于史学研究的对象，所有社会现象都成了社会史学家涉猎的领地。妇女史、家庭史、黑人史、城市史、乡村史、少数民族史纷纷登上史坛。研究社会史变得如此流行，以致“新军事史”也成了社会史的“求婚者”；甚至“新政治史”也巧立名目，以探政治的社会基础为由一心想挤进社会史，以成为他们的“异父兄弟”为荣；一些研究城市史和乡村史的历史学家也以能得社会史学家的头衔而满意。确实，社会史已经成为历史学科中最重要的分支。

社会史在当代的“走运”同五十年代的“冷落”恰成鲜明的对照。30 年前，社会史曾被视为毫无积极作用而受到批评、“冷遇”。1951 年底，莫里森曾批评它是“毫无创造性”的摆设，他们的毛病是“贪多嚼不烂”，是“妄想囊括一切：从万能的上帝到蹩脚的管子工”。[④]可是曾几何时，新社会史似狂飙在美国史坛风靡一时。据美国八所大学的统计，1978—1979 年的历史系课程中，社

会史占 8.4%左右，而 1958—1959 年仅占 2%左右；学术讲座，1978 年社会史占 27.1%，而 1968 年仅占 10.4%；论文，1978 年社会史占 22%，而 1968 年连 10%还不到。[5]因此，有人认为，尽管七十年代后期以来，历史学在美国文化中的地位越来越不稳定，但是社会史学家的人数却与日俱增，他们的活动也在逐年扩大。

与此相联系的是史学队伍的变化。在五十、六十年代，女史学家的人数很少，在美国南方甚至不允许黑人会员同白人会员同住一起。七十年代以后，随着黑人史的出现和发展，黑人学者的地位也有了提高。舆论也迫使某些权威性的美国史教科书修改有关黑人的不恰当的记述。1970 年，大量的妇女学者参加了在波士顿召开的美国历史协会的年会，年会还专门组织了一些有关妇女史的讨论。

其次，史学研究的对象由通常的大人物转向下层的普通人或"不善表达者"；由明显事件转向"隐而未现"的"潜在历史"。

美国历史学家，从班克罗夫特到新保守主义派史家，虽然流派林立，但一般来说，研究政治史和"大"人物的居多（除马克思主义史学家以外），对社会底层的群众，或视而不见，或视为天才们的陪衬。六十年代以来，一些史学家开始把目光转向下层百姓，其中不少是属于"新左派"的史学家。具有代表性的是 J.莱米希，他认为过去美国历史都是按诸如华盛顿、杰斐逊、亚当斯这类大人物的观点来写的，而毫无权势、不善表达的平民百姓未被写进历史，原因何在？因为"现代历史学家如同他们的（指不善表达者——作者）同时代人一样不公正地对待他们"[6]。这些历史学家不仅大声疾呼要研究"下层"，而且身体力行；莱米希不仅主张要"自下而上"地研究美国独立战争，而且深入研究为人们所忽略的独立战争时期的水手阶层。要求写平民百姓的趋向和研究社会史的热潮结合成一股强大的力量，带来了美国史坛的新气象。

近几年来，对"潜在历史"的探索似正另辟蹊径。"潜在历史"由美国历史学家伯纳德 · 贝林提出，他认为目前计量史研究的新颖之处，并非因为引用了数字或提高了数字之准确性，"而是书中所引的各种不同类型的数字能为研究那些不妨称为潜在事件开拓了通路"。[7]他还强调，计量信息的重要性已变得如此巨大，以致"潜在事件"——这些当代人都无法知晓而只有用计量方法才能认识的事件，"已经变成注意的中心"。[8]贝林还断言：当代历史编纂学的最重要的发展之一就是“潜在事件和明显事件相结合的出现”⑨。

贝林的讲法并不是毫无根据的。事实上，由于电子计算机技术的高度发展，历史学家有可能运用计量方法把大量历史档案中的“死”数字变成有价值的“活”材料，从而揭开了隐而不现的“潜在事件”的真面目。如：十七世纪美洲切萨比克地区殖民地人口变化以及劳动市场的兴衰曾经是无人知晓的“谜”。黑奴劳动究竟起于何时？盛于何时？亦不得而知。20世纪的人口史研究者运用计量方法发现了英国人口增长的兴衰，确认只有在1680年中期，黑人奴隶才成为切萨比克地区的多数劳动力。这种发现对早期美洲史的研究当然不是可有可无、无足轻重的。

史学研究内容和领域的变化、研究社会史的热潮同史学方法的更新是同步而行的。

二、计量方法引入史学——计量史学的勃兴

美国史坛发生的一个最重要的变化可以说是史学方法上的更新。近年来美国史学家在方法上的探索、更新、讨论超过了历史上任何一个重要发展时期。最引人注目的变化表现在计量史学的出现。

在历史研究中使用最先进的电子计算机技术和数理统计理论，对历史事件作出定量分析，这是计量史学的本质特征，也是美国史学研究的一种普遍倾向。计量方法最初被用于社会史，不久就成为整个美国史学研究中的一种时髦方法。但是计量史学的形成也并非一蹴而就。使用数理概念研究社会历史问题始于古代。古希腊哲学家毕达哥拉斯和柏拉图曾利用数字探索过生命之奥秘。后来又有历史学家企图求助于统计学来研究人类世界。1957年，美国史学家李·本森提出，历史学家应该将原始资料的界限超越报纸和手稿而把计量的数字包括在内。哈佛大学两位经济学家康拉德和迈耶提出“新经济历史学”的概念。1959年，思想史专家M.柯蒂和夫人联名发表关于计量史学的文章。自此，计量史学开始在美国发展起来。

20世纪六七十年代，计量史学取得不少进展。1964年春，斯坦芬·西恩斯特罗姆发表了《贫困与进步：一个19世纪城市的社会流动情况》。10年以后，他又出版了《美国城市的贫困与进步：1800—1970》，此书同福格尔·恩格

尔曼的《苦难时代》同获班克罗夫特奖金。两年以后,《苦难时代》受到同行们的批评。尽管如此,美国的计量史学在七十年代取得了决定性的“胜利”,一批专业的计量史学杂志正式出版,计量方法被运用于美国史上的各种选举行为的分析,社会史学家则运用此法于家庭史、出生死亡率的变化和财产占有方式的探索;在经济领域,对经济增长和奴隶制度的研究都采用计量方法。一句话,作为一种科学工具,计量方法正被运用于历史研究的广泛领域,具体来说有如下几个方面。

第一,计量方法在一切可以组成统计系列的数字资料中应用。它使选举中的选票、城乡的人口报告、税收表格、遗嘱、出生记录、教堂记录、商船报告甚至电话记录都能成为一种统计系列,历史学家通过对数字资料的整理分析能具体、贴切地了解当时当地人们的生活、劳动、人口流动等状况。

第二,应用在历史文件和资料的内容分析上。如:史学家想知道西塞罗对恺撒的看法,就可排出一系列能表明西塞罗对恺撒肯定或否定的关键词或短语,依靠电子计算机的帮助,就能算出西塞罗使用这些关键词或短语的次数,从而组成一个统计系列,帮助史学家对这个问题作出比较正确的判断。

第三,通过对复杂的统计系列的分析而把握某一历史现象的本质。计量方法要求史学家掌握关于统计系列的中心趋势、离中趋势和非对称性等概念,懂得数字系列中的平均值、中值量。如,历史学家要研究十七世纪一个新英格兰城镇的财产分配状况,他就可以通过遗嘱记录和税单而排列出一个统计系列,此系列的平均值就能表明这个镇的富裕程度,而中值量能近似地揭示中等财富的数量,平均值和中值量的对照则告诉人们该镇财富是否被少数个人所占有。这样,史学家就能确切地把握该镇的财富状况,并可以同其他各镇进行比较。

第四,运用数理统计中的相关系数和复合回归分析研究复杂的历史问题。历史现象是复杂的,其中各种现象之间的关系更是扑朔迷离。然而利用统计程序中的某些基本原理有助于对复杂历史问题的解决。史学家可把一种历史现象就作为一个数字的系列,那么多种历史现象就可以排列成多种系列,这样就可借助数理统计的原理,探索历史现象之间的关系。

但是,在美国,计量方法在史学研究中的运用虽然风行但尚未成熟,尽管时髦还不稳定;它在某些领域内取得了可喜的成果,而在某些问题上却出现明显失误;它在某些方面虽然胜过传统方法,而在另外方面却远远不如老的治学之法。它的优点如同它的缺点一样引人注目。例如对波士顿的研究,S.西恩斯特罗姆 1973 年的作品比著名史家 O.汉德林的同类著作具有更新颖的特色,而被多数人视为新社会史的更纯粹的“典型”,理由是该书的正文都由统计表格,以及它们是如何计算、表达何种意思的讨论所构成。[10]可是福格尔和恩格尔曼两人在 1964 年出版的《苦难的时代》,不久就受到其他计量史学者的批判、揭露,该书不仅被认为美化奴隶制度,而且在资料运用上严重失当。正因为如此,美国一些传统史学家对计量方法持保留态度,经济史协会主席 D.兰德曾说:“我们处理的重大问题中,如果不是大多数,也有很多还不适于运用——起码在目前还不适于运用——计量方法。”

尽管如此,目前计量方法运用的范围还在不断扩大,不少美国学者将它运用于中世纪的研究,对外则扩展至中国史、日本史、非洲、拉丁美洲和东欧之研究。如果说,在史学研究领域中,新社会史是美国史坛的“宠儿”,那么在方法上,计量方法则是美国史学界的“明星”。因此,有的美国史学家认为年鉴学派具有法国的特征,计量史学则是“美国的特色”。

三、心理学和历史学的结合——心理史学的崛起

美国史学界,计量史学以其丰富但枯燥无味的统计材料而使历史著作具有更可靠的根据,而心理历史学则以细腻玄妙的分析使得历史人物和社会集团的心理活动的展开具有诱人的吸引力,它们共同被人夸为“科学历史学”的两个“最新努力”[11],是所谓的美国史学上第三代“新史学”。[12]

随着心理学,特别是弗洛伊德的心理分析法在美国的传播,心理历史学就开始萌芽。早在 1919 年,巴恩斯就在《美国心理学杂志》上发表了《心理学与史学》的文章,开始了对心理历史学的初步探索。20 世纪 30 年代,一些历史学家运用心理分析法对世界上的名人,如陀思妥耶夫斯基、卢梭、林肯、路德、达尔文、亚历山大大帝等进行研究,出现了一股将心理分析引入史学领域的狂热。然而心理历史学真正成为一个专业在美国出现则是五十年代的事情。

1957 年,当时的美国历史协会主席威廉·兰格在年会上正式肯定美国史学家认真运用心理分析是史学家的“直接任务”。他认为最紧迫的需要是通

过运用现代心理学的概念和发现来加深我们对历史的理解。[13]20世纪六七十年代以来，心理历史学开始在美国成为一门时髦的新学科。《美国历史评论》连续登载心理分析文章，其中最著名的有彼特·洛温贝格的《海因里希·希姆莱不走运的青少年时代》和《纳粹青年追随者的心理历史根据》。不少史学杂志还特地出了专刊，现在尚有《心理历史学》和《心理历史学评论》两份专门季刊。一些著名大学，如加利福尼亚大学、麻省理工学院、耶鲁大学、普林斯顿大学等还专门设立了心理历史学专业的博士研究生。

但是，这并不意味着心理历史学已为美国史学界一致接受。美国历史学家中，赞同者有之，反对者有之，赞同者褒之为这是方法上的"一个突破"，反对者则批评心理历史学家得出的"结论"缺乏可靠的史料基础。大多数史学家则持冷漠态度。然而，从总体上说，承认心理历史学的学者却越来越多了。

目前还没有人对心理历史学下过确切的定义。有人认为，广而言之，心理历史学就是企图运用心理分析和精神病理学的原理，进行历史分析。该学科包括两个分支，一是对历史人物个人进行心理分析，一是探求社会集团的心理。

美国心理学流派分支很多，运用不同流派的原理研究相同的历史问题，往往会得出不同的结论。比较而言，心理分析学派历史最长，影响最大。该派起源于弗洛伊德的心理分析原理，后为埃里克森所发展和改进。该派在历史分析中强调人的潜意识作用。在他们看来，人的活动大多数是在潜意识的方式中进行的，人们的某些行为虽然并未被人们所感知和认识，但却一直在潜意识的过程中起作用。运用这种原理对历史人物进行分析，有人就认为成年时爱发脾气和喜欢争吵的性格的出现是理解美国总统伍德罗·威尔逊的"一把钥匙"。其次，该学派还强调一个人在幼年或少年时期生活中的某些不幸遭遇，虽然可能被"压抑"但无法"断根"。他们特别注意历史人物的幼年时期的活动和遭遇。埃里克森将甘地和我国鲁迅早年丧父的相似经历进行比较，认为这种"遭遇"对他们两人的未来都产生过重大的影响。[14]埃里克森还把人的一生分成八个阶段，并认为幼年阶段的晚期和成年阶段的早期对人的一生起最大的作用。在被人誉称为心理史学发展"里程碑"的《年轻人路德》一文中，埃里克森把心理分析和社会因素结合起来研究马丁·路德进行宗教改革的动机，这种对社会因素的重视和强调正是他同弗洛伊德的相悖之处，因而受到历史学家的欢迎。有人认为埃里克森关于人的心理发展的解释对于历史学家和社会科学家有“特殊意义”。[15]美国当代心理学家G.墨菲认为:“如果要问谁代表今日世界心理分析自我心理学的锋芒,那似乎就没有多数理由不认为是埃里克・埃里克森。”[16]

同心理分析学派可以相提并论的是行为主义流派。该学派强调环境对个人的影响,他们认为人们的行为本质上是对外部世界的反应,他们把人看成是一种根本性的“反应性”存在。同心理分析的最主要区别是,他们主张人的动机来自于生物性的对外部环境的反应,而心理分析则坚持这来源于人的内在心理。运用这种原理分析历史较容易地同传统史方法相结合,因此一般史学家常常为了解释历史人物或历史事件的变化而归结于外部世界的变化,并探究产生这种变化的原因。行为主义则要进一步分析为何有些经验对有些人来说是愉快的,对另一些人则是痛苦的?为什么一些思想和目标被人们执着地追求着?近几年来,行为主义也开始认识人类动机中那些不能用简单刺激反应来解释的因素,认为人有通过观察进行学习的能力,对各种行为将引起的后果能够进行思辨,此外,人还有一种以自尊的方式去行动的能力,即使面临痛苦也在所不惜。

此外,还有格式塔心理学、皮亚杰学派等等学派。运用不同心理学派的原理分析历史就会得出完全不同的结论。如:有人认为伍德罗・威尔逊的不妥协行为起源于他的脑血管疾病。自他得病以后,威尔逊就变得“激动和冲动”,进攻性的行为更为明显,而且容不得半点批评和反对意见。这种解释完全不同于埃里克森的心理分析法。

在美国,运用心理分析于社会集团方面的著作有约翰・丹姆斯的《普利茅斯殖民地的家庭生活》。在书中,作者自称他企图用“所谓的行为科学——人类学、社会学、心理学”来说明家庭的“基本重要性”。[17]他运用埃里克森的心理分析法对典型定居者的一生进行剖析,并进一步提出,清教徒文化中为什么羞耻心和知罪观如此突出同他们培养孩子的特异教育有关。与此同时,小菲立普・格雷文也作了相同的尝试,他在《四代人》中指出:“历史学家必须利用其他学科,包括历史人口统计学、社会学和心理学……分析和理解过去。”[18]

美国一些历史学家近年在研究美国独立革命时运用心理分析原理,菲立普・格雷文认为,人们对革命和英国的态度同殖民时期和革命阶段美国孩童的成长和道德方式或“新教”的“气质”有关。他甚至把新教徒的行为和思想分成三种不同的类型:热衷于传道的、稳健的以及他们的上层。每一类型都有他们自己培育孩子的标准、道德观念和对权力的看法,这种差异不仅反映在政治上,同样也表现在个人的行为和理论上。[19]伯纳德·贝林则分析了革命前夕美国人民对英国政府密谋的反感、仇恨的心理。[20]也有史学家专门探索了美国人民反抗的“精神和心理根源”。[21]

虽然心理历史学作为解释历史的一种方法和工具,在美国史学界已摸索了30多年,但它本身存在的许多问题,是显而易见的。心理历史学家在证据和解释上,以及在两者的结合方面都缺乏说服力。正如E.布雷沙赫所说:由于它们微弱和困难的理论基础,因此还处在一种不稳定的地位。

注释:

①③E.布雷沙赫:《历史学》,芝加哥大学出版社,1983年,第394页。

②《美国历史评论》,1982年2月。

④⑤M.坎曼:《往事》,1980年,第353,336页。

⑥G.格罗布、G.比利亚斯:《美国历史解释》第1卷,纽约,1972年,第200页。

⑦⑨《美国历史评论》,1982年2月,第10页。

⑧同4,第38页。

⑩G.G.伊格斯:《各国历史研究手册》,1980年,第166页。

⑪同1,第337页。

⑫A.利息特曼、V.弗伦奇:《历史学家和过去的影响》,伊利诺斯,1978年,第122页。

⑬同1,第343页。

⑭E.埃里克森:《论心理史学的性质:甘地研究》,转引自D.拉斯托夫:《哲学家和国王》,纽约,1970年,第62~63页。

⑮D.拉斯托夫:《哲学家和国王》,第6页。

⑯G.墨菲、J.科瓦奇:《近代心理学历史导引》,中译本,第422页。

⑰约翰·丹姆斯:《普利茅斯殖民地的家庭生活》,牛津大学,1970年,第131页。

⑱小菲利普·格雷文:《四代人》,康奈尔大学,1970 年,前言。

⑲同 4,第 428 页。

⑳B.贝林:《美国革命的思想根源》,哈佛大学 1967 年版,第 144~157 页。

㉑J.格林编:《美国革命的重新解释》,纽约 1968 年版,第 251~274 页。

(本文与王晴佳合作,载《世界史研究动态》1986 年第 1 期)

略论当代美国史学研究之演变(下)

四、比较方法在史学研究中崭露头角

应该指出的是,尽管计量史学与心理史学代表了当代美国史学方法革新的主要趋向,但并不排斥其他各种史学方法,相反,在诸种方法之间,美国史学家往往交替并用、多方借鉴。这也是当代美国史学的一个主要特点。

近几年来,比较史学在美国史坛开始崭露头角。美国新保守派史学家约翰·海厄姆曾说:“近几年来,在史学家当中,比较历史学的意识已经广泛传播开来了。”美国历史学会在 1978 年召开的年会和《美国历史评论》1980 年和 1982 年的几期中都以它为主题进行讨论和研究,这些都反映了比较史学的勃兴和发展。

一般说来,美国的比较史学研究是以 C.E.布莱克《现代化的动力》(1966)和小巴林顿·穆尔《独裁与民主的社会根源》(1966)为开端的。布莱克以工业革命所带来的人类知识的空前增长,从引起政治制度的迅速更新的“近代化”理论出发,对世界范围的近代化过程作了比较研究,得出了七个政治近代化的模式。其后,布莱克又与社会学家和经济学家合作,写了《日本和俄国的近代化,一种比较研究》(1975),其方法更为细致。同时,该书还体现了美国史学的另一特点,即跨学科研究。在书中,作者提出了他们对于比较研究的意见:(一)在各社会中间和在社会发展的不同阶段中间进行直接和有系统的比较;(二)对社会的变化“纵的剖析”;(三)把一项研究和进行一系列的其他研究结合起来。

穆尔的《独裁与民主的社会根源》,则具有不同特色。他也研究世界走向近代化的过程,但他主要从社会各阶级特别是农民的作用出发,运用农业发展的史料对英、法、美、中、日和印度的近代化进行比较,得出了三条基本道路:一条是经过资产阶级革命走向资本主义;一条是通过"自上而下的革命"走向法西斯主义;还有一条是经过农民革命走向共产主义。

布莱克和穆尔的著作体现了美国比较史学的一个重点:各国的现代化问题。它的第二个重点是,各国的革命问题,其主要代表是季普塞特和钱伯斯。前者强调政治上的平行发展的重要性,认为乔治·华盛顿用超凡能力建立起新国家制度同本世纪 50 年代非洲新生国家所建立的过程相似,美国革命可以作为非洲的榜样;后者则强调 18 世纪 90 年代美国所出现的政党是历史上从未有过的真正政党,现代的新生国家也完全可以仿效。此外,还有一些历史学家为了探求比较史学的可能性和机会,运用比较方法于美国历史上的一系列重要专题,出版了《美国历史可比性》的专集,旨在通过比较,把美国的历史经验"推广"、介绍到二战后新建立的民族国家中去。[①]

运用比较法研究美国黑奴制度的著名学者是卡尔·德格勒。他的著作《既非黑人也非白人——巴西和美国的奴隶制度与种族关系》(1971)获班克罗夫特奖金。他在该书中将巴西和美国的奴隶制度作了系统的比较。为何他要选择巴西和美国?用他的话来说,是"因为在奴隶制的规模和历史重要性上,巴西是新世界中唯一能同美国匹敌的国家"。[②]他要通过这种比较"来理解美国黑人与白人之间的关系"[③]"历史地揭示巴西和美国现代种族模式之区别"[④]。

此外,美国的社会科学比较政治研究中心在六七十年代,出版了一系列颇有分量的比较研究专题论集:《政治文化和政治发展》《联系和政治发展》《官僚和政治发展》《日本和土耳其的政治现代化》《政党和政治发展》《政治发展中的决定时刻和连续性》等。在《政治文化和政治发展》一书中,作者们分别研究了日本、英国、德意志、土耳其、印度、埃塞俄比亚、意大利、墨西哥、埃及、苏联等国的政治文化及政治发展。他们认为"新政治——新地区的政治,新类型的政治——需要新政治科学来理解他们"[⑤]。

综上所述,美国的比较史学已经引起了人们的兴趣,但还不够系统,为数也不多。正如G.弗里德里克森总结的那样:“纵观美国历史学家最近发表的一些著作,我的主要印象不是比较历史学著作太多而是太少了。”[⑥]事实确是如此,美国还没有独立的“比较史学”协会,也没有比较史学的专门杂志(1958年出版的《社会学与历史学的比较研究》并非单一的比较史学专刊)。美国各主要院校也还没有比较史学的专职教授,一些人从事比较史学研究往往是“一次性的”,史学家们害怕比较史学相对空泛而丢掉自己原有的专业和学术地位。更为主要的是,比较史学这一概念的外延还不明确,没有较为统一的定义,在西方各国的百科全书中,也还无法找到“比较史学”这一条目。这些现象的存在,表现出比较史学作为一门新兴学科的不完善,但不少人对它的前景却作了乐观的展望。雷蒙德·格鲁在《比较历史研究概论》中提出,比较史学在以后的10年或20年中,将会趋向繁荣。G.巴勒克拉夫在其《当代史学趋向》(巴黎1980版)中也指出,对历史进行比较研究将是世界各国历史学的“未来方向”。

值得一提的是,比较史学并不是一种完全创新的方法。西方“史学之父”希罗多德在他的名著《历史》中,就已经有意无意地进行“比较研究”了。近代的伏尔泰,从文化史的角度出发,也把欧洲各国的风俗和礼仪进行比较,写成了《论风俗》一书。本世纪以来,曾经名噪一时的“文化形态史观”的代表人物施本格勒、索罗金、汤因比都力求从世界文明发展的角度对人类历史的发展作了比较研究。美国历史学家像D.C.索麦维尔把汤因比卷帙浩繁的《历史研究》作了简明扼要的缩编,可说是美国比较史学的一位前驱。

像比较史学一样,口述史学在20世纪60年代也重新得到了史学家们的青睐。口述方法也是一种古老的史学方法。在美国,南北战争以前已广为史家采用。专业史家出现以后,口述方法因可靠性受到怀疑而被弃之不用。20世纪30年代开始,口述史又恢复了地位,50年代获得发展,70年代已被劳工运动史学家广泛采用。采用此法的学者深入现场,与相关人接触进行口头调查,并将所得资料加以储存编辑。40年代,美国就建立了两个口述史中心。这两个中心推动了口述方法在史学研究中的运用。一般说来,劳工史、地方史、少数民族史领域中口述史法运用最广,并陆续出现一批有关著作,如:《我们的阿拉巴契亚》《汉基的女儿》等。自70年代后期开始,口述史在一些领域里建立起研究项目,“劳联产联劳工运动口述史”就是其中的一个。此外,美国黑人口述史也已开始。

当代美国史学方法名目繁多,也激起了人们对史学方法论本身的研究兴趣。美国史界近年来有人专门以史学方法论为研究对象并以此单独成为历史学的一个分支。如:小罗伯特·伯克霍弗的《历史分析的行为学方法》,J.赫克斯特的《编造历史》,李·本森的《历史研究方法论选》等。同时还专门出版了研究史学方法论的杂志,如《历史方法通讯》等。这些现象也从一个方面反映了美国史学家对革新史学方法的重视。

五、变化原因初探

综观美国史学史,各种史学流派的盛衰荣辱、此起彼伏总是同美国的时代潮流的变迁沉浮相一致,同美国统治集团的政策演变转化相契合。

“帝国”学派的兴起同美英和解的外交战略相一致;“特纳”学派强调边疆对美国历史发展的重要性是同美国的西进运动和领土扩张不可分割的;而颇有影响的“进步”学派则是以当时美国垄断资产阶级自上而下的改革运动为深刻的背景;以批判进步学派为己任,宣传“利益一致论”的新保守主义,更是适应美国统治集团战后争夺世界霸权的需要“应运而生”的。

从某种意义上说,美国 20 世纪 60 年代以来的史学变化则是以新保守派的衰微为起点的。60 年代以来美国社会上风起云涌的激进社会运动是导致史坛变化的社会原因。60 年代以来,美国政府对越南、古巴的军事政策激起美国人民的不满;美国大学校园内的民主运动,黑人争取民主权利的斗争汇成一股巨大的浪潮,使当时主宰美国史坛,强调美国历史是和谐而无斗争的新保守派威信扫地,一落千丈。现实的社会斗争粉碎了史学家伪造的“和谐”,活生生的利益冲突撕破了写在史书上的“利益一致”。巨大的社会思潮冲击着史学界,史学家们也认识到要用激进的眼光重新研究美国的历史。正是在这种背景中,“新左派”史学家提出要“从下到上”地写美国历史,要写“默默无闻”的群众,要写被人歧视的黑人、妇女、少数民族的历史。这种潮流就导致了本世纪 70 年代史学领域的内容上的变化,黑人史和妇女史越来越成为美国历史编纂中的“主流”。[7]在观点上也出现某种变化,如:新保守派关于美国独立战争“不是革命”的观点受到批判,被美国革命是一场发展不全面的社会革命所代替;美国宪法被视为一个“不公正”的基本法;重建被评价成一场壮丽的失败,而“进步”时期则成了“保守主义的胜利”等等。新“左派”史学家S.林德在他的著作《美国激进主义思想渊源》中提出18世纪的英国和美国都存在着一股激进主义的思潮并延续到19世纪60年代,它又同卢梭和马克思的思想相联系。在他看来,激进主义在美国“有一个长期而光荣的历史”。⑧

其次,20世纪60年代以来美国的自然科学和科学技术的迅速发展是一个不可忽略的重要因素。其中特别是电子计算机技术的发展和广泛应用更是计量史学的直接条件,没有电子计算机和数理统计理论就不可能产生计量史学。目前美国不少大学历史系的研究生、青年教师都要进行电子计算机技术的训练,目的就是为了运用电子计算机来研究历史。因为自然科学理论的不断创新,使“新”理论引进到史学领域势必带来某种新变化。由于电子学和工程技术的发展,使心理学的某些实验成为可能或者精密化,以致一些人类的心理过程能够逐步被认识,这种心理学上的成就对心理历史学会产生影响。此外,现代化的录音录像和摄影设备为口述法提供了更为可靠、正确的储存史料的方法。最后,由于自然科学和技术突飞猛进的发展,信息传递时间的缩短,电子计算机的普遍应用势必引起人们对世界认识的深刻变化,这种变化通过哲学做杠杆又会极大地改变人们对历史本质的认识。

再次,欧洲史学对美国的影响是引起现代美国史学变异的另一个因素。一般说来,世界各国的文化科学,其中包括历史学,随着国际交通的发展总是越来越趋于接近,相互间的交流和影响也与日俱增;美国是一个移民国家,在它的史学发展过程中也充满“移民”的特色。美国史学史上的不少流派本身就是从欧洲某些国家直接“移居”而来的:德国的朗克学派对美国史学产生过重大影响;弗洛伊德的精神分析理论为美国的心理历史学奠下基石;汤因比的《汤因比论汤因比》正是在美国出版的。可以这样说,欧洲的史学流派都可以在美国史坛上找到他们的“影子”。

60年代以来欧洲史学在理论、方法上所取得的重大进展必然会推动和影响当代美国史学的变化。“欧洲的影响……导致了历史著作的高度国际化。以前区分大多数民族历史著作的那种明显差异已被越来越多的相似所替代。”“近几十年来,美国历史学家已卷入……更多反映欧洲历史编纂发展的问题争论之中。”⑨一些年轻的、敢于探索新方法的史学家非常注意欧洲的史学成果，很受他们的影响。《一个新英格兰镇》的作者采用计量以及其他社会学的方法综合研究了麻省德特汉镇的历史，就是深受欧洲史学的影响。为此，他特别感谢“鼓励我运用欧洲学者的方法于美国史”的史学家。[10]由此可见，当代美国史学的变化同欧洲史学的气候息息相关。

最后，当今美国史坛新方法、新史学迭出的现象显然与其史学观点的变异有关，历史观念的变化，本身又是西方整个哲学思潮、社会思潮的反映。在美国史学形成之初，史学家的主要目的是激发人民的民族自豪感，培养民族主义和爱国主义感情。因此，民族主义是美国早期史学的主要特色；而在方法论上，由于大部分早期美国史学家都是德国留学生，他们对德国朗克学派提倡的不偏不倚的治史态度颇为赞赏，并把这种方法移植到美国，因而在美国史学界，客观主义的研究方法一度很流行。然而，进入 20 世纪，特别是第一次世界大战以后，上述两种观念不断受到挑战，渐渐地为新的观念所取代。

民族主义观念早在班克罗夫特的作品中就已经明显地可以看出，他以强烈的民族感情歌颂美国的独立战争，特别是对美国宪法竭力赞美。而约翰·费斯克则在民族主义道路上走得更远了，他宣扬“盎格鲁—撒克逊人”所特有的“优越性”。在他们看来，美国的民主制度一直可以追溯到古代日耳曼森林中的条顿族。[11]费斯克竟然把美国宪法比之为伊利亚特史诗或巴台农神庙或第五交响乐。[12]民族主义思想随着美国由自由资本主义转化为垄断资本主义，特别是美国在世界上霸权地位的确立，有着重大的发展。但是，20 世纪 60 年代以来，由于美国在外交上的种种失利，国内社会运动的高涨，传统的民族沙文主义观念逐步被民族的自我批判所代替，美国的自由主义传统也受到怀疑。在历史著作中民族沙文主义让位于民族自我批判主义。

这种观念上的转变至少导致了两个结果，第一，史学家的眼界扩展了，不再拘泥于美国历史本身的研究，这便回答了 20 世纪 60 年代以来美国史坛少见的重新解释美国历史新学派的原因；第二，史学家眼界的开阔，使他们不再满足于对一国历史的探讨，而是力图在世界各国历史的比较研究中寻找同异，这是比较史学头角初露的重要原因。民族主义让位“世界主义”，是值得留意的现象。

客观主义的治史态度，以朗克的名言“如实直书”为典型，反映了 19 世纪实证主义哲学思潮的影响。20 世纪初，欧洲大陆的不少哲学家和史学家开始不断对此提出批评。但美国史学界仍然把它奉为楷模。直到30年代,以卡尔·贝克尔,查尔斯·比尔德的几篇文章为起点,美国史学界也开始对客观主义提出争议,并开始讨论历史认识论的问题。贝克尔认为人人都是他自己的历史学家,而比尔德则提出:写作的历史是一种出于信仰的行为。[13]他们都以提倡相对主义而闻名。在他们之后,美国史学界对于历史认识论、方法论的争论此伏彼起,讨论不休。但总的看来,客观主义已经丧失了它早期的魅力。60年代以来,史学领域的个人主义、怀疑主义和相对主义不断增长,这种状况直接导致了"新左派"史学的衰落。[14]同时,个人主义和相对主义的流行,又导致史学研究的多元化,这使得美国史坛难以出现能够居于支配地位的学派。

20世纪70年代,加州大学历史教授海登·怀特出版了《元历史:19世纪欧洲史学家的想象力》一书,引起了很大的反响。在全国范围内引起了两次较大的讨论。怀特的观点是,在史学家从事史学研究的时候,不管他们自己是否意识到,他们总是无可避免地夹带着某种价值观念或理论基点进行工作的,这种理论基点指挥他们的写作,因而使他们的著作呈现各种不同的面貌。[15]怀特观点的突出特征是,把相对主义与非理性主义相结合,从而更加强化了史学研究的个性化、多元化倾向。怀特著作的出版和流行,从两个侧面反映了美国史学理论演变的现状。

摒弃客观主义,在史学研究中注重有个性的、独特的推断和结论,反过来又引起了史学方法的变化。在现代美国史学界,已经很少有人满足于对历史事件进行简单的叙述了。相反,一些有创造精神的历史学家都竭力避免那种叙事体的写作方法,而主张分析方法。在他们看来,史学写作中的解释能力高于表达能力,一部优秀的史学著作最重要的是对问题的解释、分析有独到之处和真知灼见;因此他们认为模仿传统史学家的方法,按照他们的"老框框"去写作历史,犹如音乐作曲家仿效莫扎特、贝多芬那样没有出息,毫无创见。这种强调分析方法在史学写作中的运用早在20世纪50年代就有人注意到了。卡尔·德格勒认为,历史著作不应是描绘的而"要为回答问题"写作,要通过现在的"角度"去观察那"过去形形色色的事件"。[16]

纵观当代美国史学的演变,我们可以在总的趋向上把握住两点:其一,史学"国际化"趋势,这除了表现为民族主义史学的冷落和比较史学的兴起外,还可以在美国史学与欧洲史学的汇流中得到证实,美国史学在方法论上的探索,并不纯粹是一国史学家的努力。事实上,计量史学、心理史学等新兴学科的兴起,体现的是整个西方史学现代发展的潮流。法国、英国和其他国家的史学也有与美国史学相似的发展趋势。其二,史学的"科学化"倾向,自然科学在本世纪的蓬勃发展对史学发展的影响极大,力求运用科学成果促进史学的繁荣,这是当代美国史学的主要方向。但是应该说明,史学的"科学化"并不意味着单单是史学向科学靠拢,而是自然科学和社会科学的汇合。当代自然科学理论的突破一再向人们证明,在探索世界、探索人生的过程中,自然科学和社会科学具有很大的共同性。史学的"科学化"正是以此为基础的。上述两点是对当代美国史学的概括,在某种程度上,同时又是对美国史学未来发展的展望。

注释:

①C.V.伍德沃德编:《美国历史的可比性》,1968年。

②③④卡尔·德格勒:《既非黑人也非白人》,纽约,1971年,第5页、第6页。

⑤L.派伊和弗巴编:《政治文化和政治发展》,普林斯顿,1965年,第512页。

⑥M.坎曼:《往事》,1980年,第472页。

⑦⑨布雷沙赫:《历史学》,芝加哥大学出版社,1983年,第394页。

⑧S.林德:《美国激进主义的思想根源》,纽约,1969年,前言。

⑩K.洛克里奇:《一个新英格兰镇》,纽约,1970年,前言。

⑪⑫G.格罗布、G.比利亚斯:《美国历史解释》第1卷,纽约,1972年,第202、第204页。

⑬《美国历史评论》,第31卷,第39页。

⑭同7,第393页。

⑮H.怀特:《元历史:19世纪欧洲史学家的想象力》,约翰·霍普金斯大学,1983年,导言。

⑯卡尔·德格勒:《形成当代美国的力量》,纽约,1970年,前言。

(本文与王晴佳合作,载《世界史研究动态》1986年第2期)

早期美国史专家伯纳德·贝林

美国史学界凡是研究早期美国史的学者都熟悉伯纳德·贝林(1922.9.10)。他出生于美国康涅狄格州的哈特福德,早年曾在威廉学院学习历史,并对哲学、文学感兴趣。第二次世界大战爆发后,他中断学业、投笔从戎。战后进哈佛大学攻读历史学,于1947年获硕士学位,毕业后在哈佛任教至今。他致力于早期美国史研究,其中对美国革命思想根源的探索成绩斐然,自成一家之说。有人认为他的观点"更新"了美国革命史;也有人把他誉为用思想史观点研究美国独立战争史的"第一流"学者。他的著作——《17世纪新英格兰商人》和《美国革命的思想起源》——有力地影响着早期美国史的研究。1981年,他成为哈佛的亚当斯大学教授,并当选为美国历史学会主席。

哈佛大学的著名教授

贝林是美国著名学府哈佛大学一手培养起来的历史学教授。在哈佛求学期间,他深受史学名家奥斯卡·汉特林和查尔斯·泰勒的影响,又得到塞缪尔·莫里森的指点。他学习兴趣广泛,最主要的是(一)欧洲和新世界的关系,(二)社会和思想史的关系。他以《17世纪新英格兰商人》为题撰写博士论文,并于1955年正式发表。在哈佛任教期间,他与同事合作撰写关于苏格兰、北美洲和英格兰关系的文章。不久,贝林应哈佛图书馆总编之邀,编辑关于美国革命小册子文献专集。在潜心编辑中,他接触并阅读了大量美国革命前的各种文献资料,遂形成了他对独立战争思想起源的观点。1961年,他成了哈佛大学教授,次年被任命为约翰·哈佛图书馆总编,1966年成为哈佛的讲座教授。

贝林不仅喜欢教学,乐意指导研究生学习,而且教学有方,是该系最积极、最活跃的研究生导师之一。到了20世纪60年代末,贝林已培养了相当数量的博士研究生,其中迈克尔·坎曼和戈登·伍德均已成为美国史坛上的学术骨干。在教学中,贝林特别强调历史研究中的两个特殊方面:第一,在形成研究课题时，要适当构想、提出问题。他认为，对于历史学家来说，研究问题的精确、有条不紊的思想较之那些推测事件本质的多卷巨著“更有价值”。第二，重视写作技巧的训练。贝林经常组织学生讨论优秀历史著作的写作方法和构思布局。在教学中，他最注重的是讨论式的方法，让学生充分发挥自己的学习主动性，敢于思索，乐于争论。因为他启发得当以致学生们经常在课后还在酒吧间里争论不休，贝林的这种教学方法在美国享有盛誉。

探索新方法的先行者

早在步入美国史坛之初，贝林就是一名寻求新的史学研究方法的探索者。贝林的博士论文《17 世纪新英格兰商人》可以说是新社会史的一种尝试。他在说明 17 世纪新英格兰商人增长削弱了清教徒团体时，提出历史学家不要过多注意清教徒们的讲道，而应着眼影响整个社会的更广泛的力量。在《弗吉尼亚的政治和社会结构》中，贝林强调了血缘关系的重要性，把家庭作为早期美国史研究的一个有价值的重要领域。该文在美国颇有影响，至少有 17 次被选入专集。

贝林还在他的早期著作中运用数字统计材料。1959 年，贝林和他夫人利用波士顿港口的大量记录材料，写成并发表了《马萨诸塞航运，1697—1714：统计研究》，有人认为这是美国历史著作中首次使用电子计算机处理数字的书籍。五十年代，美国的社会史研究还被看作毫无创造性的“摆设”，而计量方法也刚被“引进”史学领域，贝林的作品不仅表明他敢于探索新的研究途径，而且对后来勃然兴起的社会史的研究起了推动作用。

1981 年，贝林当选为美国历史学会主席时他就以“现代美国历史学的挑战”为题发表演说，较多地肯定了现代美国史学的新方法，特别是其中的计量方法。他认为目前计量史研究的新颖之处，并非因为引用了数字之类或提高了数字的精确性，而是所引用的各种不同类型的数字能为研究那些不妨称之为“潜在事件”的历史开拓道路。他首次提出了“潜在事件”的概念，认为当代历史编纂学的最重要的发展之一就是“潜在事件与明显事件相结合”。贝林曾经是运用统计方法于史学研究的先行者，但他同时也反对过分依赖这些技术。他认为应当把史学著作写成既有生动叙述又有深刻分析的“新型”作品。

思想史学派的主要代表

贝林对当代美国史学的最重要贡献，是他在美国革命史研究中独树起思想史学派的旗帜。

作为早期美国史学者，贝林的作品几乎涉猎了该领域所有的重要方面：从新英格兰到弗吉尼亚，从商人阶层到清教徒团体，从社会到家庭，从思想到教育。其中以他分析、研究美国革命的思想渊源成就最为突出。1967 年，他发表了《美国革命的思想起源》，次年又发表了《美国政治起源》一书，前者获得普利策奖和班克罗夫特奖，并至少被重印了 15 次之多。此书是他系统观点形成的标志，也为他赢得了不绝的赞扬声。

在该书的前言中，贝林指出，“研究美国革命的小册子坚定了我那相当老式的观点：美国革命首先是在思想上、宪法上和政治上的斗争，基本上不是为实现社会或经济变革的各社会集团之间的冲突”。他认为“正是独立前几十年思想上的发展导致了激进的理想”。在他看来，独立战争首先是一场思想革命而不是社会变革，社会变革仅仅是革命带来的一种后果。他提出一种见解：法国革命和俄国革命中那毁灭成千上万人生命基础的“社会震荡”，在美国革命前一个世纪的进程中却已经“缓慢地、平静地、几乎是难以令人察觉地发生了”。这种震荡在美国并不像突如其来的雪崩，而是一种逐步转变社会秩序的无数个别变化，表现为深刻的思想上的变革。这种变化大致可分三个阶段，第一阶段，即革命前（其中包括 1776 年），集中争论英、美之间的差异；第二阶段，1776—1780 年，重点是设计第一个全国性政府；第三阶段，20 世纪 80 年代后期到 90 年代初期，重新考虑国家宪法和重建全国政府。最后，贝林认为战争本身也引起了美国人思想观念上的深刻变化：革命前被美国人认为是不光彩的弱点，革命后却成了引以为豪的优点，反之亦然。在该书第五章“转变”的开头，贝林写道：“一个崭新而意气风发的、生气勃勃而首先在精神上再生的民族在朦胧中觉醒，起来保卫自由阵线；然后又耀武扬威地挺身向前，到处鼓励和支持自由的事业。”“美国人已同历史性战斗中为自由而战的英雄们……并肩屹立。”此外，贝林还断言美国人的激进思想来源于英国辉格党激进派。

美国许多历史学家都认为贝林的解释令人信服,但也有人认为他轻视了物质方面的影响,忽略了其他思想潮流的作用,无视殖民地一般居民的反英情绪。

全面评价贝林为代表的思想史学派的观点决非本文所能及。不过有两点是值得注意的。第一,以贝林为代表的思想史学派是作为新保守派的对立面而出现的,这不能不是一种进步。二战以后,美国史学界曾出现一股新保守主义思潮,来势凶猛。他们宣称美国历史是一部"和谐"而没有斗争的历史,鼓吹"利益一致"论,反对用阶级斗争的观点分析美国史上的重大历史事件。他们公然提出美国革命"不是革命"的观点,新保守派史学家布尔斯廷认为独立战争仅仅是一次"殖民地暴动",是一种"权宜之计"的产物,"没有形成革命的理论和思想传统"。贝林却提出独立战争不仅是一场革命,而且是一场思想上的革命,甚至是一场激进的革命;这场革命不是权宜之计,相反有着深刻的思想根源。就此而言,应该肯定贝林的思想主流。第二,20 世纪 60 年代以后,美国史坛发生了重大变化:新社会史蓬勃兴起,思想文化史的地位开始下降。在这种条件下,贝林依然能在思想史方面下工夫,锲而不舍,取得如此成果实属不易。当然,贝林的思想史学派过分强调了思想精神的作用,甚至将它看成是历史发展中的主要因素,这显然是唯心的。这同他的历史观有着密切的联系。他曾说:历史学家应该是"一个变动着的世界——复杂的、无法预言的、转瞬即逝的世界"的"记叙者"。

20 世纪 70 年代,贝林写了一系列论述美国革命的论文:《宗教和革命》《美国革命的中心主题》《常识》《伟大的共和国》《1776:挑战之年》等。值得一提的是贝林于 1974 年出版的《托马斯·赫金森的磨难》。此书是赫金森的传记。主人公曾在美国革命前担任马萨诸塞州总督,效忠英王。贝林在传记中以大部分的篇幅集中论述赫金森在革命时期的作用,并给予相当的同情,企图对效忠派的思想提供一种新的解释。此书曾引起不少争议,一些评论者认为贝林太偏向赫金森,过于墨守关于革命的思想解释。尽管如此,该书仍受到高度评价。这是贝林用思想史观点研究美国革命的又一新的尝试。贝林关于美国革命思想起源的观点尽管没有为人们全盘接受,但人们都承认他"已经有力地给早期美国史的画面添加了新的内容"。

近几年来,贝林正在从事美国殖民地社会的研究,他积极汲取社会史学家的研究成果，力图对美国人口的增长、移民定居等问题作出新的解释。

（载《世界史研究动态》1986 年第 4 期）

流派林立：美国史学的重要特点

美国史学史较之我国源远流长的史学史相形见“短”。从 19 世纪 80 年代美国历史协会成立至今不过一个世纪而已。要是从 1608 年约翰·史密斯的《真实关系》算起也仅 380 年左右。但是，美国史学史尽管年轻，却不乏独特之处，流派林立就是其中一个重要特点。

美国历史学家大体可分如下几代。第一代史学家，有人称之为清教徒史学家。他们是美国历史上殖民地时代的历史学家，其著作记述了欧洲殖民者对大西洋沿岸殖民地的开发。就史学观点而言，这一代史学家中有不少人是用基督教的观点来叙述美洲殖民地化的进程。有人把新英格兰看作上帝为其选民精心安排的“天府”“乐土”。约翰·温斯罗普把马萨诸塞殖民地的建立说成是为世界的其他部分提供了建立上帝之城的榜样。

美国独立后美国史学也可以说正式建立。这时期的史学家都不是专业史学家。他们大多数是出身贵族家庭的政治领袖、种植园主、商人、律师和医生。因此有人称他们是“贵族史学家”。著名政治家本杰明·富兰克林写有《宾夕法尼亚宪法和政府历史概要》，托马斯·杰斐逊著有《弗吉尼亚州札记》，大法官约翰·马歇尔出版了五卷本《乔治·华盛顿传》。这代史学家中有著名的乔治·班克罗夫特，杰拉德·斯派克斯，威廉·普列斯克特等。他们摒弃了基督教的影响，开始以民族主义为指导撰写美国本身或外国的历史，对美国人进行爱国主义教育。在史学观念上颇受进化观念的影响。19 世纪末，美国出现了一批与前者完全不同的历史学者，即受过专业训练的专业历史学家。不久，美国史坛就由非专业史学家让位于专业史学家。历史学作为一门专业正式在美国建立，1836 年的约翰·霍普金斯大学建立了培养研究生的研究机构，1839 年哈佛大学开设历史课程，1884 年美国历史协会正式成立，《美国历史评论》杂志于 1895 年创刊，此后美国史学迅速发展起来。

从19世纪80年代至今，美国史学界开始出现各种流派，仅独树一帜或自成一说的就有“进步”学派、“帝国”学派、“边疆”学派、邓宁学派、种族主义学派、修正派、新保守派、思想史学派和新左派等等。这些学派有的名实相符，有的名不符实，有的一派多名。尽管如此，美国史坛流派之多、观点之杂，恐无与之匹敌者。这些不同流派在美国史学史的某一阶段或某一领域均起过各自不同的作用。20世纪初，美国史坛上种族主义活跃一时，后来进步学派成了本世纪上半期美国史坛的权威。他们的史学观点和治学方法影响过整整一代美国史学家。学派创始人查尔斯·A·比尔德的《美国宪法的经济解释》被誉为“最有影响最有生命力”的史学著作之一。在两次世界大战之间“他的史学思想在美国历史写作方面几乎占有支配地位”。边疆学派的代表人弗雷德里克·特纳的名作《边疆在美国历史上的重要性》曾轰动史坛。

但是，随着时代的变迁、政治气候的炎凉，进步学派从史学界的权威地位跌落下来，连比尔德本人的史学观念在后期也发生了变化。二战以后，美国成为世界霸权大国，大肆推行冷战政策。适应这种需要的保守主义思潮又沉渣泛起。在史学领域，新保守主义史学流派风靡一时。他们以全面批判进步学派的观点为己任，用“和谐一致”的观点取代进步学派的阶级斗争、经济集团斗争的观点，重点是批评比尔德的经济决定论。罗伯特·布朗专门写了《比尔德和宪法》以讨伐《美国宪法的经济解释》一书，对比尔德关于宪法的14条结论逐一进行批判。如，比尔德提出合众国的宪法运动是由“四个动产集团发起和推动的”，布朗则主张宪法运动是由各州在政治和经济两方面一直处于重要地位的要人发起的。这类批判简直到了针锋相对的地步。可是到了本世纪60年代，新保守史学派也日趋衰落，江河日下。不久，以威廉·阿普曼·威廉斯为首的“新左派”史学流派在激烈动荡的社会背景中崛起，用激进的但又不是进步学派的观点重新观察美国的过去和未来，对新保守派的“和谐一致”论作了否定，他们的观点很快就在史学界普遍流行。

可见，美国史学史从某种意义上说是史学流派不断更替的过程。从横向上看，流派林立表现为激烈的学术争论，美国史上几乎每一个重大问题，诸如清教徒的作用、独立战争的性质、美国1787年宪法、联邦时期、杰克逊民主、南北战争、重建时期、“进步”运动、罗斯福新政、美国对外政策以及历史人物的评价问题等等，都众说纷纭。如南北战争，“南派”史学家把战争描述成北方佬破坏宪法、践踏南方各州主权的暴行;“北派”认为南方的黑人奴隶制是导致战争的重要原因:“修正派”则完全否认战争的必然性,认为这场战争是南北双方的极端分子煽动起来的偶然事件,是一场“完全可以避免”和“毫无必要的战争”。而进步学派则明确指出,南北战争是“第二次革命”。

关于汉密尔顿和杰斐逊的评价更是五花八门。不少史学家把他们两人的斗争及其影响看成是美国历史发展的主要线索;有的把汉密尔顿捧为美国资本主义工业化的前驱;有的把杰斐逊说成是美国民主传统的缔造者。褒汉贬杰者有之,贬汉褒杰的也大有人在。进步学派史学家则从经济角度探究杰斐逊民主的来龙去脉,新保守史学家提出应该研究他们两人在政治思想上的一致之处。霍夫斯塔脱认为,联邦时期,汉密尔顿和杰斐逊在一些根本的政治传统方面是“基本一致的”。

总之,美国史学史纵向是流派不断兴替;横向上表现为史学问题上的激烈争论,而这恰恰从各个不同角度推动了美国史学研究的深入发展。

首先,有的学派虽然从体系上看价值不大,或不太严谨,但是他们在研究某一问题时所采取的角度或某种看法却能启迪人们的思想。进步学派在工业集团和小农相互对立冲突的过程中展现美国历史的发展,虽然这不是历史唯物主义的史学理论,但相对于美国早期的史学理论和方法,无疑是重大的突破。他们把独立战争说成是一场争取独立和争取民主两方面的革命,是很有价值的看法。特纳的边疆学说不是一个严密的科学体系,甚至带有很大的片面性,但是他却为解释美国历史的发展提供了一个令人深思的新角度。

其次,有的学派虽然整个思想体系和基本观点不可取,但这些历史学家所整理的翔实资料不无价值。如,新保守派史学家丹尼尔·布尔斯廷曾大力鼓吹“一致论”,但是他的著作《美国人:殖民时期的经验》《美国人:国家形成时期的经验》和《美国人:民主制度时期的经验》很有特色,具有一定研究价值,在美国也颇受欢迎。

第三,流派林立也促进史学方法和史学观念上的不断更新。如,帝国学派站在大英帝国的立场上研究美国独立战争史,带有明显的偏见,可是他们把独立战争放到大英帝国的体系中进行分析研究的方法并非毫无可取之处,它扩大了人民研究独立战争的视野。比尔德研究美国宪法更独具匠心,他根据美国财政部档案文献对 55 名宪法制订者进行分析,认为他们都带着“紧密的、直接的和个人的利害关系”来制定宪法。他的这种分析方法和“集团的传记”的写法为后人效法。当代美国史学研究的新方法更是层出不穷。斯坦芬·西恩施特罗姆采用计量方法写出了有关城市史的杰作。彼得·洛温贝格则用心理学的原理探索第二次世界大战期间纳粹青年狂热追随希特勒的原因。有的历史学家还运用比较方法研究历史,C.伍德沃德主编的《美国历史的比较探讨》就是一例。

总之,美国史学史上的流派之间的更替和辩论汇成了史学史的长河,时进时退,时起时伏,然而总的趋势是向前发展的。如果美国史学史是美国人对自身历史和世界历史认识的一种反映,那么多种流派就是这种认识过程中的一个片断,一个侧面,一个阶段。他们从不同的角度,代表各种不同的阶级、阶层、层次的利益,表达了他们对历史的看法。这些流派都是组成美国史学史的不可缺少的部分。

为什么美国史坛流派林立?原因至少有如下几个方面。第一,美国历史上的一些大的史学流派的盛衰荣辱总是同他们的时代潮流的沉浮变迁相一致,同统治集团政治的演变转化相吻合:尽管资产阶级民主自由是有条件、有限制的,但这个国家在发扬资产阶级民主,让这个阶级各个阶层、集团、派别甚至个人在发表意见方面并非徒具虚名。在这方面,美国统治集团也积累了相当丰富的经验和采用了不少迷惑人的手段。此外,美国一些资产阶级学者在运用史学为统治利益效劳时,充分发挥了他们的智囊作用,精心炮制新观点和新体系。种族主义学派为垄断资产阶级扩张野心服务;进步学派则是以20世纪的美国进步运动和改革运动为背景的;新保守派的“一致论”更是为战后美国统治阶级效劳的“新”理论。

第二,知识高度商品化是流派得以生长的有利条件。在美国,历史著作如同市场上琳琅满目的商品一样,如不经常更新“换代”,若干年后可能变成无人问津的“滞销”商品,由于这种“价值”规律的作用,使历史学家经常怀有紧迫感,促使他们在研究或著述时,把更新放在重要地位,或在观点上标新立异,或在材料上有所发现,或在选题上“出奇制胜”,或在角度上“花样翻新”。史学著作中“千人一面”“千篇一律”的现象不易存在:因循守旧、思想僵化的研究方法难以久长。

第三,如同美国是一片新大陆一样,美国史学也无自身的历史传统可言。

除印第安人的原始文化外，美国的史学传统是由移民把欧洲各国的史学传统带到美国逐渐融合而成的，其中特别是德国的朗克学派对美国史学影响较大。

第四，一些有作为的史学家都有一种不断进取、不断突破老框框的标新立异精神。特纳在说明自己为何创立边疆学说时说，“很大程度上是因为对‘种子学说’的反感所作的反应”。他所讲的“种子学说”就是曾经流行于史学界的传统观念。比尔德也在年仅39岁时发表了他那轰动史坛的名著，向自己的先辈挑战，开创了史学研究的新局面。

最后，重视培养研究生的独立科研能力是史学流派得以不断发展的原因。美国高校正式开办历史专业的时间较晚，但采用讨论方式训练培养史学高等人才却捷足先登。美国高校比较注重培养学生的思考能力，鼓励他们提出新看法，发掘新材料，而不是把他们塑造成只会按照教师思维模式去思索的继承人，这就有助于造就“青出于蓝而胜于蓝”的学术骨干。有的大学不搞“近亲繁殖”和“梯队传授”也都是为此目的。此外，美国有关机构对文史著作颁发诸如班克罗夫特奖、普利策奖等均有利于新人、新作、新学派的出现。

注释：

①G.格罗布和G.比利亚斯：《美国历史解释》第1卷，纽约，1972年。

②H.威希：《美国历史学家》，纽约，1960年。

③M.坎曼：《往事》，1980年。

④H.阿普塔克：《美国革命(1763—1783)》，1960年。

⑤郭圣铭：《西方史学史概要》。

⑤杨生茂：《美国历史学家特纳及其学派》。

⑦《交流》1984年第3期。

（载《世界史研究动态》1987年第4期）

八、序言(前言、引言、笔谈)

《华盛顿评传》自序

中美两国虽然远隔重洋,但自近代以来,随着欧风美雨吹洒神州,美国开国元勋、杰出的资产阶级政治家和民族英雄华盛顿渐为国人所知。其时,不少有志革故鼎新的中国改革家、革命家在倡导向西方学习的同时,无不感奋于华盛顿的业绩,效法他反抗专制、追求自由、力主共和的精神。梁启超在美登临华盛顿纪念塔时不禁感慨万千,直言:“今之人有欲顶礼华盛顿者乎?吾欲率之以膜拜此有为一人也。”孙中山把华盛顿比作中国的汤武,赞扬他“在争人类平等的历史上是很有功劳的”。毛泽东曾说:“华盛顿和杰斐逊们之所以举行反英革命,是因为英国人压迫剥削美国人。”

华盛顿得到中国志士仁人的仰慕是受之无愧的。他作为正面指导国家前进的一位开国元勋,受命于美利坚民族危难之际,执政于合众国初创之时。在美利坚民族由争取独立的革命战争转变为百废俱兴的和平建国时期,由君主政体转为资产阶级共和政体的历史转折点上,华盛顿被人们推上历史舞台并恪尽厥职。在为自己国家建功立业的资产阶级政治家中,不乏富有政治才干、擅长权术的统治者,然兼具高尚德性、坦诚正直者不可多得。华盛顿追求权力但不迷恋权力,身处权力顶峰但不被权力腐蚀,企求声誉但不欺世盗名。当然这不能仅仅归之于他个人的美德,而应赞颂培育他的人民。历史的转折对一个民族、一个国家来说是伟大的,也充满着危险;一个能够在这样严峻的关键时刻引领民族、国家的航船绕过暗礁险滩,胜利抵达光辉彼岸的历史人物,人民当然不会忘记他。华盛顿逝世不久,美国人民尊称他为“战争时期第一人,和平时期第一人,同胞心目中的第一人”。

华盛顿深受人们的敬仰理所当然地引起历史学家的热切关注。在一些早期美国传记作家的笔下,华盛顿曾经被描绘成与耶稣一般的“神”,成了一尊令人敬而远之的威严“雕像”。后来随着时代变迁、历史发展、科学昌明,历史学家开始探寻华盛顿的“真实面貌”,驱散了缭绕在他周围的迷雾,使之成为活生生的、充满炽热感情的血肉之躯,不仅可敬而且可亲。因为华盛顿是人,所以他有爱有憎、有喜有悲、有功有过、有成功也有失败。笔者力求以历史唯物主义为指导,从社会和“人”结合的角度为大家提供一幅华盛顿的粗略画像,以为引玉之砖。本书尽量介绍美国史学界对华盛顿的种种评价,兼收并蓄,以飨读者,并不揣冒昧发表一得之见。由于笔者学识所限,浅薄与疏漏之处,恳请指教。

笔者曾作为访问学者在美国弗吉尼亚州立大学历史系进修美国历史,其间为撰写本书广收资料,得到了该校图书馆与历史系的大力支持,受到历史系教授汪荣祖和R.依克尔奇先生(Roger Ekirch)的关心。美国友人鲍勃·波克(Bob Pock)夫妇为我访问芒特弗农、华盛顿纪念塔、蒙蒂塞洛、门罗总统故居、威廉斯堡、约克敦等等历史纪念地提供了慷慨的帮助。华东师范大学图书馆与历史系也同样给予了支持。在写作过程中,还得到我校历史系郭圣铭教授、艾周昌教授、王寅同志的帮助,中国社会科学出版社的徐葆初先生对此书提出了不少宝贵意见,谨向他们表示衷心的感谢。

写于华东师范大学丽娃河畔师大一村

1988年2月

《美国史纲:从殖民地到超级大国》前言

在世界民族之林中,美国是一个最年轻的大国。尽管它没有文明古国的璀璨文化和悠久历史,却有着自己独特的发展轨迹。综观美国三百多年的历史,可以说是一部移民艰苦创业的历史。美洲新大陆发现不久,国外移民蜂拥而至,筚路蓝缕,开发创业,合众为一,建国兴国;时至今日,移民仍源源不绝流向美国。美国历史也是一部领土不断扩张的历史。自大西洋沿岸的十三州始,边疆线在“天定命运”的呼声中,越过阿巴拉契亚山,跨过密西西比河,翻过落基山,直抵太平洋沿岸,最后又冲破陆地边疆,扩大到太平洋上的“新边疆”,现在美国的军舰更是在全球各大洋上游弋。美国历史又是一部从受人压迫的殖民地转化为压迫别人的资本主义现代化强国的历史。美国经过两次革命争得独立,实现统一,大兴科技教育,开展产业革命,资本主义得到最充分的发展。垄断资本集团主宰国家命运,操纵经济命脉,凭借实力跻身列强,称霸世界。本书力图在人类文明发展的普遍共性中,努力揭示美国历史的鲜明个性和特点,多层次地展现它的多样化面貌。

美国社会犹如变化万千的万花筒,一个角度一幅图案,仁者见仁,智者见智。有人称美国是“移民国家”;有人说它是“四个轮子上的国家”;有人把美国誉为民主政体的“实验地”;有人诅咒它是“罪恶的土地”;有人说美国就是“机会”;有人说它是“冒险家的乐园”“富人的天堂”。对美国历史的解释更是五花八门,众说纷纭,莫衷一是。虽然美国历史学家们潜心探求,史著浩繁,史料整理堪称周详,治史方法可谓新颖(指计量方法、心理学原理等引入史学研究领域),但是他们对自己国家的过去的认识非但没有统一,反而流派林立,各执己见。近年来关于美国历史和美国学的著作在国内外屡出不绝,盛持不衰,其因也许就在于此。

本书是笔者数年来研究、教授美国史和访美考察的体验,以历史唯物主义为指导,吸收了近年来国内外美国史研究的新成果,不揣冒昧地提出自己的一得之见,求教于同行和读者。

在本书编著过程中,得到了有关研究生的大力帮助,王春来提供了第十、十三、十四章的部分初稿,陈伟提供了第十六、十七章的部分初稿,林广提供了第十八章的部分初稿;袁鹏、计慧真、余佩霞帮助誊稿。本书的编写还得到华东师大历史系、历史系资料室、华东师大图书馆、华东师大出版社有关同志的热情支持与帮助,在此一并致以诚挚的感谢。

因笔者水平有限,疏漏错误之处,敬请读者指正。

1990 年 8 月

《美国南方转型时期社会生活研究(1877—1920)》序言

如果说美国是一个谜的话,那么美国南方也许可以称为谜中之谜了。它确实是一块充满神秘的地方,英国在北美第一个殖民地是在南方建立的,美国第一位总统是南方人,开国初期的美国总统华盛顿、杰弗逊、麦迪逊、门罗都出于被视为美国建国之“根”与南方特性之“根”的弗吉尼亚,被历史学家们称之为“弗吉尼亚王朝”,世界近现代史上最残暴的黑人奴隶制度也形成并不断扩张于美国南方,挑起分离活动打响内战第一枪的又是南方种植园奴隶主。

说起美国南方还会令人不禁想起美国著名小说以及由此改编的电影《飘》,它叙述了主人公——南方种植园主郝思嘉小姐一家在内战中的遭遇。很多人是通过郝思嘉及其家族人物的形象才开始认识个性凸显的美国“南方人”的。

地方特性总是与“地方人”相联系,居住不同地区的人在气质、性情等方面会形成自身的特点而有所不同。中国如此,美国也如此。这一点笔者是在美国进修期间感悟到的,有一次我准备从南方弗吉尼亚去北方麻省时,一位美国友人很真诚地向我数说了南方人与北方人的不同特点,要我到了北方需善处与他们的关系,使我领悟到美国也同我们中国一样也有南方人与北方人的区别,且这种差别与中国的亦相类似。

美国的南北差异早在美国殖民地时期就见端倪,先辈们在创造历史的时候不自觉地为它埋下了“种子”。后来随着时间的推移,多种历史力量与自然地理环境交互作用的结果就逐步形成了所谓的地方特性,南方特性最早可以追溯到早期移民和种植园制度,当时在南方定居的移民与北方的有很大差别,加上南方特定的地理环境适合种植园经济的发展,导致种植园奴隶制度的形成,在出现大批黑人奴隶的同时也涌现了具有相当管理能力的种植园主阶层,独立战争的领袖出身于这个阶层的很多。19 世纪 60 年代,美国南北双方终因社会经济制度的对立导致内战的爆发,战争以北方胜利告终后处于战败地位的南方随着奴隶制的消灭与北方工业化的推进跨入转型时期,开始由传统社会向现代社会的转化。

自20世纪五六十年代以来，几乎每一部美国学术界出版的南方社会历史的著作都会围绕“什么是南方特性”和“南方特性是否消失”的问题进行探讨，并提出了种种有力解释。作为太平洋彼岸的中国学者的黄虚峰博士在她的专著《美国南方转型时期社会生活研究（1877—1920）》中说：“探索南方特性是美国南方历史研究的永恒主题，也是美国南方历史研究的魅力所在。”她在吸收美国学者研究成果的同时力求写出自己的特色，用社会史的视角透视转型时期（1877—1920）南方的社会生活及其演变进而对其特性作出自己的探索。她认为转型时期是历史的变动期，最能感应历史的本质，穿透生活的表象，可以向人们提供塑造生活的那些社会力量的信息，帮助人们去理解整个社会体系是如何运转的，如何联为一体的，从而立体地考察南方历史，始能对南方特性作出判断。

美国南方特性会不会在社会转型的过程中消失是本书的一个中心论题。“南方转型”说到底就是实现现代化的过程，必然涉及现代化理论，特别是它的关于传统与现代、民族特性与现代性、断裂与继承的理论。从国际大视野看，各个国家、地区的现代化进程是一个客观过程，但是在这个过程中各个国家、地区或民族是否会丧失其自身的文化特征？如何保持文化特征或它能被保持到何种程度？都是学界关注的热点，众说纷纭，莫衷一是。就美国而言，现代化的过程呈现一种不平衡的状态，主流文化往往在现代化进程中处于一种主导地位，充当了先行者与推动者的历史角色；各种亚文化，包括非裔、拉丁裔、亚裔等等少数族裔、族群，在美国国内现代化的历史过程中，由于种种历史文化的原因往往经由被动到主动、从拒绝到吸纳的路径，最终参与其中并享受了它的积极成果，同时保留了自身的文化特征，形成了多元文化的格局。

在地域上，美国现代化出现了南方与北方、西部与东部地区的严重不平衡。北方凭借其雄厚的工业基础与发达的资本主义市场经济，利用内战胜利的契机大力推进工业革命迅速向现代化目标迈进。处于战败地位的南方人面临为重塑南方滚滚而来的北方工商业势力，心怀战败者的抵制和防守心理，对北方和北方代表的现代化工业社会一概抗拒，但是随着现代化潮流的在美国的汹涌奔腾，他们最后在20世纪20年代分清了“北方是北方，工业是工业”，在谨慎选择、先拒后纳、此拒彼纳的过程中，他们逐步接受工业化，终于完成转型，出现了如下的社会景观：

“无论是白人黑人还是乡下人城里人，都能够欣喜若狂地接受工业品，从农业机械、化肥到罐头食品、汽车；从自来水、煤气炉、缝纫机到电灯、电车、电话；从法兰绒布料到网球、高尔夫球。以致佃农的妻子可能不认识字母但不可能不认识蒙哥马利·沃德和西尔斯—罗伯克这两家著名邮购公司的商品目录册；仇视北方的弗吉尼亚人和南卡罗来那人，哪怕再沉浸在内战的痛楚当中不能自拔，也不会拒绝享受来自北方的家用电器；隔离的黑人和白人在追求城市消费社会的物质享受上绝对保持一致。于是，汽车成了南方年轻情侣第一次接吻的地方，避孕药被农村商店主小心翼翼地放在柜台的某个盒子里，无线电扬声器安装在棉纺村的生活区，商品的广告纸贴在了最偏远山区的农民家中。”

但作者认为，在工业化、现代化被北方“同化”的过程中南方没有丧失自己的特性。在社会生活领域，南方在物质方面基本上接受了北方主导的工业化与现代化的成果，而在非物质领域，新南方人依然是南方人，依然保持了他们祖辈长期培育而成的南方特性，换言之，南方人是以自己的独特方式走完了现代化历程的，在转型过程中继续保持并呈现出他们的南方特性。作者以翔实的历史资料重点着笔于社会生活领域的探索。认为这种被传承下来的南方特性主要表现在南方“宗教的地方自立”，南方人“珍视土地、自然和个人独立的农业主义传统，”，他们“独特的南方生活方式”，南方人“沉重的历史感和共同的社会记忆”等四个方面。

其中关于南方人沉重历史感的叙述与分析给人留下较为深刻的印象。“也许南方历史的负担过于沉重，南方人是所有地区的美国人中最具历史感的。当传统价值遭到挑战时，中西部人与南方人的回应方式截然不同。休·霍尔曼发现：‘西部中的作家要求社会改革并为一个乌托邦的未来辩护，但是他的南方兄弟，则与过去绑在一起，从向后看中寻找他的答案。’”美国学者肖明翰在《福克纳研究》中写到：“这种经历，这种过去时代仍然是活生生的现实的南方生活，造成了福克纳向后看的思想意识，而这种思想意识正是像他那样的南方人身上的南方性的核心。”对于内战这段刻骨铭心的历史，南方人更是记忆犹新。与美国的“南方文学”一样，美国史学领域曾涌现出的“南派”历史学流派等。

笔者在美国进修时对此也深有感触。我曾经在南方与北方的大学里分别看过同一部电影《飘》,发现北方同学与南方同学虽然都喜欢此片,但对影片中人物的反应与评价却很不相同。南方学生在看到北军领袖谢尔曼将军的特写镜头时甚至发出了一片嘘声,对郝思嘉小姐愤怒地说:“我们决不再挨饿!”时则报以雷鸣般的掌声。弗吉尼亚大学(VPI&SU)图书馆的大厅里赫然挂着南军领袖李将军的大画像,在校园周边的一块墓地上还安置着一座内战期间南军的大炮。这是20世纪80年代的事情,南北战争已经“随风飘逝”了一百二十余年了!

如何解释这种文化与政治经济特征在南方历史的新时期背道而驰的现象。作者认为美国多元文化的土壤是南方文化的生长环境。一直有两股力量推动南方追求自己的地区人格,一是不管黑人还是白人,南方人都以身为南方人为荣。二是南方历史带给南方人的强烈的围困意识。最后,南方实现了现代化,但没有被“北方化”,南方人步入了现代社会,但没有丢掉自己的地方特色。

从社会历史层面研究美国南方特性是较传统史学的研究更为具体细致更为深入复杂,犹如我们从社会史角度探索中国的北京四合院与上海石库门,研讨西北风情与江南水乡的特点那样。这是史学研究深化的表现。过去有人说今天的政治就是明天的历史,这是不够全面的,其实今天人类社会的一切都是人类明天的历史,研究人类社会的各个领域(包括政治、军事、经济、社会、家庭、民族、文化、宗教、地方特性等等)的过去是历史研究的题中之意,也是近年来史学研究的一种趋势。史学研究领域的扩展提高了对历史工作者的要求,如研究社会历史单凭传统史学的训练是远远不够的,至少要借助社会学的理论与方法始能较为准确地观察与解释人类昨天前天的社会生活。黄虚峰博士在她的著作中对此做了有益的尝试,十分可喜,难能可贵。当然也正是这个原因,专著存在着需要进一步加深的空间。

我与黄虚峰博士认识多年,她最大的优点是在治学上追求卓越完美,思维严密,文字讲究。作者将她的论著比作一座房子,第一章是地基,概括了内战和重建后的南方全方位的新变化,构成转型的起点;后四章好比房子的四面墙,分别从种族、性别、职业群体、生活空间这四个角度展现转型时期南方社会生活的画卷;第六章好比房子的屋顶,由浅入深圆满了对转型时期南方社会生活的考察工程;最后一章《转型时期南方社会生活与南方特性》则是房子的栋梁,是整篇文章的支持力和归宿。作者构思之精布局之妙可见一斑。当然这栋房屋的“整体结构”“外部装饰”“内部装潢”的质量究竟如何,只能让读者品读后给出结论了。我就将对黄虚峰博士今后能在史学领域里设计出、建造出更多更优秀的“房屋”的热切期望作为序言的结束。

《安德鲁·卡耐基思想与实践述评》序言

时代是造就巨人的土壤,革命年代涌现出大无畏的革命家,战争时代产生了“运筹帷幄之中,决胜千里之外”的军事家,文艺复兴时代文化巨匠脱颖而出,在经济大潮汹涌澎湃的今天,中外企业家往往成了人们关注的热门话题,陆月娟博士经过若干年潜心钻研出版了以美国企业家安德鲁·卡耐基为研究对象的专著。卡耐基对于我们中国人来说并不陌生,在美国人的心目中更是美国梦的象征。他,一个苏格兰的穷小子十几岁时跟随父母远涉重洋来到美国,经过几十年的奋斗,终于奇迹般地成了一位名满天下的企业家。这样一位带有传奇色彩、毁誉不一的历史人物当然是值得后人评说的,有关他的作品也一定会受到读者的欢迎。

时下书店里写企业家如何成功、如何发财的书籍比比皆是,但本书有与众不同之处,细读后可以知道它不是一本传授发财秘诀、致富之道的发财经,于赚钱发家并无立竿见影之功效;也不是一册远离历史事实刻意艺术加工的“戏说”类传记,而是一本雅俗共赏带有研究性的学术专著,对那些有志成为企业家或高层次管理人员的,对美国历史有兴趣的人来说读一读此书不无裨益。因为本书对卡耐基的研究不是一般地停留在探究他如何发家的轨迹上,而是以历史学的纵深视角,将他定位在美国第一代现代企业家的坐标轴上,透视他在风起云涌的大变革时代中如何白手起家、崭露头角,分析他如何风云际会,发挥聪明才智在新世界艰苦创业。本书的一大特点就是从美国现代企业发展史的视角较为深入地观察卡耐基的一生,全面梳理出他的现代管理思想,管理哲学,管理方法,管理理念,充分展现他在美国现代企业发展进程中的贡献,对这样一位“美国工业革命生动写照”的企业家作出由表及里、由此及彼的深层次分析,还一个在复杂环境中成长起来的复杂人物的历史“真面目”。

透过对安德鲁·卡耐基的个案研究不仅折射出美国19世纪末20世纪初所发生的第二次工业革命的历史进程,而且对当时美国所涌现出来的大企业家群体作出较为具体的富有个性的剖析。

卡耐基不仅是一位成功的企业家,而且是一位富有创新思想特色的人物。美国有一些企业家物质财富很丰富但精神财富十分贫乏,他们或精通敛财之道却逊于人文涵养,或迷恋金钱沦为守财奴而对财富的本质一窍不通;卡耐基则不然,他是物质上的亿万富翁,也是精神上的富有者;他善于经营敛财追求利润的最大化,又有现代企业管理的科学理念;他有富可敌国的家业,又对财富的本质持有独到之见,他撰写的《论财富》是一部被称为财富"福音书"的不朽之作;他不是一个两耳不闻天下事只知赚钱发财的鼠目寸光的财主,而是美国民主制度的崇拜者与鼓吹者,是和平运动的积极参与者;他是一个睿智的企业家,是企业家中的智者。本书对卡耐基的精神世界包括他的哲学、政治等领域的思想观点均有精当的论述。

谈及企业家,人们又往往会想到一个颇具中国"特色"的现象,脑海中冒出一个问号来:为什么在我国成为慈善家的企业家似不多见,而在美国却不是个别现象?窃以为原因非常复杂但读一读本书一定会得到不少启示。在她的笔下,卡耐基不仅是一位精明强干的企业家,还是名满天下的慈善家,他捐赠于慈善事业的钱财达到3亿3千2百多万美元,约占他所有财产的90%。他从穷小子到亿万富翁,再将绝大部分财产捐献社会,慈善家成了他生命旅途中的最后归宿。

做慈善家容易吗?说也怪,慈善事业做起来还真的不那么容易。它决非我们想象的那样简单:富翁们像救世主那样天女散花似的将大把大把美元撒在贫民窟里去慷慨施舍而已。根据陆月娟博士的研究,卡耐基成为慈善家并非仅仅是他的同情心使然,也不完全是他的欲望从追求财富转向了精神追求,渴望扬名企求声誉的结果,而是因为他有着一种基于他的独特财富观之上的慈善理念,作者将它称为"科学慈善"。卡耐基认为富人们应该将财富"视为由他管理的信托基金",所以应该"以最合算的方式将剩余财富返还大众",财富持有者"应当精心筹谋,使这些钱对社会产生最佳效果"。这种信托基金的管理理念充分体现了卡耐基的财富观。

如何实施将财富返还大众?卡耐基说:"济世救人之举主要应考虑如何

帮助那些能自助者，向那些希望改善的人提供一定资助，使之得以如愿，或给那些有抱负的人以资助使之能成功。要去帮助，而不要或尽量少去包办一切。施舍从来不能改善个人或民族的处境……”如何实行信托基金的管理？诚如作者在书中所述，卡耐基在前人探索的基础上，创新性地提出了现代基金会的慈善理念，即反对传统的简单施舍，提倡资助自助者；倡议以基金会的方式科学地管理富人的剩余财富。简言之，即富人的剩余财富由“活着的所有者进行管理”。据此，形成了基金会的章程和有关法律运转的机构，不以出资者的个人意志为转移，有具体的宗旨、目标、管理机构和操作规程，取得了长远、稳定的社会效益。作者在书中认为卡耐基的财富思想奠定了美国现代基金会的基石，他与同时代的洛克菲勒一起成为20世纪初美国现代基金会的发轫先驱。他的慈善事业不仅以传播知识、促进文化教育事业为宗旨，推动了美国公共教育事业，尤其是公共图书馆体系的建立，它对美国乃至世界的教育、科技和文化的发展都有深远的影响；而且他把慈善事业以企业模式运作，注重科学性和长久性，开创了美国现代基金会的新理念。这些理念与实践活动对我国的企业家是不是有一些启迪呢？

深刻分析，辩证论述，全面评价是本书的最大成功。作者在肯定卡耐基作为现代企业家的历史成就时，认为卡耐基哲学思想中的利己主义成分是不可否认的，他推崇社会达尔文主义，无可抑制地、不择手段地追求财富，在他的整个企业家生涯中可谓表现得淋漓尽致，这也是19世纪末20世纪初美国资本主义社会不规范的竞争环境下企业家的共性。然而，他付诸实践的慈善事业经过一百年多的历程，已经为人类科技与文明的进步写下了夺目的一笔，博爱的精神果实也为世人所共睹。“在特定的历史背景下，利己主义与博爱主义矛盾地交织于卡耐基的思想、行为之中，为他极具争议而又复杂的人生经历作了一个极好的注解。”

诚如卡耐基本人是一个见仁见智的具有争议的人物一样，陆博士著作中的论述与观点虽然很有创意与特色，但也只能是一家之言，书中所涉的某些领域还有不少空间可供深入开拓。

我与陆月娟博士认识多年，在我的心目中她是一位十分勤奋好学的后起之秀，在事业上永不满足现状，她总是不停地向更高、更严、更富挑战性的目标奋进。读了她撰写的书，似乎又听到了她前进的脚步声。下笔至此，不禁想起作者在确定研究卡耐基课题的关键时刻，从我的手上接过了美国专家约瑟夫·华尔教授亲手赠我的大作《安德鲁·卡耐基》，这是她阅读的第一本研究卡耐基的英文作品。今天，博士自己的洋洋大作也已经呈献读者，每念及此，令人感奋，酷暑中陆续写下上述感言。是为序。

2005 年 7—8 月酷暑

《美国高校多元文化教育演进之研究》序言

教育是立国之本。因为它是一个民族、一个国家培育民族灵魂与国家精神的伟大工程，教师被尊称为人类灵魂的工程师。

美国在立国之初开国元勋们就视教育为根本。如杰弗逊总统还亲自设计建造了弗吉尼亚大学，在他的墓志铭上不写美国总统头衔而专门书上“弗吉尼亚大学之父”，说明他心目中教育的地位多么崇高！

美国在立国、强国、崛起、持续发展的进程中教育起着特殊的作用，举世瞩目的诺贝尔奖获得者层出不穷，美国高校具有无比的魅力每年吸引大批全球优秀学子去那里深造，为美国作出巨大贡献。在美国高等教育发展过程中，多元文化教育是一个特殊阶段，其内容之丰富、变革之深度、涉及之广泛、争论之激烈堪称美国教育史之首，吸引了全世界有识之士的关注，至今还在发展、完善中。其实，美国开国元勋对于多元文化也是重视有加，如麦迪逊在他的宪法思想中已经为多元文化提供了某种理论基础。

“多元文化教育从理念到思潮，从思潮到运动，从运动到实践，期间历经暴风骤雨般的跌宕起伏，整个过程可谓是一段自成体系的历史叙事，浓缩反映了美国历史文化价值观念的演进。”20 世纪 60 年代，在多元文化主义潮流的冲击下，多元文化教育在美国各大高校轰轰烈烈地展开，它以尊重各种文化固有的历史性、民主性和相对性为主旨，促使了美国在平等开放基础上构建出多元共荣的新文化。90 年代后，多元文化教育开始降温，多元文化教育遭到口诛笔伐，它的负面影响引起社会关注，美国政府着手对相关政策进行调整。

20 世纪 80 年代初，我在美国弗吉尼亚大学进修美国历史时，曾听到一些美国教授围绕该校按照政府政策必须招收到一定比例的非裔学生的议论，有的说这样做难以保证学生质量，有的认为这样做会纵容惯坏非洲裔学生，有的说不这样做不利于学校今后的发展等等。为什么美国高校一定要按比例招收非洲裔学生？这个疑团一直存于心间。后来才逐渐明白原来这是美国政府为保证少数族裔受高等教育权利而推行肯定性行动计划的一个措施。90年代初，我在美国高校中感受到了多元文化的浓重气息，与一些美国教授谈论的学术话题多离不开多元文化，甚至会谈到美国究竟是一个大熔炉还是大拼盘。校园内的族裔活动非常活跃。在多元文化的氛围中，“中国研究”也如雨后春笋在美国高校中迅速崛起。格林纳尔学院的中国研究中心非常活跃，在校园周围还出现一幢中国式的“文明楼”。

但是在一片多元文化的呼声中，学术界一些知名教授专家以极为严肃的口气批判多元文化主义，我第一次读到了小施莱辛格撰写的《美国的分裂》。凡此种种激发起自己对美国多元文化的好奇与兴趣。后来我就把这个课题推荐给彭博士。呈现给读者的新书《美国高校多元文化教育演进研究》一书就是彭永春博士对该领域进行学术探索的一个学术成果。

彭博士在学术上的刻苦钻研，对论文的反复修改是她成功的关键，也给我留下了深刻的印象。我清楚记得彭博士为了完成一篇关于美国高校多元文化的文章，从写初稿到最后发表连续改了十数遍之多，在修改过程中她非但没有感到丝毫的厌烦与“苦涩”，相反认为这样做她才尝到了读博的“甜头”，领略了做学问的甘苦与“窍门”。尊敬的知名学者陈旭麓先生“文章要改得死去活来才可能写好”的教导成了她的座右铭。本专著从收集资料、构思、写出初稿到正式出版，彭博士付出的心血与精力是难以想象的。

说实话，研究美国高校多元文化教育需要很大的学术勇气。彭博士用她的专著证明她具备了这样的勇气。

实事求是、评价公允是本专著的一个特色。首先，本书在厘清基本概念上花了很多工夫，本书在吸收国内外学者的研究成果的基础上，对“文化”“多元文化教育”等学术概念作出较为系统的梳理，从而提出了自己的认识。“多元文化教育是一个多维度的概念体系，它是一种历史观，是一种思想观与方法论，是一种文化批评理论，也是一个实践探索过程。”多元文化教育所起的整合作用就是要超越统一性与差异性简单的二元对立，发展一种差异中的统一或寓统一于差异的认知体系,促进文化间的对话与逾越,使得各种文化在融合与选择、继承与扬弃、濯旧与换新过程中达到新的合一,从而达到它的最高境界——“和而不同”。其次,美国学界对多元文化与多元文化主义众说纷纭,见仁见智,甚至唇枪舌剑口诛笔伐。如何对待美国学界的不同观点甚至是对立的观点?本书充分注意科学研究的全面性与事物发展的辩证法,采取分析态度,不是简单的加以肯定或否定,非褒即贬,彼是此非。“力图以开阔的视野、翔实的资料、严谨的学术风格,对美国高校多元文化教育中的重要实践与思想进行综合、客观的评述,在尊重史实,坚持唯物史观的基础上,努力达到科学性与启喻性相结合的学术水平。”因此本书在充分肯定美国多元文化教育的同时,对其内在局限性也提出较为深入的分析,提出多元文化教育内涵是否处于合理的范畴?多元文化教育与“政治正确”的紧密关联是否颠覆了大学学术中立的主导原则?多元文化教育一方面企图消除话语霸权,但它是否又导致了虚无主义的产生?当今世界全球化联动效应是否意味着多元文化教育可以淡出?这些都是令人思考的问题。

宏观叙事与微观剖析结合是本书的又一特色。本书既是历史学的研究成果,她对美国高校多元文化教育进行历史性考察,以历史学特有的眼光揭示美国多元文化教育的深刻历史渊源。同时以历史事实为依据,将美国多元文化教育的发展分成两个阶段:即 20 世纪 60—80 年代的发展高潮期,90 年代遭遇挑战深入反思期,步入 21 世纪后又“重新受到重视”的发展轨迹。历史进程的起伏跌宕往往能揭示其隐藏在历史背后的复杂因果关系,历史事物的荣辱盛衰常常能透过表象展现其内在的变化逻辑。本书也是教育学的研究成果。多元文化教育具有跨学科性,它涉及历史叙事、教育理论、文化研究、政治平等问题。专著以美国高校多元文化教育的历史发展作为出发点,探讨其在各个时期的主导性理念,并运用多种学科研究方法,全面剖析多元文化在教育领域中的理论与实践,挖掘使其陷入困境的主要因素,探索促其获得新生的未来发展道路,为多元文化教育架构一个较为全面与客观的谱系坐标。更可贵的是本书不仅对美国多元文化教育的创新性、合理性、局限性作出理性分析,而且对其“教学大纲”“实践范式”“实践绩效”的个案研究,提供了宝贵的资料,所以本书为渴望了解美国高等教育的读者带来许多有益与可靠的信息。当然,美国多元文化教育还在不断发展,新问题、新现象不断涌现,如果把本书说成是中国学者对美国多元文化教育的初探并不过谦。

彭永春博士通过对美国多元文化教育的研究,深切感受到,美国社会共同认可的带有普遍性、世界性和客观性的思想文化观念好比大海,其他族群的文化就好比是涓涓细流,它们都在为共同文化之大海作出贡献,并且最终都要汇入未来社会的汪洋大海之中。研究是艰苦甚至是痛苦的,但随着研究的深入,研究者的精神却得到了提升,捧读专著令人浮想联翩,似乎看到作者面对浩瀚的海洋极目寰宇,敞开胸怀,领略那春风般的人类的多元文化的浓重气息。

《美国多元文化外交政策研究》序言

我记得一位文化名人说过,在文化面前是没有老师的。这话颇有道理。推而言之,在美国多元文化面前我们都是一些求索问道的学生而已。我为之作序的这本专著也可视作为其中的一篇答卷。

刚拿到这本新书时,映入眼帘的书名《美国多元文化外交政策研究》也许让人感觉有那么一点陌生,"多元文化外交政策"这个学术概念在国内还不多见使用。我是主张用这个书名的,理由之一就是不要因没人使用过而放弃自己认为可以运用的学术概念,即使它会因不成熟而引起一些争议,但对深入研究也将不无裨益。

学术贵在创新。一个多世纪以前,中国近代大学者严复曾在对比中西文化时说,西学尚"新",国学重"博",这是很有见地的。当时西方开世界工业革命之先,得现代文明之风气,学界新论迭出,知识日新,技术月异。严复要求国人向西学学习,重视对新学的追求,革故鼎新,推陈出新。所谓新,宏观而言有新理论、新发明、新发现等等,就具体著述而言,本人曾在一篇短文中说过:"或在观点上标新立异,或在材料上有所发现,或在选题上出奇制胜,或在角度上花样翻新。"其实新与博并非对立的而是相互依存的。博是创新的基础,没有扎实而广博的基础知识很难不断迸发出新的耀眼的思想火花;反之,具有创新精神的学者才有强大的动力与毅力在学术园地上不断加固充实自己的基础。

创新贵有自信。一个研究者要发前人所未发,言前人所未言是需要学术勇气与自信的。朱博士这本著作的新意就是勇于从美国多元文化的新视角审视美国外交政策。

我们常说,做美国史研究不愁没有资料就怕没有时间,说的是因为年轻的美国历史不长,各类历史资料已为美国史学家们收集、整理得非常系统、细致完备,有关美国外交史的研究专著更是汗牛充栋;另一方面,美国搞历史研究的人员数量相对较多,史界流派林立,更迭不断,各种观点、理论层见叠出。因而有的历史问题经历了多派历史学家们的探究、切磋、争议,不仅资料挖掘得很深很透而且思考力度已经超乎寻常,观点层出不穷,理论不断翻新,对我们中国的美国史研究者既提供了极为有利的条件,也增加了不小的难度,它易使研究者坠入资料的海洋中晕头转向,或陷入形形色色的既有观点中无所适从,或跨进美国学者自成一体的话语系统中难以创新突破。研究美国外交政策是美国学的一门显学,难度当然更大。

近年来,用文化视角研究诠释美国外交是人们感兴趣的新视野,因为任何国家的外交政策制定者都植根于特定的文化背景之中,所以在制定和实施外交政策的过程中自觉或不自觉地都会受到这种文化价值观念的影响。有学者将美国的文化传统与外交表现放到一定的历史条件下结合起来考察,分析美国外交政策的历史文化渊源,探求两者的必然联系,不仅述其然,而且究其所以然,成果斐然。诚如美国学者所说:"当美国作为一个主权实体开始发展与外部的关系时,文化因素便在美国对外关系中发挥着非常重要的作用,给美国对外关系打上了带有明显的本民族文化特征的烙印。"

美国的基本国情是从一开始就是一个移民国家,美国文化的一个重要特征就是多元性。所以影响美利坚民族文化形成发展的因素,离不开移民从祖籍国带来的文化传统(包括以盎格鲁—撒克逊文化为核心的价值观),离不开移民在新环境中自身创造的独特文化(包括美国民主),离不开美国国内不同移民族群间的文化交流与碰撞(包括同化过程与混合过程)。

由于两个多世纪以来,迁徙美国的大批移民有一个先来后到的阶段性特点,以盎格鲁—撒克逊人口占多数的早期移民在北美逐渐形成了美利坚民族,在有着英国文化传统的十三个殖民地的基础上建立了美利坚合众国,开国元勋们选择了当时欧洲的先进思想,并将它们体现在一些开国文献所表达的政治原则之中,于是他们在立国的同时也构建起一个精神上的美利坚——体现在思想意识、传统习惯、理想信念等一系列政治文化要素中的价值观；建国以后，美国人在长期开发新环境、拓展新疆域的过程中又不断形成了自己的独创文化，极大丰富与补充业已存在的上述价值观。显然，美国的政治文化对外交政策的影响主要是通过政治文化核心价值观使美国的外交政策体现它特有的民族性格。

美国文化的多元性特征对美国外交是否会发生影响？由于移民潮涌美国是一个不间断的历史过程，即它的连续性，加上美国移民政策的不断调整，使移民的祖籍国不断从英国扩展到欧洲（从西欧到中欧到东欧，包括非洲），再扩展到非欧的亚洲、拉丁美洲等广阔地区，这些来自世界各地有着不同文化背景的移民群体在试图融入美国社会的同时，也在丰富和发展着美国文化。美国社会的这种多民族多种族的社会结构以及由这些多源族裔群体所创造的美国多元文化对美国外交政策的制订及其推行的过程定然会产生某种或大或小、时隐时现的影响，特别是在多元文化发展较为充分的时期，这种特点会更为显著。作者认为"众多的族裔群体构成了美国多元文化社会的基础，而族裔群体所保持的双重文化认同则是美国社会多元文化特性不断发展的主要动因。"虽然美国的主流政治文化在制订外交政策的过程中起着重要的主导作用，但我们不能因此而忽略美国多元文化这一特点对政府制订外交政策的影响，探索与揭示这种"影响"就成了本书的一条主线。

能不能提出学术新概念是学术创新的一个难点。作者在美国多元文化与美国外交政策两个层面的交叉点上进行深入思考，逐渐形成并提出了"美国多元文化外交政策"这一学术概念，这无疑是一个创新尝试。他在多方考证的过程中发现在国外研究著述中有两篇文章曾有过类似的提法，一是耶鲁大学政治学博士、以色列特拉维夫大学政治学教授约赛·西恩于 1995 年在美国《外交政策》杂志上发表的"多元文化外交政策"一文；另一是由前总统克林顿的特别助理和撰稿人、现任美国《华盛顿月刊》总编的包尔·格拉特里斯在 1997 年 7 月 12 日的《美国新闻与世界报道》发表的"华盛顿的多元文化外交政策"。其内容主要研究冷战结束以后美国许多少数族裔群体纷纷通过各种政治手段影响美国外交政策的历史事实，明确指出：由于美国少数族裔群体对美国外交政策不断增强的影响力，美国的外交政策已经越来越呈现出多元文化的特征。可惜它们均没有对"多元文化外交政策"这一术语给出确切的定义。

据我所知,为了推进研究工作的深入,作者及时与约赛·西恩和包尔·格拉特里斯两位外国学者取得直接联系,进行学术交流,萌发了对多元文化外交政策进行科学界定的尝试。经过若干年的努力,他的专著今天终于问世,在书中他提出族裔群体在美国外交政策上的政治诉求始终是美国政治、外交和文化发展史上的一个重要现象,是特殊的建国历程、民族种族结构的变化和多元族裔关系的调整以及各种文化相互碰撞和交融的必然产物。多民族、多种族的多元文化社会以及开放民主的社会体制是美国这一独有政治文化现象的基础。他认为"多元文化外交政策"一词可以用来对美国建国以来整个历史时期族裔群体在外交政策上的表现进行研究,并将此界定为反映美国族裔群体为了其祖籍国、祖籍民族或者具有象征意义的同族群体(民族、种族或宗教)的利益而试图通过美国合法的政治程序来影响和参与美国外交政策的制定过程,从而推动美国政府制定和实施反映其政治诉求的外交政策。专著在纵向上运用大量的历史事实论证了这一观点,史论结合,自圆其说;在横向上进行个案剖析,言之凿凿,入情入理。

当然朱博士的新角度是对传统研究方法的一种锦上添花的补充,他的研究成果可以使读者对美国制定外交政策的全过程的认识更充实、更完满,对它的复杂性有更深的理解。但正因为是在艰难的学术探索中求新,新概念新角度就会显得不太成熟,需要不断完善提高。

读着这本饱含作者心血的专著,不由想起我与朱全红的认识的往事。说实在,如果稍不经意我俩完全可能在茫茫人海中擦肩而过。事情是这样的,2000 年的一天,我接到他的一封电子邮件,言及他在该校某行政部门工作,担任一定的行政职务,但他更喜欢读书做学问,坐冷板凳,准备后年报考博士生。这引起了我心中的一丝震撼。因为众所周知的原因,现在大学官本位流行,在一些人的眼中当官是一条改善命运的捷径,当官意识膨胀;再说几年以后他即使取得了博士学位也未必能得到现在他已经取得的"肥缺"。可见他是个甘于寂寞爱做学问的"料子"。后来他在原单位领导的支持下毅然考博,并经过刻苦的努力,成了我毕生总共指导的七名博士生中的一名。这或许是一种缘分吧。虽说我俩的认识是偶然的,但他勇于在学术上求新求深是有其必然性的。在读博期间他不仅埋头苦读,勤于思索,严于律己,而且待人诚恳厚道,乐于助人,凡答应的事总是保质保量按时完成。如此的为人成了他事业有成与良好人际关系的基础,毕业后他通过竞争进入华东师大外语学院英语系工作,利用他英语和美国史两方面的学术基础,专门从事该院硕士研究生美国研究项目的教学与科研工作,在人生坐标轴上找到了最适合他自己的位置,适得其所。师友们夸他在人生道路上不仅学业有成,而且发展“顺利”,其秘密也许就在于此:做人与做学问是统一的。

说创新易,真创新难;做学问难,做人更难;看过去,测未来,我相信朱全红将会在学术创新的道路上越走越顺的。是为序。

《经济衰退的历史答案——1920年代美国经济的多维研究与启示》序言

本书作者陆甦颖博士离开母校已六年有余,今天当我拜读她已经修改好并准备出版的博士论文《经济衰退的历史答案——1920年代美国经济的多维研究与启示》时,心情激动而难以言表。因为这是我期待多时的佳音,但同时却也感到一丝莫名的惊异,想不到她当时研究的美国大萧条竟然在六年后的今天似乎又将在地球上“卷土重来”:始于今年9月发端于美国华尔街的金融海啸目前正席卷全球,肆虐蔓延,股市狂泻,银行倒闭,公司裁员,人心惶惶,近日美国布什政府又正式宣布经济衰退。

面临凶猛的金融海啸,忧心忡忡的人们油然想起“迄今为止人类历史上最严重的一场衰退”——上世纪30年代的美国大萧条。大萧条是如何发生的?是必然的还是偶然的?人类究竟能不能避免这样的灾难?众所周知,人类总是生活在虚拟的过去与未来之间的短暂现实中,现实问题往往是激发人们开启历史宝库的钥匙,纯然为发思古之幽情而寻觅历史的恐不多见,人们总是带着在现实世界中遇到的困惑期望从悠悠历史中寻求前人智慧的启迪与求解问题的答案,致使尘封的往事再次回到现实的境遇中来。从这个意义上说,本专著的出版恰逢其时,虽然它不是直接论述与分析本次金融海啸与应对之策,但“历史是一面镜子”,从作者对一个多世纪前发生的大萧条进行的较为深刻与全面的剖析中,人们可以从似曾相识的历史现象中获得不少值得深思的“启示”,认识某些隐藏在事物背后带有规律性的内在联系。诚如作者在书中所言:出于对现实的关注和未来的展望,数年前她就选择了1920年代美国经济变动作为博士论文考察的对象,希望通过对1930年代大萧条作新的解释,把历史与现实进行比较,以期为现实经济提供有用的借鉴。

为深究大萧条的直接成因,作者将研究范围追溯到美国1920年代的“柯立芝”繁荣时代,认为直接铸成后来大萧条的“祸根”是当时繁荣时期就埋下了的,作者指出对大萧条产生最大影响的是繁荣中不断增长的泡沫和繁荣的不平衡性。诚如书中所分析的那样:当时美国“在经济结构中仍然存在着一些根本的弱点”,煤矿、纺织、造船、铁路设备和制革等工业在第一次世界大战后并没有恢复。“更为重要的是农业没有能适应战后经济恢复的需要”,而有些经济部门在发展中却出现大量泡沫。如当时的房地产业,如迈阿密“整个城市当时有2000家房地产公司和25000家房地产代理从事房屋和土地的销售”,到处都在规划新建大量的饭店、公寓和娱乐场所,大量建筑材料的货运需求使运输延误成为司空见惯的现象。全国各地的“淘金者”纷纷涌向那里,“南部的公路塞满了来自各地的汽车”。股市更是如此,大批大批美国人在“一夜暴富”的诱惑下倾其所有卷入股市,疯狂追求虚拟中的财富而沉醉于明天更高的股价,股指一路飙升。

正是这种泡沫与不平衡性没有得到有力切实的监管与宏观调控,最终导致股市泡沫膨胀而最后破灭,从“黑色星期四”到“黑色星期二”,股指一路狂泻,一场从股市崩溃开始的大萧条结束了美国1922年以后长达8年的繁荣,“把美国人从幸福的顶峰摔到了绝望的深渊”。美国的GNP下降29%,1933年3月美国的工业生产指数、居民住宅建设合同数量和工厂就业人数下降到仅为1929年6月时的47%、8%和57%。大萧条期间自杀率剧增,有的史书甚至记载,有人上高楼就会遭人盘问:“是不是上去自杀?”读后令人毛骨悚然。

其实这场突如其来的大萧条并非是从天而降的天灾,而是“冰冻三尺非一日之寒”的人祸,在社会的更深层次上完全有因可究,有源可溯,有迹可寻。

为此,作者“力图在视角的选择和整合上有所突破”,从1919—1933年美国经济运行轨迹入手,通过四个视角的“多维研究”对大萧条进行全面考量与“解剖”。首先采用“历史变动”的视角着眼于从整个经济运行的大环境,剖析美国完成第二次工业革命与确立垄断资本主义后由繁荣到大萧条的历史进程；接着运用社会学的原理，通过“消费社会”的视角展现美国处在形成初级阶段消费社会的特点，揭示该社会中的非理性消费行为与观念主要表现在超前消费的过度膨胀与对传统的绝对否定，导致拜金主义、物质主义的泛滥，成为滋生浮躁行为与情绪的温床，造成某种程度上的社会文化失衡与道德失落，成为经济周期中的不稳定因素；进而在“政府干预与放任”的视野下展示当时尚处在角色变换中的美国政府所起的十分有限的作用，对放任与干预概念作出历史解释与定位；最后作者运用经济学原理提出“经济运行周期性”是决定经济潮起潮落的关键因素，在经济周期的运动中，由于1919—1933年的美国经济经历多种不同的经济周期，体现了周期中的繁荣与萧条，是美国经济史上的典型阶段，透过这个研究经济周期的重要窗口能够观察整个美国经济乃至资本主义诞生以来整个世界经济的发展。

作者在运用“多维”视角聚焦美国大萧条的基础上，最后运用数学知识经过精心探索设计了一个“多种因素共同作用的立体模型”，富有创意。根据这个经济模型，作者认为在经济运行中，当各个产业发展出现偏差时就会降低整个模型的稳定性，需要通过衰退来实现结构的重组达到新的平衡，进入新的稳定运行阶段，而整个经济的体量也在此过程中获得扩张，实现所谓的螺旋上升。读者是否可以运用这个模型观察当前的金融海啸与经济衰退而从中得到启发？

“多维研究”是一种现代的多学科交叉研究方法。犹如现代医学要借助诸如X射线、CT、同位素扫描、核磁共振等多种手段诊断病人的疾病与病理一样，人文学科同样需要借助不同学科的原理，采用多视角的方法，全方位的探究与聚焦于同一个社会现象或社会问题，才有可能接近事物的真相与本质而提出真知灼见，发前人未所发，言前人未所言。现代人文学科领域中一些带有独创性的诸如现代化理论、经济周期论等也总是体现出多种学科的综合与交叉，人们在这些理论中不难发现诸如历史学、经济学、社会学、政治学等原理与“元素”。当然要做到这一点并非易事，它要求一位研究者具备多种学科的素养，因此“多维研究”既是本书的一大特色也是难点之所在，对于这种难度，作者在后记中透露出她的心路历程——“我日益感到了疲惫和害怕，似有落入无底深渊之感”，“但我不后悔。虽然论文可能只是一种浅尝辄止，但至少整个写作过程让我体会到了做学问的真正辛苦……我终于坚持到了最后。”读来令人感动。

陆甦颖博士是我指导的学生中唯一一位硕博连读者,因此在长达7年共同切磋学问的岁月里,她参与我的学术研究活动可谓是最多的当然也是最辛苦的,从编《阅读历史一百部经典》到翻译《世界文明通史》,再到编著《崛起和扩张的年代 1898—1929》和参与国家课题《美国多元文化研究》等,兴许这也是一种师生情缘。她在探求学问过程中所表现出的勤奋与悟性给我留下了深刻印象。那年寒冻天气,她为了专心写论文排除干扰特地离开上海暖融融的家独自一人关在学校那水泥地的宿舍里埋头敲打键盘,我去看她时直感室内寒气逼人。说也怪,历史学科班出身的她却对经济学情有独钟,记得她刚读研时就向我提出要去上海某著名大学听经济学的课程,后来她选择美国大萧条作为博士论文课题,毕业后又应聘去上海大学工商管理学院从事经济学领域的教学与科研,可见她对经济学的孜孜追求。其实史学于文科犹如数学之于理科,两者分别为文、理科的基础,史学基础越扎实对研究文科的其他门类越有帮助,我相信陆甦颖博士凭借她的史学基础与对经济学的钟情,加上"灵"感与"才"气,一定能在探索经济学的漫漫苦旅中再次领略到做学问的乐趣与幸福。是为序。

写于华师大三村2008年圣诞节前夜

《美国通史》第四卷引言

19—20世纪之交(1898—1929)是美国历史上全面完成始于南北战争以后(即镀金时代)的巨大转变的时代,是美国自独立以来变化最快、最猛、最烈的时期之一。第二次工业革命全面完成,工业化、城市化和垄断化基本实现。美国经济、科技、文化高速发展,农业国变成工业国,农业社会基本转化为现代城市社会;自由资本主义发展为以私人垄断为特征的垄断资本主义新阶段。美国在世界上由一般的资本主义国家一跃而为国际一流的经济和军事强国。美国从殖民地跃为世界一等强国,在西半球崛起,并开始雄心勃勃地越过大洋向东半球扩张。

崛起和扩张成为美国世纪之交的主题。美国在崛起中扩张，在扩张中崛起。

取代旧霸主英国追求世界首强地位，从而为垄断资本开拓海外“新边疆”成了美国统治者和财团大亨们梦寐以求的理想，也是美国政府制订对外政策的指路星辰。1898 年美国终于与老牌帝国西班牙打响了第一次帝国主义战争的枪声，从而揭开了美国大规模海外扩张活动的序幕。美国扩张主义者清醒地认识到太平洋在新世纪中的重要战略地位，伴随着美国国内扩张主义思潮的鼓噪声，美国军舰和军队把星条旗插向从老牌强国西班牙手中夺取的新领地：菲律宾、古巴等地；他们越过太平洋以菲律宾为跳板向中国进军，正式提出对华的“门户开放”照会，形成了独立的对华政策；派遣军队参加八国联军镇压中国义和团的爱国反帝运动，并积极在政治、经济和文化各方面向中国渗透，企图让东方古国“西方化”和“美国化”。美国近邻拉丁美洲历来是它扩张的重点地区之一。T.罗斯福提出了新门罗主义——“罗斯福推论”，成为在新的历史条件下美国对拉丁美洲的扩张政策。美国政府“用最不高尚”的手段攫取了巴拿马运河的开凿权，调解了委内瑞拉危机，拒欧洲列强于拉丁美洲之外，军事占领了古巴、海地、多米尼加、尼加拉瓜等。

在美国向海外扩张的过程中，扩张主义思潮沉渣泛起并达到了新的可怕高度，由于它承继了传统扩张主义（基督教“使命”原则和“天定命运”论）思潮的精髓，又具有现代帝国主义为追求高额利润的经济军事扩张野心，因而变得更富侵略性、扩张性、欺骗性。美国有识之士和进步人士对帝国主义和扩张主义思潮展开激烈辩论，力排众议，言之凿凿。对外扩张虽然加速了美国国内的经济发展，但最终也使美国遭到了报复。

巨大的发展以巨大的代价为条件，迅猛崛起以沉痛的牺牲为前提。工业化、城市化和垄断化给美国带来巨变的同时，也带来了人们意想不到的工业社会综合症：复杂的工业社会结构和城市分层导致社会问题层出不穷；产品的极大丰富与分配的不合理，提高效率和公平原则间的矛盾导致贫富差距悬殊；垄断的无度和无序发展破坏了资本主义经济发展的游戏规则，致使中小资本强烈不满；权力和金钱的联姻，垄断集团和政府的勾结，导致政治腐败，丑闻百出；物质生活的富裕与精神生活的空虚，造成文明的失落和道德的沦丧；千百万外来移民为美国带来勃勃生机，也成为造成城市贫民区域的原因之一。美国就像一架正在起飞冲向蓝天的飞机，在起飞时发生了剧烈的震荡和失衡。及时改革和调整成为美国持续发展的当务之急。

从19世纪90年代后期发展起来的进步主义运动就是一场全面而深刻的社会改革运动。虽然很难说这是一场有统一目标、有计划、有步骤的全国性运动，但它确实是一场轰轰烈烈的改革运动。包括工人运动、农民运动、妇女运动、社会主义运动、黑人运动、社会正义运动的强大社会运动是它的直接推动力量（有的属于运动本身的组成部分）。中产阶级知识分子在运动中起了先导作用，他们首先提出新的社会理论作为运动的理论指导，他们揭露黑幕为改革制造有力的舆论，在联邦、州、市镇各级改革派和各领域改革派的领导下，美国人民在不同层面、不同领域，以不同方式进行了程度不同的各类社会改革。最后美国政府采用立法手段将改革成果肯定下来。这场运动体现了群众性的某些自发性也兼具政治精英们的自觉因素，运动中的局部目标和地区目的虽不完全相同，但是在大的改革方向上是一致的。进步主义运动取得了积极成果。在政治上既加强了联邦政府的权力又扩大了人民的选举权。既扩大了选举的范围（如参议员由选举产生），也扩大了选民的范围（选举权扩大到了妇女）。市政体制进行了卓有成效的改革，取消了城市政治机器（城市老板），摸索和建立了若干种新的管理体制，对建立现代管理体制和遏制政治腐败起到了积极作用，修正和理顺了美国的政治游戏规则。在经济上强化了联邦对经济生活的干预，制订了反托拉斯法规，既保护垄断的发展又控制了垄断发展的规模和范围，制订和维持了资本主义经济游戏规则，使资本主义顺利地由"自由"体制向垄断体制的过渡。在社会和劳动方面，一些立法和举措在一定程度上调整了劳资关系，政府以总裁者自居宣称"公正施政"。通过了每天八小时工作制和有关保护儿童、妇女权益的法规等。在文化思想上涌现了进步主义的文学、进步主义教育、进步主义史学等积极成果。

进步主义运动从本质上说是美国社会对工业化作出的一种反应。为了适应已经工业化的经济基础，上层建筑必须作出相应改革。这种改革既要进一步推进工业发展又要避免工业化带来的负面效应。它是资本主义制度自我调节功能的体现。资本主义制度由自由体制向垄断体制的转化必然引起社会阵痛和震动，进步主义运动在不根本改变资本主义的条件下对其体制内的部分结构和游戏规则作出调整和修正，使之适合新的历史条件。它也是美国现代化进程中出现的一场改革，目的在于使美国从传统社会顺利向现代社会转化。改革中的某些举措具有现代化意义，推动社会现代化和政治现代化与经济现代化同步发展。所以进步主义运动构成了美国世纪之交的时代“最强音”。

在美国工业化和改革进程中，人类历史上第一次世界大战在欧洲爆发了，这是一场残酷的帝国主义战争，是人类史上的巨大悲剧，对美国却是一个可资利用的机遇。美国从开始的中立最后走上战争之路。它抓住了机遇从战争中获得巨大利益，美国人民却为早日结束战争作出了不可磨灭的贡献。战争使美国成为提供军事物资和生活资源的军火商和世界工厂，大发战争横财；战争使美国的国际地位迅速提升，协约国和同盟国两败俱伤，美国坐收渔利。战后美国提出以建立国联为中心的“十四点计划”，就是美国企图建立以它为领导的世界新秩序的蓝本。

进入20世纪20年代后，共和党人再次入主白宫。鉴于美国人对长期处于国家干预和一战期间的军事轨道的反感，三届共和党政府又回复了自由放任政策，当然这是在垄断资本主义基础上的自由放任。美国依靠强大的经济实力、管理革命和科技创新，在经历短暂危机后呈现了前所未有的经济繁荣，美国工农业总产量在世界上独居鳌头，美国人过着世界上最高水准的生活，尽管仍有许多贫困人口存在。在外交上，美国政府从实用主义出发，时而采用孤立主义，时而实行扩张主义，总的战略是企图巩固其扩张高潮期取得的“成果”。在世界列强之间美国极力鼓吹裁减军备以建立某种均势，维护以美国为领导的世界和平局面。为此美国参与对新生苏俄的武装干预和所谓对苏经济援助；在远东与日本又勾结又制约，继续支持中国军阀政府侵犯中国人民利益；在拉丁美洲企图巩固在那里所建立的亲美政权，稳定“后院”；在欧洲继续在英、法、德等大国之间搞平衡，不使德国过于贫弱而失去对抗英法的牵制作用，大力推行道威斯计划和杨格计划，企图在欧洲均势中保持美国的特殊地位。

20年代对美国人来说也许是一个和平的年代，也许还是一个繁荣的年代，有人不是断言福特“打败”了马克思了吗？但是，在美国20年代经济繁荣的背后却潜伏着阴森森的危机，当美国人沉醉于舒适的住宅、漂亮的小汽车，便捷的电冰箱、洗衣机和无线电等等物质享受，争先恐后抢购股票渴求一夜发财的“幸福”时刻，一场史无前例的经济危机的滚滚乌云正在向他们袭来……

本书的最后一个句号就在此划下。从此美国进入了富兰克林·D.罗斯福时代。

2000年9月

从命、惶恐与机遇

——《美国通史》第四卷写后感

说起《美国通史》第四卷的写作余悸尚存,我还清楚地记得,2001年10月的一天,《美国通史》总主编刘绪贻先生从武汉打来电话说:"祝贺你们,中国美国学会福特出版基金正式通过丛书第四卷的申请了。"我放下电话深深吐了一口气,顿释重负,立即向各位合作者通报好消息。其实从6月底向中国美国学会申请福特出版基金学术委员会寄上书稿以后,我心中一直忐忑不安期盼消息,唯恐有什么闪失误了美国史研究会的大事。

说实话,我平生也写过一些著作编过一些书,但是没有像这次主持与写作《美国通史》第四卷那样的紧迫、无奈与惶恐。据我所知中国美国史研究会确定由谁担任第四卷的写作有些周折与变动,致使第四卷成了写作时间十分急迫的最后一卷。当总主编向我下达写作"令"时,除了日常繁忙的教学科研任务外,我正在为上海一家颇有学术声誉的出版社着手撰写一卷本的美国通史,但是我的内心深处主要是怕完不成任务,因为前面几卷不仅质量高,而且已经正式出版了,写不好成了"狗尾续貂",写不出交白卷将连累整套书的出版,"必遭研究会老中青痛骂",所以迟迟不敢接受。后来,总主编在与我的多次通信中情真意切地告诉我:"我们三位老人(刘绪贻、杨生茂、邓蜀生)都是八十开外的人了,我们多么渴望能在有生之年看到六卷本美国通史的出版啊!"这些话在我心中产生了强大的震撼力。

接受任务以后就成了过河卒子有进无退了。我和我的同行们冷静分析了不利条件:时间十分紧迫且没有一分钱的科研经费,白手起家,困难重重;有利条件也有一些,客观上令人十分鼓舞的是得到了国内美国史研究会领导、总主编及同行们的鼎力相助,刘绪贻先生与丁则民先生寄来数十本英文原版专著,后来从美国回来的王寅老师也慷慨借出大量的英文原著，帮我们解了燃眉之急。大家放下手上的活儿，以最快的速度在上海图书馆、北京国家图书馆、南京大学霍布金斯大学中美文化研究中心等地收集资料，得到了同行们的大力支持。武汉大学的李世洞先生特意寄来了他的写作提纲与王镜瑭先生的初稿《文化思想新成果》。主观上大家曾对19世纪末20世纪初的美国由农业国向工业国的转化进程，其中包括美国的第二次工业革命、美国垄断资本主义、进步主义运动、农民运动、大企业家群体、社会转型期的主流思潮的演进、政治体制演变等作过不同程度的思考，写出了一系列有关的硕士论文；在人力上我们有美国史硕士点、博士点的优势。

就这样，我们（撰稿人余志森、王春来、陆甦颖、陈晓）埋头数年，集体合作写了60余万字的初稿，最后由我统稿修改定稿，在正式出版时删成现在这样的规模。

根据总主编制定的写作计划与原则，我们努力在马克思主义指导下，以历史事实为依据，全面而简要地反映出1898—1929年美国的历史面貌，上承下联，浑然一体，同时尽力使本卷写出特色，写出新意，希望能在突破传统观念方面取得一些成果。今天，在这方面我们只能说我们尽了最大努力。大致说来有如下几个方面。

一、"垂死"与"崛起"。

论及1898—1929年的美国历史，往往着笔揭露美国帝国主义的本质，揭示其垂死的前景与黑暗的社会面貌，等等。然而大量的历史资料表明，许多中美学者的最新研究成果表明，该时期的美国实际上是一个飞跃发展的大转变时代，"是美国独立以来变化最快、最猛、最烈的时期之一"。一个"变"字贯穿其间，变化的主要内容是第二次工业革命的全面完成，工业化、城市化和资本主义垄断化基本实现，即基本完成了美国社会从农业社会向工业社会的转变。从现代化的视角分析，美国已经进入从传统社会向现代社会转变的"起飞"阶段。

资本主义从自由阶段向垄断阶段的转化是一种"发展"，是低级向高级的"演进"，但并没有到达这种发展的顶峰，它还有相当的发展空间与变化可能，这一点已被20世纪的百年历史所证明。本卷认为对资本主义的研究应当与工业革命结合起来作出整体性考察，第一次工业革命与自由资本主义相联系，第二次工业革命与垄断资本主义相联系,随后的资本主义的新发展阶段与新的工业革命相联系。人类历史发展的根本动力是生产力的发展,而科学技术是第一生产力,美国这 30 年的巨大发展的根本动力是当时正在蓬勃开展的工业革命。这场革命所释放出来的巨大能量远远超过了马克思曾经为之赞赏的第一次工业革命带来的巨大生产力,工业革命勃发的能量使美国的资本主义体制、美国社会结构与社会生活,乃至美国人的价值观念发生了全方位、多层面的变化。革命的完成使美国的综合国力从一般资本主义列强上升为列强之"首",呈现强劲的"崛起"之势。

"巨大的变化以巨大的代价为条件,迅猛崛起以沉痛的牺牲为前提。"现代化给美国带来了工业社会综合征:产品的极大丰富与分配的极端不合理,效率原则与公平原则的悖论导致贫富差距悬殊;垄断的无度和无序膨胀破坏了资本主义的游戏规则,权力与金钱的联姻,垄断集团和政府的勾结导致政治腐败;物质的富裕与精神的贫乏造成文明的失落和道德沦丧,等等。进步主义运动就是为治疗现代病的一场改革,是美国社会对工业化的反应,也是资本主义体制的内部调节功能的表现。美国的崛起是以美国人民的奋斗与痛苦为代价的。

二、大企业家是"强盗大王"还是"实业家"?

教条式的阶级分析方法往往易于简单化而背离马克思主义的灵魂:具体问题具体分析。垄断资本主义时期,美国涌现了一批大企业家,如果给他们简单地戴一顶垄断资产阶级的帽子加以揭露鞭挞,虽然痛快但对解释历史的发生与推进学术研究毫无裨益。本卷为什么倾向于对他们进行历史的、具体的分析是基于这样的认识:大企业家群体充当了人类社会由自由资本主义向垄断资本主义历史转化过程中的工具和代表人物,因而在推进美国工业化方面起了积极作用;但是由于这种转化本身是在资本主义框架中进行的,是一种追求利润最大化、大鱼吃小鱼式的十分残酷的竞争过程,必然充满着种种资本主义所特有的不道德与不公正。

同时,这个群体本身的构成十分复杂,有世袭的富人,有发明家、科学家转化而为企业家的,有国外贫困移民实现美国梦致富的。大企业家群体的这种复杂性决定了人们在认识评价他们时的多样性和争议性。本书对大企业家的两面性作了较为辩证的分析。

三、美国政治体制是变得更“集权”还是更“现代”？

论及1898—1929年的美国政治体制的演变常常偏重于从垄断资本主义的视角批判揭露美国的政治体制的虚伪性与集权化。本卷在吸收国内外学术成果的基础上，试图从美国政治现代化适应经济现代化的角度观察美国政治体制发生的变化，试图从更广阔的视野观察这种变化。

19世纪20世纪之交美国政治体制产生的演变既有集权化的一面，也有美国国会为抵制腐败和适应新形势向着立法程序更加完善方向发展的一面，还有美国选举制的进步，包括选举方法的改进，选举范围的扩大和选民范围的扩大。这种变化有利于扩大民众选举权和提高民众参与政治的程度，适应经济现代化的进程。

即使美国总统与联邦政府权力的扩大，也“并没有改变三权分立和制约的根本性质和结构”。总统成为权力中心发挥主导作用，依然是在立法与司法对其实行制约和牵制之下进行的。在分析总统与联邦政府权力扩大的原因时，除了从维护垄断资产阶级根本利益的角度，还试图从美国在南北战争以后进入统一、完整的国家阶段的历史条件与国际环境，从美国经济现代化的迅猛发展的历史进程等方面加以多层面多视角的说明，旨在避免片面性与简单化。

四、20世纪20年代美国经济的“繁荣”与“危机”

对于20世纪20—30年代的美国经济繁荣以及随之而来的大萧条，如果单线条地从传统的资本主义经济危机理论加以分析，显然是不够充分的。本卷借助经济学、社会学的某些原理，刻意探究当时美国繁荣背后已经潜伏着的种种危机因素，对当时美国经济中存在着的泡沫现象作出较为详细的展现，对当时美国政府的无奈与无为作出较为客观的评价，试图从资本主义经济指导理论的动态发展，其中包括国家干预与自由放任的理论与政策的动态变化加以说明，避免用现在的国家干预或自由放任理论去解释当时的经济运行的实际或要求当时的美国政府有所作为。企图从历史的角度透视20世纪20年代美国经济繁荣背后已经埋下的大萧条的伏笔。

五、努力反映中国学者的最新研究成果

通史与一般的专著不同，一部成功的通史的编撰往往是该时期众多学者研究成果的总结与概括，在某种意义上是一种集体智慧的结晶。因此努力反映中美学者的最新研究成果是本书编撰者的一个明确指导思想之一。我们在尽最大努力收集第一手资料的前提下特别对该时段美国史研究的学术史与史学史加以关注,因为这是一部中国学者编撰的美国通史,我们力求使之有“中国特色”。所以特别注重反映我国研究美国史专家们有关的研究成果,如:刘绪贻先生的资本主义研究,杨生茂先生的美国外交史研究,邓蜀生先生的美国移民问题研究,黄绍湘先生的美国通史,丁则民与王旭、黄柯可等的美国城市化问题研究,黄安年的美国崛起,李剑鸣的进步主义研究,张定河的美国政治制度演变研究,等等(因篇幅关系恕不一一列举),还有许多中青年学者撰写的有价值的学术论文与尚未发表的硕士论文、博士论文等等。对此我们不仅在引文中表明,还通过注释说明。

写到此,我不禁思绪起伏,兴许世上确实有许多事情只有当它完成或者失去的时候才能真正认识到它的价值与意义。说实话几年前我接受任务时更多的是对于美国史研究老前辈和研究会领导给予的任务的那种恭敬不如从命的态度,更多的是唯恐交白卷、交劣卷的惶恐;今天六卷本通史已正式问世,本卷幸获上海市第六届哲学社科优秀成果三等奖,我才领悟到能参与这样的一个学术工程是一种幸运,是一种机遇,也是学术前辈与学会领导对我们的一种信任与关爱,我和参加写作的同事再次深深感谢总主编与美国史研究会给了我们这样一个也许是一生中都难以得到的学习机会。

(载《史学月刊》2002 年第 5 期)

《史学家——历史神话的终结者》序言

说来惭愧,第一次接触英国历史学家霍布斯鲍姆的著作还是 80 年代初,在美国研读有关工业革命的论著时,从《文明主流》一书中读到霍氏所著《革命的年代:1789—1848》中的一段话,他从英语词汇的变化论述英国产业革命、法国大革命的巨大社会影响。现代英语词汇中频繁使用的“工业”“工业家”“工厂”“中产阶级”“资本主义”“社会主义”等,还有政治词汇“自由”“保守”“激进”“危机”“功利主义”“社会”“民族”“国家”“民族主义”“自由主义”等都产生于革命年代。当人们想到如果没有这些词汇现代世界将会怎样时,就会明白爆发于1789至1848年间的革命的深刻性。革命铸成了自人类创造农业与冶金术、文字、城市和国家的遥远时代以来历史上最伟大的转变。他的话角度新颖且十分生动,又非常深刻,后来我每每在讲课中加以引用。近年来,霍布斯鲍姆的名字已在中华学界广为流传。他的《革命的年代:1789—1848》《资本的年代:1848—1875》《帝国的年代:1875—1914》在中国翻译出版,还被有关部门列为我国1999年的热门书籍,被人评说为虽不张扬,但"一直不乏追随者"。近年他的《新千年访谈录》《民族与民族主义》又陆续被译成中文与中国读者见面。更令人敬佩的是霍布斯鲍姆晚年还笔耕不辍,1994年又推出新著《极端的年代》,两年间再版12次,并被译成多种文字。他自己说,"这是一部由20世纪的当代作者写给20世纪后期的当代读者阅读的著作"。作者以其精辟洞见,深入考察了本世纪从1914—1991年的历史。至此他完成了他的人类19与20世纪历史"年代"的"四部曲"。1997年,八十高龄的霍布斯鲍姆又精心编撰出版了他的论文集《论历史》。十分感谢我国留美学者马俊亚及其合作者将本书译出(书名译为《史学家——历史神话的终结者》)奉献给中国读者。

霍布斯鲍姆1917年生于埃及亚历山大,先后在维也纳、柏林、伦敦和剑桥求学。二次世界大战中投笔从戎,抗击法西斯;战后重返学院攻读,获博士学位;毕业后留校任教职。为英国共产党党员,与同事共创英国马克思主义学派,即新社会史学派,涉猎深广,著述甚富。

如果说他的上述"时代四部曲"是典型的历史书,其他诸如《原始叛逆者》《劳动者》《工业与帝国》等是相关问题的学术专著,那么今天呈现给各位的《论历史》则是一本集霍布斯鲍姆史学思想之精粹,积他几十年历史研究之结晶的论文集,诚如他本人所说,"作为一个从事这一行当已达50年的人,其间理应对历史问题发表点见解,现在把这些见解汇总成这本论文集,也就不足为奇了"。根据他自己的说法,本集所收论文探讨了历史学对其他学科,尤其是对社会科学的价值;阐述了他对历史上诸如后现代主义与计量历史学等有争议问题的审视与评价;阐明了他独特的历史思路与有价值的历史阐述。

论文集闪烁着霍布斯鲍姆对历史理解的智慧之光。

人类的昨天、前天究竟是人们"心造"的梦幻般的"虚拟"幻境与神话,还是人们可以认识的真实发生过的有血有肉的活生生的事实?这是令人困惑的难题，也是唯物史观与唯心史观长期争论的焦点之一。曾经在西方流行的相对主义理论认为客观历史事实是不存在的，我们所说的事实仅仅是作为一种按这些“事实”阐述的先验的概念，我们所研究的历史仅仅是我们思想的产物而已。现今否认历史可以被认识与理解已成为一种时尚。霍布斯鲍姆对上述看法提出了挑战：人们生活在历史之中这是无法改变的事实，也是人们无法逃避的现实。“我们遨游在过去之中就像鱼儿遨游在水中，我们无法从中逃遁。”

他认为历史是客观存在的事实，不容否认也无法否认，历史作为一种认识的客体可以被人类认识，但认识的主体需要站在一种客观的立场上，历史学家应该排除主观因素的干扰去寻求历史的真相，为此要剔除政治观念的影响去尊重事实，反映真实的历史，更好地解释客观真实的人类社会的发展过程。“解构披着历史外衣的政治和社会的神话，长期以来一直是史学家职业义务的一部分。”但历来的统治阶级及为他们服务而制造“伪历史”的学者往往不惜歪曲历史甚至篡改历史制造神话，利用“坏历史”愚弄百姓毒害人民。“遗憾的是，就像我们这个千禧年之末的世界大部分地区的局势所证明的那样，坏的历史并非无害的历史。它是危险的历史。敲在明显是无关痛痒的键盘上的那些句子，却可能是死亡的判决。”令人十分感动的是他对日本政府掩盖与删除侵华事实专门作了深刻的揭露，他说：“上述以及其他用神话和虚构来代替历史的企图，并不仅仅是拙劣的智力笑话。毕竟他们有权决定在教科书中写进什么内容，日本当局对此了然于心，因此坚持在日本学校中使用对日本侵华战争内容进行删改的教科书。”为了某种利益篡改事实真相的历史只能是“劣质品”，是“赝品”而已。

真实的历史，即历史的真相应该是什么？对此历史学家们众说纷纭，流派林立。霍布斯鲍姆与同行莫里斯·多布、罗德尼·希尔顿、克里斯托弗·希尔和 E.P.汤普森创立了新社会学史学派提出了新的解释。他们发表著作的年代主要从 20 世纪 40 年代到 70 年代。今天，E.P.汤普森已经过世，唯霍布斯鲍姆还笔耕至今。与以前的那种只是研究日常生活、风俗民情的社会史不同，新社会史学派强调，社会史应该是包括经济、政治、文化等各个方面的“总体史”，应该采用多学科或跨学科的研究方法多视角地研究和全面分析社会各种现象。因此他们不仅能从各种新的角度全面地研究人类历史；而且具有理论色彩的深刻分析。有人曾说过:“今天的政治就是明天的历史。”也曾有大量的历史著作是按照这样的观念写成的,这些历史著作成了朝代更替、王家兴衰的大事记和帝王将相的家谱与丰碑,普通老百姓在历史上消失了,生动多彩的社会生活不见了,历史成了政治史,成了阶级斗争史,甚至成了路线斗争史。一部生动万分丰富绚丽的人类历史变成了食之无味干巴巴的几句说教。霍布斯鲍姆早在 1970 年就撰写了《从社会史到社会的历史》,对此前的社会史发展作了全面的总结,对研究“社会的历史”提出了他自己的独到见解。他认为在众多的定义之中,社会的历史是在一起生活的特殊群体、并按社会学标准加以定义的人的历史。它是一种各色各样社会的历史、也是(如同区别于类人猿和蚂蚁社会的)人类的历史,或者是某些类型的社会(如用“资产阶级”或“游牧”这类词汇定义的社会)及其潜在的关系的历史,或是被看作整体的人类普遍发展的历史。因而他们主张“从下而上”地研究历史,也即从小人物或普通的社会现象着手研究,不是着意精英人物,而更重视对社会下层和人民群众历史的研究。霍布斯鲍姆曾通过研究工人戴鸭舌帽、食品的标准化包装和大众化的休假等现象从而对英国工人阶级的形成问题作了理论分析,他们这种将史学与社会科学紧密结合的英国新社会史研究在世界上处于领先地位。美国欧洲史学史专家乔治·伊格尔斯教授在 70 年代高度评价新社会史的诞生,说这“是近 15 到 20 年来历史编纂学方面最重要的发展”,对国际史学界都产生了深远的影响。

曾几何时随着商品经济的发展与基础研究的削弱,在一些人的眼中历史学变得毫无用处吃不开了。霍布斯鲍姆却深刻分析了历史学的功能,在论文集中他直率地说:“你可以把这些论文看成是我对我的职业所做的宣传广告。”他认为历史学不是一种可有可无的东西,而是一种提高人类智慧的学问,它致力于一项具有内聚力的智性工程。它的功能之一就是解释人类发展的动因与探求发展规律,至今它已经在解释世界是如何发展到了今天这一点上取得了成绩,正在清除统治阶级将作为启人心扉和意识形态的历史逐渐成为自我辩解的神话;也同时清除使用各种机械模型和机械装置作为解决问题方法的骗人东西。

霍布斯鲍姆特别探讨了历史学的“预测”功能。他认为人类的过去、现在和未来是不可分割的“一个连续体”。三者之间有着内在的联系与因果关系。

人类的“现在”总是在“过去”形成的既定条件下发展起来的;人类的“未来”也总是在人类“现在”的基础上发展起来的。因此人类过去的社会结构、它的发展进程与机制往往可能限制与影响人类未来将发生的事件,因此研究历史往往带有对人类未来的一定的预测性。其实过去的历史学家们都自觉或不自觉地对人类的未来作出某些预测,只不过“他们的未来恰好就是现在,或与较远的过去相比,是更近一些的过去”。他认为运用史学方法的预测通常使用两种方式,往往彼此交融:一种就是依靠对发展趋势归纳所作的预测,或者叫模型设计;另一种是依靠对真实事件或实际结果的常规分析所作的预测。但是他指出历史预测在两个方面不同于其他形式的预言。首先,历史学家们关注真实的世界,在这个世界里,其他事物总是千变万化、不可忽略的;其次,像理论家们一样,历史学家并不关心对预测的验证。正如奥古斯特·孔德所说:“知识不是预见,但预见是知识的一部分。”

霍布斯鲍姆在肯定历史预测性的同时又辩证地指明了这种预测的不确定性与困难。他认为人类的未来并不是确定无疑的,也不是完全可知的。“预测未来令人神往,也很有可能,甚至很有必要。但我并不是说未来是确定的,也不是说它是可知的”。预测的困难在客观上,预测往往集中在“未来最捉摸不定的那些方面”,因此一般性的预测等同于没有预测,我们不需要气象学家告诉我们冬天后面就是春天。

针对人们对社会主义预测的种种说法,霍布斯鲍姆没有绕圈子回避敏感问题,他的直率与坦言增强了他对问题的洞察力与理论魅力。他认为仅仅因为我们赞成社会主义而欣然拥戴这种预测是毫无助益的。但科学社会主义并非虚无缥缈的主观臆想,而是马克思以深邃的洞察力发现的某些人类基本的发展趋势。“但我们不知道这些趋势最终会产生什么样的结果。就像在过去对未来的许多方面的预测那样,当某种结果出现的时候,它很可能已无法辨认,这不是因为预测是错误的,而是因为在我们被告知我们所期盼的这位有趣的陌生人已到达时,我们依然以特定的老面孔和老装束来辨认他。”

论文集的最后一篇收录了霍布斯鲍姆在1997年为纪念《共产党宣言》发表150周年而撰写的《〈共产党宣言〉介绍》,这也许很有象征意义。霍布斯鲍姆是马克思学派的代表人之一,他公开以马克思主义者自居,以马克思主义者为荣。长期以来马克思主义在学术思想界拥护者有之,批判者有之,捍卫者有之,崇拜者有之,攻击者有之,盲从者有之。苏联解体、东欧剧变后,马克思主义的历史命运遇到了更大的挑战,但是霍布斯鲍姆坚持马克思主义,特别是在历史研究中坚持历史唯物主义的原则。他认为迄今为止在历史研究中,马克思的历史唯物主义依然有着强大的生命力,依然是最有说服力的一种指导历史研究的理论与方法。“换句话说,如果不回溯至马克思,或更确切地说,如果不从他思索的起点开始,严肃的历史探讨是不可能存在的。这就意味着,基本上——如盖勒所接受的——是唯物主义历史观。”他还对马克思的科学方法作了高度评价,他并不认为马克思所说的每一句话、每一个字都是无法改变的真理,他主张用新的、活生生的材料来验证马克思主义的结论,“我并不是说马克思就是正确,或者说马克思的看法是很恰当的,而是说他的方法是必不可少的”。霍布斯鲍姆和他的马克思学派的同行们研究了马克思研究过的领域,也研究了马克思创始人尚未看到与接触到的新领域,在历史研究领域他们站在 20 世纪 70 年代,甚至 90 年代的高峰回首往事,写出人类历史的风云变幻,起伏跌宕;在社会科学研究中他们继承了马克思主义创始人使用过的方法,也吸收了其他先进的社会学理论特别是法国年鉴学派的成果,创造了他们自己的新方法;他们是一批在书斋中分析资料探究真理的学者,他们也是在火热的实际斗争中贡献力量的社会活动家,因而他们的作品既有深入的理论分析又有他们直接的体验与感受,是两者的结晶;他们的作品闪烁着马克思主义原则的光芒,又有他们自己洞察社会新变化、研究层出不穷新事物所得到的真知灼见。

《论历史》就像是一位饱经风霜的睿智老人娓娓讲述着人类历史以及人们应该如何正确研究历史的心得洞见。悠悠古今,深入浅出;茫茫史海,翩翩泛舟;幽默机智中笑谈风云变幻、人间沧桑,喜怒哀乐跃然纸上。

《世界文明通史》译者序

几年前,当我们从编辑手上接过英国牛津大学史学家约翰·M.罗伯茨教授刚出版的沉甸甸的十卷精装本《世界文明史》时,感到了它沉重的分量。曾应允要将它译成中文的我们有些犹豫了。首先是本书的分量太大,不花若干年的硬功夫是“拿”不下来的;二则市面上已有了好几套世界文明史,我们有必要再去“凑”这个热闹吗?

但是,翻开书本认真细读后,大家心中的犹豫迟疑顿时雪消冰释了,“值得翻译,赶快翻译”成了大家的共识。为什么?

说来并不复杂。翻开书本的每一页,映入眼帘的不仅是墨黑的文字还有大批色彩斑斓的精美图画、照片、图表、地图等,加上编排新颖,错落有致,图文并茂,引人入胜。全书共收录了2000余幅图片、照片,200多幅精致地图。有世界上最新考古发现的照片,有数万年前欧洲山洞中的壁画,有东方世界带有某些神秘色彩的图画,还有作者精心制作的各种图表与历史地图……那些收藏在诸如罗浮宫等著名博物馆中的名贵艺术品的照片甚至可与某些西方艺术史专刊的画片比美,在数量质量上均是第一流的,有的对我们中国读者来说是前所未闻的。过去有人不喜欢历史书,其中一个原因是历史书编得索然无味,读这样的书不仅不是一种享受简直是受罪。但是阅读罗伯茨的文明史犹如参观一座世界历史博物馆,沿着人类文明的足迹,踏遍全球的山山水水,历经跌宕起伏的人间沧桑,纵观聚散离合的天下风云,身临其境回味无穷。

一本好书不仅给人以知识而且能启迪人的智慧。人总是在不断反思自己的昨天、前天中变得更聪明更成熟,人类亦然;对人类文明作出整体性的思辨与多维视角的透析往往是提高人类认识与改造世界能力的重要途径与方法。本书经过对人类文明的形成、发展、前景的系统研究作出有学术价值的历史性判断,视角新颖,发人思考。

总体性与阶段性的有机结合是它的一大特色,全书以人类不同文明的内容为纬,以时间发展为经,经纬交织,构思精巧。十卷在思想体系上浑然一体,一气呵成;但各卷又独立成册展现人类文明发展的阶段性。从描述数百万年前的人类早期猿人与人类最早文明的《史前时代和最早的文明》的第一卷,直到展现20世纪末人类“后冷战”时代的全球政治与世界新格局的最后一卷《新全球时代》,上下数百万年,纵横五大洲。历史发展的多元性贯穿其中,编著者认为推动人类文明发展的因素是综合性的,有经济、政治、文化、思想、社会、宗教等多种因素构成合力,其中作者特别对文化互动与宗教演进作了详尽介绍。诚如作者所言,“我试图展示那些形成最大多数人类生活的事件、运动、有决定意义的事实和环境”。因此本书内容包含广泛,既有人类的生产活动、经济发展、政治演进，也有人类的文化积累、思想精华、社会生活等等。诚如网上最大的在线书店——“亚马逊”的评价：“从人类的演化到对外层空间的探索，在罗伯茨的世界历史中展现了人类历史的方方面面……在这部非凡的巨著中，罗伯茨雄视人类数千年的历史，用生动简明的语言把不同帝国、艺术、宗教、经济和科学的历史编织在一起。在这里除了介绍非洲和南美的发展外，还有对印度和中国文明的综合概括……生动的描写和精美的图片，世界文明史是迄今为止最精致、最具阅读性的一部历史。”

历史发展的多元性还表现为地球上的各种文明都有其存在的理由，都对人类文明作出过他们自己的贡献，本书“试图展现相同时间和空间下，相隔较远的不同地域间的相互关系和联系，从而使它们对整个历史的贡献能一目了然”。同时，它并非平铺直叙地将所有文明加以罗列，而是选择对人类发展有重要意义的事物加以阐述，“讲述那些重要文明的历程，它们奠定了几个世纪以来世界不同地区人类信念和制度的基础，而不是罗列所有的国家及统治者本身”。

罗伯茨对人类文明所抱的乐观主义给我们留下深刻印象。他批评因历史发展中出现的种种不幸与困难而对人类前景抱悲观失望的态度。他说，人类历史显示出人类克服重重障碍并带来一系列变革（不是说所有变化都是明智聪颖和称心如意的）的日益强大、令人惊异的力量。我们人类已经表现了一种举世无双的能力；其他生命只是或多或少成功地依靠在自然中找到合适的环境而生存，但人类却从一开始就去改变自然使其适应他们自己。事实不正是如此吗？虽然人类会不断面临新的问题和挑战，但世界文明发展的总趋势是不断进步的。编写文明史的一个重要目的，就是要读者鉴往知来，继往开来，把握时机，迎接挑战。

随着本书翻译的进展，我们越来越感到它的价值，也越来越走近了本书的原著者 J.M.罗伯茨，他是英国牛津大学默顿学院的研究员，曾任英国南安普大学校长，1985 年起任牛津默顿学院院长。他是一位执着的历史学家，我们被他的博学与勤奋所折服，他吸收了学术界的最新研究成果，收集了大量的历史资料，他的书堪称上乘之作，由享有学术盛誉的牛津大学出版社出版，无论在内容的深度和广度上还是在对历史发展的总体把握上，相对研究人类文明的前辈作品均有所突破，推陈出新，富有新意，且文字凝练精妙。作品融学术性与可读性于一炉,深受读者欢迎。

人无完人,书无完书。作为一位西方主流派历史学家,虽然他在书中对欧洲以外的人类文明给以足够的注意,但他的历史观显然还是没有摆脱欧洲中心论的倾向,他认为自1500年以来的历史是现代化进程的结果。这一进程就是世界"欧化"的进程,因为现代化首先是思想观念和技术的问题,而这些观念和技术都源于欧洲。他强调"欧洲的巨大变化是近代历史的起点"。此外他对中国历史的认识也存在一些误区,这是我们要提醒大家在阅读时需要加以辨析的。

翻译委员会的同仁中有白发苍苍的教授,有年富力强的博士,有顶着"半边天"的女教授们,虽然大家历经数载,潜心翻译,如履薄冰,有时为查一不常见的古代外国地名奔走四处;虽然大家相互切磋,取长补短,愉快合作,严格按照译校的程序操作,但是由于我们学识和外语水平有限,加上本书知识面如此广泛,所涉国家地区如此复杂,且大家均为高校教师只能利用假期冒酷暑顶严寒伏案译稿,疏漏、错误之处在所难免,敬请读者提出宝贵意见。

今天,中文版十卷《世界文明通史(全彩版)》终于问世,闻其墨香,心潮涌动,数载寒暑,终见成果。在此我们要感谢上海人民出版社历史组的编辑周正先生、缪开金先生,特别是谌嘉女士,她从选题、组稿、阅稿、校稿到出版都表现了极端的负责精神。他们为这本译稿的出版灌浇了辛劳的汗水。我们还真诚地感谢上海人民出版社总编郭志坤先生,在他身处困境之时还始终关怀本书的命运,没有他的直接关心,此书的出版是难以想象的。

写于2002年夏华东师范大学三邨

《全球通史:从公元前500万年至今天》中译本序言

今年春节过后没多久,一天中午我接到"失联"10余年的交大陈德民教授来电,说他退休后还在主持翻译一本美国学者的足有百万余字的全球史教材,已出清样,嘱我为此书作一序。数月后,年逾花甲的他竟然推着购物小车装着沉甸甸的书稿送到我家,进门时,他的额上还沁着汗水。当我与他一起从小车布袋中拿出厚厚的稿子时,钦佩之情油然升起。次日,我翻开书稿,开始阅读,尽管因白内障视力不佳,还是被这本书的内容深深吸引住了。读毕全稿,我掩卷冥思,欣然动笔,我想说的第一句话就是,陈教授及其合作者和上海社会科学院出版社为中国读者译介了一本史料丰富、图文并茂、雅俗共赏、引人入胜的全球史教材,“值得!”

说实话,对于一生在书海中徜徉的读书人来说,从小学读书开始,然后教书、编书、写书、译书,现已古稀之年,还在敲打键盘写书,阅读电子书……哪一件不与书搭界?在记忆中,读书时使用过的教材印象特别深,它可说是无涯书海中的最特殊的一种书,因为它读者广,影响大,受众是正在探索真知的年轻人,大家对教材往往是带着一种信任甚至是敬畏来拜读的,所以教材的好坏会影响一代学生未来的发展。

可是一说到教材,我们这些以历史学为终身专业的老人,就会油然想起历史教材,年幼求学时总会将历史教材与死记硬背联系起来,好多人对历史学不感兴趣,把历史课与背诵年代与人名画等号,原因何在?与教材大有关系。说怪也不怪,原本丰富多彩、妙不可言的悠悠人类历史在某些教材中却变成了干巴巴的几条筋,成了一长串的大事年表,读之无味,味同嚼蜡,谁还会有兴趣读下去?谁还敢花一生时光去研究历史学?

值得庆幸的是,今天展现在我们眼前的美国史学家霍华德·斯波德克编写的《全球通史》,完全不同于我们年轻时读到的那种枯燥无味、意兴索然的历史课本,她内容丰富、图文并茂,启人心智,有较强的可读性,人们在阅读教材的同时,似乎被导引进一个辉煌深邃的全球历史博物馆,神秘好奇,流连忘返。此书为何有如此魅力?

首先,“结构新颖”是本书最大特色。我以往读过的世界历史教材,不外乎以史前、古代、中世纪、现代早期(近代)、现代后期(现代)、当代历史构成一个整体,每一时代都包含经济、政治、文化、社会、国际关系等层面,可谓是一种“断代史”的叠加;或以文明为特征把历史分为农业文明、工业文明、后工业文明等;或如编者所描写的美国教材——“现在书店能见到的众多历史教科书研究的起点依然是从西欧开始,只是用零碎几个章节来介绍世界其他地区的历史。”等等,不一而足。

教材与学术专著相同,贵在创新。可惜,在史学界前有“剪刀加糨糊”,后有“复制加粘贴”的不乏其人，他们炮制了不少低水平重复、雷同相似的所谓历史学教材。而《全球通史(第三版)》不同于我们曾经读到过的“雷同”教材，读后无“似曾相识”之感，反而令人耳目一新。她以时间为经，以八大主题和转折点为纬，“把年代学、历史主题和地理学研究联系在一起”，编织成一幅全球历史的精美画卷。本书吸收了传统教材与近年世界文明史研究的成果，独具匠心地根据全球历史发展的内容与内在联系“设计”了八大专题。“按照一条时间轴线把从早期人类的出现直到今天的演变过程按顺序一一介绍。”让学生通过它们来了解分析历史事件，从而达到对人类发展的历史过程有一个总体把握，对全球地理有一个总体理解。

翻开全球史，第一篇(主题)“人类的起源和人类文化”将读者带入神秘的史前时代(公元前500万年至公元前10000年)，开卷就向读者提出“我们究竟来自哪里？人类是怎么会栖居到这个地球上来的?”本篇并配有多幅当今考古学家最新发现的古人类头骨等文物照片，为读者解开人类起源之谜。

随着漫长的时间推移，人类在发展道路上出现一个转折点——“农业村庄”的出现，读者就此进入了下一主题。第二篇(主题)“定居(公元前10000年至公元1000年)”向读者展现了一幅人类定居的画面，为满足社会的需要，地球上的人类从迁徙游牧到定居，他的标志就是栖居地——早期的农业村庄出现，后来又有了城市。“城市定居点的建立在世界许多地区开启了一个新的时代。”

悠悠岁月又将人类引入新的转折点——“从城邦国家走向帝国”。第三篇(主题)“帝国和帝国主义(公元前2000年至公元1100年)”，向读者展现人类不同的文明地区出现了有文字记载的帝国，早期帝国的形成；把读者引入地球上的古代帝国的荣辱盛衰，从亚述的萨尔贡到亚历山大大帝，中国的秦朝和汉朝，罗马共和国和罗马帝国，印度的孔雀帝国和笈多帝国。在介绍中国汉代时人们可以发现有一个“我们是怎样知道的”栏目，用较大篇幅以“伟大史学家”为题介绍了中国史家司马迁，这在同类教材中是极为罕见的。

新的转折点“政治和宗教”将读者带入新的主题。第四篇(主题)“世界各宗教的兴起(公元前2500年至公元1500年)”。在这一专题中读者可以领略到世界上的主要宗教犹太教、基督教、伊斯兰教、印度教，和佛教的创立和传播。在“人活着不能仅靠面包：世界历史上的宗教”醒目提示下，丰富的描写与分析使读者认识到“人的精神情感被组织成强大的宗教体系，其中有的传播至世界范围。”

读者在经历了充满神秘色彩的各种宗教教义、内容、组织和影响的探讨后，引入新的转折点——“从宗教到贸易”。第五篇（主题）“商品和人口的流动（公元1000年至1776年）”，向读者展示全球范围内商品的运输交换和人类的迁徙活动，以及各大洲的连接形成了全球的网络结构。读者会被人类的商品贸易与人口大迁徙的壮丽画面所吸引，感受人类流动的宏大气势与沧桑巨变。最后通过“图片的对比”为转折点引入新主题。

第六篇（主题）“社会变革（公元1640年—1914年）”。本主题的时间跨度很短但社会变化巨大而深刻，让读者进入体验全球性重大变革的历史进程：政治革命与工业革命。政治和经济体系的巨大、激烈的变革产生了新的社会价值观和社会体系，还深刻影响着所有的个人、家庭和社会。接着“奥林匹克运动会和国际政治”成为发展进程中的新转折点。

第七篇（主题）“技术大爆炸（1914年—1991年）”，向读者揭示了人类社会技术的变化和技术对人类的控制。指出新技术体系无论是简单的还是复杂的是如何形成的，它对人类的生活起着“改善和威胁作用”。以往教材重在说明科技发展对于人类的正面效应，本篇则提醒人们科技发展还会对人类带来的负面效应，两次世界大战中的高科技现代武器带来巨大的杀伤力就是明证。“技术除了激发人们的创造力之外也会带来灾难”，“在20世纪的前半叶，技术更多地被运用于战争而不是和平”，“造成毁灭性后果的技术继续同推动生产力提高的技术一起齐头并进”。本篇迎来我们人人都在经历中的新的转折点——“迈入新世纪”。

最后，第八篇（主题）“演变中的身份特征（1979年至今）”。读者在这一主题中可以了解当代全球性的变化——新的身份的形成：包括全球的、国家民族的、地区的、文化的和个人的身份，联系越来越紧密的通讯、贸易和权力的网络把不同的个人和群体连接起来，迫使他们不断地重新思考自己的身份。教材告诉我们“比起以前，近些年来身份的形成受到的影响愈来愈多样化、愈来愈强烈。交通运输、旅行、通讯，特别是互联网，对我们个人和集体身份意识都有极大影响。”将读者引入政治身份、宗教文化身份、全球化——新的经济和文化身份、生态问题和公共身份的有趣探索。内容涉及甚广，有苏联解体，欧洲的身份,孤独的超级大国美国,中国经济增长的推动力,国大党统治后的印度,非洲、拉丁美洲全球化的评价,互联网与万维网,生态问题等等,发人深省。

编者成功地在人类历史演进过程中寻找出不同时代、不同历史阶段的"主旋律",依据人类发展的内在逻辑联系,找出人类社会发展途程中"改变人类生活方式"的转折点,归纳成上述八大"主题",将"历史年代的转折点和解释性的主题""交织在一起",立体地、全方位地展示全球历史在经济、政治、宗教、国际关系和科学技术方面的演进,展现全球人类如何一步一步从古至今的演化。

众所周知,以主题为纬梳理历史,难以避免一个时间或内容上的重复,因为每一人类社会的主题都有自己的来龙去脉,不会局限在某一个时代,不可能与某一时刻如刀切般地"割断";而每一个时代又一定会包含有若干"主题"而不可能仅此一个。

令人欣慰的是,编者在构想本书的结构时似乎已"预见"到此问题,并且尽力在内容编写上避免此类缺陷,采用在每篇的开端对该主题作出承上启下的历史性概括,如第五篇"商品和人口的流动(1000—1776 年)",编者在开头就概括说:"我们一再注意到贸易对各个地区的经济和世界经济所起的重要作用。正如我们在第二篇中所看到的,贸易将古老的城市文明中心—美索不达米亚、印度河流域以及尼罗河流域联系了起来。在第三篇中我们看到各个帝国都在设法保护主要的交通路线……在第四篇里我们可以看到,世界上的几大宗教沿着同样的贸易路线传播开来,而且宗教往往是通过商人得到传播的……"。

又如:第六篇(1640-1914 年)开篇就指出"13 世纪时,前所未有的全球性探索、商业和移民活动开始出现了(见第五和第六篇)。到 17 世纪时,传统的政治、经济和社会思想、理论及组织变得日益过时了。在欧洲和美洲首先出现了社会体系的调整。"编者利用再版的机会总结前两版的经验与反馈意见,在本书第三版时"在继续围绕主题进行探讨的同时,把更多的注意力放在保持清晰明确的年代顺序上。读者会注意到我们为保持这一年代顺序作出的努力和重大改进,比起前二版来,不于需要经常在时间阶段顺序上前后查索了。"

编者还在每篇结束时精心设计了"转折点"一栏,让读者似桥梁一般通过"转折点"自然进入下一主题。就这样,经编者精心编写,再版时不断完善,特别是第三版的修改，全球史不仅结构新颖，主题突出，且时间线索明晰，读来浑然一体，自成一格，达到编者预想之目的——“我们之所以选择在某一特定的历史时期突出某些特定的主题，是因为这样学生就会对这些主题有更深入全面的了解，进而学会把它们作为分析工具，并以此形成他们自己对我们的世界的认识。”总体而言，本书的专题设计符合历史事实，成一家之言。

本书第二个特点是具有“全球视野”。如果说本书的上述八个主题是《全球通史》的构架与血肉，那么该书的视野犹如她的大脑。本书编者特别指出，“本书以及书中每一个转折点和主题所涉及的范围，都是全球性的。”为何一本世界历史必须要有全球视野？著名史家艾里克·霍布斯鲍姆说：“史学家尽管关注的是微观方面的事情，但他们必须放眼全世界，不是出于我们许多人仍然忠于的理想，而是因为它是理解人类历史，包括任何人类特殊部分历史的必要前提。”（《史学家——历史神话的终结者》P.321）

纵观全书，我们可以发现全球视野贯穿于八个主题之中，一以贯之，无一例外。全书对人类的悠悠历史做鸟瞰式的描述与分析，例如谈到工业革命，本书从全球视野加以分析，诚如编者坦言：他对欧洲的工业革命的研究包括对它的资金提供的研究—-这些资金至少是部分来自对新大陆的人民和土地的征服，夺取的黄金和银子，以及从非洲的奴隶劳工身上榨取的财富，这一切财富都投入到欧洲去了；工业革命的结果以帝国主义的形式在全球范围内延伸到亚洲、非洲、澳大利亚和拉丁美洲；殖民者和被殖民者在面临新的机会和挑战时的相互作用。

对全球人口迁徙问题，教材从全球视野出发叙述与研究了四个方面：一是欧洲人从欧洲散布到世界各地生活，在全球范围内形成了“新欧洲”，欧洲人“在各地给常住居民带来灾难性的后果”；二是奴隶贸易，约一千万非洲人被带到美洲；三是蒙古人和突厥人的长途迁徙，他们从中亚出发，入侵和占领了东至中国、西至俄罗斯和巴尔干半岛、南至印度的土地；四是全球不同区域而出现的人口从乡村到城市的迁徙。

在宗教问题上，编者以其特有的全球视野对世界上的五大宗教——印度教、佛教、基督教、犹太教、伊斯兰教做了相当全面的分析与研究，这是以往偏重基督教的教材无可比拟的。该书的重点“在于对宗教在人类历史上的作用做更深层次上的探讨”。时间重点放在公元约300年到1200年左右，期间，印度教义在印度整个范围内得到更充分的阐述和系统化;佛教在中国、日本和东南亚兴起并取得重要地位;犹太教被驱逐出其发源地以色列,随着流亡者传播到西亚的大部分地区、地中海盆地和北欧;基督教成为欧洲的一大文化体制;伊斯兰教从非洲—亚欧大陆的中枢地带传到遥远的东半球。编者对宗教的关系作出如下的表述:"这五大宗教时常彼此发生对抗,有时导致回合调和,对各自的宗教思想和实践进行相互借鉴和适应性改变;有时导致相互竞争;有时导致直接冲突。"

具有全球视野的历史教材,必然具备多元文化的视角,因为地球上的人类由不同种族、民族、群体构成,人类的不同文明、不同文化、不同传统共存于一个星球上,真正的客观的全球历史势必会让读者置身全球,放眼世界,尽享多元文明与多元文化的成果。编者也清醒地看到"世界历史作为研究世界各个地区之间相互关系的一门学问,从世界各地不同民族的人们的不同视角来看,依然是一片有待开垦的处女地。"

"启发心智"——"重在分析"是本书的第三个特点。历史教材不仅给读者提供浩瀚无际的历史知识,更重要的是让学生爱上历史学,能使学生在探索人类历史时获得快乐,并学到历史学特有的历史哲学,历史方法和历史视野。著名史学家柯林伍德曾说"我认为,每一个历史学家都会同意:历史学是一种研究或探索。"(《历史的观念》P.9)确实,历史学的灵魂是历史分析或历史哲学,也就是我们常说的"史识"。历史知识是"鱼",分析研究历史的能力是"渔",教材提供给学生的应该是"渔"而不是"鱼"。评判一部历史教材优劣高下,并非是看她提供历史知识的多寡,而是能否提高学生的分析与思维能力。按此标准人们不难发现,世界上最差的教材也许算得上是专门为学生提供所谓"标准答案"的那种了。

本教材为了提高学生的历史思维能力,善于向学生提出各种问题并介绍同一问题的若干不同分析与观点,还推荐大量参考书,让学生阅读理解后自己去判断、选择,这种教学法可圈可点。如在"对于早期城市化的一些现代评论"中,编者(63 页)在分析苏美尔城邦国家取得的文明成就与付出的代价时,介绍了美国最受尊重的城市历史现代评论家之一刘易斯·芒福德(Lewis Mumford)的观点——认为这种人类早期城市"权力、宗教和持续战争的结合,对城市生活来说是一种永久的祸根";介绍了作为社会主义哲学家和历史学家的卡尔·马克思的观点——城市的兴起导致"人类划分为两大阶级";介绍了女权主义学者格尔达·勒那(Gerda Lerner)的观点——在城邦发展到相互交战并产生等级制的阶级结构之前,妇女的地位是比较平等的。然后让学生思考如下问题:1、刘易斯·芒福德从他的古代城市研究中得出了关于战争的哪些结论?这又是如何影响其现代战争观的?2、卡尔·马克思从其对古代城市研究中得出关于阶级关系的哪些结论?这又是如何影响他对现代(19世纪的)城市中的阶级关系的看法的?3、格尔达·勒那从其对古代城市研究中得出了关于性别关系的哪些结论?

本书在评估殖民主义遗产时(777页),认为随着殖民地时代的结束,历史学家们在评估殖民统治所带来的影响时产生了严重的分歧,指出"斯塔夫里阿诺斯(Leften Starrianos)主要从经济角度,提出了马克思主义的批评意见。他认为殖民统治'在工业和商业方面使生产率达到了前所未有的高水平',但支付给劳工的报酬和殖民地的财富均未得到相应的增长。"而研究西方文明史的西奥多·凡·劳(Theodore Von Laue)深受犹太教与基督教观点的影响,提出西方的价值观将引领其他价值观的假设;但蒂帕什·查克拉巴提(Dipesh Chakrabarty)对劳的观点提出质疑,认为西方统治者最大的(自我)欺骗就是把欧洲的价值观宣扬成适用于全世界的价值观,并要求历史向这个目标靠拢。他对世界其他国家将等候在欧洲的'候车室'这一看法持否定态度。他的确欣赏欧洲启蒙价值观,但他认为欧洲的价值观并不是唯一符合人类发展的价值观,不应也不必成为全球的价值观。让学生思考"你认为殖民统治带来的经济技术影响和文化影响中,哪个影响更重要?请具体说明。"让学生了解不同学派、不同学者的观点,在相互比较或争论中寻求真知提高学识。这是一个非常值得肯定的有效做法。回顾笔者自己的求学经历,若干次大学课堂讨论印象最深,至今不忘,即是此理。此外,本书每章结尾都为学生提出若干复习题供他们思考,可见编者为提高学生分析能力的良苦用心。

当然,历史事实是历史学的基础,历史分析是建立在正确扎实的历史事实基础上的,没有历史事实的历史分析只能是空中楼阁。本书编者特别强调英国著名历史学家E.H.卡尔(E.H.Carr)的名言,历史"是一场在过去和现在之间的永无休止的对话。"其实这位历史学家的名著《历史是什么》曾在英美大学里作为教材红极一时,"很有影响",卡尔就是从历史研究的最基本的东西——历史事实阐述论点的。他认为“历史学家和历史事实是相互需要的。没有历史事实的历史学家是无根之木,是没有用处的;没有历史学家的历史事实则是一潭死水,毫无意义。”(见王晴佳《西方的历史观念——从希腊到现代》)。《全球通史》特别注意历史事实的可靠性,向学生读者强调第一手资料的重要性。全书突出“我们知道什么?”“我们是怎样知道的?”以及“它的意义在哪里?”三个问题,强调第一手资料,每一章后都有如“原始资料”、“我们是怎样知道的?”等栏目,介绍原始资料来源。如在谈到中国古代历史时,本书提出:“有关古代中国城市和朝代的直接信息主要有三个渠道:书面文献,甲骨文和考古学家们挖掘出来的人工制品。”

本教材上述三个特点的形成与编者的指导思想是分不开的。我很欣赏编者撰写本教材的指导思想,他认为本书“通过它的主题内容、叙述方式和分析方法来吸引读者,把读者调动起来,甚至使他们产生强烈兴趣。它应该使得学习这门课程的学生打开眼界,开放心灵……本书有必要向他们介绍历史学家的研究方法和他们的‘思维习惯’。”

他指出,是过去成就了今天的我们,而且继续影响着我们的未来。在这一意义上,过去并没有过去,就像我们自己认识的、那些影响着我们生命已经远离我们而去的人并没有“故去”一样。本书重点突出“过去继续对今天和未来产生着巨大的影响”的那些方式。它将帮助我们认识我们是怎样成为今天的我们的。

他认为,将军们对过去的战例进行研究,目的是为了理解现代的战争该怎么打;经济学家们研究过去的经济增长和衰退,是为了理解我们应该怎样促进经济增长,避免衰退。理解过去的家庭和人际关系起作用的方式,有助于我们寻找到使我们的家庭生活和人际关系更加美满的方式。我们必须“在理解人类全部经验的前提下,才能最大限度地提高理解我们今日生活的能力。”

他在前言中说得好:“本入门教科书的编写目的就是帮助学生去理解和共享那些历史学家感到引人入胜的方面。它也会使历史学的教授们回想起,他们最初是怎样被历史所吸引的,此后他们才开始正式的专业学习,并走上后来的专业研究道路。不仅如此,它鼓励学生和教授一起共同探索这个世界的历史以及从事这一研究的意义。”

霍华德·斯波德克对历史学的理解颇有见地,且对多元文化有独到见解。

这与他的学术经历有关。他与我是同龄人已是古稀老人。1963 年他毕业于哥伦比亚大学,获历史学学士学位,研究方向为"亚洲研究"。1966 年他在芝加哥大学获历史学硕士学位和博士学位(1972 年),研究方向为印度研究。1964—1966 年,他作为美国富布赖特学者首访印度。他在印度从事研究和教学达七年之久。他不仅潜心书斋研读,也热衷"行万里路",遍游美国、拉丁美洲、亚洲、非洲和欧洲等地。1972 年他任职坦普尔大学,1984 年任教授,1993 年获"坦普尔大学优秀教师奖"。1988 年,他开始专门从事世界史研究,承担科研项目,与费城学区的教师合作,从事提高教师们关于世界历史的知识基础,计划重新撰写一份供学区学校使用的世界历史教学规划。后又投入另一个项目——把大学教授和中学教师结合起来,对世界史教学进行重新思考和修正,1997 年他出版了本书第一版,就是这几个项目的直接成果。他出版的学术著作主要关于印度,包括《地区发展中的城乡一体化》(1976)、《东南亚的城市形式及其意义》(与人合作),并发表多篇关于印度的城市化以及妇女的发展问题等论文。在《历史教师》上发表过数篇关于世界历史教学的文章。在阅读本书时我曾疑惑霍华德·斯波德克编的教材非欧部分占有相当篇幅,且对他们的叙述与分析相当到位,如何能做到这一点?他兼学东西方文化与历史,对亚洲特别是印度情有独钟的学术经历提供了答案。

把这样一本结构新颖、具有全球视野和重在启发心智的教科书译成中文,给中国读者提供了一个观察全球历史的窗口。我们要感谢陈德民教授领衔的翻译团队为此付出巨大的劳动与心血。我与陈教授认识也因书缘而起,上世纪末,经华师大余静娴教授力荐,我们一起参与翻译英国著名历史学家 J.M 罗伯茨的 10 卷本《世界文明史》,他负责第 4、5 卷的翻译。他是上海交通大学外国语学院英语系教授,上海翻译家协会会员(曾任理事)、上海外语口译考试委员会英语专家组成员,曾主持起草《上海英语高级口译考试大纲》(该考试从 1995 年启动开考至今已 22 年,考试规模最高曾达到年度考生 130000 人),多年主持翻译出版的著作包括社会科学类、文学类、管理科学类等,计 600 余万字,主持编写的英语教材数种。曾任《科技英语学习》杂志主编、《当代外语研究》学术期刊编辑部主任。曾获全国图书金钥匙奖、华东地区大学出版社优秀教材二等奖、上海市优秀教学成果一等奖、上海交通大学优秀教学成果一等奖等,学术硕果累累。在我有幸与陈教授一起切磋译稿的岁月中,他对译文一丝不苟的执着,对翻译成员的严格认真的态度很是令我佩服的,当年《世界文明史》得以成功出版有他的一份贡献,此次作序给了我再次向他与余静娴教授表达谢意的一个机会。

2016 年初夏,写于上海广厦公寓

(《全球通史:从公元前 500 万年至今》于 2018 年 12 月正式出版,本序言以《今天的历史学必须要有全球视野》为题全文转载在《中华读书报》[2019 年 1 月 2 日],后又转载发表在《新华文摘》2019 年第 6 期)

后　记

编此文集时正值上海高温，气温高达40℃左右。然而在电脑前重读与整理数十年里自己写的文稿，仿佛穿越了半个世纪的时光，回到了昔日伏案写作的情景。回顾一生经历犹如一叶扁舟在史海遨游荡漾，无怨无悔，苦中作乐，乐在其中。此时此刻我的心似有阵阵凉意吹来，令我心安神泰继续敲打键盘。

编辑整理过程中，我渐渐发觉自己是幸运的，为什么这么说呢？

我这一生干了我所喜欢与钟爱的事业——史学，真的很幸运。读小学与初中时，我爱好非常广泛，爱物理，爱生物，不知为什么到了高中我偏偏对历史发生了兴趣，如愿考入华师大历史系，后师从林举岱先生读研，毕业时恰逢"文革"，到中学任职，结交众多朋友，亲历"文革"，终生难忘。感谢历史系领导与同事的帮助与关心，1978年我回到学术生涯的起点——师大历史系任教，一干就是一辈子，退休后"史心"不改，古稀之年仍在史海飘荡游弋，寻找乐趣。记得我高中同窗张礼士酷爱史学，可是因种种原因他最后干了他不喜欢的物理学，退休后，他才如愿搞历史，写了一本数十余万字的回忆录，我读后深有感触，他具有史才与史识，是搞史学的料，但命运同他开了一个玩笑，比比他，我不是幸运多了吗？

更幸运的是，在我人生道路的每一关键点上总能得到高人指点，贵人相助，赐予机遇。我能写出上述文字只是自己尽最大力气不让机遇"溜走"而已。回系后，不仅从事我喜欢的世界近代史与美国史，在史学殿堂里，有幸聆听名师讲授与点拨，系领导还让我参加全国留学人员的出国考试，后又幸获汪荣祖教授与靳文翰教授帮助，笔者得以在上世纪80年代第一次走出国门赴美进修，回国后遂写有《华盛顿评传》与《美国史纲》；之后历史系又为我提供了参加美国富布莱特基金赴美研究的选拔机会，第二次赴美考察，得华尔教授、包秋教授、王晴佳教授之助，才有后来的美国多元文化的研究；世纪之交时，系领导令我为全体研究生开一门《世界史通论》课，感谢参加课程的所有同学的配合与支持，遂有文集中的“多视角探索世界史”引论的文稿；中国美国史研究会的老前辈刘绪贻、杨生茂、邓蜀生“临危授命”，嘱我编写《美国通史》第四卷，始有后来的《崛起和扩张的年代 1898—1929》；感谢人民出版社前社长郭志坤多次约稿，并邀我主持多本学术书籍的编著，他的名言“文章是逼出来的”一直萦绕耳际激励鞭策我“爬格子”不断；退休前，本系同事鼓励申请国家课题竟获通过，仰仗我系参与课题研究的同事与博士生研究生的集体努力，我花了退休后近十年时间，主持完成课题，感谢华师大出版社给我申请学术著作出版基金，才有后来这本《美国多元文化研究》；感谢《解放日报》杨波、《文汇报》任思蕴（尚未谋面）、《第一财经日报》顾乡（尚未谋面），没有他们的稿约，也就没有文集中的有关文章……

文集得以出版，我特别感谢现任历史系领导沐涛教授、王东教授与孟钟捷教授，他们没有“忘记”我们这批退休多年、已属边缘化的老教师，提出为一些老先生出版文集的计划，这种关心令人难以忘怀，我只能以认真编辑整理作为回报了。远在北京的美国问题专家袁鹏博士百忙中拨冗为本集作序令我感激万分。感谢《黄山书社》的编辑为文集付出的辛勤劳动。

编辑过程中，我女儿余珏正处在换工作的关键时刻，她冒着酷暑为我打印多篇文稿，进行排版纠错；陪伴我一生的老伴孙力炼为了我的学术研究放弃了她自己的专业追求，将“后方”打理得温馨和谐，让我安心、放心、专心地在史海里寻觅追求。感谢余氏与孙氏两个大家庭的兄弟姐妹们的情谊与鼓励。

“天地者，万物之逆旅也；光阴者，百代之过客也。”人只是茫茫宇宙中的一粒尘埃，人生只是悠悠寰宇间短暂的一瞬；人生有限，史海无涯，论今说古，沧海一粟；若干年后，文集也将成为历史的尘埃在天宇中飘散泯灭，但我珍惜她，因为她是我笑遨史海的一个痕迹与实录。

2016 年盛夏写于上海广厦公寓　修改校订于 2018 年酷暑